신용보증기금&기술보증기금

NCS + 전공 + 모의고사 3회

시대에듀

2025 최신판 시대에듀 신용보증기금&기술보증기금
NCS + 전공 + 모의고사 3회 + 무료NCS특강

Always **with you**

사람의 인연은 길에서 우연하게 만나거나 함께 살아가는 것만을 의미하지는 않습니다.
책을 펴내는 출판사와 그 책을 읽는 독자의 만남도 소중한 인연입니다.
시대에듀는 항상 독자의 마음을 헤아리기 위해 노력하고 있습니다. 늘 독자와 함께하겠습니다.

머리말 PREFACE

신용보증기금과 기술보증기금은 2025년에 신입직원을 채용할 예정이다. 신용보증기금의 채용절차는 「입사지원서 접수 → 서류전형 → 필기전형 → 면접전형 → 신체검사 및 결격사유 조회 → 최종합격자 발표」 순서로 이루어진다. 필기전형은 일반전형의 경우 직업기초능력, 직무전공, 논술로 진행하며, 특별전형의 경우 직업기초능력, 논술로 진행한다. 그중 직업기초능력은 의사소통능력, 수리능력, 문제해결능력 총 3개의 영역을 평가하고, 직무전공은 분야별 내용이 다르므로 반드시 확정된 채용공고를 확인해야 한다. 또한, 논술은 직무분야 전공 및 직무수행과 연관하여 평가한다.

기술보증기금의 채용절차는 「입사지원서 접수 → 서류전형 → 필기전형 → 1차 면접 → 2차 면접 → 신체검사 및 신원 조회 → 최종합격자 발표」 순서로 이어진다. 필기전형은 직업기초능력평가와 직무수행능력평가로 진행한다. 그중 직업기초능력평가는 의사소통능력, 수리능력, 문제해결능력, 정보능력, 조직이해능력 총 5개의 영역을 평가한다. 또한, 직무수행능력평가는 부문별 내용이 다르므로 반드시 확정된 채용공고를 확인해야 한다.

신용보증기금&기술보증기금 합격을 위해 시대에듀에서는 신용보증기금&기술보증기금 판매량 1위의 출간 경험을 토대로 다음과 같은 특징을 가진 도서를 출간하였다.

도서의 특징

❶ **기출복원문제를 통한 출제 유형 확인!**

- 2024년 하반기 주요 공기업 NCS 및 2024～2023년 전공 기출복원문제를 수록하여 공기업별 출제경향을 파악할 수 있도록 하였다.

❷ **출제 영역 맞춤 문제를 통한 실력 상승!**

- 직업기초능력 대표기출유형&기출응용문제를 수록하여 유형별로 대비할 수 있도록 하였다.
- 직무수행능력 적중예상문제를 수록하여 전공까지 확실하게 준비할 수 있도록 하였다.

❸ **최종점검 모의고사를 통한 완벽한 실전 대비!**

- 철저한 분석을 통해 실제 유형과 유사한 최종점검 모의고사를 수록하여 자신의 실력을 점검할 수 있도록 하였다.

❹ **다양한 콘텐츠로 최종 합격까지!**

- 신용보증기금&기술보증기금 채용 가이드와 면접 기출질문을 수록하여 채용 전반에 대비할 수 있도록 하였다.
- 온라인 모의고사를 무료로 제공하여 필기전형에 대비할 수 있도록 하였다.

끝으로 본 도서를 통해 신용보증기금&기술보증기금 채용을 준비하는 모든 수험생 여러분이 합격의 기쁨을 누리기를 진심으로 기원한다.

SDC(Sidae Data Center) 씀

신용보증기금 기업분석 INTRODUCE

◇ 미션

기업의 미래 성장동력 확충과 국민경제 균형발전에 기여

◇ 비전

기업의 도전과 성장에 힘이 되는 동반자

Beyond Guarantee

◇ 핵심가치

고객	**고객요소** 금융 사각지대 해소를 위한 고객 우선의 정책역할 수행
성장	**사업영역** 수요자 중심의 종합솔루션을 제공하여 기업과 함께 성장
혁신	**사업구조** 환경변화에 대한 적극적인 대응과 끊임없는 혁신 추구
협력	**기관역할** 민간 · 공공 · 글로벌 협력을 통해 기업지원 역량 강화

◇ 경영방침

행복한 일터	**조직운영** • 신보인의 행복한 직장 만들기 • 조직에 에너지 · 활력 · 영감을 제공하고 상생협력의 노사문화 구축
고객과 함께	**고객관계** • 신뢰를 바탕으로 고객인 중소기업과 함께 성장 • 기업의 성장단계별 맞춤형 지원이 가능한 기업 금융지원 플랫폼
DDP 혁신	**사업구조** • 끊임없는 혁신으로 미래가치 창출 • 디지털(Digital), 데이터(Data), 플랫폼(Platform) 혁신
글로벌 리더	**기관역할** • 신용보증 분야의 세계리더로서 나눔과 협력 실천 • 일하는 방식을 선진화하고 지역사회 및 국제사회와 협력

◇ 인재상

공기업인으로서의 기본인품과 금융인으로서의 성장자질을 갖추고
신보의 미래가치를 창출하며 사회적 책임을 다하는 인재

기본인품	• 기본예절 • 책임감 · 열정	• 공인정신 • 적응력 · 인내심	• 애사심
성장자질	• 혁신 · 소통의지 • 문제해결능력	• 논리적 사고력 • 통섭능력 · 확장가능성	• 직관적 통찰력

신입 채용 안내 INFORMATION

◇ 지원자격(공통)

❶ 학력 · 연령 · 성별 · 전공 : 제한 없음(단, 접수마감일 기준 만 60세 이상인 자는 지원 불가)
❷ 채용 확정 후 전일 근무 가능한 자
❸ 채용제한 사유에 해당되지 않는 자
❹ 병역법 제76조에서 정한 병역의무 불이행 사실이 없는 자(단, 채용확정일 이전 전역자 지원 가능)

◇ 필기전형

<table>
<tr><th>전형</th><th>구분</th><th colspan="2">분야</th><th>내용</th></tr>
<tr><td rowspan="5">일반전형</td><td>직업기초능력</td><td colspan="2">전 분야</td><td>의사소통능력, 문제해결능력, 수리능력</td></tr>
<tr><td rowspan="3">직무전공</td><td rowspan="2">금융사무</td><td>경영</td><td>일반경영이론, 재무관리 및 투자론,
중급회계 및 원가회계, 법인세법</td></tr>
<tr><td>경제</td><td>미시경제학, 거시경제학,
국제경제학 및 화폐금융론, 통계학</td></tr>
<tr><td colspan="2">전기 · 전자, 화학, 기계</td><td>분야별 상이</td></tr>
<tr><td>논술</td><td colspan="2">전 분야</td><td>직무 분야 전공 및 직무수행과 연관된 주제</td></tr>
<tr><td rowspan="2">특별전형</td><td>직업기초능력</td><td colspan="2">전 분야</td><td>의사소통능력, 문제해결능력, 수리능력</td></tr>
<tr><td>논술</td><td colspan="2">전 분야</td><td>직무 분야 전공 및 직무수행과 연관된 주제</td></tr>
</table>

◇ 면접전형

구분	평가항목	내용
과제수행면접	문제해결력 및 협업능력	조별 과제수행을 통해 문제해결력 및 협업능력 평가
실무면접	직무수행역량	교육 및 자격사항 등을 중심으로 직무수행역량 평가
심층면접	기본역량 및 조직적합도	자기소개서 및 경력사항 등을 중심으로 기본역량 및 조직적합도 평가

❖ 위 채용 안내는 2025년 상반기 채용공고를 기준으로 작성하였으나, 세부사항은 확정된 채용공고를 확인하기 바랍니다.

2024년 하반기 기출분석 ANALYSIS

총평

신용보증기금의 필기전형은 피듈형으로 출제되었으며, 난이도가 비교적 어려웠다는 후기가 많았다. 특히 수리능력, 문제해결능력은 난이도가 높았고, 반면 의사소통능력은 다소 쉬운 모듈형 문제가 많았으므로 영역별로 다양한 문제를 많이 풀어보는 연습을 하는 것이 좋겠다. 또한 어려운 단어를 활용하는 문제가 많았으므로 기본적인 개념을 확실하게 숙지하는 것이 필요해 보인다. 아울러 NCS와 직무전공을 함께 1교시(80분)에 풀어야 해서 시간 부족을 호소하는 의견이 많았기에 시간 배분 관리가 당락에 큰 영향을 끼쳤을 것으로 보인다.

◇ 영역별 출제 비중

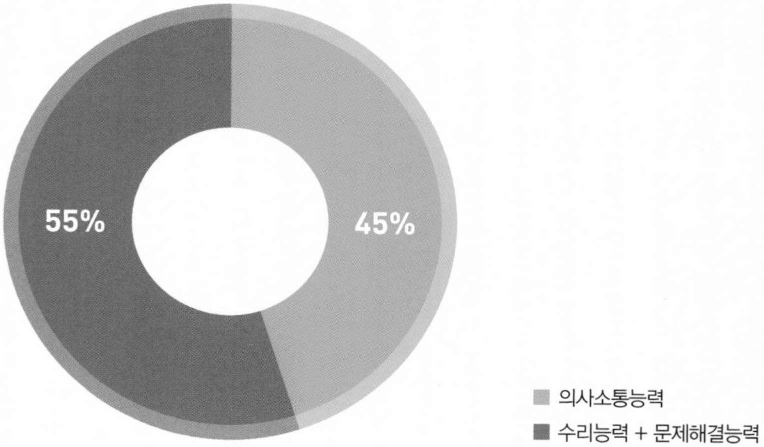

구분	출제 특징	출제 키워드
의사소통능력	• 맞춤법 · 어휘 문제가 출제됨 • 내용 추론 문제가 출제됨 • 문서 내용 이해 문제가 출제됨	• 논증의 오류, 빈칸에 들어갈 단어의 순서 등
수리능력	• 응용 수리 문제가 출제됨 • 자료 계산 문제가 출제됨 • 자료 이해 문제가 출제됨	• 거속시, 확률, 경우의 수, 소수(素數), 수열, 정육면체의 겉넓이 등
문제해결능력	• 규칙 적용 문제가 출제됨 • 명제 추론 문제가 출제됨 • SWOT 분석 문제가 출제됨	• SWOT 분석, 범인 찾기, 동서남북 화살표 자리 등

기술보증기금 기업분석 INTRODUCE

◇ 미션

중소 · 벤처기업을 위한
기술금융과 혁신지원 활성화를 통해 지역균형과 국민경제 발전에 기여

◇ 비전

기술기업의 Start up부터 Scale up까지 함께하는 혁신성장 플랫폼

◇ 핵심가치

공정	청렴하고 균형 있는 마음가짐, 높은 업무전문성을 바탕으로 **공정**하게 업무를 수행하여 사회적 책임 완수 및 국민 신뢰를 확보
혁신	미래지향적인 사고와 열정을 바탕으로 국민 · 고객과 함께 **혁신**을 추진하여 기관의 경쟁력과 국민 삶의 질을 제고
연대	민간 · 공공과의 **연대**를 통해 도전하고 개방하여 실질적인 성과(실용)와 미래가치를 창출하고 기술기업의 동반성장과 상생을 실현

◇ 경영방침

미래지향 혁신경영	디지털 전환, 기관 업 관련 신사업 발굴 등 다가올 미래를 선도하기 위해 기관 전반에서의 창의적인 혁신을 추진
국민감동 신뢰경영	기관의 존립 기반인 고객과 국민이 체감하고 신뢰할 수 있도록 업무 전 과정을 공정하게 처리하고 지속가능한 발전을 추구
실용기반 효율경영	실질적인 성과(실용) 창출을 위해 구성원 간, 기금과 이해관계자 간 소통하고 상호연대하여 지원의 효율성을 제고

◇ 인재상

기금 직무를 성공적으로 수행하기 위해 필요한
이공계, 상경계, 법학적 직무능력을 갖춘 융합형 인재

이공계적 직무능력(기술성 평가)
기업이 보유한 기술을 전문적으로 평가하기 위한 이공계적 직무능력

상경계적 직무능력(사업성 평가)
기업의 재무구조 및 기업신용분석을 위한 상경계적 직무능력

법학적 직무능력(구상채권 회수)
채무자에게 구상권을 행사하여 채권회수를 위한 법학적 직무능력

신입 채용 안내 INFORMATION

◇ 지원자격(공통)

❶ 학력 · 연령 · 성별 : 제한 없음[단, 접수시작일 기준 기술보증기금 정년(만60세 이상)을 초과한 자는 지원 불가]
❷ 채용 확정 후 즉시 근무 가능한 자
❸ 남성의 경우 병역필 또는 면제자(단, 채용 확정 전까지 전역 가능자 포함)
❹ 기술보증기금 인사규정상 채용제한 사유에 해당되지 않는 자

◇ 필기전형

<table>
<tr><th>전형</th><th colspan="2">구분</th><th colspan="2">내용</th></tr>
<tr><td>직업기초
능력평가</td><td colspan="2">전 부문</td><td colspan="2">의사소통능력, 수리능력,
문제해결능력, 정보능력, 조직이해능력</td></tr>
<tr><td rowspan="6">직무수행
능력평가</td><td rowspan="4">기술 보증 및
기술 평가</td><td rowspan="2">금융일반 ·
지역전문</td><td>경영</td><td>중급회계, 재무관리, 경영학</td></tr>
<tr><td>경제</td><td>미시경제학, 거시경제학, 계량경제학</td></tr>
<tr><td>이공계</td><td colspan="2" rowspan="2">직무상황 논술평가</td></tr>
<tr><td>보훈</td></tr>
<tr><td colspan="2">전산</td><td colspan="2">직무상황 논술평가 및 코딩테스트</td></tr>
<tr><td>법무 · 채권 관리</td><td>일반</td><td colspan="2">민법, 상법, 민사소송법</td></tr>
</table>

◇ 면접전형

구분	내용
조직적합성 면접	기금 문화적합도 평가
직무적합성 면접	직무 지식 · 전문역량 평가
토론 면접	문제해결능력 및 의사소통능력 평가

❖ 위 채용 안내는 2024년 채용공고를 기준으로 작성하였으므로 세부사항은 확정된 채용공고를 확인하기 바랍니다.

2024년 기출분석 ANALYSIS

총평

기술보증기금의 필기전형은 피듈형으로 출제되었으며, 난이도가 '중' 정도로 무난했다는 후기가 많았다. 수리능력은 응용 수리의 비중이 높았고, 문제해결능력은 다소 복잡한 자료 문제가 있었으므로 꼼꼼하게 계산하여 풀이하는 연습을 하는 것이 좋겠다. 다만, 정보능력의 경우 엑셀 함수나 정보 이해와 관련된 기본적인 이론을 파악하면 쉽게 풀 수 있는 문제가 출제되었으므로 영역별 핵심 이론을 정확하게 파악하는 것이 필요해 보인다. 전체적으로 기술보증기금 관련 사업이나 이슈에서 출제된 문제가 많았기에 평소에 이와 관련한 내용을 숙지할 필요가 높다.

◇ 영역별 출제 비중

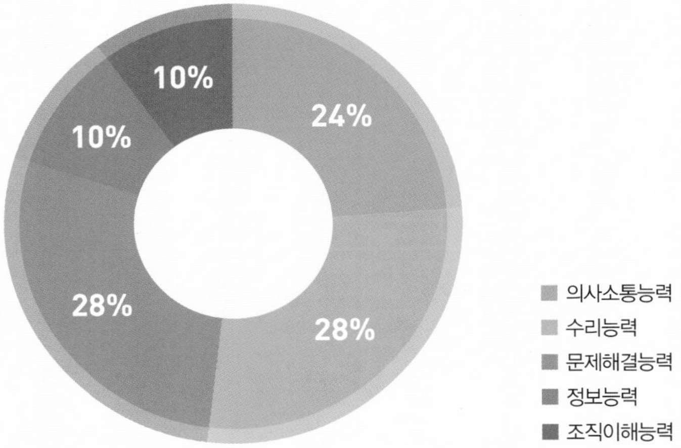

구분	출제 특징	출제 키워드
의사소통능력	• 맞춤법 · 어휘 문제가 출제됨 • 한자성어 · 속담 문제가 출제됨 • 내용 추론 문제가 출제됨 • 문서 내용 이해 문제가 출제됨	• 겨땀/곁땀, 혼조세, 오월동주(吳越同舟), 실사구시(實事求是) 등
수리능력	• 응용 수리 문제가 출제됨 • 자료 이해 문제가 출제됨 • 자료 계산 문제가 출제됨	• 평균, 거속시, 확률, 날짜, 거리, 아인슈타인 퍼즐 등
문제해결능력	• 규칙 적용 문제가 출제됨 • 자료 해석 문제가 출제됨 • SWOT 분석 문제가 출제됨	• 참/거짓, 규칙에 따른 해석, 수렴적 · 발산적 사고 등
정보능력	• 엑셀 함수 문제가 출제됨 • 정보 이해 문제가 출제됨	• 모듈, SUMIF, 함수 그래프, 사이버보안 등
조직이해능력	• 경영 전략 문제가 출제됨 • 조직 구조 문제가 출제됨	• 경영 전략 , 조직 구조, ESG 경영 등

PSAT형

| 수리능력

04 다음은 신용등급에 따른 아파트 보증률에 대한 사항이다. 자료와 상황에 근거할 때, 갑(甲)과 을(乙)의 보증료의 차이는 얼마인가?(단, 두 명 모두 대지비 보증금액은 5억 원, 건축비 보증금액은 3억 원이며, 보증서 발급일로부터 입주자 모집공고 안에 기재된 입주 예정 월의 다음 달 말일까지의 해당 일수는 365일이다)

- (신용등급별 보증료)=(대지비 부분 보증료)+(건축비 부분 보증료)
- 신용평가 등급별 보증료율

구분	대지비 부분	건축비 부분				
		1등급	2등급	3등급	4등급	5등급
AAA, AA	0.138%	0.178%	0.185%	0.192%	0.203%	0.221%
A^+		0.194%	0.208%	0.215%	0.226%	0.236%
A^-, BBB^+		0.216%	0.225%	0.231%	0.242%	0.261%
BBB^-		0.232%	0.247%	0.255%	0.267%	0.301%
BB^+ ~ CC		0.254%	0.276%	0.296%	0.314%	0.335%
C, D		0.404%	0.427%	0.461%	0.495%	0.531%

※ (대지비 부분 보증료)=(대지비 부분 보증금액)×(대지비 부분 보증료율)×(보증서 발급일로부터 입주자 모집공고 안에 기재된 입주 예정 월의 다음 달 말일까지의 해당 일수)÷365

※ (건축비 부분 보증료)=(건축비 부분 보증금액)×(건축비 부분 보증료율)×(보증서 발급일로부터 입주자 모집공고 안에 기재된 입주 예정 월의 다음 달 말일까지의 해당 일수)÷365

- 기여고객 할인율 : 보증료, 거래기간 등을 기준으로 기여도에 따라 6개 군으로 분류하며, 건축비 부분 요율에서 할인 가능

구분	1군	2군	3군	4군	5군	6군
차감률	0.058%	0.050%	0.042%	0.033%	0.025%	0.017%

〈상황〉

- 갑 : 신용등급은 A^+이며, 3등급 아파트 보증금을 내야 한다. 기여고객 할인율에서는 2군으로 선정되었다.
- 을 : 신용등급은 C이며, 1등급 아파트 보증금을 내야 한다. 기여고객 할인율은 3군으로 선정되었다.

① 554,000원
② 566,000원
③ 582,000원
④ 591,000원
⑤ 623,000원

특징
▸ 대부분 의사소통능력, 수리능력, 문제해결능력을 중심으로 출제(일부 기업의 경우 자원관리능력, 조직이해능력을 출제)
▸ 자료에 대한 추론 및 해석 능력을 요구

대행사
▸ 엑스퍼트컨설팅, 커리어넷, 태드솔루션, 한국행동과학연구소(행과연), 휴노 등

모듈형

| 문제해결능력

41 문제해결절차의 문제 도출 단계는 (가)와 (나)의 절차를 거쳐 수행된다. 다음 중 (가)에 대한 설명으로 적절하지 않은 것은?

(가)	→	(나)
전체 문제를 개별화된 이슈들로 세분화		문제에 영향력이 큰 핵심이슈를 선정

① 문제의 내용 및 영향 등을 파악하여 문제의 구조를 도출한다.
② 본래 문제가 발생한 배경이나 문제를 일으키는 메커니즘을 분명히 해야 한다.
③ 현상에 얽매이지 말고 문제의 본질과 실제를 봐야 한다.
④ 눈앞의 결과를 중심으로 문제를 바라봐야 한다.
⑤ 문제 구조 파악을 위해서 Logic Tree 방법이 주로 사용된다.

특징
- ▸ 이론 및 개념을 활용하여 푸는 유형
- ▸ 채용 기업 및 직무에 따라 NCS 직업기초능력평가 10개 영역 중 선발하여 출제
- ▸ 기업의 특성을 고려한 직무 관련 문제를 출제
- ▸ 주어진 상황에 대한 판단 및 이론 적용을 요구

대행사
- ▸ 인트로맨, 휴스테이션, ORP연구소 등

피듈형(PSAT형 + 모듈형)

| 자원관리능력

07 다음 자료를 근거로 판단할 때, 연구모임 A ~ E 중 세 번째로 많은 지원금을 받는 모임은?

〈지원계획〉

- 지원을 받기 위해서는 한 모임당 5명 이상 9명 미만으로 구성되어야 한다.
- 기본지원금은 모임당 1,500천 원을 기본으로 지원한다. 단, 상품개발을 위한 모임의 경우는 2,000천 원을 지원한다.
- 추가지원금

등급	상	중	하
추가지원금(천 원/명)	120	100	70

※ 추가지원금은 연구 계획 사전평가결과에 따라 달라진다.

- 협업 장려를 위해 협업이 인정되는 모임에는 위의 두 지원금을 합한 금액의 30%를 별도로 지원한다.

〈연구모임 현황 및 평가결과〉

특징
- ▸ 기초 및 응용 모듈을 구분하여 푸는 유형
- ▸ 기초인지모듈과 응용업무모듈로 구분하여 출제
- ▸ PSAT형보다 난도가 낮은 편
- ▸ 유형이 정형화되어 있고, 유사한 유형의 문제를 세트로 출제

대행사
- ▸ 사람인, 스카우트, 인크루트, 커리어케어, 트리피, 한국사회능력개발원 등

신용보증기금

경우의 수 ▶ 유형

2024년 적중

07 1, 1, 1, 2, 2, 3을 가지고 여섯 자리 수를 만들 때, 가능한 경우의 수는 모두 몇 가지인가?

① 30가지
② 60가지
③ 120가지
④ 240가지
⑤ 480가지

소수 ▶ 키워드

2024년 적중

12 A씨가 근무하는 K기금은 출근 시 카드 또는 비밀번호를 입력하여야 한다. 어느 날 A씨는 카드를 집에 두고 출근을 하여 비밀번호로 근무지에 출입하고자 한다. 그러나 비밀번호가 잘 기억이 나지 않아 당혹스럽다. 네 자리 숫자의 비밀번호에 대해 다음 〈조건〉이 주어진다면, A씨가 이해한 내용으로 옳지 않은 것은?

조건
- 비밀번호를 구성하고 있는 각 숫자는 소수가 아니다.
- 6과 8 중에서 단 하나만이 비밀번호에 들어간다.
- 비밀번호는 짝수로 시작한다.
- 비밀번호의 각 숫자는 큰 수부터 차례로 나열되어 있다.
- 같은 숫자는 두 번 이상 들어가지 않는다.

① 비밀번호는 짝수이다.
② 비밀번호의 앞에서 두 번째 숫자는 4이다.
③ 단서를 모두 만족하는 비밀번호는 모두 세 가지이다.
④ 비밀번호는 1을 포함하지만 9는 포함하지 않는다.
⑤ 단서를 모두 만족하는 비밀번호 중 가장 작은 수는 6410이다.

맞춤법 ▶ 유형

2024년 적중

13 다음 중 밑줄 친 부분의 맞춤법 수정 방안으로 적절하지 않은 것은?

> 옛것을 <u>본받는</u> 사람은 옛 자취에 <u>얽메이는</u> 것이 문제다. 새것을 만드는 사람은 이치에 <u>합당지</u> 않은 것이 걱정이다. 진실로 능히 옛것을 <u>변화할줄</u> 알고, 새것을 만들면서 법도에 <u>맞을수만</u> 있다면 지금 글도 옛글만큼 훌륭하게 쓸 수 있을 것이다.

① 본받는 → 본 받는
② 얽메이는 → 얽매이는
③ 합당지 → 합당치
④ 변화할줄 → 변화할 줄
⑤ 맞을수만 → 맞을 수만

기술보증기금

참/거짓 ▶ 유형

2024년 적중

13 S회사의 마케팅 부서 직원 A ~ H가 원탁에 앉아서 회의를 하려고 한다. 다음 〈조건〉을 참고할 때, 항상 참인 것은?(단, 서로 이웃해 있는 직원 간의 사이는 모두 동일하다)

조건
- A와 C는 가장 멀리 떨어져 있다.
- A 옆에는 G가 앉는다.
- B와 F는 서로 마주보고 있다.
- D는 E 옆에 앉는다.
- H는 B 옆에 앉지 않는다.

① 가능한 모든 경우의 수는 4가지이다.
② A와 B 사이에는 항상 누군가 앉아 있다.
③ C 옆에는 항상 E가 있다.
④ E와 G는 항상 마주 본다.
⑤ G의 오른쪽 옆에는 항상 H가 있다.

엑셀 함수 ▶ 유형

2024년 적중

01 K사 영업부에 근무 중인 C사원은 영업부 사원들의 월별 매출을 다음과 같이 함수를 이용해 만 단위로 나타내려고 한다. 이때 [B9] 셀에 입력된 함수로 옳은 것은?

	A	B	C	D	E	F
1	구분	1월	2월	3월	5월	6월
2	A대리	1,252,340	1,345,620	1,568,670	1,321,670	1,563,850
3	B주임	1,689,320	1,859,460	1,546,210	1,689,250	1,123,960
4	C사원	1,432,670	1,965,230	1,532,460	1,326,030	1,659,210
5	D주임	1,235,640	1,635,420	1,236,950	1,468,210	1,246,180
6	E사원	1,743,560	1,325,470	1,125,350	1,856,920	1,216,530
7						
8	구분	1월	2월	3월	5월	6월
9	A대리	1,260,000	1,350,000	1,570,000	1,330,000	1,570,000
10	B주임	1,690,000	1,860,000	1,550,000	1,690,000	1,130,000
11	C사원	1,440,000	1,970,000	1,540,000	1,330,000	1,660,000
12	D주임	1,240,000	1,640,000	1,240,000	1,470,000	1,250,000
13	E사원	1,750,000	1,330,000	1,130,000	1,860,000	1,220,000

① =ROUND(B2, −3)
② =ROUND(B2, −4)
③ =ROUNDUP(B2, −3)
④ =ROUNDUP(B2, −4)
⑤ =ROUNDDOWN(B2, −4)

한국자산관리공사

글의 주제 ▸ 유형

2024년 적중

01 다음 글의 주제로 가장 적절한 것은?

우리는 주변에서 신호등 음성 안내기, 휠체어 리프트, 점자 블록 등의 장애인 편의 시설을 많이 볼 수 있다. 우리는 이러한 편의 시설을 장애인들이 지니고 있는 국민으로서의 기본 권리를 인정한 것이라는 시각에서 바라보고 있다. 물론, 장애인의 일상생활 보장이라는 측면에서 이 시각은 당연한 것이다. 하지만 또 다른 시각이 필요하다. 그것은 바로 편의 시설이 장애인만을 위한 것이 아니라 일상생활에서 활동에 불편을 겪는 모두를 위한 것이라는 시각이다. 편리하고 안전한 시설은 장애인뿐만 아니라 우리 모두에게 유용하기 때문이다. 예를 들어, 건물의 출입구에 설치되어 있는 경사로는 장애인들의 휠체어만 다닐 수 있도록 설치해 놓은 것이 아니라, 몸이 불편해서 계단을 오르내릴 수 없는 노인이나 유모차를 끌고 다니는 사람들도 편하게 다닐 수 있도록 만들어 놓은 시설이다. 결국 이 경사로는 우리 모두에게 유용한 시설인 것이다.
그런 의미에서 근래에 대두되고 있는 '보편적 디자인', 즉 '유니버설 디자인(Universal Design)'이라는 개념은 우리에게 좋은 시사점을 제공해 준다. 보편적 디자인은 가능한 모든 사람이 이용할 수 있도록 제품, 건물, 공간을 디자인한다는 의미를 가지고 있다. 이러한 시각으로 바라본다면 장애인 편의 시설은 우리 모두에게 편리하고 안전한 시설로 인식될 것이다.

① 우리 주변에서는 장애인 편의 시설을 많이 볼 수 있다.
② 보편적 디자인은 근래에 대두되고 있는 중요한 개념이다.
③ 어떤 집단의 사람들이라도 이용할 수 있는 제품을 만들어야 한다.
④ 보편적 디자인이라는 관점에서 장애인 편의 시설을 바라볼 필요가 있다.
⑤ 장애인들의 기본 권리를 보장하기 위해 장애인 편의 시설을 확충해야 한다.

맞춤법 ▸ 유형

2024년 적중

02 다음 중 밑줄 친 부분의 맞춤법이 옳은 것은?

① 그는 손가락으로 북쪽을 <u>가르켰다</u>.
② <u>뚝배기</u>에 담겨 나와서 시간이 지나도 식지 않았다.
③ 열심히 하는 것은 좋은데 <u>촛점</u>이 틀렸다.
④ 몸이 너무 약해서 보약을 <u>다려</u> 먹어야겠다.
⑤ 벽을 가득 덮고 있는 <u>덩쿨</u> 덕에 여름 분위기가 난다.

HUG 주택도시보증공사

경제 ▸ 키워드

2024년 적중

05 다음 글의 내용을 통해 추론할 수 없는 것은?

> 공유와 경제가 합쳐진 공유경제는 다양한 맥락에서 정의되는 용어이지만, 공유경제라는 개념은 '소유권(Ownership)'보다는 '접근권(Accessibility)'에 기반을 둔 경제모델을 의미한다. 전통경제에서는 생산을 담당하는 기업들이 상품이나 서비스를 생산하기 위해서 원료, 부품, 장비 등을 사거나 인력을 고용했던 것과 달리, 공유경제에서는 기업뿐만 아니라 개인들도 자산이나 제품이 제공하는 서비스에 대한 접근권의 거래를 통해서 자원을 효율적으로 활용하여 가치를 창출할 수 있다. 소유권의 거래에 기반한 기존 자본주의 시장경제와는 다른 새로운 게임의 법칙이 대두한 것이다.
>
> 공유경제에서는 온라인 플랫폼이라는 조직화된 가상공간을 통해서 접근권의 거래가 이루어진다. 온라인 플랫폼은 인터넷의 연결성을 기반으로 유휴자산(遊休資産)을 보유하거나 필요로 하는 수많은 소비자와 공급자가 모여서 소통할 수 있는 기반이 된다. 다양한 선호를 가진 이용자들이 거래 상대를 찾는 작업을 사람이 일일이 처리하는 것은 불가능한 일인데, 공유경제 기업들은 고도의 알고리즘을 이용하여 검색, 매칭, 모니터링 등의 거래 과정을 자동화하여 처리한다.
>
> 공유경제에서 거래되는 유휴자산의 종류는 자동차나 주택에 국한되지 않는다. 개인이나 기업들이 소유한 물적·금전적·지적 자산에 대한 접근권을 온라인 플랫폼을 통해서 거래할 수만 있다면 거의 모든 자산의 거래가 공유경제의 일환이 될 수 있다. 가구, 가전 등의 내구재, 사무실, 공연장, 운동장 등의 물리적 공간, 전문가나 기술자의 지식, 개인들의 여유 시간이나 여유 자금 등이 모두 접근권 거래의 대상이 될 수 있다.

① 기존의 시장경제는 접근권(Accessibility)보다 소유권(Ownership)에 기반을 두었다.
② 공유경제의 등장에는 인터넷의 발달이 중요한 역할을 하였다.
③ 인터넷 등장 이전에는 이용자와 그에 맞는 거래 상대를 찾는 작업을 일일이 처리할 수 없었다.
④ 공유경제에서는 온라인 플랫폼을 통해 거의 모든 자산에 대한 접근권(Accessibility)을 거래할 수 있다.
⑤ 온라인 플랫폼을 통해 자신이 타던 자동차를 판매하여 소유권을 이전하는 것도 공유경제의 일환이 될 수 있다.

확률 ▸ 유형

2024년 적중

06 두 자연수 a, b에 대하여 a가 짝수일 확률은 $\frac{2}{3}$, b가 짝수일 확률은 $\frac{3}{5}$이다. 이때 a와 b의 곱이 짝수일 확률은?

① $\frac{11}{15}$
② $\frac{4}{5}$
③ $\frac{13}{15}$
④ $\frac{14}{15}$
⑤ $\frac{1}{3}$

도서 200% 활용하기 STRUCTURES

1 기출복원문제로 출제경향 파악

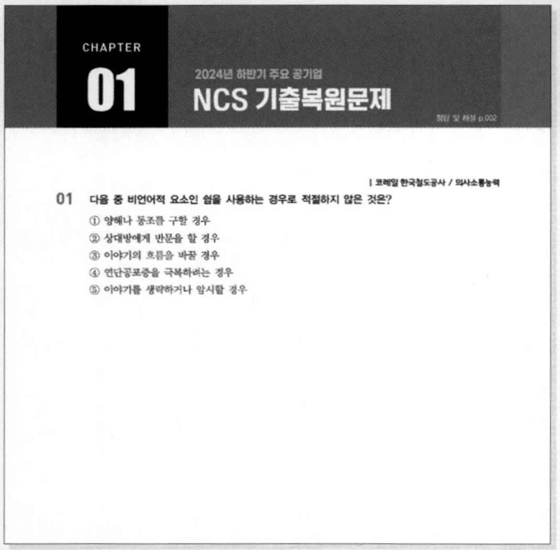
CHAPTER 01
2024년 하반기 주요 공기업
NCS 기출복원문제
정답 및 해설 p.002

| 코레일 한국철도공사 / 의사소통능력

01 다음 중 비언어적 요소인 쉼을 사용하는 경우로 적절하지 않은 것은?
① 양해나 동조를 구할 경우
② 상대방에게 반문을 할 경우
③ 이야기의 흐름을 바꿀 경우
④ 연단공포증을 극복하려는 경우
⑤ 이야기를 생략하거나 암시할 경우

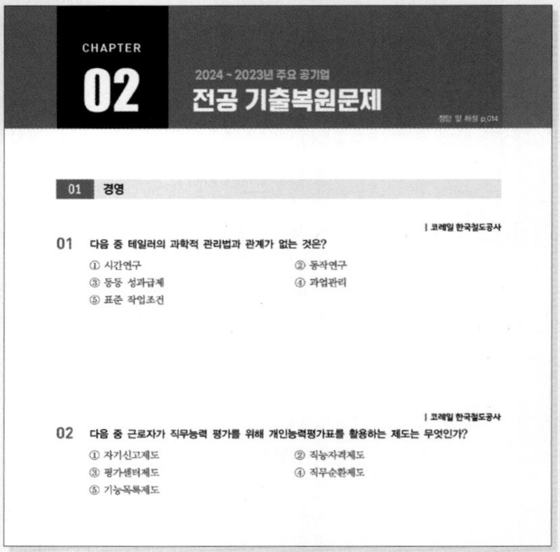
CHAPTER 02
2024 ~ 2023년 주요 공기업
전공 기출복원문제
정답 및 해설 p.014

01 경영

| 코레일 한국철도공사

01 다음 중 테일러의 과학적 관리법과 관계가 없는 것은?
① 시간연구 ② 동작연구
③ 동등 성과급제 ④ 과업관리
⑤ 표준 작업조건

| 코레일 한국철도공사

02 다음 중 근로자가 직무능력 평가를 위해 개인능력평가표를 활용하는 제도는 무엇인가?
① 자기신고제도 ② 직능자격제도
③ 평가센터제도 ④ 직무순환제도
⑤ 기능목록제도

▶ 2024년 하반기 주요 공기업 NCS 및 2024～2023년 전공 기출복원문제를 수록하여 공기업별 출제경향을 파악할 수 있도록 하였다.

2 출제 영역 맞춤 문제로 필기전형 완벽 대비

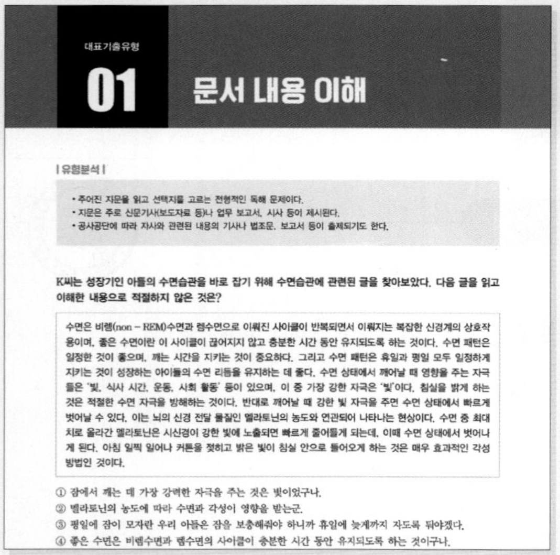
대표기출유형
01
문서 내용 이해

| 유형분석 |

• 주어진 지문을 읽고 선택지를 고르는 전형적인 독해 문제이다.
• 지문은 주로 신문기사(보도자료 등)나 업무 보고서, 시사 등이 제시된다.
• 공사공단에 따라 자사와 관련된 내용의 기사나 법조문, 보고서 등이 출제되기도 한다.

K씨는 성장기인 아들의 수면습관을 바로 잡기 위해 수면습관에 관련된 글을 찾아보았다. 다음 글을 읽고 이해한 내용으로 적절하지 않은 것은?

수면은 비렘(non – REM)수면과 렘수면으로 이뤄진 사이클이 반복되면서 이뤄지는 복잡한 신경계의 상호작용이며, 좋은 수면이란 이 사이클이 끊어지지 않고 충분한 시간 동안 유지되도록 하는 것이다. 수면 패턴은 일정한 것이 좋으며, 깨는 시간을 지키는 것이 중요하다. 그리고 수면 패턴은 휴일과 평일 모두 일정하게 지키는 것이 성장하는 아이들의 수면 리듬을 유지하는 데 좋다. 수면 상태에서 깨어날 때 영향을 주는 자극들은 '빛, 식사 시간, 운동, 사회 활동' 등이 있으며, 이 중 가장 강한 자극은 '빛'이다. 침실을 밝게 하는 것은 적절한 수면 자극을 방해하는 것이다. 반대로 깨어날 때 강한 빛 자극을 주면 수면 상태에서 빠르게 벗어날 수 있다. 이는 뇌의 신경 전달 물질인 멜라토닌의 농도와 연관되어 나타나는 현상이다. 수면 중 최대치로 올라간 멜라토닌은 시신경이 강한 빛에 노출되면 빠르게 줄어들게 되는데, 이때 수면 상태에서 벗어나게 된다. 아침 일찍 일어나 커튼을 젖히고 밝은 빛이 침실 안으로 들어오게 하는 것은 매우 효과적인 각성 방법인 것이다.

① 잠에서 깨는 데 가장 강력한 자극을 주는 것은 빛이었구나.
② 멜라토닌의 농도에 따라 수면과 각성이 영향을 받는군.
③ 평일에 잠이 모자란 우리 아들은 잠을 보충해줘야 하니까 휴일에 늦게까지 자도록 둬야겠다.
④ 좋은 수면은 비렘수면과 렘수면의 사이클이 충분한 시간 동안 유지되도록 하는 것이구나.

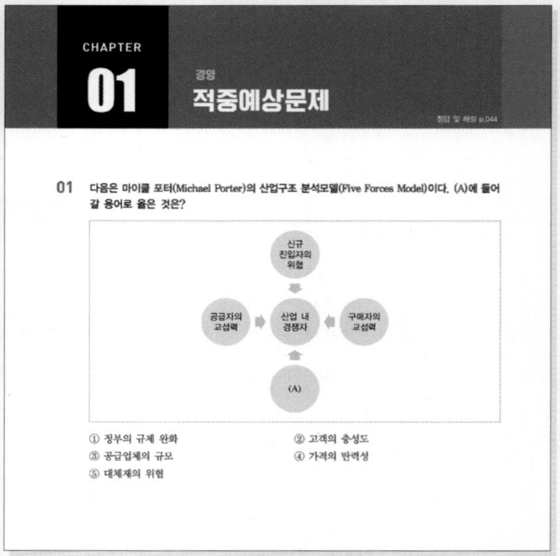
CHAPTER 01
경영
적중예상문제
정답 및 해설 p.044

01 다음은 마이클 포터(Michael Porter)의 산업구조 분석모델(Five Forces Model)이다. (A)에 들어갈 용어로 옳은 것은?

① 정부의 규제 완화 ② 고객의 충성도
③ 공급업체의 규모 ④ 가격의 탄력성
⑤ 대체재의 위협

▶ 직업기초능력 대표기출유형&기출응용문제를 수록하여 유형별로 대비할 수 있도록 하였다.
▶ 직무수행능력(경영 · 경제 · 법) 적중예상문제를 수록하여 전공까지 확실하게 대비할 수 있도록 하였다.

3 최종점검 모의고사 + OMR을 활용한 실전 연습

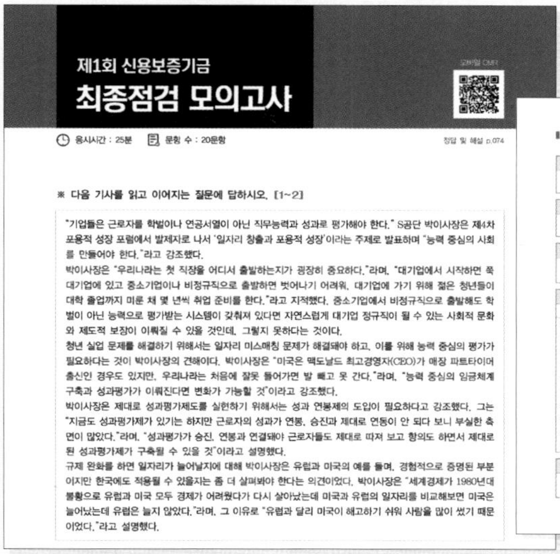
제1회 신용보증기금
최종점검 모의고사
모바일 OMR
응시시간 : 25분 문항 수 : 20문항
정답 및 해설 p.074

※ 다음 기사를 읽고 이어지는 질문에 답하시오. [1~2]

"기업들은 근로자를 학벌이나 연공서열이 아닌 직무능력과 성과로 평가해야 한다." S공단 박이사장은 제4차 포용적 성장 포럼에서 발제자로 나서 '일자리 창출과 포용적 성장'이라는 주제로 발표하며 "능력 중심의 사회를 만들어야 한다."라고 강조했다.
박이사장은 "우리나라는 첫 직장을 어디서 출발하는지가 굉장히 중요하다."라며, "대기업에서 시작하면 쭉 대기업에 있고 중소기업이나 비정규직으로 출발하면 벗어나기 어려워, 대기업에 가기 위해 젊은 청년들이 대학 졸업까지 미룬 채 몇 년씩 취업 준비를 한다."라고 지적했다. 중소기업에서 비정규직으로 출발해도 학벌이 아닌 능력으로 평가받는 시스템이 갖춰져 있다면 자연스럽게 대기업 정규직이 될 수 있는 사회적 문화와 제도적 보장이 이뤄질 수 있을 것인데, 그렇지 못하다는 것이다.
청년 실업 문제를 해결하기 위해서는 일자리 미스매칭 문제가 해결돼야 하고, 이를 위해 능력 중심의 평가가 필요하다는 것이 박이사장의 견해이다. 박이사장은 "미국은 맥도날드 최고경영자(CEO)가 매장 파트타이머 출신인 경우도 있지만, 우리나라는 처음에 잘못 들어가면 발 빼고 못 간다."라며, "능력 중심의 임금체계 구축과 성과평가가 이뤄진다면 변화가 가능할 것"이라고 강조했다.
박이사장은 제대로 성과평가제도를 실현하기 위해서는 성과 연봉제의 도입이 필요하다고 강조했다. 그는 "지금도 성과평가제가 있기는 하지만 근로자의 성과가 연봉, 승진과 제대로 연동이 안 되다 보니 부실한 측면이 많았다."라며, "성과평가가 승진, 연봉과 연결돼야 근로자들도 제대로 따져 보고 항의도 하면서 제대로 된 성과평가제가 구축될 수 있을 것"이라고 설명했다.
규제 완화를 하면 일자리가 늘어날지에 대해 박이사장은 유럽과 미국의 예를 들며, 경험적으로 증명된 부분이지만 한국에도 적용될 수 있을지는 좀 더 살펴봐야 한다는 의견이었다. 박이사장은 "세계경제가 1980년대 불황으로 유럽과 미국 모두 경제가 어려웠다가 다시 살아났는데 미국과 유럽의 일자리를 비교해보면 미국은 늘어났는데 유럽은 늘지 않았다."라며, 그 이유로 "유럽과 달리 미국이 해고하기 쉬워 사람을 많이 썼기 때문이었다."라고 설명했다.

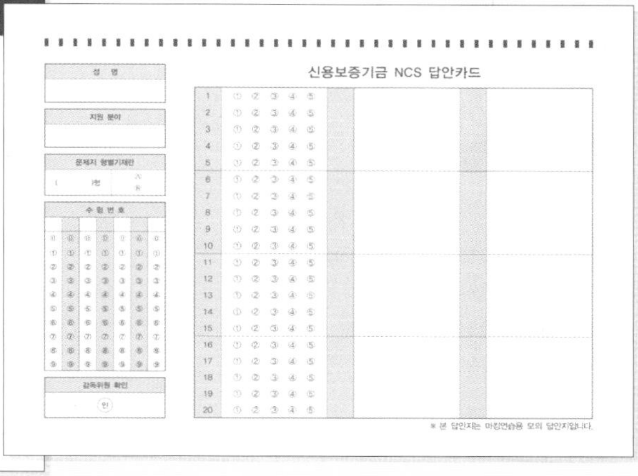

▸ 최종점검 모의고사와 OMR 답안카드를 수록하여 실제로 시험을 보는 것처럼 마무리 연습을 할 수 있도록 하였다.
▸ 모바일 OMR 답안채점/성적분석 서비스를 통해 필기전형에 대비할 수 있도록 하였다.

4 인성검사부터 면접까지 한 권으로 최종 마무리

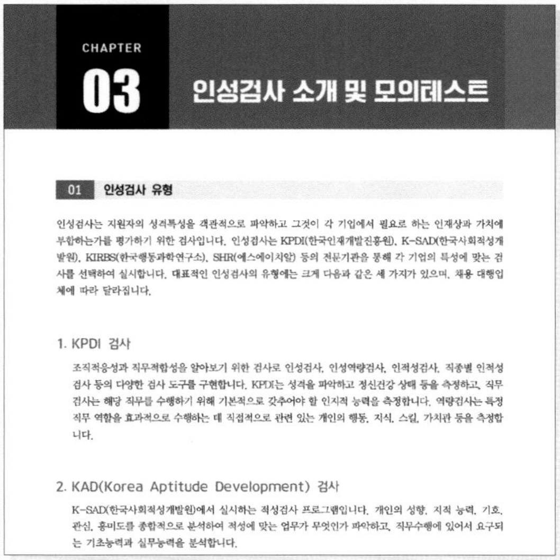
CHAPTER 03 인성검사 소개 및 모의테스트

01 인성검사 유형

인성검사는 지원자의 성격특성을 객관적으로 파악하고 그것이 각 기업에서 필요로 하는 인재상과 가치에 부합하는가를 평가하기 위한 검사입니다. 인성검사는 KPDI(한국인재개발진흥원), K-SAD(한국사회적성개발원), KIRBS(한국행동과학연구소), SHR(에스에이치알) 등의 전문기관을 통해 각 기업의 특성에 맞는 검사를 선택하여 실시합니다. 대표적인 인성검사의 유형에는 크게 다음과 같은 세 가지가 있으며, 채용 대행업체에 따라 달라집니다.

1. KPDI 검사

조직적응성과 직무적합성을 알아보기 위한 검사로 인성검사, 인성역량검사, 인적성검사, 직종별 인적성검사 등의 다양한 검사 도구를 구현합니다. KPDI는 성격을 파악하고 정신건강 상태 등을 측정하고, 직무검사는 해당 직무를 수행하기 위해 기본적으로 갖추어야 할 인지적 능력을 측정합니다. 역량검사는 특정 직무 역할을 효과적으로 수행하는 데 직접적으로 관련 있는 개인의 행동, 지식, 스킬, 가치관 등을 측정합니다.

2. KAD(Korea Aptitude Development) 검사

K-SAD(한국사회적성개발원)에서 실시하는 적성검사 프로그램입니다. 개인의 성향, 지적 능력, 기호, 관심, 흥미도를 종합적으로 분석하여 적성에 맞는 업무가 무엇인가 파악하고, 직무수행에 있어서 요구되는 기초능력과 실무능력을 분석합니다.

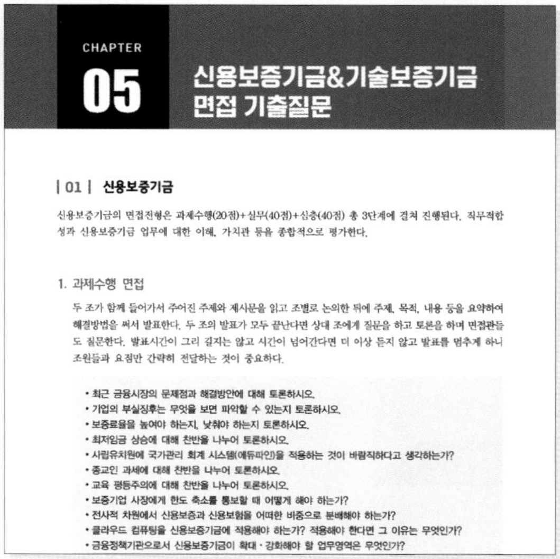
CHAPTER 05 신용보증기금&기술보증기금 면접 기출질문

| 01 | 신용보증기금

신용보증기금의 면접전형은 과제수행(20점)+실무(40점)+심층(40점) 총 3단계에 걸쳐 진행된다. 직무적합성과 신용보증기금 업무에 대한 이해, 가치관 등을 종합적으로 평가한다.

1. 과제수행 면접

두 조가 함께 들어가서 주어진 주제와 제시문을 읽고 조별로 논의한 뒤에 주제, 목적, 내용 등을 요약하여 해결방법을 써서 발표한다. 두 조의 발표가 모두 끝난다면 상대 조에게 질문을 하고 토론을 하며 면접관들도 질문한다. 발표시간이 그리 길지는 않고 시간이 넘어간다면 더 이상 듣지 않고 발표를 멈추게 하니 조원들과 요점만 간략히 전달하는 것이 중요하다.

- 최근 금융시장의 문제점과 해결방안에 대해 토론하시오.
- 기업의 부실징후는 무엇을 보면 파악할 수 있는지 토론하시오.
- 보증료율을 높여야 하는지, 낮춰야 하는지 토론하시오.
- 최저임금 상승에 대해 찬반을 나누어 토론하시오.
- 사립유치원에 국가관리 회계 시스템(에듀파인)을 적용하는 것이 바람직하다고 생각하는가?
- 종교인 과세에 대해 찬반을 나누어 토론하시오.
- 교육 평등주의에 대해 찬반을 나누어 토론하시오.
- 보증기업 사장에게 한도 축소를 통보할 때 어떻게 해야 하는가?
- 전사적 차원에서 신용보증과 신용보험을 어떠한 비중으로 분배해야 하는가?
- 클라우드 컴퓨팅을 신용보증기금에 적용해야 하는가? 적용해야 한다면 그 이유는 무엇인가?
- 금융정책기관으로서 신용보증기금이 확대·강화해야 할 업무영역은 무엇인가?

▸ 인성검사 모의테스트를 수록하여 인성검사 유형 및 문항을 확인할 수 있도록 하였다.
▸ 신용보증기금&기술보증기금 면접 기출질문을 통해 실제 면접에서 나오는 질문을 미리 파악하고 연습할 수 있도록 하였다.

이 책의 차례 CONTENTS

Add+

특별부록

CHAPTER

01

2024년 하반기 주요 공기업

NCS 기출복원문제

정답 및 해설 p.002

| 코레일 한국철도공사 / 의사소통능력

01 **다음 중 비언어적 요소인 쉼을 사용하는 경우로 적절하지 않은 것은?**

① 양해나 동조를 구할 경우
② 상대방에게 반문을 할 경우
③ 이야기의 흐름을 바꿀 경우
④ 연단공포증을 극복하려는 경우
⑤ 이야기를 생략하거나 암시할 경우

| 코레일 한국철도공사 / 의사소통능력

02 **다음 밑줄 친 부분에 해당하는 키슬러의 대인관계 의사소통 유형은?**

> 의사소통 시 이 유형의 사람은 따뜻하고 인정이 많고 자기희생적이나 타인의 요구를 거절하지 못하므로 타인과의 정서적인 거리를 유지하는 노력이 필요하다.

① 지배형
② 사교형
③ 친화형
④ 고립형
⑤ 순박형

03 다음 글을 통해 알 수 있는 철도사고 발생 시 행동요령으로 적절하지 않은 것은?

> 철도사고는 지하철, 고속철도 등 철도에서 발생하는 사고를 뜻한다. 많은 사람이 한꺼번에 이용하며 무거운 전동차가 고속으로 움직이는 특성상 철도사고가 발생할 경우 인명과 재산에 큰 피해가 발생한다.
> 철도사고는 다양한 원인에 의해 발생하며 사고 유형 또한 다양하게 나타나는데, 대표적으로는 충돌사고, 탈선사고, 열차화재사고가 있다. 이 사고들은 철도안전법에서 철도교통사고로 규정되어 있으며, 많은 인명피해를 야기하므로 철도사업자는 반드시 이를 예방하기 위한 조치를 취해야 한다. 또한 승객들은 위험으로부터 빠르게 벗어나기 위해 사고 시 대피요령을 파악하고 있어야 한다.
> 국토교통부는 철도사고 발생 시 인명과 재산을 보호하기 위한 국민행동요령을 제시하고 있다. 이 행동요령에 따르면 지하철에서 사고가 발생할 경우 가장 먼저 객실 양 끝에 있는 인터폰으로 승무원에게 사고를 알려야 한다. 만약 화재가 발생했다면 곧바로 119에 신고하고, 여유가 있다면 객실 양 끝에 비치된 소화기로 불을 꺼야 한다. 반면 화재의 진화가 어려울 경우 입과 코를 젖은 천으로 막고 화재가 발생하지 않은 다른 객실로 이동해야 한다. 전동차에서 대피할 때는 안내방송과 승무원의 안내에 따라 질서 있게 대피해야 하며 이때 부상자, 노약자, 임산부가 먼저 대피할 수 있도록 배려하고 도와주어야 한다. 만약 전동차의 문이 열리지 않으면 반드시 열차가 멈춘 후에 안내방송에 따라 비상핸들이나 비상콕크를 돌려 문을 열고 탈출해야 한다. 전동차가 플랫폼에 멈췄을 경우 스크린도어를 열고 탈출해야 하는데, 손잡이를 양쪽으로 밀거나 빨간색 비상바를 밀고 탈출해야 한다. 반대로 역이 아닌 곳에서 멈췄을 경우 감전의 위험이 있으므로 반드시 승무원의 안내에 따라 반대편 선로의 열차 진입에 유의하며 대피 유도등을 따라 침착하게 비상구로 대피해야 한다.
> 이와 같이 승객들은 철도사고 발생 시 신고, 질서 유지, 빠른 대피를 중점적으로 유념하여 행동해야 한다. 철도사고는 사고 자체가 일어나지 않도록 철저한 안전관리와 예방이 필요하지만, 다양한 원인으로 예상치 못하게 발생한다. 따라서 철도교통을 이용하는 승객 또한 평소에 안전 수칙을 준수하고 비상 상황에서 침착하게 대처하는 훈련이 필요하다.

① 침착함을 잃지 않고 승무원의 안내에 따라 대피해야 한다.
② 화재사고 발생 시 규모가 크지 않다면 빠르게 진화 작업을 해야 한다.
③ 선로에서 대피할 경우 승무원의 안내와 대피 유도등을 따라 대피해야 한다.
④ 전동차에서 대피할 때는 탈출이 어려운 사람부터 대피할 수 있도록 도와야 한다.
⑤ 철도사고 발생 시 탈출을 위해 우선 비상핸들을 돌려 열차의 문을 개방해야 한다.

04 다음 글을 읽고 알 수 있는 하향식 읽기 모형의 사례로 적절하지 않은 것은?

> 글을 읽는 것은 단순히 책에 쓰인 문자를 해독하는 것이 아니라 그 안에 담긴 의미를 파악하는 과정이다. 그렇다면 사람들은 어떤 방식으로 글의 의미를 파악할까? 세상의 모든 어휘를 알고 있는 사람은 없을 것이다. 그러나 대부분의 사람들, 특히 고등교육을 받은 성인들은 자신이 잘 모르는 어휘가 있더라도 글의 전체적인 맥락과 의미를 파악할 수 있다. 이를 설명해 주는 것이 바로 하향식 읽기 모형이다.
>
> 하향식 읽기 모형은 독자가 이미 알고 있는 배경지식과 경험을 바탕으로 글의 전체적인 맥락을 먼저 파악하는 방식이다. 하향식 읽기 모형은 독자의 능동적인 참여를 활용하는 읽기로, 여기서 독자는 단순히 글을 받아들이는 수동적인 존재가 아니라 자신의 지식과 경험을 활용하여 글의 의미를 구성해 나가는 주체적인 역할을 한다. 이때 독자는 글의 내용을 예측하고 추론하며, 심지어 자신의 생각을 더하여 글에 대한 이해를 넓혀갈 수 있다.
>
> 하향식 읽기 모형의 장점은 빠르고 효율적인 독서가 가능하다는 것이다. 글의 전체적인 맥락을 먼저 파악하기 때문에 글의 핵심 내용을 빠르게 파악할 수 있고, 배경지식을 활용하여 더 깊이 있는 이해를 얻을 수 있다. 또한 예측과 추론을 통한 능동적인 독서는 독서에 대한 흥미를 높여 주는 효과도 있다.
>
> 그러나 하향식 읽기 모형은 독자의 배경지식에 의존하여 읽는 방법이므로 배경지식이 부족한 경우 글의 의미를 정확하게 파악하기 어려울 수 있으며, 배경지식에 의존하여 오해를 할 가능성도 크다. 또한 글의 내용이 복잡하다면 많은 배경지식을 가지고 있더라도 글의 맥락을 적극적으로 가정하거나 추측하기 어려운 것 또한 하향식 읽기 모형의 단점이 된다.
>
> 하향식 읽기 모형은 글의 내용을 빠르게 이해하고 독자 스스로 내면화할 수 있으므로 독서 능력 향상에 유용한 방법이다. 그러나 모든 글에 동일하게 적용할 수 있는 읽기 모형은 아니므로 글의 종류와 독자의 배경지식에 따라 적절한 읽기 전략을 사용해야 한다. 따라서 하향식 읽기 모형과 함께 상향식 읽기(문자의 정확한 해독), 주석 달기, 소리 내어 읽기 등 다양한 읽기 전략을 활용하여야 한다.

① 회의 자료를 읽기 전 회의 주제를 먼저 파악하여 회의 안건을 예상하였다.

② 기사의 헤드라인을 먼저 읽어 기사의 내용을 유추한 뒤 상세 내용을 읽었다.

③ 제품 설명서를 읽어 제품의 기능과 각 버튼의 용도를 파악하고 기계를 작동시켰다.

④ 요리법의 전체적인 조리 과정을 파악하고 단계별로 필요한 재료와 순서를 확인하였다.

⑤ 서문이나 목차를 통해 책의 전체적인 흐름을 파악하고 관심 있는 부분을 집중적으로 읽었다.

| 코레일 한국철도공사 / 수리능력

05 농도가 15%인 소금물 200g과 농도가 20%인 소금물 300g을 섞었을 때, 섞인 소금물의 농도는?

① 17%
② 17.5%
③ 18%
④ 18.5%
⑤ 19%

| 코레일 한국철도공사 / 수리능력

06 남직원 A ~ C, 여직원 D ~ F 6명이 일렬로 앉고자 한다. 여직원끼리 인접하지 않고, 여직원 D와 남직원 B가 서로 인접하여 앉는 경우의 수는?

① 12가지
② 20가지
③ 40가지
④ 60가지
⑤ 120가지

| 코레일 한국철도공사 / 수리능력

07 다음과 같이 일정한 규칙으로 수를 나열할 때 빈칸에 들어갈 수로 옳은 것은?

−23	−15	−11	5	13	25	( )	45	157	65

① 49
② 53
③ 57
④ 61
⑤ 65

08 다음은 K시의 유치원, 초·중·고등학교, 고등교육기관의 취학률 및 초·중·고등학교의 상급학교 진학률에 대한 자료이다. 이에 대한 설명으로 옳지 않은 것은?

〈유치원, 초·중·고등학교, 고등교육기관 취학률〉

(단위 : %)

구분	2014년	2015년	2016년	2017년	2018년	2019년	2020년	2021년	2022년	2023년
유치원	45.8	45.2	48.3	50.6	51.6	48.1	44.3	45.8	49.7	52.8
초등학교	98.7	99	98.6	98.9	99.3	99.6	98.1	98.1	99.5	99.9
중학교	98.5	98.6	98.1	98	98.9	98.5	97.1	97.6	97.5	98.2
고등학교	95.3	96.9	96.2	95.4	96.2	94.7	92.1	93.7	95.2	95.6
고등교육기관	65.6	68.9	64.9	66.2	67.5	69.2	70.8	71.7	74.3	73.5

〈초·중·고등학교 상급학교 진학률〉

(단위 : %)

구분	2014년	2015년	2016년	2017년	2018년	2019년	2020년	2021년	2022년	2023년
초등학교	100	100	100	100	100	100	100	100	100	100
중학교	99.7	99.7	99.7	99.7	99.7	99.7	99.7	99.7	99.7	99.6
고등학교	93.5	91.8	90.2	93.2	91.7	90.5	91.4	92.6	93.9	92.8

① 중학교의 취학률은 매년 97% 이상이다.
② 매년 취학률이 가장 높은 기관은 초등학교이다.
③ 고등교육기관의 취학률이 70%를 넘긴 해는 2020년부터이다.
④ 2023년에 중학교에서 고등학교로 진학하지 않은 학생의 비율은 전년 대비 감소하였다.
⑤ 고등교육기관의 취학률이 가장 낮은 해와 고등학교의 상급학교 진학률이 가장 낮은 해는 같다.

09 다음은 A기업과 B기업의 2024년 1 ~ 6월 매출액에 대한 자료이다. 이를 그래프로 옮겼을 때의 개형으로 옳은 것은?

〈2024년 1 ~ 6월 A, B기업 매출액〉

(단위 : 억 원)

구분	2024년 1월	2024년 2월	2024년 3월	2024년 4월	2024년 5월	2024년 6월
A기업	307.06	316.38	315.97	294.75	317.25	329.15
B기업	256.72	300.56	335.73	313.71	296.49	309.85

①
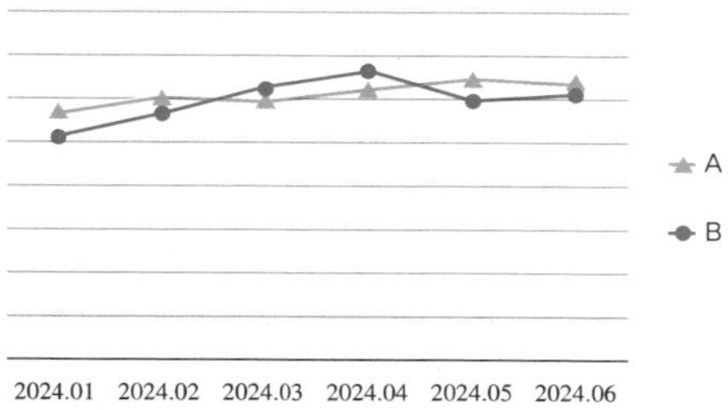

②
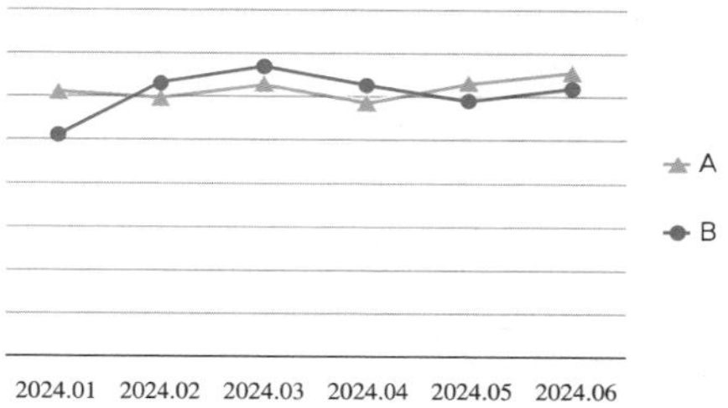

③
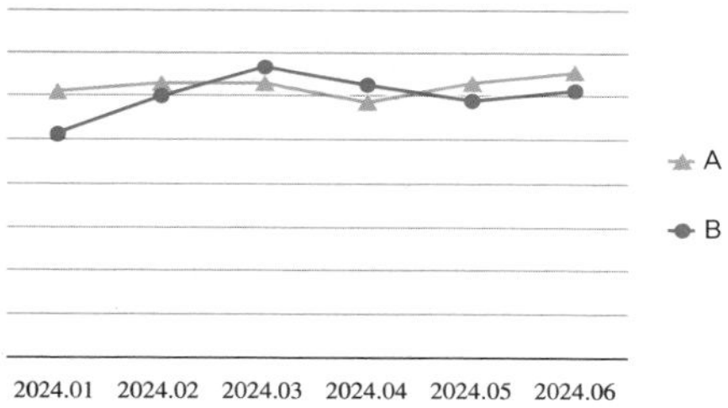

④
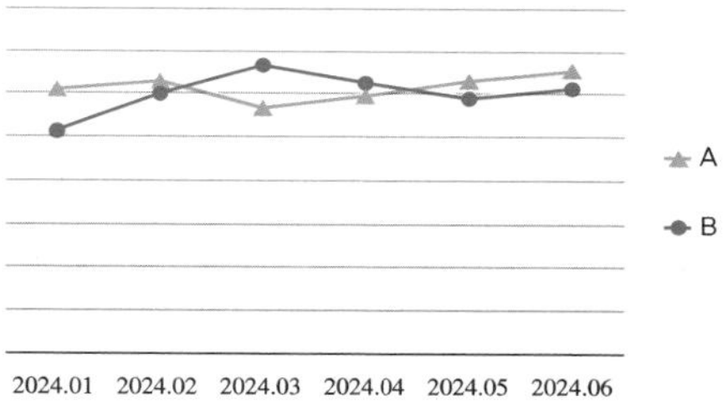

⑤
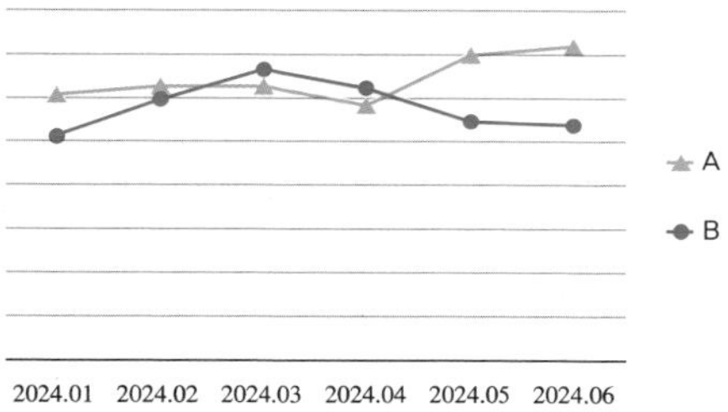

10 다음은 스마트 팜을 운영하는 K사에 대한 SWOT 분석 결과이다. 이에 따른 전략이 나머지와 다른 것은?

〈K사 스마트 팜 SWOT 분석 결과〉

구분		분석 결과
내부환경요인	강점 (Strength)	• 차별화된 기술력 : 기존 스마트 팜 솔루션과 차별화된 센서 기술, AI 기반 데이터 분석 기술 보유 • 젊고 유연한 조직 : 빠른 의사결정과 시장 변화에 대한 적응력 • 정부 사업 참여 경험 : 스마트 팜 관련 정부 사업 참여 가능성
	약점 (Weakness)	• 자금 부족 : 연구개발, 마케팅 등에 필요한 자금 확보 어려움 • 인력 부족 : 다양한 분야의 전문 인력 확보 필요 • 개발력 부족 : 신규 기술 개발 속도 느림
외부환경요인	기회 (Opportunity)	• 스마트 팜 시장 성장 : 스마트 팜에 대한 관심 증가와 이에 따른 정부의 적극적인 지원 • 해외 시장 진출 가능성 : 글로벌 스마트 팜 시장 진출 기회 확대 • 활발한 관련 연구 : 스마트 팜 관련 공동연구 및 포럼, 설명회 등 정보 교류가 활발하게 논의
	위협 (Threat)	• 경쟁 심화 : 후발 주자의 등장과 기존 대기업의 시장 장악 가능성 • 기술 변화 : 빠르게 변화하는 기술 트렌드에 대한 대응 어려움 • 자연재해 : 기후 변화 등 예측 불가능한 자연재해로 인한 피해 가능성

① 정부 지원을 바탕으로 연구개발에 필요한 자금을 확보

② 스마트 팜 관련 공동연구에 참가하여 빠르게 신규 기술을 확보

③ 스마트 팜에 대한 높은 관심을 바탕으로 온라인 펀딩을 통해 자금을 확보

④ 포럼 등 설명회에 적극적으로 참가하여 전문 인력 확충을 위한 인맥을 확보

⑤ 스마트 팜 관련 정부 사업 참여 경험을 바탕으로 정부의 적극적인 지원을 확보

| 코레일 한국철도공사 / 문제해결능력

11 다음 대화에서 공통적으로 나타나는 논리적 오류로 가장 적절한 것은?

A : 반려견 출입 금지라고 쓰여 있는 카페에 갔는데 거절당했어. 반려견 출입 금지면 고양이는 괜찮은 거 아니야?
B : 어제 직장동료가 "조심히 들어가세요."라고 했는데 집에 들어갈 때만 조심하라는 건가?
C : 친구가 비가 와서 우울하다고 했는데, 비가 안 오면 행복해지겠지?
D : 이웃을 사랑하라는 선생님의 가르침을 실천하기 위해 사기를 저지른 이웃을 숨겨 주었어.
E : 의사가 건강을 위해 채소를 많이 먹으라고 하던데 앞으로는 채소만 먹으면 되겠어.
F : 긍정적인 생각을 하면 좋은 일이 생기니까 아무리 나쁜 일이 있어도 긍정적으로만 생각하면 될 거야.

① 무지의 오류
② 연역법의 오류
③ 과대해석의 오류
④ 허수아비 공격의 오류
⑤ 권위나 인신공격에 의존한 논증

| 코레일 한국철도공사 / 문제해결능력

12 A～E열차를 운행거리가 가장 긴 순서대로 나열하려고 한다. 운행시간 및 평균 속력이 다음과 같을 때, C열차는 몇 번째로 운행거리가 긴 열차인가?(단, 열차 대기시간은 고려하지 않는다)

〈A～E열차 운행시간 및 평균 속력〉

구분	운행시간	평균 속력
A열차	900분	50m/s
B열차	10시간 30분	150km/h
C열차	8시간	55m/s
D열차	720분	2.5km/min
E열차	10시간	2.7km/min

① 첫 번째
② 두 번째
③ 세 번째
④ 네 번째
⑤ 다섯 번째

| 코레일 한국철도공사 / 문제해결능력

13 다음 글에서 나타난 문제해결 절차의 단계로 가장 적절한 것은?

> K대학교 기숙사는 최근 학생들의 불만이 끊이지 않고 있다. 특히, 식사의 질이 낮고, 시설이 노후화되었으며, 인터넷 연결 상태가 불안정하다는 의견이 많았다. 이에 K대학교 기숙사 운영위원회는 문제해결을 위해 긴급회의를 소집했다.
> 회의에서 학생 대표들은 식단의 다양성 부족, 식재료의 신선도 문제, 식당 내 위생 상태 불량 등을 지적했다. 또한, 시설 관리 담당자는 건물 외벽의 균열, 낡은 가구, 잦은 누수 현상 등 시설 노후화 문제를 강조했다. IT 담당자는 기숙사 내 와이파이 연결 불안정, 인터넷 속도 저하 등 통신환경 문제를 제기했다.
> 기숙사 운영위원회는 이러한 다양한 의견을 종합하여 문제를 더욱 구체적으로 분석하기로 결정했다. 먼저, 식사 문제의 경우 학생들의 식습관 변화에 따른 메뉴 구성의 문제 식자재 조달 과정의 비효율성, 조리 시설의 부족 등의 문제를 파악했다. 시설 문제는 건물의 노후화로 인한 안전 문제, 에너지 효율 저하, 학생들의 편의성 저하 등으로 세분화했다. 마지막으로, 통신환경 문제는 기존 네트워크 장비의 노후화, 학생 수 증가에 따른 네트워크 부하 증가 등의 세부 문제가 제시되었다.

① 문제 인식
② 문제 도출
③ 원인 분석
④ 해결안 개발
⑤ 실행 및 평가

| 한국전력공사 / 의사소통능력

14 다음 중 빈칸에 들어갈 단어로 가장 적절한 것은?

> 감사원의 조사 결과 J공사는 공공사업을 위해 투입된 세금을 본래의 목적에 사용하지 않고 무단으로 ______했음이 밝혀졌다.

① 전용(轉用)
② 남용(濫用)
③ 적용(適用)
④ 활용(活用)
⑤ 준용(遵用)

15 다음 중 비행을 하기 위한 시조새의 신체 조건으로 가장 적절한 것은?

> 시조새(Archaeopteryx)는 약 1억 5천만 년 전 중생대 쥐라기 시대에 살았던 고대 생물로, 조류와 공룡의 중간 단계에 위치한 생물이다. 1861년 독일 바이에른 지방에 있는 졸른호펜 채석장에서 화석이 발견된 이후, 시조새는 조류의 기원과 공룡에서 새로의 진화 과정을 밝히는 데 중요한 단서를 제공해 왔다. '시조(始祖)'라는 이름에서 알 수 있듯이 시조새는 현대 조류의 조상으로 여겨지며 고생물학계에서 매우 중요한 연구 대상으로 취급된다.
> 시조새는 오늘날의 새와는 여러 가지 차이점이 있다. 이빨이 있는 부리, 긴 척추뼈로 이루어진 꼬리, 그리고 날개에 있는 세 개의 갈고리 발톱은 공룡의 특징을 잘 보여준다. 비록 현대 조류처럼 가슴뼈가 비행에 최적화된 형태로 발달되지는 않았지만, 갈비뼈와 팔에 강한 근육이 붙어있어 짧은 거리를 활강하거나 나뭇가지 사이를 오르내리며 이동할 수 있었던 것으로 추정된다.
> 한편, 시조새는 비대칭형 깃털을 가진 최초의 동물 중 하나로, 이는 비행을 하기에 적합한 형태이다. 시조새의 깃털은 현대의 날 수 있는 조류처럼 바람을 맞는 곳의 깃털은 짧고, 뒤쪽은 긴 형태인데, 이러한 비대칭형 깃털은 양력을 제공해 짧은 거리의 활강을 가능하게 했으며, 새의 조상으로서 비행의 초기 형태를 보여준다. 이로 인해 시조새는 공룡에서 새로 이어지는 진화 과정을 이해하는 데 있어 중요한 생물학적 증거로 여겨지고 있다.
> 시조새의 화석 연구는 당시의 생태계에 대한 정보도 제공하고 있다. 시조새는 열대 우림이나 활엽수림 근처에서 생활하며 나뭇가지를 오르내렸을 가능성이 큰 것으로 추정된다. 시조새의 이동 방식에 대해서는 여러 가설이 존재하지만, 짧은 거리의 활강을 통해 먹이를 찾고 이동했을 것이라는 주장이 유력하다.
> 결론적으로 시조새는 공룡과 새의 특성을 모두 가진 중간 단계의 생물로, 진화의 과정을 이해하는 데 핵심적인 역할을 한다. 시조새의 다양한 신체적 특징들은 공룡에서 새로 이어지는 진화의 연결고리를 보여주며, 조류 비행의 기원을 이해하는 중요한 증거로 평가된다.

① 날개 사이에 근육질의 익막이 있다.

② 날개에는 세 개의 갈고리 발톱이 있다.

③ 날개의 깃털이 비대칭 구조로 형성되어 있다.

④ 척추뼈가 꼬리까지 이어지는 유선형 구조이다.

⑤ 현대 조류처럼 가슴뼈가 비행에 최적화된 구조이다.

16 다음 글의 주제로 가장 적절한 것은?

사람들에게 의학을 대표하는 인물을 물어본다면 대부분 히포크라테스(Hippocrates)를 떠올릴 것이다. 히포크라테스는 당시 신의 징벌이나 초자연적인 힘으로 생각되었던 질병을 관찰을 통해 자연적 현상으로 이해하였고, 당시 마술이나 철학으로 여겨졌던 의학을 분리하였다. 이에 따라 의사라는 직업이 과학적인 기반 위에 만들어지게 되었다. 현재에는 의학의 아버지로 불리며 히포크라테스 선서라고 불리는 의사의 윤리적 기준을 저술한 것으로 알려져 있다. 이처럼 히포크라테스는 서양의학의 상징으로 받아들여지지만, 서양의학에 절대적인 영향을 준 사람은 클라우디오스 갈레노스(Claudius Galenus)이다.

갈레노스는 로마 시대 검투사 담당의에서 황제 마르쿠스 아우렐리우스의 주치의로 활동한 의사로, 해부학, 생리학, 병리학에 걸친 방대한 의학체계를 집대성하여 이후 1,000년 이상 서양의학의 토대를 닦았다. 당시에는 인체의 해부가 금지되어 있었기 때문에 갈레노스는 원숭이, 돼지 등을 사용하여 해부학적 지식을 쌓았으며, 임상 실험을 병행하여 의학적 지식을 확립하였다. 이러한 해부 및 실험을 통해 갈레노스는 여러 장기의 기능을 밝히고, 근육과 뼈를 구분하였으며, 심장의 판막이나 정맥과 동맥의 차이점 등을 밝혀내거나, 혈액이 혈관을 통해 신체 말단까지 퍼져나가며 신진대사를 조절하는 물질을 운반한다고 밝혀냈다. 물론 갈레노스도 히포크라테스가 주장한 4원소에 따른 4체액설(혈액, 담즙, 황담즙, 흑담즙)을 믿거나 피를 뽑아 치료하는 사혈법을 주장하는 등 현대 의학과는 거리가 있지만, 당시에 의학 이론을 해부와 실험을 통해 증명하고 방대한 저술을 남겼다는 놀라운 업적을 가지고 있으며, 이는 가장 오랫동안 서양의학을 실제로 지배하는 토대가 되었다.

① 갈레노스의 생애와 의학의 발전
② 고대에서 현대까지 해부학의 발전 과정
③ 히포크라테스 선서에 의한 전문직의 도덕적 기준
④ 히포크라테스와 갈레노스가 서양의학에 끼친 영향과 중요성
⑤ 히포크라테스와 갈레노스의 4체액설이 현대 의학에 끼친 영향

| 한국전력공사 / 의사소통능력

17 다음 중 제시된 단어와 가장 비슷한 단어는?

비상구

① 진입로　　② 출입구
③ 돌파구　　④ 여울목
⑤ 탈출구

| 한국전력공사 / 수리능력

18 A열차가 어떤 터널을 진입하고 5초 후 B열차가 같은 터널에 진입하였다. 그로부터 5초 후 B열차가 터널을 빠져나왔고 5초 후 A열차가 터널을 빠져나왔다. A열차가 터널을 빠져나오는 데 걸린 시간이 14초일 때, B열차는 A열차보다 몇 배 빠른가?(단, A열차와 B열차 모두 속력의 변화는 없으며, 두 열차의 길이는 서로 같다)

① 2배　　② 2.5배
③ 3배　　④ 3.5배
⑤ 4배

| 한국전력공사 / 수리능력

19 A팀은 5일부터 5일마다 회의실을 사용하고, B팀은 4일부터 4일마다 회의실을 사용하기로 하였으며, 두 팀이 사용하고자 하는 날이 겹칠 경우에는 A, B팀이 번갈아가며 사용하기로 하였다. 어느 날 A팀과 B팀이 사용하고자 하는 날이 겹쳤을 때, 겹친 날을 기준으로 A팀이 9번, B팀이 8번 회의실을 사용했다면, 이때까지 A팀은 회의실을 최대 몇 번 이용하였는가?(단, 회의실 사용일이 첫 번째로 겹친 날에는 A팀이 먼저 사용하였으며, 회의실 사용일은 주말 및 공휴일도 포함한다)

① 61회　　② 62회
③ 63회　　④ 64회
⑤ 65회

20 **다음 모스 굳기 10단계에 해당하는 광물 A ~ C가 〈조건〉을 만족할 때, 이에 대한 설명으로 옳은 것은?**

〈모스 굳기 10단계〉

단계	1단계	2단계	3단계	4단계	5단계
광물	활석	석고	방해석	형석	인회석
단계	6단계	7단계	8단계	9단계	10단계
광물	정장석	석영	황옥	강옥	금강석

- 모스 굳기 단계의 단계가 낮을수록 더 무른 광물이고, 단계가 높을수록 단단한 광물이다.
- 단계가 더 낮은 광물로 단계가 더 높은 광물을 긁으면 긁힘 자국이 생기지 않는다.
- 단계가 더 높은 광물로 단계가 더 낮은 광물을 긁으면 긁힘 자국이 생긴다.

조건

- 광물 A로 광물 B를 긁으면 긁힘 자국이 생기지 않는다.
- 광물 A로 광물 C를 긁으면 긁힘 자국이 생긴다.
- 광물 B로 광물 C를 긁으면 긁힘 자국이 생긴다.
- 광물 B는 인회석이다.

① 광물 C는 석영이다.
② 광물 A는 방해석이다.
③ 광물 A가 가장 무르다.
④ 광물 B가 가장 단단하다.
⑤ 광물 B는 모스 굳기 단계가 7단계 이상이다.

21 J공사는 지방에 있는 지점 사무실을 공유 오피스로 이전하고자 한다. 다음 사무실 이전 조건을 참고할 때, 〈보기〉 중 이전할 오피스로 가장 적절한 곳은?

〈사무실 이전 조건〉

- 지점 근무 인원 : 71명
- 사무실 예상 이용 기간 : 5년
- 교통 조건 : 역이나 버스 정류장에서 도보 10분 이내
- 시설 조건 : 자사 홍보영상 제작을 위한 스튜디오 필요, 회의실 필요
- 비용 조건 : 다른 조건이 모두 가능한 공유 오피스 중 가장 저렴한 곳(1년 치 비용 선납 가능)

보기

구분	가용 인원수	보유시설	교통 조건	임대비용
A오피스	100인	라운지, 회의실, 스튜디오, 복사실, 탕비실	A역에서 도보 8분	1인당 연간 600만 원
B오피스	60인	회의실, 스튜디오, 복사실	B정류장에서 도보 5분	1인당 월 40만 원
C오피스	100인	라운지, 회의실, 스튜디오	C역에서 도보 7분	월 3,600만 원
D오피스	90인	회의실, 복사실, 탕비실	D정류장에서 도보 4분	월 3,500만 원 (1년 치 선납 시 8% 할인)
E오피스	80인	라운지, 회의실, 스튜디오	E역과 연결된 사무실	월 3,800만 원 (1년 치 선납 시 10% 할인)

① A오피스
② B오피스
③ C오피스
④ D오피스
⑤ E오피스

※ 다음은 에너지바우처 사업에 대한 자료이다. 이어지는 질문에 답하시오. [22~23]

〈에너지바우처〉

1. 에너지바우처란?
국민 모두가 시원한 여름, 따뜻한 겨울을 보낼 수 있도록 에너지 취약계층을 위해 에너지바우처(이용권)를 지급하여 전기, 도시가스, 지역난방, 등유, LPG, 연탄을 구입할 수 있도록 지원하는 제도

2. 신청대상 : 소득기준과 세대원 특성기준을 모두 충족하는 세대
   - 소득기준 : 국민기초생활 보장법에 따른 생계급여 / 의료급여 / 주거급여 / 교육급여 수급자
   - 세대원 특성기준 : 주민등록표 등본상 기초생활수급자(본인) 또는 세대원이 다음 중 어느 하나에 해당하는 경우
     – 노인 : 65세 이상
     – 영유아 : 7세 이하의 취학 전 아동
     – 장애인 : 장애인복지법에 따라 등록한 장애인
     – 임산부 : 임신 중이거나 분만 후 6개월 미만인 여성
     – 중증질환자, 희귀질환자, 중증난치질환자 : 국민건강보험법 시행령에 따라 보건복지부장관이 정하여 고시하는 중증질환, 희귀질환, 중증난치질환을 가진 사람
     – 한부모가족 : 한부모가족지원법에 따른 '모' 또는 '부'로서 아동인 자녀를 양육하는 사람
     – 소년소녀가정 : 보건복지부에서 정한 아동분야 지원대상에 해당하는 사람(아동복지법에 의한 가정위탁보호 아동 포함)
   - 지원 제외 대상 : 세대원 모두가 보장시설 수급자
   - 다음의 경우 동절기 에너지바우처 중복 지원 불가
     – 긴급복지지원법에 따라 동절기 연료비를 지원받은 자(세대)
     – 한국에너지공단의 등유바우처를 발급받은 자(세대)
     – 한국광해광업공단의 연탄쿠폰을 발급받은 자(세대)
     ※ 하절기 에너지바우처를 사용한 수급자가 동절기에 위 사업들을 신청할 경우 동절기 에너지바우처를 중지 처리한 후 신청(중지사유 : 타동절기 에너지이용권 수급)
     ※ 단, 동절기 에너지바우처를 일부 사용한 경우 위 사업들은 신청 불가

3. 바우처 지원금액

구분	1인 세대	2인 세대	3인 세대	4인 이상 세대
하절기	55,700원	73,800원	90,800원	117,000원
동절기	254,500원	348,700원	456,900원	599,300원
총액	310,200원	422,500원	547,700원	716,300원

4. 지원방법
   - 요금차감
     – 하절기 : 전기요금 고지서에서 요금을 자동으로 차감
     – 동절기 : 도시가스 / 지역난방 중 하나를 선택하여 고지서에서 요금을 자동으로 차감
   - 실물카드 : 동절기 도시가스, 등유, LPG, 연탄을 실물카드(국민행복카드)로 직접 결제

22 **다음 중 에너지바우처에 대한 설명으로 옳지 않은 것은?**

① 36개월의 아이가 있는 의료급여 수급자 A는 에너지바우처를 신청할 수 있다.
② 혼자서 아이를 3명 키우는 교육급여 수급자 B는 1년에 70만 원을 넘게 지원받을 수 있다.
③ 보장시설인 양로시설에 살면서 생계급여를 받는 70세 독거노인 C는 에너지바우처를 신청할 수 있다.
④ 에너지바우처 기준을 충족하는 D는 겨울에 연탄보일러를 사용하므로 실물카드를 받는 방법으로 지원을 받아야 한다.
⑤ 희귀질환을 앓고 있는 어머니와 함께 단둘이 사는 생계급여 수급자 E는 에너지바우처를 통해 여름에 전기비에서 73,800원이 차감될 것이다.

23 **다음은 A, B가족의 에너지바우처 정보이다. A, B가족이 올해 에너지바우처를 통해 지원받는 금액의 총합은 얼마인가?**

〈A, B가족의 에너지바우처 정보〉

구분	세대 인원	소득기준	세대원 특성기준	특이사항
A가족	5명	의료급여 수급자	영유아 2명	연탄쿠폰 발급받음
B가족	2명	생계급여 수급자	소년소녀가정	지역난방 이용

① 190,800원
② 539,500원
③ 948,000원
④ 1,021,800원
⑤ 1,138,800원

| 한국전력공사 / 정보능력

24 다음 C 프로그램을 실행하였을 때의 결과로 옳은 것은?

```
#include <stdio.h>
int main() {
    int result=0;
    while (result<2) {
        result=result+1;
        printf("%d₩n",result);
        result=result-1;
    }
}
```

① 실행되지 않는다.

② 0
1

③ 0
-1

④ 1
1

⑤ 1이 무한히 출력된다.

| 한국전력공사 / 정보능력

25 다음은 A국과 B국의 물가지수 동향에 대한 자료이다. [E2] 셀에 「=ROUND(D2, -1)」를 입력하였을 때, 출력되는 값은?

〈A, B국 물가지수 동향〉

	A	B	C	D	E
1	측정 연월	A국	B국	평균 판매지수	
2	2024년 1월	122.313	112.36	117.3365	
3	2024년 2월	119.741	110.311	115.026	
4	2024년 3월	117.556	115.379	116.4675	
5	2024년 4월	124.739	118.652	121.6955	
6	⋮	⋮	⋮	⋮	
7					

① 100
② 105
③ 110
④ 115
⑤ 120

26 다음 중 빈칸에 들어갈 내용으로 가장 적절한 것은?

> 주의력 결핍 과잉행동장애(ADHD)는 학령기 아동에게 흔히 나타나는 질환으로, 주의력 결핍, 과잉행동, 충동성의 증상을 보인다. 이는 아동의 학교 및 가정생활에 큰 영향을 미치며, 적절한 치료와 관리가 필요하다. ADHD의 원인은 신경화학적 요인과 유전적 요인이 복합적으로 작용하는 것으로 여겨진다. 도파민과 노르에피네프린 같은 신경전달물질의 불균형이 주요 원인으로 지목되며, 가족력이 있는 경우 ADHD 발병 확률이 높아진다. 연구에 따르면, ADHD는 상당한 유전적 연관성을 보이며, 부모나 형제 중에 ADHD를 가진 사람이 있을 경우 그 위험이 증가한다.
>
> 환경적 요인도 ADHD 발병에 영향을 미칠 수 있다. 임신 중 음주, 흡연, 약물 사용 등이 위험을 높일 수 있으며, 조산이나 저체중 출산도 연관성이 있다. 이러한 환경적 요인들은 태아의 뇌 발달에 영향을 미쳐 ADHD 발병 가능성을 증가시킬 수 있다. 그러나 이러한 요인들이 단독으로 ADHD를 유발하는 것은 아니며, 다양한 요인이 복합적으로 작용하여 증상이 나타난다.
>
> ADHD 치료는 약물요법과 비약물요법으로 나뉜다. 약물요법에서는 메틸페니데이트 같은 중추신경자극제가 널리 사용된다. 이 약물은 도파민과 노르에피네프린의 재흡수를 억제해 증상을 완화한다. 이러한 약물은 주의력 향상과 충동성 감소에 효과적이며, 많은 연구에서 그 효능이 입증되었다. 비약물요법으로는 행동개입 요법과 심리사회적 프로그램이 있다. 이는 구조화된 환경에서 집중을 방해하는 요소를 최소화하고, 연령에 맞는 개입방법을 적용한다. 예를 들어, 학령기 아동에게는 그룹 부모훈련과 교실 내 행동개입 프로그램이 추천된다.
>
> 가정에서는 부모가 아이가 해야 할 일을 목록으로 작성하도록 돕고, 한 번에 한 가지씩 처리하도록 지도해야 한다. 특히 아이의 바람직한 행동에는 칭찬하고, 잘못된 행동에는 책임을 지도록 하는 것이 중요하다. 이러한 방법은 아이의 자존감을 높이고 긍정적인 행동을 강화하는 데 도움이 된다. 학교에서는 과제를 짧게 나누고, 수업이 지루하지 않도록 하며, 규칙과 보상을 일관되게 유지해야 한다. 교사는 ADHD 아동이 주의가 산만해질 수 있는 환경적 요소를 제거하고, 많은 격려와 칭찬을 통해 학습 동기를 유발해야 한다.
>
> ADHD는 완치가 어려운 만성 질환이지만 적절한 치료와 관리를 통해 증상을 개선할 수 있다. 약물치료와 비약물 치료를 병행하고 가정과 학교에서 적절한 지원이 이루어지면 ADHD 아동도 건강하고 행복한 삶을 영위할 수 있다. 결론적으로, ADHD는 ________________
> 따라서 다양한 원인에 부합하는 맞춤형 치료와 환경 조성을 통해 아동의 잠재력을 최대한 발휘할 수 있도록 지원해야 한다. 이는 아동이 자신의 능력을 충분히 발휘하고 성공적인 삶을 살아가는 데 중요한 역할을 한다.

① 완벽한 치료가 불가능한 불치병이다.
② 약물 치료를 통해 쉽게 치료가 가능하다.
③ 다양한 원인이 복합적으로 작용하는 질환이다.
④ 아동에게 적극적으로 개입하여 충동성을 감소시켜야 하는 질환이다.

27 다음 중 밑줄 친 단어가 맞춤법상 옳지 않은 것은?

① 김주임은 지난 분기 매출을 조사하여 증가량을 <u>백분율</u>로 표기하였다.
② 젊은 세대를 중심으로 빠른 이직 트렌드가 형성되어 <u>이직률</u>이 높아지고 있다.
③ 이번 학기 <u>출석율</u>이 이전보다 크게 향상되어 학생들의 참여도가 높아지고 있다.
④ 이번 시험의 <u>합격률</u>이 역대 최고치를 기록하며 수험생들에게 희망을 안겨주었다.

28 S공사는 2024년 상반기에 신입사원을 채용하였다. 전체 지원자 중 채용에 불합격한 남성 수와 여성 수의 비율은 같으며, 합격한 남성 수와 여성 수의 비율은 2 : 3이라고 한다. 남성 전체 지원자와 여성 전체 지원자의 비율이 6 : 7일 때, 합격한 남성 수가 32명이면 전체 지원자는 몇 명인가?

① 192명
② 200명
③ 208명
④ 216명

29 다음은 직장가입자 보수월액보험료에 대한 자료이다. A씨가 〈조건〉에 따라 장기요양보험료를 납부할 때, A씨의 2023년 보수월액은?(단, 소수점 첫째 자리에서 반올림한다)

〈직장가입자 보수월액보험료〉

- 개요 : 보수월액보험료는 직장가입자의 보수월액에 보험료율을 곱하여 산정한 금액에 경감 등을 적용하여 부과한다.
- 보험료 산정 방법
  - 건강보험료는 다음과 같이 산정한다.
    (건강보험료)=(보수월액)×(건강보험료율)
    ※ 보수월액 : 동일사업장에서 당해 연도에 지급받은 보수총액을 근무월수로 나눈 금액
  - 장기요양보험료는 다음과 같이 산정한다.
    2022.12.31. 이전 : (장기요양보험료)=(건강보험료)×(장기요양보험료율)
    2023.01.01. 이후 : $(\text{장기요양보험료})=(\text{건강보험료})\times\frac{(\text{장기요양보험료율})}{(\text{건강보험료율})}$

〈2020 ~ 2024년 보험료율〉

(단위 : %)

구분	2020년	2021년	2022년	2023년	2024년
건강보험료율	6.67	6.86	6.99	7.09	7.09
장기요양보험료율	10.25	11.52	12.27	0.9082	0.9182

조건

- A씨는 K공사에서 2011년 3월부터 2023년 9월까지 근무하였다.
- A씨는 3개월 후 2024년 1월부터 S공사에서 현재까지 근무하고 있다.
- A씨의 2023년 장기요양보험료는 35,120원이었다.

① 3,866,990원
② 3,974,560원
③ 4,024,820원
④ 4,135,970원

| 건강보험심사평가원 / 정보능력

30 **다음 중 개인정보보호법에서 사용하는 용어에 대한 정의로 옳지 않은 것은?**

① '가명처리'란 추가 정보 없이도 특정 개인을 알아볼 수 있도록 처리하는 것을 말한다.

② '정보주체'란 처리되는 정보에 의하여 알아볼 수 있는 사람으로서 그 정보의 주체가 되는 사람을 말한다.

③ '개인정보'란 살아 있는 개인에 관한 정보로서 성명, 주민등록번호 및 영상 등을 통하여 개인을 알아볼 수 있는 정보를 말한다.

④ '처리'란 개인정보의 수집, 생성, 연계, 연동, 기록, 저장, 보유, 가공, 편집, 검색, 출력, 정정, 복구, 이용, 제공, 공개, 파기, 그 밖에 이와 유사한 행위를 말한다.

| 건강보험심사평가원 / 정보능력

31 **다음은 생활보조금 신청자의 소득 및 결과에 대한 자료이다. 월 소득이 100만 원 이하인 사람은 보조금 지급이 가능하고, 100만 원을 초과한 사람은 보조금 지급이 불가능할 때, 보조금 지급을 받는 사람의 수를 구하는 함수로 옳은 것은?**

〈생활보조금 신청자 소득 및 결과〉

	A	B	C	D	E
1	지원번호	소득(만 원)	결과		
2	1001	150	불가능		
3	1002	80	가능		보조금 지급 인원 수
4	1003	120	불가능		
5	1004	95	가능		
6	⋮	⋮	⋮		
7					

① =COUNTIF(A:C,"<=100")

② =COUNTIF(A:C,<=100)

③ =COUNTIF(B:B,"<=100")

④ =COUNTIF(B:B,<=100)

| 건강보험심사평가원 / 정보능력

32 다음은 초등학생의 주차별 용돈에 대한 자료이다. 빈칸에 들어갈 함수를 바르게 짝지은 것은?(단, 한 달은 4주로 한다)

〈초등학생 주차별 용돈〉

	A	B	C	D	E	F
1	학생번호	1주	2주	3주	4주	합계
2	1	7,000	8,000	12,000	11,000	(A)
3	2	50,000	60,000	45,000	55,000	
4	3	70,000	85,000	40,000	55,000	
5	4	10,000	6,000	18,000	14,000	
6	5	24,000	17,000	34,000	21,000	
7	6	27,000	56,000	43,000	28,000	
8	한 달 용돈이 150,000원 이상인 학생 수					(B)

	(A)	(B)
①	=SUM(B2:E2)	=COUNTIF(F2:F7,">=150,000")
②	=SUM(B2:E2)	=COUNTIF(B2:E2,">=150,000")
③	=SUM(B2:E2)	=COUNTIF(B2:E7,">=150,000")
④	=SUM(B2:E7)	=COUNTIF(F2:F7,">=150,000")

| 건강보험심사평가원 / 정보능력

33 다음 중 빅데이터 분석 기획 절차를 순서대로 바르게 나열한 것은?

① 범위 설정 → 프로젝트 정의 → 위험 계획 수립 → 수행 계획 수립
② 범위 설정 → 프로젝트 정의 → 수행 계획 수립 → 위험 계획 수립
③ 프로젝트 정의 → 범위 정의 → 위험 계획 수립 → 수행 계획 수립
④ 프로젝트 정의 → 범위 설정 → 수행 계획 수립 → 위험 계획 수립

| 경기도 공공기관 통합채용 / 의사소통능력

34 **다음 중 밑줄 친 부분의 단어가 어법상 옳은 것은?**

> K씨는 항상 ㉠ 짜깁기 / 짜집기한 자료로 보고서를 작성했다. 처음에는 아무도 눈치채지 못했지만, 시간이 지나면서 K씨의 작업이 다른 사람들의 것과 비교해 질적으로 떨어지는 것이 분명해졌다. K씨는 결국 동료들 사이에서 ㉡ 뒤처지기 / 뒤쳐지기 시작했고, 격차를 좁히기 위해 더 많은 시간을 투자해야 했다.

	㉠	㉡
①	짜깁기	뒤처지기
②	짜깁기	뒤쳐지기
③	짜집기	뒤처지기
④	짜집기	뒤쳐지기

| 경기도 공공기관 통합채용 / 의사소통능력

35 **다음 중 공문서 작성 시 유의해야 할 점으로 옳지 않은 것은?**

① 한 장에 담아내는 것이 원칙이다.
② 부정문이나 의문문의 형식은 피한다.
③ 마지막엔 반드시 '끝'자로 마무리한다.
④ 날짜 다음에 괄호를 사용할 경우에는 반드시 마침표를 찍는다.

| 경기도 공공기관 통합채용 / 수리능력

36 **영서가 어머니와 함께 40분 동안 만두를 60개 빚었다고 한다. 어머니가 혼자서 1시간 동안 만두를 빚을 수 있는 개수가 영서가 혼자서 1시간 동안 만두를 빚을 수 있는 개수보다 10개 더 많을 때, 영서는 1시간 동안 만두를 몇 개 빚을 수 있는가?**

① 30개　　② 35개
③ 40개　　④ 45개

| 경기도 공공기관 통합채용 / 수리능력

37 대칭수는 순서대로 읽은 수와 거꾸로 읽은 수가 같은 수를 가리키는 말이다. 예컨대, 121, 303, 1,441, 85,058 등은 대칭수이다. 1,000 이상 50,000 미만의 대칭수는 모두 몇 개인가?

① 180개
② 325개
③ 405개
④ 490개

| 경기도 공공기관 통합채용 / 수리능력

38 어떤 자연수 '25ㅁ'가 3의 배수일 때, ㅁ에 들어갈 수 있는 모든 자연수의 합은?

① 12
② 13
③ 14
④ 15

| 경기도 공공기관 통합채용 / 문제해결능력

39 바이올린, 호른, 오보에, 플루트 4가지의 악기를 다음 〈조건〉에 따라 좌우로 4칸인 선반에 각각 1대씩 보관하려 한다. 각 칸에는 한 대의 악기만 배치할 수 있을 때, 왼쪽에서 두 번째 칸에 배치할 수 없는 악기는?

조건

- 호른은 바이올린 바로 왼쪽에 위치한다.
- 오보에는 플루트 왼쪽에 위치하지 않는다.

① 바이올린
② 호른
③ 오보에
④ 플루트

| 경기도 공공기관 통합채용 / 조직이해능력

40 다음 중 비영리 조직에 해당하지 않는 것은?

① 교육기관
② 자선단체
③ 사회적 기업
④ 비정부기구

ㅣ한국도로공사 / 수리능력

41 다음은 D기업의 분기별 재무제표에 대한 자료이다. 2022년 4분기의 영업이익률은 얼마인가?

〈D기업 분기별 재무제표〉

(단위 : 십억 원, %)

구분	2022년 1분기	2022년 2분기	2022년 3분기	2022년 4분기	2023년 1분기	2023년 2분기	2023년 3분기	2023년 4분기
매출액	40	50	80	60	60	100	150	160
매출원가	30	40	70	80	100	100	120	130
매출총이익	10	10	10	(　)	−40	0	30	30
판관비	3	5	5	7	8	5	7.5	10
영업이익	7	5	5	(　)	−8	−5	22.5	20
영업이익률	17.5	10	6.25	(　)	−80	−5	15	12.5

※ (영업이익률)=(영업이익)÷(매출액)×100

※ (영업이익)=(매출총이익)−(판관비)

※ (매출총이익)=(매출액)−(매출원가)

① −30%　　② −45%

③ −60%　　④ −75%

ㅣ한국도로공사 / 수리능력

42 5km/h의 속력으로 움직이는 무빙워크를 이용하여 이동하는 데 36초가 걸렸다. 무빙워크 위에서 무빙워크와 같은 방향으로 4km/h의 속력으로 걸어 이동할 때 걸리는 시간은?

① 10초　　② 15초

③ 20초　　④ 25초

43 다음 순서도에서 출력되는 result 값은?

〈순서도 기호〉

기호	설명	기호	설명
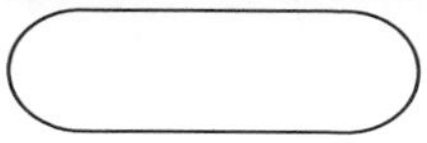	시작과 끝을 나타낸다.	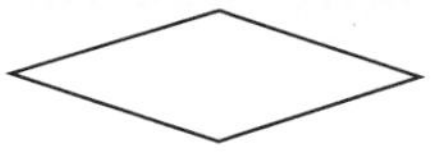	어느 것을 택할 것인지 판단한다.
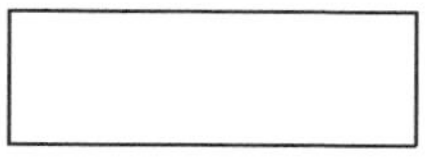	데이터를 입력하거나 계산하는 등의 처리를 한다.		선택한 값을 출력한다.

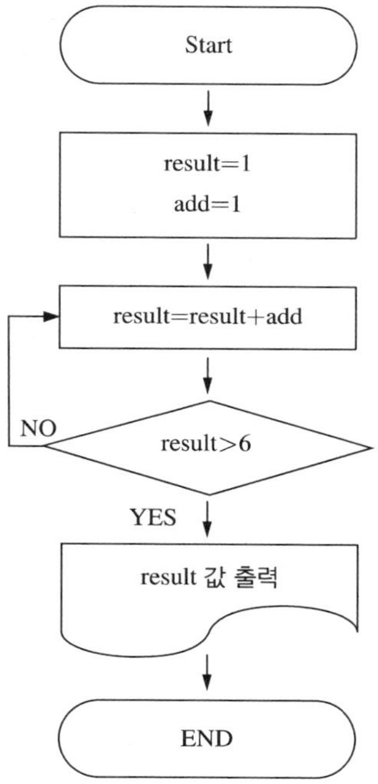

① 11 ② 10
③ 9 ④ 8
⑤ 7

44 다음은 A컴퓨터 A/S센터의 하드디스크 수리 방문접수 과정에 대한 순서도이다. 하드디스크 데이터 복구를 문의할 때, 출력되는 도형은 무엇인가?

〈순서도 기호〉

기호	설명	기호	설명
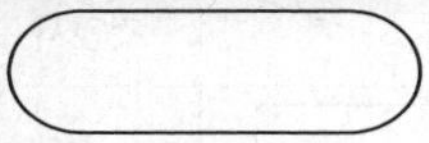	시작과 끝을 나타낸다.	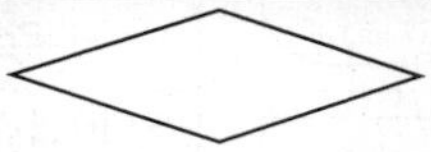	어느 것을 택할 것인지 판단한다.
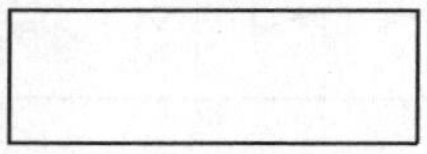	데이터를 입력하거나 계산하는 등의 처리를 한다.	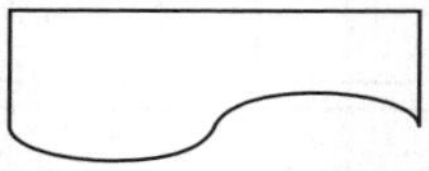	선택한 값을 출력한다.

〈A컴퓨터 하드디스크 수리 방문접수 순서도〉

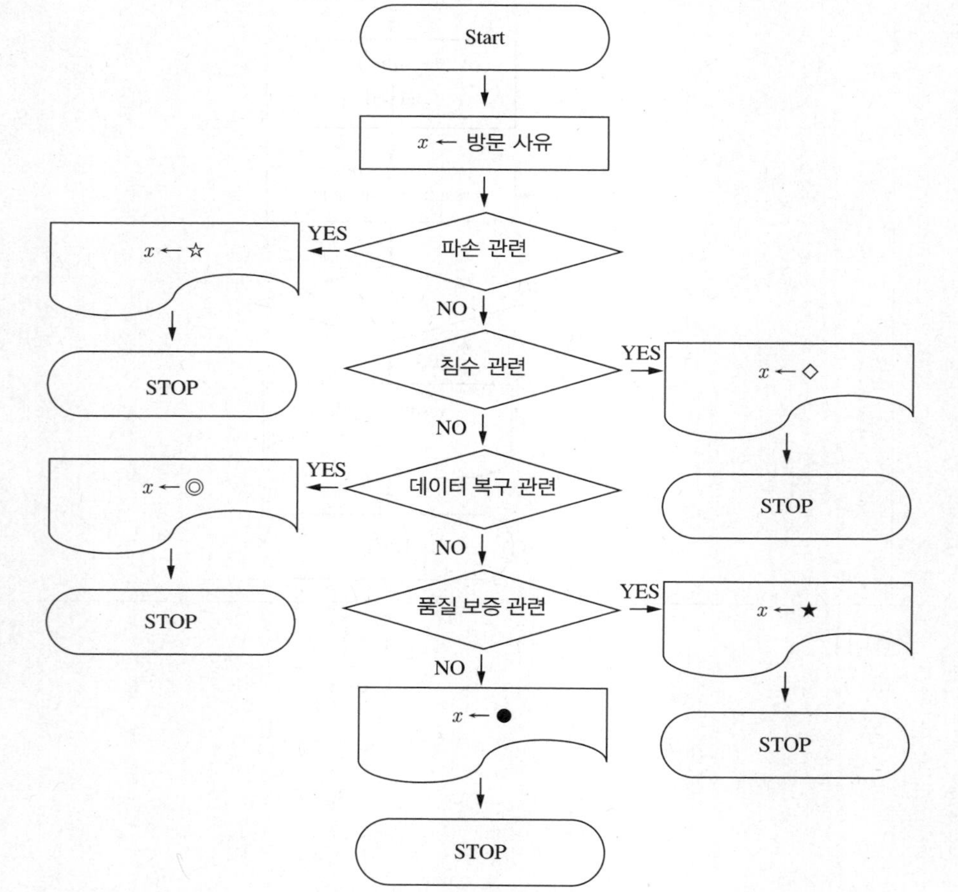

① ☆
② ◇
③ ◎
④ ★
⑤ ●

45 다음은 EAN-13 바코드 부여 규칙에 대한 자료이다. 상품코드의 맨 앞 자릿수가 9일 때, 2 ~ 7번째 자릿수가 '387655'라면 이를 이진코드로 바르게 변환한 것은?

〈EAN-13 바코드 부여 규칙〉

1. 13자리 상품코드의 맨 앞 자릿수에 따라 다음과 같이 변환한다.

상품코드 번호	2 ~ 7번째 자릿수	8 ~ 13번째 자릿수
0	AAAAAA	CCCCCC
1	AABABB	CCCCCC
2	AABBAB	CCCCCC
3	AABBBA	CCCCCC
4	ABAABB	CCCCCC
5	ABBAAB	CCCCCC
6	ABBBAA	CCCCCC
7	ABABAB	CCCCCC
8	ABABBA	CCCCCC
9	ABBABA	CCCCCC

2. A, B, C는 다음과 같이 상품코드 번호를 이진코드로 변환한 값이다.

상품코드 번호	A	B	C
0	0001101	0100111	1110010
1	0011001	0110011	1100110
2	0010011	0011011	1101100
3	0111101	0100001	1000010
4	0100011	0011101	1011100
5	0110001	0111001	1001110
6	0101111	0000101	1010000
7	0111011	0010001	1000100
8	0110111	0001001	1001000
9	0001011	0010111	1110100

	2번째 수	3번째 수	4번째 수	5번째 수	6번째 수	7번째 수
①	0111101	0001001	0010001	0101111	0111001	0110001
②	0100001	0001001	0010001	0000101	0111101	0111101
③	0111101	0110111	0111011	0101111	0111001	0111101
④	0100001	0101111	0010001	0010111	0100111	0001011
⑤	0111101	0011001	0010001	0101111	0011001	0111001

※ 다음은 청소 유형별 청소기 사용 방법 및 고장 유형별 확인 사항에 대한 자료이다. 이어지는 질문에 답하시오. [46~47]

〈청소 유형별 청소기 사용 방법〉

유형	사용 방법
일반 청소	1. 기본형 청소구를 장착해 주세요. 2. 작동 버튼을 눌러 주세요.
틈새 청소	1. 기본형 청소구의 입구 돌출부를 누르고 잡아당기면 좁은 흡입구를 꺼낼 수 있습니다. 반대로 돌출부를 누르면서 밀어 넣으면 좁은 흡입구를 안쪽으로 정리할 수 있습니다. 2. 1.의 좁은 흡입구를 꺼낸 상태에서 돌출부를 시계 방향으로 돌리면 돌출부를 고정할 수 있습니다. 3. 좁은 흡입구를 고정한 후 작동 버튼을 눌러 주세요. (좁은 흡입구에는 솔이 함께 들어 있습니다)
카펫 청소	1. 별도의 돌기 청소구로 교체해 주세요. (기본형으로도 카펫 청소를 할 수 있으나, 청소 효율이 떨어집니다) 2. 작동 버튼을 눌러 주세요.
스팀 청소	1. 별도의 스팀 청소구로 교체해 주세요. 2. 스팀 청소구의 물통에 물을 충분히 채운 후 뚜껑을 잠가 주세요. ※ 반드시 전원을 분리한 상태에서 진행해 주세요. 3. 걸레판에 걸레를 부착한 후 스팀 청소구의 노즐에 장착해 주세요. ※ 반드시 전원을 분리한 상태에서 진행해 주세요. 4. 스팀 청소 버튼을 누르고 안전 스위치를 눌러 주세요. ※ 안전을 위해 안전 스위치를 누르는 동안에만 스팀이 발생합니다. ※ 스팀 청소 작업 도중 및 완료 직후에 청소기를 거꾸로 세우거나 스팀 청소구를 눕히면 뜨거운 물이 새어 나와 화상을 입을 수 있습니다. 5. 스팀 청소 완료 후 물이 충분히 식은 후 물통 및 스팀 청소구를 분리해 주세요. ※ 충분히 식지 않은 상태에서 분리 시 뜨거운 물이 새어 나와 화상의 위험이 있습니다.

〈고장 유형별 확인 사항〉

유형	확인 사항
흡입력 약화	• 흡입구, 호스, 먼지통, 먼지분리기에 크기가 큰 이물질이 걸려 있는지 확인해 주세요. • 필터를 교체해 주세요. • 먼지통, 먼지분리기, 필터의 조립 상태를 확인해 주세요.
청소기 미작동	• 전원이 제대로 연결되어 있는지 확인해 주세요.
물 보충 램프 깜빡임	• 물통에 물이 충분한지 확인해 주세요. • 물이 충분히 채워졌어도 꺼질 때까지 시간이 다소 걸립니다. 잠시 기다려 주세요.
스팀 안 나옴	• 물통에 물이 충분한지 확인해 주세요. • 안전 스위치를 눌렀는지 확인해 주세요.
바닥에 물이 남음	• 스팀 청소구를 너무 자주 좌우로 기울이면 물이 소량 새어 나올 수 있습니다. • 걸레가 많이 젖었으므로 걸레를 교체해 주세요.
악취 발생	• 제품 기능상의 문제는 아니므로 고장이 아닙니다. • 먼지통 및 필터를 교체해 주세요. • 스팀 청소구의 물통 등 청결 상태를 확인해 주세요.
소음 발생	• 흡입구, 호스, 먼지통, 먼지분리기에 크기가 큰 이물질이 걸려 있는지 확인해 주세요. • 먼지통, 먼지분리기, 필터의 조립 상태를 확인해 주세요.

| 인천교통공사 / 기술능력

46 **다음 중 청소 유형별 청소기 사용 방법에 대한 설명으로 옳지 않은 것은?**

① 기본형 청소구로 카펫 청소가 가능하다.
② 스팀 청소 직후 통을 분리하면 화상의 위험이 있다.
③ 기본형 청소구를 이용하여 좁은 틈새를 청소할 수 있다.
④ 안전 스위치를 1회 누르면 별도의 외부 입력 없이 스팀을 지속하여 발생시킬 수 있다.
⑤ 스팀 청소 시 물 보충 및 걸레 부착 작업은 반드시 전원을 분리한 상태에서 진행해야 한다.

| 인천교통공사 / 기술능력

47 **다음 중 고장 유형별 고객 확인 사항이 옳지 않은 것은?**

① 물 보충 램프 깜빡임 : 잠시 기다리기
② 악취 발생 : 스팀 청소구의 청결 상태 확인하기
③ 흡입력 약화 : 먼지통, 먼지분리기, 필터 교체하기
④ 바닥에 물이 남음 : 물통에 물이 너무 많이 있는지 확인하기
⑤ 소음 발생 : 흡입구, 호스, 먼지통, 먼지분리기의 이물질 걸림 확인하기

| 인천교통공사 / 대인관계능력

48 다음 중 동료의 피드백을 장려하기 위한 방안으로 적절하지 않은 것은?

① 행동과 수행을 관찰한다.
② 즉각적인 피드백을 제공한다.
③ 뛰어난 수행성과에 대해서는 인정한다.
④ 간단하고 분명한 목표와 우선순위를 설정한다.
⑤ 긍정적인 상황에서는 피드백을 자제하는 것도 나쁘지 않다.

| 인천교통공사 / 대인관계능력

49 다음 중 내적 동기를 유발하는 방법으로 적절하지 않은 것은?

① 변화를 두려워하지 않는다.
② 업무 관련 교육을 생략한다.
③ 주어진 일에 책임감을 갖는다.
④ 창의적인 문제해결법을 찾는다.
⑤ 새로운 도전의 기회를 부여한다.

| 인천교통공사 / 대인관계능력

50 다음은 갈등 정도와 조직 성과의 관계에 대한 그래프이다. 이에 대한 설명으로 옳지 않은 것은?

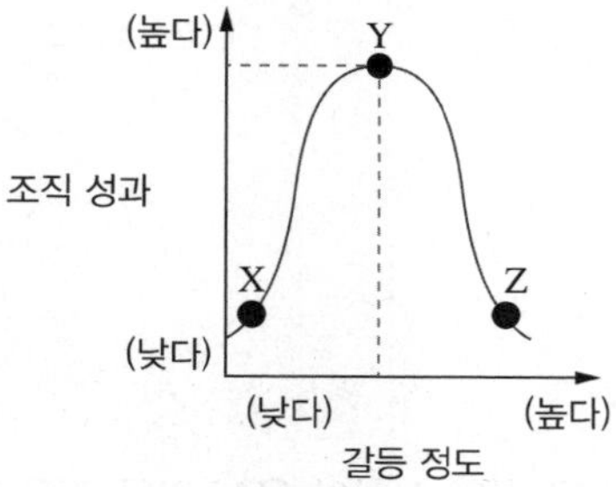

① 적절한 갈등이 있을 경우 가장 높은 조직 성과를 얻을 수 있다.
② 갈등이 없을수록 조직 내부가 결속되어 높은 조직 성과를 보인다.
③ Y점에서는 갈등의 순기능, Z점에서는 갈등의 역기능이 작용한다.
④ 갈등이 없을 경우 낮은 조직 성과를 얻을 수 있다.
⑤ 갈등이 잦을 경우 낮은 조직 성과를 얻을 수 있다.

CHAPTER

02

2024 ~ 2023년 주요 공기업

전공 기출복원문제

정답 및 해설 p.014

01 경영

❙ 코레일 한국철도공사

01 다음 중 테일러의 과학적 관리법과 관계가 없는 것은?

① 시간연구
② 동작연구
③ 동등 성과급제
④ 과업관리
⑤ 표준 작업조건

❙ 코레일 한국철도공사

02 다음 중 근로자가 직무능력 평가를 위해 개인능력평가표를 활용하는 제도는 무엇인가?

① 자기신고제도
② 직능자격제도
③ 평가센터제도
④ 직무순환제도
⑤ 기능목록제도

❙ 코레일 한국철도공사

03 다음 중 데이터베이스 마케팅에 대한 설명으로 옳지 않은 것은?

① 기업 규모와 관계없이 모든 기업에서 활용이 가능하다.
② 기존 고객의 재구매를 유도하며, 장기적인 마케팅 전략 수립이 가능하다.
③ 인구통계, 심리적 특성, 지리적 특성 등을 파악하여 고객별 맞춤 서비스가 가능하다.
④ 단방향 의사소통으로 고객과 1 : 1 관계를 구축하여 즉각적으로 반응을 확인할 수 있다.
⑤ 고객자료를 바탕으로 고객 및 매출 증대에 대한 마케팅 전략을 실행하는 데 목적이 있다.

| 코레일 한국철도공사

04 **다음 중 공정성 이론에서 절차적 공정성에 해당하지 않는 것은?**

① 접근성
② 반응속도
③ 형평성
④ 유연성
⑤ 적정성

| 코레일 한국철도공사

05 **다음 중 e-비즈니스 기업의 장점으로 옳지 않은 것은?**

① 빠른 의사결정을 진행할 수 있다.
② 양질의 고객서비스를 제공할 수 있다.
③ 배송, 물류비 등 각종 비용을 절감할 수 있다.
④ 소비자에게 더 많은 선택권을 부여할 수 있다.
⑤ 기업이 더 높은 가격으로 제품을 판매할 수 있다.

| 코레일 한국철도공사

06 **다음 중 조직시민행동에 대한 설명으로 옳지 않은 것은?**

① 조직 구성원이 수행하는 행동에 대해 의무나 보상이 존재하지 않는다.
② 조직 구성원의 자발적인 참여가 바탕이 되며, 대부분 강제적이지 않다.
③ 조직 내 바람직한 행동을 유도하고, 구성원의 조직 참여도를 제고한다.
④ 조직 구성원의 처우가 좋지 않을수록 조직시민행동은 자발적으로 일어난다.
⑤ 조직의 리더가 구성원으로부터 신뢰를 받을 때 구성원의 조직시민행동이 크게 증가한다.

| 코레일 한국철도공사

07 **다음 중 분배적 협상의 특징으로 옳지 않은 것은?**

① 협상에 따른 이익을 정해진 비율로 분배한다.
② 정보를 숨겨 필요한 정보만 선택적으로 활용한다.
③ 협상을 통해 공동의 이익을 확대(Win – Win)한다.
④ 상호 목표 배치 시 자기의 입장을 명확히 주장한다.
⑤ 간부회의, 밀실회의 등을 통한 의사결정을 주로 진행한다.

| 코레일 한국철도공사

08 다음 글에서 설명하는 직무분석방법은?

> • 여러 직무활동을 동시에 기록할 수 있다.
> • 직무활동 전체의 모습을 파악할 수 있다.
> • 직무성과가 외형적일 때 적용이 가능하다.

① 관찰법
② 면접법
③ 워크 샘플링법
④ 질문지법
⑤ 연구법

| 코레일 한국철도공사

09 다음 중 전문품에 대한 설명으로 옳지 않은 것은?

① 가구, 가전제품 등이 해당된다.
② 제품의 가격이 상대적으로 비싼 편이다.
③ 특정 브랜드에 대한 높은 충성심이 나타난다.
④ 충분한 정보 제공 및 차별화가 중요한 요소로 작용한다.
⑤ 소비자가 해당 브랜드에 대한 충분한 지식이 없는 경우가 많다.

| 코레일 한국철도공사

10 다음 중 연속생산에 대한 설명으로 옳은 것은?

① 단위당 생산원가가 낮다.
② 운반비용이 많이 소요된다.
③ 제품의 수명이 짧은 경우 적합한 방식이다.
④ 제품의 수요가 다양한 경우 적합한 방식이다.
⑤ 작업자의 숙련도가 떨어질 경우 작업에 참여시키지 않는다.

| 서울교통공사

11 **다음 중 주식 관련 상품에 대한 설명으로 옳지 않은 것은?**

① ELF : ELS와 ELD의 중간 형태로, ELS를 기초 자산으로 하는 펀드를 말한다.
② ELB : 채권, 양도성 예금증서 등 안전자산에 주로 투자하며, 원리금이 보장된다.
③ ELD : 수익률이 코스피200지수에 연동되는 예금으로, 주로 정기예금 형태로 판매한다.
④ ELS : 주가지수 또는 종목의 주가 움직임에 따라 수익률이 결정되며, 만기가 없는 증권이다.
⑤ ELT : ELS를 특정금전신탁 계좌에 편입하는 신탁상품으로, 투자자의 의사에 따라 운영한다.

| 서울교통공사

12 **다음 중 인사와 관련된 이론에 대한 설명으로 옳지 않은 것은?**

① 로크는 인간이 합리적으로 행동한다는 가정에서 개인이 의식적으로 얻으려고 설정한 목표가 동기와 행동에 영향을 미친다고 주장하였다.
② 브룸은 동기 부여에 대해 기대이론을 적용하여 기대감, 적합성, 신뢰성을 통해 구성원의 직무에 대한 동기 부여를 결정한다고 주장하였다.
③ 매슬로는 욕구의 위계를 생리적 욕구, 안전의 욕구, 애정과 공감의 욕구, 존경의 욕구, 자아실현의 욕구로 나누어 단계별로 욕구가 작용한다고 설명하였다.
④ 맥그리거는 인간의 본성에 대해 부정적인 관점인 X이론과 긍정적인 관점인 Y이론이 있으며, 경영자는 조직목표 달성을 위해 근로자의 본성(X, Y)을 파악해야 한다고 주장하였다.
⑤ 허즈버그는 욕구를 동기요인과 위생요인으로 나누었으며, 동기요인에는 인정감, 성취, 성장 가능성, 승진, 책임감, 직무 자체가 해당되고, 위생요인에는 보수, 대인관계, 감독, 직무안정성, 근무환경, 회사의 정책 및 관리가 해당된다.

| 서울교통공사

13 **다음 글에 해당하는 마케팅 STP 단계는 무엇인가?**

- 서로 다른 욕구를 가지고 있는 다양한 고객들을 하나의 동질적인 고객집단으로 나눈다.
- 인구, 지역, 사회, 심리 등을 기준으로 활용한다.
- 전체시장을 동질적인 몇 개의 하위시장으로 구분하여 시장별로 차별화된 마케팅을 실행한다.

① 시장세분화
② 시장매력도 평가
③ 표적시장 선정
④ 포지셔닝
⑤ 재포지셔닝

| K-water 한국수자원공사

14 다음 중 BCG 매트릭스에 대한 설명으로 옳지 않은 것은?

① X축은 상대적 시장 점유율, Y축은 성장률을 의미한다.
② 1970년대 미국 보스턴컨설팅그룹에 의해 개발된 경영전략 분석기법이다.
③ 수익이 많고 안정적이어서 현상을 유지하는 것이 필요한 사업은 스타(Star)이다.
④ 물음표(Question Mark), 스타(Star), 현금젖소(Cash Cow), 개(Dog)의 4개 영역으로 구성된다.

| K-water 한국수자원공사

15 다음 중 변혁적 리더십의 특성으로 옳지 않은 것은?

① 구성원들은 리더가 이상적이며 높은 수준의 기준과 능력을 지니고 있다고 생각한다.
② 리더는 구성원 모두가 공감할 수 있는 바람직한 목표를 설정하고, 그들이 이를 이해하도록 한다.
③ 리더는 구성원들의 생각, 가치, 신념 등을 발전시키고, 그들이 창의적으로 행동하도록 이끈다.
④ 구성원들을 리더로 얼마나 육성했는지보다 구성원의 성과 측정을 통해 객관성을 가질 수 있다는 효과가 있다.

| K-water 한국수자원공사

16 다음 중 변혁적 리더십의 구성요소에 해당하지 않는 것은?

① 감정적 치유
② 카리스마
③ 영감적 동기화
④ 지적 자극

| K-water 한국수자원공사

17 다음 중 매트릭스 조직의 단점으로 옳지 않은 것은?

① 책임, 목표, 평가 등에 대한 갈등이 유발되어 혼란을 줄 수 있다.
② 관리자 및 구성원 모두에게 역할 등에 대한 스트레스를 유발할 수 있다.
③ 힘의 균형을 유지하기 어려워 경영자의 개입이 빈번하게 일어날 수 있다.
④ 구성원의 창의력을 저해하고, 문제해결에 필요한 전문지식이 부족할 수 있다.

| K-water 한국수자원공사

18 다음 중 가치사슬 분석을 통해 얻을 수 있는 효과로 옳지 않은 것은?

① 프로세스 혁신 ② 원가 절감
③ 매출 확대 ④ 품질 향상

| K-water 한국수자원공사

19 다음 K기업 재무회계 자료를 참고할 때, 기초부채를 계산하면 얼마인가?

- 기초자산 : 100억 원
- 기말자본 : 65억 원
- 총수익 : 35억 원
- 총비용 : 20억 원

① 30억 원 ② 40억 원
③ 50억 원 ④ 60억 원

| K-water 한국수자원공사

20 다음 중 ERG 이론에 대한 설명으로 옳지 않은 것은?

① 매슬로의 욕구 5단계설을 발전시켜 주장한 이론이다.
② 인간의 욕구를 중요도 순으로 계층화하여 정의하였다.
③ 인간의 욕구를 존재욕구, 관계욕구, 성장욕구의 3단계로 나누었다.
④ 상위에 있는 욕구를 충족시키지 못하면 하위에 있는 욕구는 더욱 크게 감소한다.

| K-water 한국수자원공사

21 다음 중 기업이 사업 다각화를 추진하는 목적으로 볼 수 없는 것은?

① 기업의 지속적인 성장 추구 ② 사업위험 분산
③ 유휴자원의 활용 ④ 기업의 수익성 강화

ㅣ한국중부발전

22 다음 중 종단분석과 횡단분석의 비교가 옳지 않은 것은?

구분	종단분석	횡단분석
방법	시간적	공간적
목표	특성이나 현상의 변화	집단의 특성 또는 차이
표본 규모	큼	작음
횟수	반복	1회

① 방법
② 목표
③ 표본 규모
④ 횟수

ㅣ한국중부발전

23 다음 중 향후 채권이자율이 시장이자율보다 높아질 것으로 예상될 때 나타날 수 있는 현상으로 옳은 것은?

① 1년 만기 은행채, 장기신용채 등의 발행이 늘어난다.
② 만기에 가까워질수록 채권가격 상승에 따른 이익을 얻을 수 있다.
③ 채권가격이 액면가보다 높은 가격에 거래되는 할증채 발행이 증가한다.
④ 별도의 이자 지급 없이 채권발행 시 이자금액을 공제하는 방식을 선호하게 된다.

ㅣ한국서부발전

24 다음 중 BCG 매트릭스에 대한 설명으로 옳은 것은?

① 스타(Star) 사업 : 높은 시장점유율로 현금창출은 양호하나, 성장 가능성은 낮은 사업이다.
② 현금젖소(Cash Cow) 사업 : 성장 가능성과 시장점유율이 모두 낮아 철수가 필요한 사업이다.
③ 개(Dog) 사업 : 성장 가능성과 시장점유율이 모두 높아서 계속 투자가 필요한 유망 사업이다.
④ 물음표(Question Mark) 사업 : 신규 사업 또는 현재 시장점유율은 낮으나, 향후 성장 가능성이 높은 사업이다.

ㅣ한국서부발전

25 다음 중 테일러의 과학적 관리법의 특징에 대한 설명으로 옳지 않은 것은?

① 작업량에 따라 임금을 차등하여 지급한다.
② 작업능률을 최대로 높이기 위하여 노동의 표준량을 정한다.
③ 관리에 대한 전문화를 통해 노동자의 태업을 사전에 방지한다.
④ 작업에 사용하는 도구 등을 개별 용도에 따라 다양하게 제작하여 성과를 높인다.

02 경제

| 서울교통공사

01 다음 중 수요의 가격탄력성에 대한 설명으로 옳지 않은 것은?

① 수요의 가격탄력성은 가격의 변화에 따른 수요의 변화를 의미한다.
② 분모는 상품 가격의 변화량을 상품 가격으로 나눈 값이다.
③ 대체재가 많을수록 수요의 가격탄력성은 탄력적이다.
④ 가격이 1% 상승할 때 수요가 2% 감소하였으면 수요의 가격탄력성은 2이다.
⑤ 가격탄력성이 0보다 크면 탄력적이라고 할 수 있다.

| 서울교통공사

02 다음 중 대표적인 물가지수인 GDP 디플레이터를 구하는 계산식으로 옳은 것은?

① (실질 GDP)÷(명목 GDP)×100
② (명목 GDP)÷(실질 GDP)×100
③ (실질 GDP)+(명목 GDP)÷2
④ (명목 GDP)−(실질 GDP)÷2
⑤ (실질 GDP)÷(명목 GDP)×2

| 서울교통공사

03 다음 〈조건〉을 참고할 때, 한계소비성향(MPC) 변화에 따른 현재 소비자들의 소비 변화폭은?

조건
- 기존 소비자들의 연간 소득은 3,000만 원이며, 한계소비성향은 0.6을 나타내었다.
- 현재 소비자들의 연간 소득은 4,000만 원이며, 한계소비성향은 0.7을 나타내었다.

① 700
② 1,100
③ 1,800
④ 2,500
⑤ 3,700

| 한국가스기술공사

04 다음 중 빈칸에 들어갈 단어가 바르게 짝지어진 것은?

- 환율이 ___㉠___하면 순수출이 증가한다.
- 국내이자율이 높아지면 환율은 ___㉡___한다.
- 국내물가가 오르면 환율은 ___㉢___한다.

	㉠	㉡	㉢
①	하락	상승	하락
②	하락	상승	상승
③	하락	하락	하락
④	상승	하락	상승
⑤	상승	하락	하락

| 한국가스기술공사

05 다음 중 독점적 경쟁시장에 대한 설명으로 옳지 않은 것은?

① 독점적 경쟁시장은 완전경쟁시장과 독점시장의 중간 형태이다.
② 대체성이 높은 제품의 공급자가 시장에 다수 존재한다.
③ 시장진입과 퇴출이 자유롭다.
④ 독점적 경쟁기업의 수요곡선은 우하향하는 형태를 나타낸다.
⑤ 가격경쟁이 비가격경쟁보다 활발히 진행된다.

| 한국가스기술공사

06 다음 중 고전학파와 케인스학파에 대한 설명으로 옳지 않은 것은?

① 케인스학파는 경기가 침체할 경우, 정부의 적극적 개입이 바람직하지 않다고 주장하였다.
② 고전학파는 임금이 매우 신축적이어서 노동시장이 항상 균형상태에 이르게 된다고 주장하였다.
③ 케인스학파는 저축과 투자가 국민총생산의 변화를 통해 같아지게 된다고 주장하였다.
④ 고전학파는 실물경제와 화폐를 분리하여 설명한다.
⑤ 케인스학파는 단기적으로 화폐의 중립성이 성립하지 않는다고 주장하였다.

| 한국가스기술공사

07 다음 사례에서 나타나는 현상으로 옳은 것은?

> • 물은 사용 가치가 크지만 교환 가치가 작은 반면, 다이아몬드는 사용 가치가 작지만 교환 가치는 크게 나타난다.
> • 한계효용이 작을수록 교환 가치가 작으며, 한계효용이 클수록 교환 가치가 크다.

① 매몰비용의 오류
② 감각적 소비
③ 보이지 않는 손
④ 가치의 역설
⑤ 희소성

| 한국가스기술공사

08 다음 자료를 참고하여 실업률을 구하면 얼마인가?

> • 생산가능인구 : 50,000명
> • 취업자 : 20,000명
> • 실업자 : 5,000명

① 10%
② 15%
③ 20%
④ 25%
⑤ 30%

| 한국중부발전

09 J기업이 다음 〈조건〉과 같이 생산량을 늘린다고 할 때, 한계비용은 얼마인가?

> 조건
> • J기업의 제품 1단위당 노동가격은 4, 자본가격은 6이다.
> • J기업은 제품 생산량을 50개에서 100개로 늘리려고 한다.
> • 평균비용 $P=2L+K+\frac{100}{Q}$ (L : 노동가격, K : 자본가격, Q : 생산량)

① 10
② 12
③ 14
④ 16

| 한국서부발전

10 다음은 A국과 B국이 노트북 1대와 TV 1대를 생산하는 데 필요한 작업 시간을 나타낸 자료이다. A국과 B국의 비교우위에 대한 설명으로 옳은 것은?

구분	노트북	TV
A국	6시간	8시간
B국	10시간	8시간

① A국이 노트북, TV 생산 모두 비교우위에 있다.
② B국이 노트북, TV 생산 모두 비교우위에 있다.
③ A국은 노트북 생산, B국은 TV 생산에 비교우위가 있다.
④ A국은 TV 생산, B국은 노트북 생산에 비교우위가 있다.

| 한국서부발전

11 다음 중 다이내믹 프라이싱에 대한 설명으로 옳지 않은 것은?

① 동일한 제품과 서비스에 대한 가격을 시장 상황에 따라 변화시켜 적용하는 전략이다.
② 호텔, 항공 등의 가격을 성수기 때 인상하고, 비수기 때 인하하는 것이 대표적인 예이다.
③ 기업은 소비자별 맞춤형 가격을 통해 수익을 극대화할 수 있다.
④ 소비자 후생이 증가해 소비자의 만족도가 높아진다.

| 한국서부발전

12 다음 〈보기〉 중 빅맥 지수에 대한 설명으로 옳은 것을 모두 고르면?

보기

㉠ 빅맥 지수를 최초로 고안한 나라는 미국이다.
㉡ 각 나라의 물가수준을 비교하기 위해 고안된 지수로, 구매력 평가설을 근거로 한다.
㉢ 맥도날드 빅맥 가격을 기준으로 한 이유는 전 세계에서 가장 동질적으로 판매되고 있는 상품이기 때문이다.
㉣ 빅맥 지수를 구할 때 빅맥 가격은 제품 가격과 서비스 가격의 합으로 계산한다.

① ㉠, ㉡　　② ㉠, ㉢
③ ㉡, ㉢　　④ ㉡, ㉣

| 한국서부발전

13 다음 중 확장적 통화정책의 영향으로 옳은 것은?

① 건강보험료가 인상되어 정부의 세금 수입이 늘어난다.
② 이자율이 하락하고, 소비 및 투자가 감소한다.
③ 이자율이 상승하고, 환율이 하락한다.
④ 은행이 채무불이행 위험을 줄이기 위해 더 높은 이자율과 담보 비율을 요구한다.

| 한국서부발전

14 다음 중 노동의 수요공급곡선에 대한 설명으로 옳지 않은 것은?

① 노동 수요는 파생수요라는 점에서 재화시장의 수요와 차이가 있다.
② 상품 가격이 상승하면 노동 수요곡선은 오른쪽으로 이동한다.
③ 토지, 설비 등이 부족하면 노동 수요곡선은 오른쪽으로 이동한다.
④ 노동에 대한 인식이 긍정적으로 변화하면 노동 공급곡선은 오른쪽으로 이동한다.

| 한국서부발전

15 다음 〈조건〉에 따라 S씨가 할 수 있는 최선의 선택은?

조건
- S씨는 퇴근 후 운동을 할 계획으로 헬스, 수영, 자전거, 달리기 중 하나를 고르려고 한다.
- 각 운동이 주는 만족도(이득)는 헬스 5만 원, 수영 7만 원, 자전거 8만 원, 달리기 4만 원이다.
- 각 운동에 소요되는 비용은 헬스 3만 원, 수영 2만 원, 자전거 5만 원, 달리기 3만 원이다.

① 헬스 ② 수영
③ 자전거 ④ 달리기

03 법

| 서울교통공사

01 다음 중 노동법의 성질이 다른 하나는?

① 산업안전보건법
② 남녀고용평등법
③ 산업재해보상보험법
④ 근로자참여 및 협력증진에 관한 법
⑤ 고용보험법

| 서울교통공사

02 다음 〈보기〉 중 용익물권에 해당하는 것을 모두 고르면?

보기

가. 지상권	나. 점유권
다. 지역권	라. 유치권
마. 전세권	바. 저당권

① 가, 다, 마
② 가, 라, 바
③ 나, 라, 바
④ 다, 라, 마
⑤ 라, 마, 바

| 서울교통공사

03 다음 중 선고유예와 집행유예의 내용에 대한 분류가 옳지 않은 것은?

구분	선고유예	집행유예
실효	유예한 형을 선고	유예선고의 효력 상실
요건	1년 이하 징역·금고, 자격정지, 벌금	3년 이하 징역·금고, 500만 원 이하의 벌금형
유예기간	1년 이상 5년 이하	2년
효과	면소	형의 선고 효력 상실

① 실효
② 요건
③ 유예기간
④ 효과
⑤ 없음

| 서울교통공사

04 다음 〈보기〉 중 형법상 몰수가 되는 것은 모두 몇 개인가?

보기

- 범죄행위에 제공한 물건
- 범죄행위에 제공하려고 한 물건
- 범죄행위로 인하여 생긴 물건
- 범죄행위로 인하여 취득한 물건
- 범죄행위의 대가로 취득한 물건

① 1개
② 2개
③ 3개
④ 4개
⑤ 5개

| 서울교통공사

05 다음 중 상법상 법원이 아닌 것은?

① 판례
② 조례
③ 상관습법
④ 상사자치법
⑤ 보통거래약관

PART 1

직업기초능력

CHAPTER 01

의사소통능력

합격 Cheat Key

의사소통능력은 평가하지 않는 공사·공단이 없을 만큼 필기시험에서 중요도가 높은 영역으로, 세부 유형은 문서 이해, 문서 작성, 의사 표현, 경청, 기초 외국어로 나눌 수 있다. 문서 이해·문서 작성과 같은 지문에 대한 주제 찾기, 내용 일치 문제의 출제 비중이 높으며, 문서의 특성을 파악하는 문제도 출제되고 있다.

1 문제에서 요구하는 바를 먼저 파악하라!

의사소통능력에서 가장 중요한 것은 제한된 시간 안에 빠르고 정확하게 답을 찾아내는 것이다. 의사소통능력에서는 지문이 아니라 문제가 주인공이므로 지문을 보기 전에 문제를 먼저 파악해야 하며, 문제에 따라 전략적으로 빠르게 풀어내는 연습을 해야 한다.

2 잠재되어 있는 언어 능력을 발휘하라!

세상에 글은 많고 우리가 학습할 수 있는 시간은 한정적이다. 이를 극복할 수 있는 방법은 다양한 글을 접하는 것이다. 실제 시험장에서 어떤 내용의 지문이 나올지 아무도 예측할 수 없으므로 평소에 신문, 소설, 보고서 등 여러 글을 접하는 것이 필요하다.

3 상황을 가정하라!

업무 수행에 있어 상황에 따른 언어 표현은 중요하다. 같은 말이라도 상황에 따라 다르게 해석될 수 있기 때문이다. 그런 의미에서 자신의 의견을 효과적으로 전달할 수 있는 능력을 평가하는 것이다. 업무를 수행하면서 발생할 수 있는 여러 상황을 가정하고 그에 따른 올바른 언어표현을 정리하는 것이 필요하다.

4 말하는 이의 입장에서 생각하라!

잘 듣는 것 또한 하나의 능력이다. 상대방의 이야기에 귀 기울이고 공감하는 태도는 업무를 수행하는 관계 속에서 필요한 요소이다. 그런 의미에서 다양한 상황에서 듣는 능력을 평가하는 것이다. 말하는 이가 요구하는 듣는 이의 태도를 파악하고, 이에 따른 판단을 할 수 있도록 언제나 말하는 사람의 입장이 되는 연습이 필요하다.

대표기출유형

01 문서 내용 이해

| 유형분석 |

- 주어진 지문을 읽고 선택지를 고르는 전형적인 독해 문제이다.
- 지문은 주로 신문기사(보도자료 등)나 업무 보고서, 시사 등이 제시된다.
- 공사공단에 따라 자사와 관련된 내용의 기사나 법조문, 보고서 등이 출제되기도 한다.

K씨는 성장기인 아들의 수면습관을 바로 잡기 위해 수면습관에 관련된 글을 찾아보았다. 다음 글을 읽고 이해한 내용으로 적절하지 않은 것은?

수면은 비렘(non – REM)수면과 렘수면으로 이뤄진 사이클이 반복되면서 이뤄지는 복잡한 신경계의 상호작용이며, 좋은 수면이란 이 사이클이 끊어지지 않고 충분한 시간 동안 유지되도록 하는 것이다. 수면 패턴은 일정한 것이 좋으며, 깨는 시간을 지키는 것이 중요하다. 그리고 수면 패턴은 휴일과 평일 모두 일정하게 지키는 것이 성장하는 아이들의 수면 리듬을 유지하는 데 좋다. 수면 상태에서 깨어날 때 영향을 주는 자극들은 '빛, 식사 시간, 운동, 사회 활동' 등이 있으며, 이 중 가장 강한 자극은 '빛'이다. 침실을 밝게 하는 것은 적절한 수면 자극을 방해하는 것이다. 반대로 깨어날 때 강한 빛 자극을 주면 수면 상태에서 빠르게 벗어날 수 있다. 이는 뇌의 신경 전달 물질인 멜라토닌의 농도와 연관되어 나타나는 현상이다. 수면 중 최대치로 올라간 멜라토닌은 시신경이 강한 빛에 노출되면 빠르게 줄어들게 되는데, 이때 수면 상태에서 벗어나게 된다. 아침 일찍 일어나 커튼을 젖히고 밝은 빛이 침실 안으로 들어오게 하는 것은 매우 효과적인 각성 방법인 것이다.

① 잠에서 깨는 데 가장 강력한 자극을 주는 것은 빛이었구나.
② 멜라토닌의 농도에 따라 수면과 각성이 영향을 받는군.
③ 평일에 잠이 모자란 우리 아들은 잠을 보충해줘야 하니까 휴일에 늦게까지 자도록 둬야겠다.
④ 좋은 수면은 비렘수면과 렘수면의 사이클이 충분한 시간 동안 유지되도록 하는 것이구나.
⑤ 우리 아들 침실이 좀 밝은 편이니 충분한 수면을 위해 암막커튼을 달아줘야겠어.

정답 ③

수면 패턴은 휴일과 평일 모두 일정하게 지키는 것이 성장하는 아이들의 수면 리듬을 유지하는 데 좋다. 따라서 휴일에 늦잠을 자는 것은 적절하지 않다.

풀이 전략!

주어진 선택지에서 키워드를 체크한 후, 지문의 내용과 비교해 가면서 내용의 일치 유무를 빠르게 판단한다.

대표기출유형 01 기출응용문제

※ 다음 글의 내용으로 가장 적절한 것을 고르시오. [1~2]

01

일반적으로 종자를 발아시킨 후 약 1주일 정도 된 채소의 어린 싹을 새싹 채소라고 말한다. 씨앗에서 싹을 틔우고 뿌리를 단단히 뻗은 성체가 되기까지 열악한 환경을 극복하고 성장하기 위하여 종자 안에는 각종 영양소가 많이 포함되어 있다.
이러한 종자의 에너지를 이용하여 틔운 새싹은 성숙한 채소에 비해 영양성분이 약 3～4배 더 많이 함유되어 있으며 종류에 따라서는 수십 배 이상의 차이를 보이기도 하는 것으로 보고된다.
식물의 성장과정 중 씨에서 싹이 터 어린잎이 두세 개 달릴 즈음이 생명유지와 성장에 필요한 생리 활성 물질을 가장 많이 만들어 내는 때라고 한다. 그렇기 때문에 그 모든 영양이 새싹 안에 그대로 모일뿐더러 단백질과 비타민, 미네랄 등의 영양적 요소도 결집하게 된다. 고로 새싹 채소는 영양면에 있어서도 다 자란 채소나 씨앗 자체보다도 월등히 나은 데다가 신선함과 맛까지 덤으로 얻을 수 있으니 더없이 매력적인 채소라 할 수 있다. 따라서 성체의 채소류들이 가지는 각종 비타민, 미네랄 및 생리활성 물질들을 소량의 새싹 채소 섭취로 충분히 공급받을 수 있다. 채소류에 포함되어 있는 각종 생리활성 물질이 암의 발생을 억제하고 치료에 도움을 준다는 것은 많은 연구에서 입증되고 있으며, 이에 따라 새싹 채소는 식이요법 등에도 활용되고 있다.
예를 들어 브로콜리에 다량 함유되어 있는 황 화합물인 설포라펜의 항암활성 및 면역활성작용은 널리 알려져 있는데, 성숙한 브로콜리보다 어린 새싹에 설포라펜의 함량이 약 40배 이상 많이 들어 있는 것으로 보고되기도 한다. 메밀 싹에는 항산화 활성이 높은 플라보노이드 화합물인 루틴이 다량 함유되어 있어 체내 유해산소의 제거를 통하여 암의 발생과 성장의 억제에 도움을 줄 수 있다. 새싹 채소는 기존에 널리 쓰여온 무 싹 정도 이외에는 많이 알려져 있지 않았으나, 최근 관심이 고조되면서 다양한 새싹 채소나 이를 재배할 수 있는 종자 등을 쉽게 구할 수 있게 되었다.
새싹 채소는 종자를 뿌린 후 1주일 정도면 식용이 가능하므로 재배기간이 짧고 키우기가 쉬워 근래에는 가정에서도 직접 재배하여 섭취하기도 한다. 새싹으로 섭취할 수 있는 채소로는 순무 싹, 밀 싹, 메밀 싹, 브로콜리 싹, 청경채 싹, 보리 싹, 케일 싹, 녹두 싹 등이 있는데 다양한 종류를 섭취하는 것이 좋다.

① 종자 상태에서는 아직 영양분을 갖고 있지 않다.
② 다 자란 식물은 새싹 상태에 비해 3～4배 많은 영양분을 갖게 된다.
③ 씨에서 싹이 바로 나왔을 때 비타민, 미네랄과 같은 물질을 가장 많이 생성한다.
④ 새싹 채소 역시 성체와 마찬가지로 항암 효과를 보이는 물질을 가지고 있다.
⑤ 무 싹은 새싹 채소 중 하나이며 아직 많은 사람들에게 알려지지 않았다.

02

지진해일은 지진, 해저 화산폭발 등으로 바다에서 발생하는 파장이 긴 파도이다. 지진에 의해 바다 밑바닥이 솟아오르거나 가라앉으면 바로 위의 바닷물이 갑자기 상승 또는 하강하게 된다. 이 영향으로 지진해일파가 빠른 속도로 퍼져나가 해안가에 엄청난 위험과 피해를 일으킬 수 있다.
전 세계의 모든 해안 지역이 지진해일의 피해를 받을 수 있지만, 우리에게 피해를 주는 지진해일의 대부분은 태평양과 주변해역에서 발생한다. 이는 태평양의 규모가 거대하고 이 지역에서 대규모 지진이 많이 발생하기 때문이다. 태평양에서 발생한 지진해일은 발생 하루 만에 발생지점에서 지구의 반대편까지 이동할 수 있으며, 수심이 깊을 경우 파고가 낮고 주기가 길기 때문에 선박이나 비행기에서도 관측할 수 없다.
먼 바다에서 지진해일 파고는 해수면으로부터 수십 cm 이하이지만 얕은 바다에서는 급격하게 높아진다. 수심이 6,000m 이상인 곳에서 지진해일은 비행기의 속도와 비슷한 시속 800km로 이동할 수 있다. 지진해일은 얕은 바다에서 파고가 급격히 높아짐에 따라 그 속도가 느려지며 지진해일이 해안가의 수심이 얕은 지역에 도달할 때 그 속도는 시속 45 ~ 60km까지 느려지면서 파도가 강해진다. 이것이 해안을 강타함에 따라 파도의 에너지는 더 짧고 더 얕은 곳으로 모여 무시무시한 파괴력을 가져 우리의 생명을 위협하는 파도로 발달하게 된다. 최악의 경우, 파고가 15m 이상으로 높아지고 지진의 진앙 근처에서 발생한 지진해일의 경우 파고가 30m를 넘을 수도 있다. 파고가 3 ~ 6m 높이가 되면 많은 사상자와 피해를 일으키는 아주 파괴적인 지진해일이 될 수 있다.
지진해일의 파도 높이와 피해 정도는 에너지의 양, 지진해일의 전파 경로, 앞바다와 해안선의 모양 등으로 결정될 수 있다. 또한 암초, 항만, 하구나 해저의 모양, 해안의 경사 등 모든 것이 지진해일을 변형시키는 요인이 된다.

① 지진해일은 파장이 짧으며, 화산폭발 등으로 인해 발생한다.
② 태평양 인근에서 발생한 지진해일은 대부분 한 달에 걸쳐 지구 반대편으로 이동하게 된다.
③ 바다가 얕을수록 지진해일의 파고가 높아진다.
④ 지진해일이 해안가에 도달할수록 파도가 강해지며 속도는 800km에 달한다.
⑤ 해안의 경사는 지진해일에 아무런 영향을 주지 않는다.

03 다음은 로가닉(Rawganic)에 대한 신문기사이다. 이를 이해한 내용으로 적절하지 않은 것은?

> 오늘날 한국 사회는 건강에 대한 관심과 열풍이 그 어느 때보다 증가하고 있다. 이미 우리 사회에서 유기농, 친환경, 웰빙과 같은 단어는 이미 친숙해진 지 오래이다. 제품마다 웰빙이라는 단어를 부여해야만 매출이 상승했던 웰빙 시대를 지나서 사람들은 천연 재료를 추구하는 오가닉(Organic) 시대를 접하였으며, 나아가 오늘날에는 오가닉을 넘어 로가닉(Rawganic)을 추구하기 시작한 것이다. 로가닉이란 '천연상태의 날 것'을 의미하는 'Raw'와 '천연 그대로의 유기농'을 의미하는 'Organic'의 합성어이다. 즉, 자연에서 재배한 식자재를 가공하지 않고 천연 그대로 사용하는 것을 말하는 것이다. 로가닉은 '천연상태의 날 것'을 유지한다는 점에서 기존의 오가닉과 차이를 가진다. 재료 본연의 맛과 향을 잃지 않는 방식으로 제조되는 것이다. 이러한 로가닉은 오늘날 우리의 식품업계에 직접적으로 영향을 주고 있다. 화학조미료 사용을 줄이고 식재료 본연의 맛과 풍미를 살린 '로가닉 조리법'을 활용한 외식 프랜차이즈 브랜드가 꾸준히 인기를 끌고 있음을 확인할 수 있는 것이다. 로가닉은 세 가지의 핵심적인 가치 요소가 포함되어야 한다. 첫째는 날 것 상태인 천연 그대로의 성분을 사용하는 것이고, 둘째는 희소성이며, 셋째는 매력적이고 재미있는 스토리를 가지고 있어야 한다는 것이다.
>
> 예를 들면, ○○한우 브랜드는 당일 직송된 암소만을 엄선하여 사용함으로써 로가닉의 사고를 지닌 소비자들의 입맛을 사로잡고 있다. 품질이 우수한 식재료의 본연의 맛에서 가장 좋은 요리가 탄생한다는 로가닉 조리법을 통해 화제가 된 것이다. 또한, 코펜하겐에 위치한 △△레스토랑은 '채집음식'을 추구함으로써 세계 최고의 레스토랑으로 선정되었다. 채집음식이란 재배한 식물이 아닌 야생에서 자란 음식재료를 활용하여 만든 음식을 의미한다.
>
> 다음으로 로가닉의 가치 요소인 희소성은 루왁 커피를 예로 들 수 있다. 루왁 커피는 사향 고양이인 루왁이 커피 열매를 먹고 배설한 배설물을 채집하여 만들어진 커피로, 까다로운 채집과정과 인공의 힘으로 불가능한 생산과정을 거침으로써 높은 희소가치를 지닌 상품으로 각광받고 있는 것이다.
>
> 마지막으로 로가닉은 매력적이고 재미있는 스토리텔링이 되어야 한다. 로가닉 제품의 채집과정과 효능, 상품 탄생배경 등과 같은 구체적이고 흥미 있는 스토리로 소비자들의 공감을 불러일으켜야 한다. 소비자들이 이러한 스토리텔링에 만족한다면 로가닉 제품의 높은 가격은 더 이상 매출 상승의 장애 요인이 되지 않을 것이다.
>
> 로가닉은 이처럼 세 가지 핵심적인 가치 요소들을 충족함으로써 한층 더 고급스러워진 소비자들의 욕구를 채워주고 있다.

① 로가닉의 희소성은 어려운 채집과정과 생산과정을 통해 나타난다.

② 직접 재배한 식물로 만들어진 채집음식은 로가닉으로 볼 수 있다.

③ 로가닉은 천연상태의 날 것을 그대로 사용한다는 점에서 오가닉과 다르다.

④ 로가닉 제품의 높은 가격은 스토리텔링을 통해 보완할 수 있다.

⑤ 로가닉 조리법을 활용한 외식업체의 인기가 높음을 알 수 있다.

대표기출유형

02 내용 추론

| 유형분석 |

- 주어진 지문을 바탕으로 도출할 수 있는 내용을 찾는 문제이다.
- 선택지의 내용을 정확하게 확인하고 지문의 정보와 비교하여 추론하는 능력이 필요하다.

다음 글을 읽고 추론한 내용으로 적절하지 않은 것은?

1977년 개관한 퐁피두 센터의 정식명칭은 국립 조르주 퐁피두 예술문화 센터로, 공공정보기관(BPI), 공업창작센터(CCI), 음악・음향의 탐구와 조정연구소(IRCAM), 파리 국립 근현대 미술관(MNAM) 등이 있는 종합문화예술 공간이다. 퐁피두라는 이름은 이 센터의 창설에 힘을 기울인 조르주 퐁피두 대통령의 이름을 딴 것이다.

1969년 당시 대통령이었던 퐁피두는 파리의 중심지에 미술관이면서 동시에 조형예술과 음악, 영화, 서적 그리고 모든 창조적 활동의 중심이 될 수 있는 문화 복합센터를 지어 프랑스 미술을 더욱 발전시키고자 했다. 요즘 미술관들은 미술관의 이러한 복합적인 기능과 역할을 인식하고 변화를 시도하는 곳이 많다. 미술관은 더 이상 전시만 보는 곳이 아니라 식사도 하고 영화도 보고 강연도 들을 수 있는 곳으로, 대중과의 거리 좁히기를 시도하고 있는 것도 그리 특별한 일은 아니다. 그러나 이미 40년 전에 21세기 미술관의 기능과 역할을 미리 내다볼 줄 아는 혜안을 가지고 설립된 퐁피두 미술관은 프랑스가 왜 문화강국이라 불리는지를 알 수 있게 해준다.

① 퐁피두 미술관의 모습은 기존 미술관의 모습과 다를 것이다.
② 퐁피두 미술관을 찾는 사람들의 목적은 다양할 것이다.
③ 퐁피두 미술관은 전통적인 예술작품들을 선호할 것이다.
④ 퐁피두 미술관은 파격적인 예술작품들을 배척하지 않을 것이다.
⑤ 퐁피두 미술관은 현대 미술관의 선구자라는 자긍심을 가지고 있을 것이다.

정답 ③

제시문에 따르면 퐁피두 미술관은 모든 창조적 활동을 위한 공간이므로, 퐁피두가 전통적인 예술작품을 선호할 것이라는 내용은 추론할 수 없다.

풀이 전략!

주어진 지문이 어떠한 내용을 다루고 있는지 파악한 후 선택지의 키워드를 확실하게 체크하고, 지문의 정보에서 도출할 수 있는 내용을 찾는다.

01 다음 글을 읽고 ㉠과 같은 현상이 나타나게 된 이유를 추론한 내용으로 적절하지 않은 것은?

> 고려와 조선은 국가적으로 금속화폐의 통용을 추진한 적이 있다. 화폐 주조권을 장악하여 세금을 효과적으로 징수하고 효율적으로 저장하려는 것이 그 목적이었다. 그러나 물품화폐에 익숙한 농민들은 금속화폐를 불편하게 여겼으며 금속화폐의 유통 범위는 한정되고 끝내는 삼베를 비롯한 물품화폐에 압도당하고 말았다. ㉠ 조선 태종 때와 세종 때에도 동전의 유통을 시도하였지만 실패하였다. 조선 전기 은화(銀貨)는 서울을 중심으로 유통되었고, 주로 왕실과 관청, 지배층과 상인, 역관(譯官) 등이 이용한 '돈'이었다. 그러나 은화(銀貨)는 고액 화폐였다. 그 때문에 서민의 경제생활에서는 여전히 무명 옷감이 화폐의 기능을 담당하였다.
> 그러한 가운데서도 농업생산력의 발전과 인구의 증가, 17세기 이후 지방시장의 성장은 금속화폐 통용을 위한 여건이 마련되었음을 뜻하였다. 17세기 전반 이미 개성에서는 모든 거래가 동전으로 이루어지고 있었다. 이러한 여건 아래에서 1678년(숙종 4년)부터 강력한 통용책이 추진되면서 금속화폐가 널리 보급될 수 있었다. 동전인 상평통보 1개는 1푼(分)이었다. 10푼이 1전(錢), 10전이 1냥(兩), 10냥이 1관(貫)이다. 대원군이 집권할 때 주조된 당백전(當百錢)과 1883년 주조된 당오전(當五錢)은 1개가 각각 100푼과 5푼의 가치를 가지는 동전이었다. 동전 주조가 늘면서 그 유통 범위가 경기, 충청지방으로부터 점차 확산되었고, 18세기 초에는 전국에 미칠 정도였다. 동전을 시전(市廛)에 무이자로 대출하고, 관리의 녹봉을 동전으로 지급하고, 일부 세금을 동전으로 거두어들이는 등의 국가 정책도 동전의 통용을 촉진하였다. 화폐경제의 성장은 상업적 동기를 촉진시키고 경제생활, 나아가 사회생활에 변화를 주었다.
> 이러한 가운데 일부 위정자들은 화폐경제로 인한 부작용을 우려했는데, 특히 농촌 고리대금업(高利貸金業)의 성행을 가장 심각한 문제로 생각했다. 그래서 동전의 폐지를 주장하는 이도 있었다. 1724년 등극한 영조는 이 주장을 받아들여 동전 주조를 정지하였다. 그런데 당시에 동전은 이미 일상생활로 퍼졌기 때문에 동전의 수요에 비해 공급이 부족한 현상이 일어나 동전주조의 정지는 화폐 유통질서와 상품경제에 타격을 가하였다. 돈이 매우 귀하여 농민과 상인의 교역에 불편을 가져다 준 것이다. 또한 소수의 부유한 상인이 동전을 집중적으로 소유하여 고리대금업(高利貸金業) 활동을 강화함에 따라서 오히려 농민 몰락이 조장되었다. 결국 영조 7년 이후 동전은 다시 주조되기 시작했다.

① 화폐가 통용될 시장이 발달하지 않았다.
② 화폐가 주로 일부 계층 위주로 통용되었다.
③ 백성들이 화폐보다 물품화폐를 선호하였다.
④ 국가가 화폐수요량에 맞추어 원활하게 공급하지 못했다.
⑤ 화폐가 필요할 만큼 농업생산력이 발전하지 못했다.

02 다음 글을 읽고 추론할 수 있는 내용으로 적절하지 않은 것은?

인류는 미래의 에너지로 청정하고 고갈될 염려가 없는 풍부한 에너지를 기대하며, 신재생에너지인 태양광과 풍력에너지에 많은 기대를 걸고 있다. 그러나 태양광이나 풍력으로는 화력발전을 통해 생산되는 전력 공급량을 대체하기 어렵고, 기상 환경에 많은 영향을 받는다는 점에서 한계가 있다. 이에 대한 대안으로 많은 전문가들은 '핵융합 에너지'에 기대를 걸고 있다.
핵융합발전은 핵융합 현상을 이용하는 발전 방식으로, 핵융합은 말 그대로 원자의 핵이 융합하는 것을 말한다. 우라늄의 원자핵이 분열하면서 방출되는 에너지를 이용하는 원자력발전과 달리, 핵융합발전은 수소 원자핵이 융합해 헬륨 원자핵으로 바뀌는 과정에서 방출되는 에너지를 이용해 물을 가열하고 수증기로 터빈을 돌려 전기를 생산한다.
핵융합발전이 다음 세대를 이끌어갈 전력 생산 방식이 될 수 있는 이유는 인류가 원하는 에너지원의 조건을 모두 갖추고 있기 때문이다. 우선 연료가 거의 무한대라고 할 수 있을 정도로 풍부하다. 핵융합발전에 사용되는 수소는 일반적인 수소가 아닌 수소의 동위원소로, 지구의 70%를 덮고 있는 바닷물을 이용해서 얼마든지 생산할 수 있다. 게다가 적은 연료로 원자력발전에 비해 훨씬 많은 에너지를 얻을 수 있다. 1g으로 석유 8t을 태워서 얻을 수 있는 전기를 생산할 수 있고, 원자력발전에 비하면 같은 양의 연료로 3～4배의 전기를 생산할 수 있다.
무엇보다 오염물질을 거의 배출하지 않는 점이 큰 장점이다. 미세먼지와 대기오염을 일으키는 오염물질은 전혀 나오지 않고 오직 헬륨만 배출된다. 약간의 방사선이 방출되지만, 원자력발전에서 배출되는 방사성 폐기물에 비하면 거의 없다고 볼 수 있을 정도다.
핵융합발전은 안전 문제에서도 자유롭다. 원자력발전은 수개월 혹은 1년 치 연료를 원자로에 넣고 연쇄적으로 핵분열 반응을 일으키는 방식이라 문제가 생겨도 당장 가동을 멈춰 사태가 악화되는 것을 막을 수 없다. 하지만 핵융합발전은 연료가 아주 조금 들어가기 때문에 문제가 생겨도 원자로가 녹아내리는 것과 같은 대형 재난으로 이어지지 않는다. 문제가 생기면 즉시 핵융합 반응이 중단되고 발전장치가 꺼져버린다. 핵융합 반응을 제어하는 일이 극도로 까다롭기 때문에 오히려 발전장치가 꺼지지 않도록 정밀하게 제어하는 것이 중요하다.
현재 세계 각국은 각자 개별적으로 핵융합발전 기술을 개발하는 한편 프랑스 남부 카다라슈 지역에 '국제핵융합실험로(ITER)'를 건설해 공동으로 실증 실험을 할 준비를 진행하고 있다. 한국과 유럽연합(EU), 미국, 일본, 러시아, 중국, 인도 등 7개국이 참여해 구축하고 있는 ITER는 2025년 12월 완공될 예정이며, 2025년 이후에는 그동안 각국이 갈고 닦은 기술을 적용해 핵융합 반응을 일으켜 상용화 가능성을 검증하게 된다. 불과 10년 내로 세계 전력산업의 패러다임을 바꾸는 역사적인 핵융합 실험이 지구상에서 이뤄지게 되는 것이다.

① 핵융합발전이 태양열발전보다 더 많은 양의 전기를 생산할 수 있겠어.
② 핵융합발전과 원자력발전은 원자의 핵을 다르게 이용한다는 점에서 차이가 있군.
③ 같은 양의 전력 생산을 목표로 한다면 원자력발전의 연료비는 핵융합발전의 3배 이상이겠어.
④ 헬륨은 대기오염을 일으키는 오염물질에 해당하지 않는군.
⑤ 핵융합발전에는 발전장치를 제어하는 사람의 역할이 중요하겠어.

03 다음 중 밑줄 친 사람들의 주장으로 가장 적절한 것은?

> 최근 여러 나라들은 화석연료 사용으로 인한 기후 변화를 억제하기 위해, 화석연료의 사용을 줄이고 목재연료의 사용을 늘리고 있다. 다수의 과학자와 경제학자들은 목재를 '탄소 중립적 연료'라고 생각하고 있다. 나무를 태우면 이산화탄소가 발생하지만, 새로 심은 나무가 자라면서 다시 이산화탄소를 흡수하는데, 나무를 베어낸 만큼 다시 심으면 전체 탄소배출량은 '0'이 된다는 것이다. 대표적으로 유럽연합이 화석연료를 목재로 대체하려고 하는데, 2020년까지 탄소 중립적 연료로 전체 전력의 20%를 생산할 계획을 가지고 있다. 영국, 벨기에, 덴마크 네덜란드 등의 국가에서는 나무 화력발전소를 건설하거나 기존의 화력발전소에서 나무를 사용할 수 있도록 전환하는 등의 설비를 갖추고 있다. 우리나라 역시 재생에너지원을 중요시하면서 나무 펠릿 수요가 증가하고 있다.
> 하지만 일부 과학자들은 목재가 친환경 연료가 아니라고 주장한다. 이들 주장의 핵심은 지금 심은 나무가 자라는 데는 수십 ~ 수백 년이 걸린다는 것이다. 즉, 지금 나무를 태워 나온 이산화탄소는 나무를 심는다고 해서 줄어드는 것이 아니라 수백 년에 걸쳐서 천천히 흡수된다는 것이다. 또 화석연료에 비해 발전 효율이 낮기 때문에 같은 전력을 생산하는 데 발생하는 이산화탄소의 양은 더 많아질 것이라고 강조한다. 눈앞의 배출량만 줄이는 것은 마치 지금 당장 지갑에서 현금이 나가지 않는다고 해서 신용카드를 무분별하게 사용하는 것처럼 위험할 수 있다는 생각이다. 이들은 기후 변화 방지에 있어서, 배출량을 줄이는 것이 아니라 배출하지 않는 방법을 택하는 것이 더 낫다고 강조한다.

① 나무의 발전 효율을 높이는 연구가 선행되어야 한다.
② 목재연료를 통한 이산화탄소 절감은 전 세계가 동참해야만 가능하다.
③ 목재연료의 사용보다는 화석연료의 사용을 줄이는 것이 중요하다.
④ 목재연료의 사용보다는 태양광과 풍력 등의 발전효율을 높이는 것이 효과적이다.
⑤ 목재연료의 사용은 현재의 상황에서 가장 합리적인 대책이다.

대표기출유형

03 맞춤법 · 어휘

| 유형분석 |

- 맞춤법에 맞는 단어를 찾거나 주어진 지문의 내용에 어울리는 단어를 찾는 문제가 주로 출제된다.
- 단어 사이의 관계에 대한 문제가 출제되므로 뜻이 비슷하거나 반대되는 단어를 함께 학습하는 것이 좋다.
- 자주 출제되는 단어나 헷갈리는 단어에 대한 학습을 꾸준히 하는 것이 좋다.

다음 밑줄 친 단어 중 문맥상 쓰임이 옳은 것은?

① 나의 바램대로 내일은 흰 눈이 왔으면 좋겠다.
② 엿가락을 고무줄처럼 늘였다.
③ 학생 신분에 알맞는 옷차림을 해야 한다.
④ 계곡물에 손을 담구니 시원하다.
⑤ 지리한 장마가 끝나고 불볕더위가 시작되었다.

정답 ②

'본디보다 더 길어지게 하다.'라는 의미로 쓰였으므로 '늘이다'로 쓰는 것이 옳다.

오답분석

① 바램 → 바람
③ 알맞는 → 알맞은
④ 담구니 → 담그니
⑤ 지리한 → 지루한

풀이 전략!

문제에서 물어보는 단어를 정확히 확인해야 하고, 어휘문제의 경우 주어진 지문의 전체적인 흐름에 어울리는 단어를 생각해본다.

대표기출유형 03 기출응용문제

01 다음 문장 중 어법에 맞는 것은?

① 그 나라에 가기 전에 풍토병 예방 알약이나 백신을 맞아야 한다.
② 그 단체는 인재 양성과 국가 정책 개발을 위해 만들어졌다.
③ 오늘밤 집에 혼자 있는데 어떻게.
④ 나를 위해 시 낭송이나 노래를 부르는 등 특별한 행사는 자제하는 게 좋겠네.
⑤ 조금 가시다가 오른쪽으로 우회전 하십시오.

02 다음 중 사이시옷 쓰임이 옳은 것은?

① 숫사슴
② 선짓국
③ 양치물
④ 전세집
⑤ 등굣길

03 다음 밑줄 친 단어의 맞춤법이 옳지 않은 것은?

① 우리는 첨단산업을 개발하고 육성해야 한다.
② 기술자가 없어서 고가의 장비를 썩이고 있다.
③ 생선 장수들이 좌판을 벌이고 손님을 맞아들였다.
④ 메모지를 벽에 덕지덕지 붙여 놓아 지저분해 보인다.
⑤ 언제인지 모르게 그 아이가 자신을 맞먹고 있다는 걸 느꼈다.

대표기출유형

04 한자성어 · 속담

| 유형분석 |

- 실생활에서 활용되는 한자성어나 속담을 이해할 수 있는지 평가한다.
- 제시된 상황과 일치하는 사자성어 또는 속담을 고르거나 한자의 훈음·독음을 맞히는 등 다양한 유형이 출제된다.

다음 상황에 어울리는 속담으로 가장 적절한 것은?

얼마 전 반장 민수는 실수로 칠판을 늦게 지운 주번 상우에게 벌점을 부과하였고, 이로 인해 벌점이 초과된 상우는 방과 후 학교에 남아 반성문을 쓰게 되었다. 이처럼 민수는 사소한 잘못을 저지른 학급 친구에게도 가차 없이 벌점을 부여하여 학급 친구들의 원망을 샀고, 결국에는 민수를 반장으로 추천했던 친구들 모두 민수에게 등을 돌렸다.

① 원님 덕에 나팔 분다.
② 듣기 좋은 꽃노래도 한두 번이지.
③ 집 태우고 바늘 줍는다.
④ 맑은 물에 고기 안 논다.
⑤ 찬물도 위아래가 있다.

정답 ④

④는 사람이 지나치게 결백하면 남이 따르지 않음을 비유적으로 이르는 말로, 지나치게 원리·원칙을 지키다 친구들의 신뢰를 잃게 된 반장 민수의 상황에 적절하다.

오답분석

① 남의 덕으로 대접을 받고 우쭐댄다.
② 아무리 좋은 일이라도 여러 번 되풀이하여 대하게 되면 싫어진다.
③ 큰 것을 잃은 후에 작은 것을 아끼려고 한다.
⑤ 무엇에나 순서가 있으니, 그 차례를 따라 하여야 한다.

풀이 전략!

- 한자성어나 속담 관련 문제의 경우 일정 수준 이상의 사전지식을 요구하므로, 지원 기업 관련 기사 및 이슈를 틈틈이 찾아보며 한자성어나 속담에 대입하는 연습을 하면 효과적으로 대처할 수 있다.
- 문제에 제시된 한자성어의 의미를 파악하기 어렵다면, 먼저 알고 있는 한자가 있는지 확인한 후 글의 문맥과 상황에 대입하며 선택지를 하나씩 소거해 나가는 것이 효율적이다.

01 다음 내용 중 밑줄 친 단어와 의미가 통하는 한자성어는?

이춘동이는 깍정이에게 붙들려 묵는 중에 여러 두령과 서로 <u>너나들이</u>까지 하게 되고 또 청석골 안을 돌아다니며 구경도 하게 되었다.

① 불요불급(不要不急)
② 육지행선(陸地行船)
③ 오월동주(吳越同舟)
④ 수어지교(水魚之交)
⑤ 이심전심(以心傳心)

02 다음 글과 관련 있는 속담으로 가장 적절한 것은?

한국을 방문한 외국인들을 대상으로 한 설문조사에서 인상 깊은 한국의 '빨리빨리' 문화로 '자판기에 손 넣고 기다리기, 웹사이트가 3초 안에 안 나오면 창 닫기, 엘리베이터 닫힘 버튼 계속 누르기' 등이 뽑혔다. 외국인들에게 가장 큰 충격을 준 것은 바로 '가게 주인의 대리 서명'이었다. 외국인들은 가게 주인이 카드 모서리로 대충 사인을 하는 것을 보고 큰 충격을 받았다고 하였다. 외국에서는 서명을 대조하여 확인하기 때문에 대리 서명은 상상도 할 수 없다는 것이다.

① 가재는 게 편이다.
② 우물에 가 숭늉 찾는다.
③ 봇짐 내어 주며 앉으라 한다.
④ 하나를 듣고 열을 안다.
⑤ 낙숫물이 댓돌을 뚫는다.

CHAPTER 02

수리능력

합격 Cheat Key

수리능력은 사칙 연산 · 통계 · 확률의 의미를 정확하게 이해하고 이를 업무에 적용하는 능력으로, 기초 연산과 기초 통계, 도표 분석 및 작성의 문제 유형으로 출제된다. 수리능력 역시 채택하지 않는 공사 · 공단이 거의 없을 만큼 필기시험에서 중요도가 높은 영역이다.

특히, 난이도가 높은 공사 · 공단의 시험에서는 도표 분석, 즉 자료 해석 유형의 문제가 많이 출제되고 있고, 응용 수리 역시 꾸준히 출제하는 공사 · 공단이 많기 때문에 기초 연산과 기초 통계에 대한 공식의 암기와 자료 해석 능력을 기를 수 있는 꾸준한 연습이 필요하다.

1 응용 수리의 공식은 반드시 암기하라!

응용 수리는 공사 · 공단마다 출제되는 문제는 다르지만, 사용되는 공식은 비슷한 경우가 많으므로 자주 출제되는 공식을 반드시 암기하여야 한다. 문제에서 묻는 것을 정확하게 파악하여 그에 맞는 공식을 적절하게 적용하는 꾸준한 노력과 공식을 암기하는 연습이 필요하다.

2 자료의 해석은 자료에서 즉시 확인할 수 있는 지문부터 확인하라!

수리능력 중 도표 분석, 즉 자료 해석 능력은 많은 시간을 필요로 하는 문제가 출제되므로, 증가·감소 추이와 같이 눈으로 확인이 가능한 지문을 먼저 확인한 후 복잡한 계산이 필요한 지문을 확인하는 방법으로 문제를 풀이한다면 시간을 조금이라도 아낄 수 있다. 또한, 여러 가지 보기가 주어진 문제 역시 지문을 잘 확인하고 문제를 풀이한다면 불필요한 계산을 생략할 수 있으므로 항상 지문부터 확인하는 습관을 들여야 한다.

3 도표 작성에서 지문에 작성된 도표의 제목을 반드시 확인하라!

도표 작성은 하나의 자료 혹은 보고서와 같은 수치가 표현된 자료를 도표로 작성하는 형식으로 출제되는데, 대체로 표보다는 그래프를 작성하는 형태로 많이 출제된다. 지문을 살펴보면 각 지문에서 주어진 도표에도 소제목이 있는 경우가 대부분이다. 이때, 자료의 수치와 도표의 제목이 일치하지 않는 경우 함정이 존재하는 문제일 가능성이 높으므로 도표의 제목을 반드시 확인하는 것이 중요하다.

대표기출유형

01 응용 수리

| 유형분석 |

- 문제에서 제공하는 정보를 파악한 뒤, 사칙연산을 활용하여 계산하는 전형적인 수리문제이다.
- 문제를 풀기 위한 정보가 산재되어 있는 경우가 많으므로 주어진 조건 등을 꼼꼼히 확인해야 한다.

대학 서적을 도서관에서 빌리면 10일간 무료이고, 그 이상은 하루에 100원의 연체료가 부과되며 한 달 단위로 연체료는 두 배로 늘어난다. 1학기 동안 대학 서적을 도서관에서 빌려 사용하는 데 얼마의 비용이 드는가?(단, 1학기의 기간은 15주이고, 한 달은 30일로 정한다)

① 18,000원　　② 20,000원
③ 23,000원　　④ 25,000원
⑤ 28,000원

정답 ④

- 1학기의 기간 : $15\times7=105$일
- 연체료가 부과되는 기간 : $105-10=95$일
- 연체료가 부과되는 시점에서부터 한 달 동안의 연체료 : $30\times100=3,000$원
- 첫 번째 달부터 두 번째 달까지의 연체료 : $30\times100\times2=6,000$원
- 두 번째 달부터 세 번째 달까지의 연체료 : $30\times100\times2\times2=12,000$원
- 95일(3개월 5일) 연체료 : $3,000+6,000+12,000+5\times(100\times2\times2\times2)=25,000$원

따라서 1학기 동안 대학 서적을 도서관에서 빌려 사용한다면 25,000원의 비용이 든다.

풀이 전략!

문제에서 묻는 바를 정확하게 확인한 후, 필요한 조건 또는 정보를 구분하여 신속하게 풀어 나간다. 단, 계산에 착오가 생기지 않도록 유의한다.

대표기출유형 01 기출응용문제

01 수학시험에서 동일이는 101점, 나경이는 105점, 윤진이는 108점을 받았다. 천희의 점수까지 합한 네 명의 수학시험 점수 평균이 105점일 때, 천희의 수학시험 점수는?

① 105점
② 106점
③ 107점
④ 108점
⑤ 109점

02 종욱이는 25,000원짜리 피자 두 판과 8,000원짜리 샐러드 세 개를 주문했다. 통신사 멤버십 혜택으로 피자는 15%, 샐러드는 25% 할인받을 수 있고, 깜짝 할인으로 할인된 전체 금액의 10%를 추가 할인받았다고 한다. 총 할인된 금액은 얼마인가?

① 12,150원
② 13,500원
③ 18,600원
④ 19,550원
⑤ 20,850원

03 김과장은 받은 월급의 $\frac{1}{4}$은 저금하고, 나머지의 $\frac{1}{4}$은 모임회비, $\frac{2}{3}$는 월세로 내며, 그 나머지의 $\frac{1}{2}$은 부모님께 드린다고 한다. 그리고 남은 나머지를 생활비로 쓴다면, 생활비는 월급의 얼마인가?

① $\frac{1}{32}$
② $\frac{1}{16}$
③ $\frac{1}{12}$
④ $\frac{1}{8}$
⑤ $\frac{1}{4}$

04 올해 아버지의 나이는 은서 나이의 2배이고, 지은이 나이의 7배이다. 은서와 지은이의 나이 차이가 15살이라면, 아버지의 나이는?

① 38세
② 39세
③ 40세
④ 41세
⑤ 42세

05 S아트센터에서 뮤지컬 Y가 공연 중이다. 뮤지컬 입장권은 어른과 어린이 두 종류로 발행 중이고, 어른은 한 명당 9,000원, 어린이는 한 명당 3,000원이다. 뮤지컬 공연을 통해 올린 총수입은 330만 원이고, 아트센터에는 550개의 좌석이 마련되어 있는데 빈 좌석이 1개 이상 있었다. 이때, 뮤지컬 Y를 관람한 어른은 최소 몇 명인가?

① 276명
② 280명
③ 284명
④ 288명
⑤ 292명

06 주사위를 두 번 던질 때, 두 눈의 합이 10 이상 나올 확률은?

① $\frac{1}{2}$
② $\frac{1}{3}$
③ $\frac{1}{4}$
④ $\frac{1}{5}$
⑤ $\frac{1}{6}$

07 1, 1, 1, 2, 2, 3을 가지고 여섯 자리 수를 만들 때, 가능한 경우의 수는 모두 몇 가지인가?

① 30가지
② 60가지
③ 120가지
④ 240가지
⑤ 480가지

PART 1

08 K사원은 인사평가에서 A ~ D 네 가지 항목의 점수를 받았다. 이 점수를 각각 1 : 1 : 1 : 1의 비율로 평균을 구하면 82.5점이고, 2 : 3 : 2 : 3의 비율로 평균을 구하면 83점, 2 : 2 : 3 : 3의 비율로 평균을 구하면 83.5점이다. 각 항목의 만점은 100점이라고 할 때, K사원이 받을 수 있는 최고점과 최저점의 차는?

① 45점
② 40점
③ 30점
④ 25점
⑤ 20점

09 희경이의 회사는 본사에서 지점까지의 거리가 총 50km이다. 버스를 타고 60km/h의 속력으로 20km를 갔더니 지점에서의 미팅시간이 얼마 남지 않아서 택시로 바꿔 타고 90km/h의 속력으로 갔더니 오후 3시에 도착할 수 있었다. 희경이가 본사에서 나온 시각은 언제인가?(단, 본사에서 나와 버스를 기다린 시간과 버스에서 택시로 바꿔 탄 시간은 생각하지 않는다)

① 오후 1시 40분
② 오후 2시
③ 오후 2시 20분
④ 오후 2시 40분
⑤ 오후 3시

대표기출유형

02 자료 이해

| 유형분석 |

- 제시된 자료를 분석하여 선택지의 정답 유무를 판단하는 문제이다.
- 표의 수치 등을 통해 변화량이나 증감률, 비중 등을 비교하여 판단하는 문제가 자주 출제된다.
- 지원하고자 하는 기업이나 산업과 관련된 자료 등이 문제의 자료로 많이 다뤄진다.

다음은 A ~ E 5개국의 경제 및 사회 지표이다. 이에 대한 설명으로 옳지 않은 것은?

〈주요 5개국의 경제 및 사회 지표〉

구분	1인당 GDP(달러)	경제성장률(%)	수출(백만 달러)	수입(백만 달러)	총인구(백만 명)
A	27,214	2.6	526,757	436,499	50.6
B	32,477	0.5	624,787	648,315	126.6
C	55,837	2.4	1,504,580	2,315,300	321.8
D	25,832	3.2	277,423	304,315	46.1
E	56,328	2.3	188,445	208,414	24.0

※ (총 GDP)=(1인당 GDP)×(총인구)

① 경제성장률이 가장 큰 나라가 총 GDP는 가장 작다.
② 총 GDP가 가장 큰 나라의 GDP는 가장 작은 나라의 GDP보다 10배 이상 더 크다.
③ 5개국 중 수출과 수입에 있어서 규모에 따라 나열한 순위는 서로 일치한다.
④ A국이 E국보다 총 GDP가 더 크다.
⑤ 1인당 GDP에 따른 순위와 총 GDP에 따른 순위는 서로 일치한다.

정답 ⑤

1인당 GDP 순위는 E>C>B>A>D이다. 그런데 1인당 GDP가 가장 큰 E국은 1인당 GDP가 2위인 C국보다 1% 정도밖에 높지 않은 반면, 인구는 C국의 $\frac{1}{10}$ 이하이므로 총 GDP 역시 C국보다 작다. 따라서 1인당 GDP 순위와 총 GDP 순위는 일치하지 않는다.

풀이 전략!

평소 변화량이나 증감률, 비중 등을 구하는 공식을 알아두고 있어야 하며, 지원하는 기업이나 산업에 관한 자료 등을 확인하여 비교하는 연습 등을 한다.

01 다음은 S공항의 에너지 소비량 및 온실가스 배출량을 나타낸 자료이다. 〈보기〉 중 이에 대한 설명으로 옳은 것을 모두 고르면?

〈S공항 에너지 소비량〉

(단위 : TOE)

구분	에너지 소비량									
	합계	건설 부문				이동 부문				
		소계	경유	도시가스	수전전력	소계	휘발유	경유	도시가스	천연가스
2023년	11,658	11,234	17	1,808	9,409	424	25	196	13	190
2024년	17,298	16,885	58	2,796	14,031	413	28	179	15	191

〈S공항 온실가스 배출량〉

(단위 : 톤CO_2eq)

구분	온실가스 배출량				
	합계	고정 연소	이동 연소	공정 배출	간접 배출
2023년	30,823	4,052	897	122	25,752
2024년	35,638	6,121	965	109	28,443

보기

ㄱ. 에너지 소비량 중 이동 부문에서 경유가 차지하는 비중은 2024년에 전년 대비 10%p 이상 감소하였다.

ㄴ. 건설 부문의 도시가스 소비량은 2024년에 전년 대비 30% 이상 증가하였다.

ㄷ. 2024년 온실가스 배출량 중 간접 배출이 차지하는 비중은 2023년 온실가스 배출량 중 고정 연소가 차지하는 비중의 5배 이상이다.

① ㄱ
② ㄴ
③ ㄱ, ㄴ
④ ㄴ, ㄷ
⑤ ㄱ, ㄴ, ㄷ

02 다음은 초·중·고교생 스마트폰 중독 현황에 대한 자료이다. 〈보기〉 중 옳지 않은 것을 모두 고르면?

〈초·중·고교생 스마트폰 중독 비율〉

(단위 : %)

구분		전체	초등학생 (9 ~ 11세)	중·고교생 (12 ~ 17세)
전체		32.38	31.51	32.71
아동성별	남성	32.88	33.35	32.71
	여성	31.83	29.58	32.72
가구소득별	기초수급	30.91	30.35	31.05
	차상위	30.53	24.21	30.82
	일반	32.46	31.56	32.81
거주지역별	대도시	31.95	30.80	32.40
	중소도시	32.49	32.00	32.64
	농어촌	34.50	32.84	35.07
가족유형별	양부모	32.58	31.75	32.90
	한부모·조손	31.16	28.83	31.79

※ 각 항목의 전체 인원은 그 항목에 해당하는 초등학생 수와 중·고교생 수의 합을 말함

보기

ㄱ. 초등학생과 중·고교생 모두 남성의 스마트폰 중독 비율이 여성의 스마트폰 중독 비율보다 높다.

ㄴ. 한부모·조손 가족의 스마트폰 중독 비율은 초등학생의 경우가 중·고교생 중독 비율의 70% 이상이다.

ㄷ. 조사대상 중 대도시에 거주하는 초등학생 수는 중·고교생 수보다 많다.

ㄹ. 초등학생과 중·고교생 모두 기초수급가구의 경우가 일반가구의 경우보다 스마트폰 중독 비율이 높다.

① ㄴ
② ㄱ, ㄷ
③ ㄱ, ㄹ
④ ㄱ, ㄷ, ㄹ
⑤ ㄴ, ㄷ, ㄹ

03 다음은 노동 가능 인구구성의 변화를 나타낸 자료이다. 이에 대한 설명으로 옳은 것은?

〈노동 가능 인구구성의 변화〉

구분	취업자	실업자	비경제활동인구
2023년	55%	25%	20%
2024년	43%	27%	30%

① 이 자료에서 실업자의 수는 알 수 없다.
② 실업자의 비율은 감소하였다.
③ 경제활동인구는 증가하였다.
④ 취업자 비율의 증감폭이 실업자 비율의 증감폭보다 작다.
⑤ 비경제활동인구의 비율은 감소하였다.

04 다음은 S기업의 주요 경영지표이다. 이에 대한 설명으로 옳은 것은?

〈경영지표〉

(단위 : 억 원)

구분	공정자산총액	부채총액	자본총액	자본금	매출액	당기순이익
2019년	2,610	1,658	952	464	1,139	170
2020년	2,794	1,727	1,067	481	2,178	227
2021년	5,383	4,000	1,383	660	2,666	108
2022년	5,200	4,073	1,127	700	4,456	−266
2023년	5,242	3,378	1,864	592	3,764	117
2024년	5,542	3,634	1,908	417	4,427	65

① 자본총액은 꾸준히 증가하고 있다.
② 직전 해의 당기순이익과 비교했을 때, 당기순이익이 가장 많이 증가한 해는 2020년이다.
③ 공정자산총액과 부채총액의 차가 가장 큰 해는 2024년이다.
④ 각 지표 중 총액 규모가 가장 큰 것은 매출액이다.
⑤ 2019 ~ 2022년 사이에 자본총액 중 자본금이 차지하는 비중은 계속 증가하고 있다.

05 다음은 전통사찰 지정 · 등록 현황에 대한 자료이다. 이에 대한 설명으로 옳은 것은?

〈연도별 전통사찰 지정 · 등록 현황〉

(단위 : 개소)

구분	2016년	2017년	2018년	2019년	2020년	2021년	2022년	2023년	2024년
지정 · 등록	17	15	12	7	4	4	2	1	2

① 전통사찰로 지정 · 등록되는 수는 계속 감소하고 있다.
② 2016 ~ 2020년 전통사찰 지정 · 등록 수의 평균은 11개소이다.
③ 2018년과 2022년에 지정 · 등록된 전통사찰 수의 전년 대비 감소폭은 같다.
④ 제시된 자료를 통해 2024년 전통사찰 총 등록현황을 파악할 수 있다.
⑤ 2018년에 전통사찰로 지정 · 등록된 수는 전년 대비 2배이다.

06 다음은 디지털 콘텐츠 제작 분야의 영역별 매출 현황에 대한 자료이다. 이에 대한 설명으로 옳지 않은 것은?

〈디지털 콘텐츠 제작 분야의 영역별 매출 현황〉

(단위 : 억 원, %)

구분	정보	출판	영상	음악	캐릭터	애니메이션	게임	기타	합계
2023년	206 (10.8)	130 (6.8)	99 (5.2)	91 (4.8)	55 (2.9)	240 (12.6)	1,069 (56.2)	13 (0.7)	1,903 (100.0)
2024년	331 (13.0)	193 (7.6)	244 (9.6)	117 (4.6)	86 (3.4)	247 (9.7)	1,308 (51.4)	18 (0.7)	2,544 (100.0)

※ (　)는 총 매출액에 대한 비율임

① 2024년 총 매출액은 2023년 총 매출액보다 641억 원 더 많다.
② 2023년과 2024년 총 매출액에 대한 비율의 차이가 가장 적은 것은 음악 영역이다.
③ 애니메이션 영역과 게임 영역의 매출액 비중은 전년 대비 2024년에 감소하였다.
④ 2023년과 2024년 모두 매출액에서 게임 영역이 차지하는 비율은 50% 이상이다.
⑤ 모든 분야의 2024년 매출액은 각각 전년 대비 증가하였다.

07 다음은 비만도 측정에 관한 자료와 학생 3명의 신체조건이다. 학생 3명의 비만도 측정에 대한 설명으로 옳지 않은 것은?(단, 비만도는 소수점 첫째 자리에서 반올림한다)

〈비만도 측정법〉

- (표준체중)=[(신장)−100]×0.9
- (비만도)=$\frac{(현재체중)}{(표준체중)}\times 100$

〈비만도 구분〉

구분	조건
저체중	90% 미만
정상체중	90% 이상 110% 이하
과체중	110% 초과 120% 이하
경도비만	120% 초과 130% 이하
중등도비만	130% 초과 150% 이하
고도비만	150% 이상 180% 이하
초고도비만	180% 초과

〈신체조건〉

- 혜지 : 키 158cm, 몸무게 58kg
- 기원 : 키 182cm, 몸무게 71kg
- 용준 : 키 175cm, 몸무게 96kg

① 혜지의 표준체중은 52.2kg이고, 기원이의 표준체중은 73.8kg이다.
② 기원이가 과체중이 되기 위해선 5kg 이상 체중이 증가해야 한다.
③ 3명의 학생 중 정상체중인 학생은 기원이뿐이다.
④ 용준이가 약 22kg 이상 체중을 감량하면 정상체중 범주에 포함된다.
⑤ 정상체중 100%를 기준으로 할 때, 용준이의 비만도 차이는 혜지의 비만도 차이의 4배보다 작다.

PART 1

대표기출유형

03 자료 계산

| 유형분석 |

- 문제에 주어진 도표를 분석하여 각 선택지의 정답 유무를 판단하는 문제이다.
- 주로 그래프와 표로 제시되며, 경영·경제·산업 등과 관련된 최신 이슈를 많이 다룬다.
- 자료 간의 증감률·비율·추세 등을 자주 묻는다.

다음은 K국의 부양인구비를 나타낸 자료이다. 2024년 15세 미만 인구 대비 65세 이상 인구의 비율은 얼마인가?(단, 비율은 소수점 둘째 자리에서 반올림한다)

〈부양인구비〉

구분	2020년	2021년	2022년	2023년	2024년
부양비	37.3	36.9	36.8	36.8	36.9
유소년부양비	22.2	21.4	20.7	20.1	19.5
노년부양비	15.2	15.6	16.1	16.7	17.3

※ (유소년부양비)$=\frac{(\text{15세 미만 인구})}{(15\sim64\text{세 인구})}\times100$

※ (노년부양비)$=\frac{(\text{65세 이상 인구})}{(15\sim64\text{세 인구})}\times100$

① 72.4%
② 77.6%
③ 81.5%
④ 88.7%
⑤ 90.3%

정답 ④

2024년 15세 미만 인구를 x명, 65세 이상 인구를 y명, 15～64세 인구를 a명이라 하면,

15세 미만 인구 대비 65세 이상 인구 비율은 $\frac{y}{x}\times100$이므로

(2024년 유소년부양비)$=\frac{x}{a}\times100=19.5 \rightarrow a=\frac{x}{19.5}\times100 \cdots$ ㉠

(2024년 노년부양비)$=\frac{y}{a}\times100=17.3 \rightarrow a=\frac{y}{17.3}\times100 \cdots$ ㉡

㉠, ㉡을 연립하면 $\frac{x}{19.5}=\frac{y}{17.3} \rightarrow \frac{y}{x}=\frac{17.3}{19.5}$이므로, 15세 미만 인구 대비 65세 이상 인구의 비율은 $\frac{17.3}{19.5}\times100 \fallingdotseq 88.7\%$이다.

풀이 전략!

선택지를 먼저 읽고 필요한 정보를 도표에서 확인하도록 하며, 계산이 필요한 경우에는 실제 수치를 사용하여 복잡한 계산을 하는 대신, 대소 관계의 비교나 선택지의 옳고 그름만을 판단할 수 있을 정도로 간소화하여 계산해 풀이시간을 단축할 수 있도록 한다.

01 A는 이번 달에 350kWh의 전기를 사용하였고 B는 A가 내야 할 요금의 2배만큼 사용하였다. B가 이번 달에 사용한 전기량은 몇 kWh인가?

〈전기 사용량 구간별 요금〉

구간	요금
200kWh 이하	100원/kWh
400kWh 이하	200원/kWh
400kWh 초과	400원/kWh

① 350kWh
② 400kWh
③ 450kWh
④ 500kWh
⑤ 550kWh

02 다음은 K은행 영업부의 2024년 분기별 영업 실적을 나타낸 그래프이다. 2024년 전체 실적에서 1 ~ 2분기와 3 ~ 4분기가 각각 차지하는 비율을 바르게 나열한 것은?(단, 소수점 둘째 자리에서 반올림한다)

〈2024년 분기별 영업 실적〉

(단위 : 억 원)

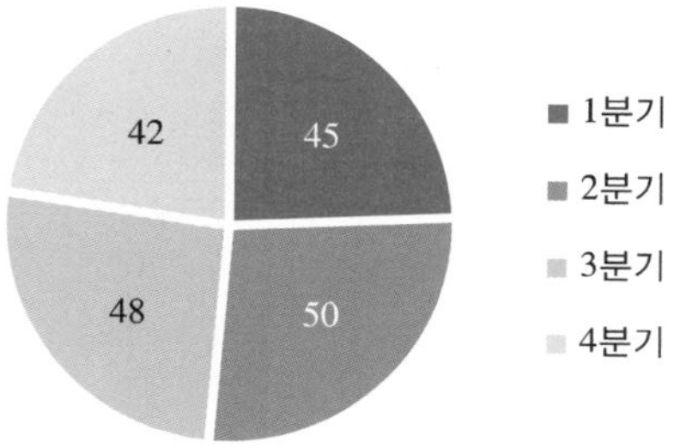

	1 ~ 2분기	3 ~ 4분기
①	48.6%	51.4%
②	50.1%	49.9%
③	51.4%	48.6%
④	49.9%	50.1%
⑤	50.0%	50.0%

03 다음은 2024년 공항철도를 이용한 월별 여객 수송실적이다. 빈칸 (A) ~ (C)에 들어갈 수로 옳은 것은?

〈공항철도 이용 여객 현황〉

(단위 : 명)

구분	수송인원	승차인원	유입인원
1월	209,807	114,522	95,285
2월	208,645	117,450	(A)
3월	225,956	133,980	91,976
4월	257,988	152,370	105,618
5월	266,300	187,329	78,971
6월	(B)	189,243	89,721
7월	328,450	214,761	113,689
8월	327,020	209,875	117,145
9월	338,115	(C)	89,209
10월	326,307	219,077	107,230

	(A)	(B)	(C)
①	101,195	278,884	243,909
②	101,195	268,785	243,909
③	91,195	268,785	248,906
④	91,195	278,964	248,906
⑤	90,095	278,964	249,902

04 다음은 세계 음악시장의 규모에 대한 자료이다. 〈조건〉을 토대로 2025년의 음악시장 규모를 구하면?(단, 소수점 둘째 자리에서 반올림한다)

〈세계 음악시장 규모〉

(단위 : 백만 달러)

구분		2020년	2021년	2022년	2023년	2024년
공연음악	후원	5,930	6,008	6,097	6,197	6,305
	티켓 판매	20,240	20,688	21,165	21,703	22,324
	합계	26,170	26,696	27,262	27,900	28,629
음반	디지털	8,719	9,432	10,180	10,905	11,544
	다운로드	5,743	5,986	6,258	6,520	6,755
	스트리밍	1,530	2,148	2,692	3,174	3,557
	모바일	1,447	1,298	1,230	1,212	1,233
	오프라인 음반	12,716	11,287	10,171	9,270	8,551
	합계	30,155	30,151	30,531	31,081	31,640
합계		56,325	56,847	57,793	58,981	60,269

조건

- 2025년 후원금은 2024년보다 1억 1천 8백만 달러, 티켓 판매는 2024년보다 7억 4천만 달러가 증가할 것으로 예상된다.
- 스트리밍 시장의 경우 빠르게 성장하는 추세로 2025년 스트리밍 시장 규모는 2020년 스트리밍 시장 규모의 2.5배가 될 것으로 예상된다.
- 오프라인 음반 시장은 점점 감소하는 추세로 2025년 오프라인 음반 시장의 규모는 2024년 대비 6%의 감소율을 보일 것으로 예상된다.

	공연음악	스트리밍	오프라인 음반
①	29,487백만 달러	3,711백만 달러	8,037.9백만 달러
②	29,487백만 달러	3,825백만 달러	8,037.9백만 달러
③	29,685백만 달러	3,825백만 달러	7,998.4백만 달러
④	29,685백만 달러	4,371백만 달러	7,998.4백만 달러
⑤	29,685백만 달러	3,825백만 달러	8,037.9백만 달러

PART 1

CHAPTER 03

문제해결능력

합격 Cheat Key

문제해결능력은 업무를 수행하면서 여러 가지 문제 상황이 발생하였을 때, 창의적이고 논리적인 사고를 통하여 이를 올바르게 인식하고 적절히 해결하는 능력으로, 하위 능력에는 사고력과 문제처리능력이 있다.

문제해결능력은 NCS 기반 채용을 진행하는 대다수의 공사·공단에서 채택하고 있으며, 다양한 자료와 함께 출제되는 경우가 많아 어렵게 느껴질 수 있다. 특히, 난이도가 높은 문제로 자주 출제되기 때문에 다른 영역보다 더 많은 노력이 필요할 수는 있지만 그렇기에 차별화를 할 수 있는 득점 영역이므로 포기하지 말고 꾸준하게 노력해야 한다.

1 질문의 의도를 정확하게 파악하라!

문제해결능력은 문제에서 무엇을 묻고 있는지 정확하게 파악하여 먼저 풀이 방향을 설정하는 것이 가장 효율적인 방법이다. 특히, 조건이 주어지고 답을 찾는 창의적·분석적인 문제가 주로 출제되고 있기 때문에 처음에 정확한 풀이 방향이 설정되지 않는다면 문제를 제대로 풀지 못하게 되므로 첫 번째로 출제 의도 파악에 집중해야 한다.

2 중요한 정보는 반드시 표시하라!

출제 의도를 정확히 파악하기 위해서는 문제의 중요한 정보를 반드시 표시하거나 메모하여 하나의 조건, 단서도 잊고 넘어가는 일이 없도록 해야 한다. 실제 시험에서는 시간의 압박과 긴장감으로 정보를 잘못 적용하거나 잊어버리는 실수가 많이 발생하므로 사전에 충분한 연습이 필요하다.

3 반복 풀이를 통해 취약 유형을 파악하라!

문제해결능력은 특히 시간관리가 중요한 영역이다. 따라서 정해진 시간 안에 고득점을 할 수 있는 효율적인 문제 풀이 방법을 찾아야 한다. 이때, 반복적인 문제 풀이를 통해 자신이 취약한 유형을 파악하는 것이 중요하다. 정확하게 풀 수 있는 문제부터 빠르게 풀고 취약한 유형은 나중에 푸는 효율적인 문제 풀이를 통해 최대한 고득점을 맞는 것이 중요하다.

대표기출유형

01 명제 추론

| 유형분석 |

- 주어진 문장을 토대로 논리적으로 추론하여 참 또는 거짓을 구분하는 문제이다.
- 대체로 연역추론을 활용한 명제 문제가 출제된다.
- 자료를 제시하고 새로운 결과나 자료에 주어지지 않은 내용을 추론해 가는 형식의 문제가 출제된다.

S공사는 공휴일 세미나 진행을 위해 인근의 사무용품점 A ~ F에서 필요한 물품을 구매하고자 한다. 다음 〈조건〉을 참고할 때, 공휴일에 영업하는 사무용품점의 수는?

조건

- C는 공휴일에 영업하지 않는다.
- B가 공휴일에 영업하지 않으면, C와 E는 공휴일에 영업한다.
- E 또는 F가 영업하지 않는 날이면, D는 영업한다.
- B가 공휴일에 영업하면, A와 E는 공휴일에 영업하지 않는다.
- B와 F 중 한 곳만 공휴일에 영업한다.

① 2곳
② 3곳
③ 4곳
④ 5곳
⑤ 6곳

정답 ①

주어진 조건을 순서대로 논리 기호화하면 다음과 같다.

- 첫 번째 조건 : ~C
- 두 번째 조건 : ~B → (C∧E)
- 세 번째 조건 : (~E∨~F) → D
- 네 번째 조건 : B → (~A∧~E)

첫 번째 조건이 참이므로 두 번째 조건의 대우[(~C∨~E) → B]에 따라 B는 공휴일에 영업한다. 이때 네 번째 조건에 따라 A와 E는 영업하지 않고, 다섯 번째 조건에 따라 F도 영업하지 않는다. 마지막으로 세 번째 조건에 따라 D는 영업한다. 따라서 공휴일에 영업하는 사무용품점은 B와 D 2곳이다.

풀이 전략!

명제와 관련한 기본적인 논법에 대해서는 미리 학습해 두며, 이를 바탕으로 각 문장에 있는 핵심단어 또는 문구를 기호화하여 정리한 후, 선택지와 비교하여 참 또는 거짓을 판단한다.

대표기출유형 01 기출응용문제

01 **9층 건물의 지하에서 출발한 엘리베이터에 타고 있던 A ~ I 9명은 1층부터 9층까지 각각 다른 층에 내렸다. 다음 〈조건〉을 근거로 할 때, 짝수 층에서 내리지 않은 사람은?**

조건

- D는 F보다는 빨리 내렸고, A보다는 늦게 내렸다.
- H는 홀수 층에 내렸다.
- C는 3층에 내렸다.
- G는 C보다 늦게 내렸고, B보다 빨리 내렸다.
- B는 C보다 3층 후에 내렸고, F보다는 1층 전에 내렸다.
- I는 D보다 늦게 내렸고, G보다는 일찍 내렸다.

① B
② D
③ E
④ G
⑤ I

PART 1

02 **국제영화제 행사에 참석한 G는 A ~ F영화를 다음 〈조건〉에 맞춰 5월 1일부터 5월 6일까지 하루에 한 편씩 보려고 한다. 이때 반드시 참인 것은?**

조건

- F영화는 3일과 4일 중 하루만 상영된다.
- D영화는 C영화가 상영된 날 이틀 후에 상영된다.
- B영화는 C, D영화보다 먼저 상영된다.
- 첫째 날 B영화를 본다면, 5일에 반드시 A영화를 본다.

① A영화는 C영화보다 먼저 상영될 수 없다.
② B영화는 1일 또는 2일에 상영된다.
③ C영화는 E영화보다 먼저 상영된다.
④ D영화는 5일이나 폐막작으로 상영될 수 없다.
⑤ E영화는 개막작이나 폐막작으로 상영된다.

※ 면접 시험장에 대기 중인 A ~ F는 1번부터 6번까지의 번호를 부여받아 번호 순서대로 면접을 보게 된다. 면접 순서에 대한 〈조건〉이 다음과 같을 때, 이어지는 질문에 답하시오. [3~5]

조건

- 1, 2, 3번은 오전에 4, 5, 6번은 오후에 면접을 보게 된다.
- C, F는 오전에 면접을 본다.
- C 다음에는 A가, A 다음에는 D가 차례로 면접을 본다.
- B는 2번 아니면 6번이다.

03 가능한 면접 순서는 모두 몇 가지인가?

① 1가지
② 2가지
③ 3가지
④ 4가지
⑤ 5가지

04 다음 중 항상 옳은 것은?

① D는 B보다 일찍 면접을 본다.
② C는 두 번째로 면접을 본다.
③ A는 E보다 늦게 면접을 본다.
④ F는 C보다 일찍 면접을 본다.
⑤ E는 D보다 일찍 면접을 본다.

05 다음 중 항상 오후에 면접을 보는 사람은 누구인가?

① A
② B
③ D
④ E
⑤ F

※ 서울에 사는 A～E 5명의 고향은 각각 대전, 대구, 부산, 광주, 춘천 중 한 곳이다. 이들은 설날을 맞아 열차 1, 2, 3을 타고 고향에 내려가고자 한다. 열차와 탑승 정보가 다음 〈조건〉과 같을 때, 이어지는 질문에 답하시오. [6~8]

조건

- 열차 2는 대전, 춘천을 경유하여 부산까지 가는 열차이다.
- A의 고향은 부산이다.
- E는 어떤 열차를 타도 고향에 갈 수 있다.
- 열차 1에는 D를 포함한 세 사람이 탄다.
- C와 D가 함께 탈 수 있는 열차는 없다.
- B가 탈 수 있는 열차는 열차 2뿐이다.
- 열차 2와 열차 3이 지나는 지역은 대전을 제외하고 중복되지 않는다.

06 다음 중 E의 고향은 어디인가?

① 대전
② 대구
③ 부산
④ 광주
⑤ 춘천

07 다음 중 열차 2를 탈 수 있는 사람을 모두 고르면?

① A, B, E
② A, C, E
③ A, D, E
④ B, C, E
⑤ B, D, E

08 열차 1이 광주를 경유한다고 할 때, 열차 3에 타는 사람과 목적지를 바르게 짝지은 것은?

① A－부산
② C－대구
③ D－대전
④ D－대구
⑤ E－대전

대표기출유형

02 자료 해석

| 유형분석 |

- 주어진 자료를 해석하고 활용하여 풀어가는 문제이다.
- 꼼꼼하고 분석적인 접근이 필요한 다양한 자료들이 출제된다.

다음 중 정수장 수질검사 현황에 대해 바르게 설명한 사람은?

〈정수장 수질검사 현황〉

급수 지역	항목						검사결과	
	일반세균 100 이하 (CFU/mL)	대장균 불검출 (수/100mL)	NH3-N 0.5 이하 (mg/L)	잔류염소 4.0 이하 (mg/L)	구리 1 이하 (mg/L)	망간 0.05 이하 (mg/L)	적합 여부	기준 초과
함평읍	0	불검출	불검출	0.14	0.045	불검출	적합	없음
이삼읍	0	불검출	불검출	0.27	불검출	불검출	적합	없음
학교면	0	불검출	불검출	0.13	0.028	불검출	적합	없음
엄다면	0	불검출	불검출	0.16	0.011	불검출	적합	없음
나산면	0	불검출	불검출	0.12	불검출	불검출	적합	없음

① A사원 : 함평읍의 잔류염소는 가장 낮은 수치를 보였고, 기준치에 적합하네.
② B사원 : 모든 급수지역에서 일반세균이 나오지 않았어.
③ C사원 : 기준치를 초과한 곳은 없었지만 적합하지 않은 지역은 있어.
④ D사원 : 대장균과 구리가 검출되면 부적합 판정을 받는구나.
⑤ E사원 : 구리가 검출되지 않은 지역은 세 곳이야.

정답 ②

오답분석

① 잔류염소에서 가장 낮은 수치를 보인 지역은 나산면(0.12mg/L)이고, 함평읍(0.14mg/L)은 세 번째로 낮다.
③ 기준치를 초과한 곳도 없고, 모두 적합 판정을 받았다.
④ 함평읍과 학교면, 엄다면은 구리가 검출되었지만 적합 판정을 받았다.
⑤ 구리가 검출되지 않은 지역은 이삼읍과 나산면으로 두 곳이다.

풀이 전략!

문제 해결을 위해 필요한 정보가 무엇인지 먼저 파악한 후, 제시된 자료를 분석적으로 읽고 해석한다.

대표기출유형 02 기출응용문제

※ 다음은 K은행 직원 5명의 3일간 근무시간 및 급여 정보와 근무규정에 대한 자료이다. 이어지는 질문에 답하시오. [1~2]

〈K은행 직원 근무시간 및 급여 정보〉

구분	1일 차	2일 차	3일 차	시간당 급여
A과장	09:00 ~ 18:00	09:00 ~ 22:20	09:00 ~ 20:10	21,220원
B대리	10:00 ~ 20:00	09:20 ~ 19:30	09:00 ~ 21:00	18,870원
C주임	09:00 ~ 18:00	09:10 ~ 20:00	09:00 ~ 21:00	17,150원
D사원	09:10 ~ 19:20	09:30 ~ 22:00	09:00 ~ 18:00	15,730원
E사원	09:00 ~ 18:00	09:00 ~ 18:00	09:00 ~ 18:00	14,300원

〈근무규정〉

- 정규 근무시간은 9시부터 18시까지이며, 점심식사 1시간을 제외하고 하루 8시간 근무한다.
- 초과 근무는 저녁식사 1시간을 제외하고 19시부터 가능하며, 30분마다 초과 근무수당 5천 원을 지급한다(단, 초과 근무시간은 당일계산만 인정한다).
- 9시 이후에 출근했을 경우 초과한 시간만큼 19시 이후에 근무를 해야 하며, 이 경우 초과 근무수당은 지급하지 않는다(단, 정규 근무시간인 8시간 이상 근무 시 30분마다 초과 근무수당 5천 원을 지급한다).

01 다음 중 3일간 직원 5명에게 지급할 급여는 총 얼마인가?

① 2,147,150원
② 2,204,480원
③ 2,321,140원
④ 2,341,000원
⑤ 2,356,780원

02 다음 중 3일 동안 가장 많이 일한 직원과 가장 적게 일한 직원의 급여의 합은 얼마인가?

① 892,480원
② 901,210원
③ 912,140원
④ 944,160원
⑤ 981,200원

03 S공사는 맞춤형 산업용수 공급 사업을 통해 기업의 요구에 맞는 수질의 산업용수를 생산, 공급하고 있다. 다음 자료를 통해 알 수 있는 것은?

〈제거물질별 산업용수의 종류〉

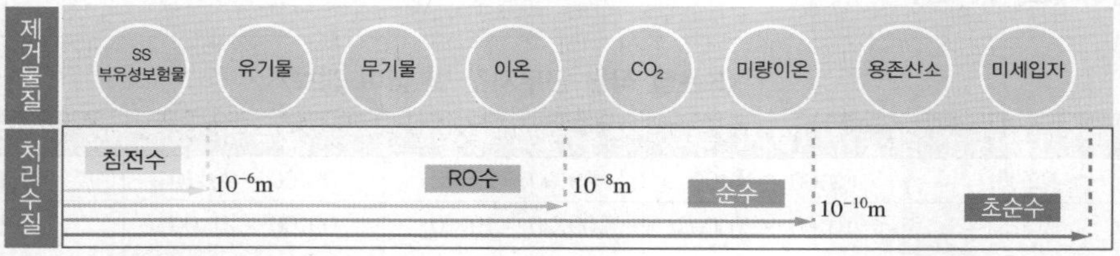

※ 용존산소 : 물에 녹아있는 산소

〈산업용수의 종류 및 용도〉

구분	RO수	순수	초순수
비저항	0.1MΩcm 미만	0.1MΩcm 이상	10MΩcm 이상
공정	다중여과탑, 활성탄흡착, RO막	이온교환, CO_2 탈기	용존산소 탈기, 한외여과
사용용도	제철, 석유화학	발전, 자동차, 목재펄프	반도체, 디스플레이, 제약

※ 비저항 : 단위면적, 단위길이당 전기저항의 비율

① RO수를 생산하기 위해서 다중여과탑, 한외여과 공정이 필요하다.

② 정밀한 작업이 필요한 반도체 회사에는 용존산소 탈기, 한외여과 공정을 거쳐 생산된 초순수를 공급한다.

③ 이온교환, CO_2 탈기 공정을 통해 제거물질 순서 중 무기물과 이온까지 제거해 순수를 생산한다.

④ 침전수는 10^{-8}m 크기의 물질까지 제거한다.

⑤ 석유화학 회사에는 예상치 못한 화학반응을 줄이기 위해 미량이온을 제거한 RO수를 공급한다.

04 다음은 K공사가 공개한 부패공직자 사건 및 징계 현황이다. 이에 대한 설명으로 옳지 않은 것을 〈보기〉에서 모두 고르면?

〈부패공직자 사건 및 징계 현황〉

구분	부패행위 유형	부패금액	징계종류	처분일	고발 여부
1	이권개입 및 직위의 사적사용	23만 원	감봉 1월	2019.06.19.	미고발
2	직무관련자로부터 금품 및 향응 수수	75만 원	해임	2020.05.20.	미고발
3	직무관련자로푸터 향응 수수	6만 원	견책	2021.12.22.	미고발
4	직무관련자로부터 금품 및 향응 수수	11만 원	감봉 1개월	2022.02.04.	미고발
5	직무관련자로부터 금품 수수	40만 원	경고 (무혐의 처분, 징계시효 말소)	2023.03.06.	미고발
6	직권남용(직위의 사적 이용)	–	해임	2023.05.24.	고발
7	직무관련자로부터 금품 수수	526만 원	해임	2023.09.17.	고발
8	직무관련자로부터 금품 수수 등	300만 원	해임	2024.05.18.	고발

보기

ㄱ. K공사에서 해당 사건의 부패금액이 일정 수준 이상인 경우에만 고발한 것으로 해석할 수 있다.
ㄴ. 해임당한 공직자들은 모두 고발되었다.
ㄷ. 직무관련자로부터 금품을 수수한 사건은 총 5건 있었다.
ㄹ. 동일한 부패행위 유형에 해당하더라도 다른 징계처분을 받을 수 있다.

① ㄱ, ㄴ
② ㄱ, ㄷ
③ ㄴ, ㄷ
④ ㄴ, ㄹ
⑤ ㄷ, ㄹ

대표기출유형

03 규칙 적용

| 유형분석 |

- 주어진 상황과 규칙을 종합적으로 활용하여 풀어가는 문제이다.
- 일정, 비용, 순서 등 다양한 내용을 다루고 있어 유형을 한 가지로 단일화하기 어려우므로 여러 문제를 접해 보는 것이 좋다.

A팀과 B팀은 보안등급 상에 해당하는 문서를 나누어 보관하고 있다. 이에 따라 두 팀은 보안을 위해 아래와 같은 규칙에 따라 각 팀의 비밀번호를 지정하였다. 다음 중 A팀과 B팀에 들어갈 수 있는 암호배열은?

〈규칙〉

- 1 ~ 9까지의 숫자로 (한 자릿수)×(두 자릿수)=(세 자릿수)=(두 자릿수)×(한 자릿수) 형식의 비밀번호로 구성한다.
- 가운데에 들어갈 세 자릿수의 숫자는 156이며 숫자는 중복 사용할 수 없다. 즉, 각 팀의 비밀번호에 1, 5, 6이란 숫자가 들어가지 않는다.

□ × □□ = 156 = □□ × □

A팀 B팀

① 23 ② 27
③ 29 ④ 35
⑤ 39

정답 ⑤

규칙에 따라 사용할 수 있는 숫자는 1, 5, 6을 제외한 나머지 2, 3, 4, 7, 8, 9의 총 6개이다. (한 자릿수)×(두 자릿수)=156이 되는 수를 알기 위해서는 156의 소인수를 구해보면 된다. 156의 소인수는 3, 2^2, 13으로 여기서 156이 되는 수의 곱 중에 조건을 만족하는 것은 2×78과 4×39이다. 따라서 선택지 중에 A팀 또는 B팀에 들어갈 수 있는 암호배열은 39이다.

풀이 전략!

문제에 제시된 조건이나 규칙을 정확히 파악한 후, 선택지나 상황에 적용하여 문제를 풀어나간다.

01 다음 〈조건〉을 근거로 〈보기〉를 계산한 값은?

조건

연산자 A, B, C, D는 다음과 같이 정의한다.

- A : 좌우에 있는 두 수를 더한다. 단, 더한 값이 10 미만이면 좌우에 있는 두 수를 곱한다.
- B : 좌우에 있는 두 수 가운데 큰 수에서 작은 수를 뺀다. 단, 두 수가 같거나 뺀 값이 10 미만이면 두 수를 곱한다.
- C : 좌우에 있는 두 수를 곱한다. 단, 곱한 값이 10 미만이면 좌우에 있는 두 수를 더한다.
- D : 좌우에 있는 두 수 가운데 큰 수를 작은 수로 나눈다. 단, 두 수가 같거나 나눈 값이 10 미만이면 두 수를 곱한다.

※ 연산은 '( )', '[ ]'의 순으로 함

보기

[(1A5)B(3C4)]D6

① 10
② 12
③ 90
④ 210
⑤ 360

02 A사원은 전세버스 대여를 전문으로 하는 여행업체인 S사에 근무하고 있다. 지난 10년 동안 상당한 규모로 성장해 온 S사는 현재 보유하고 있는 버스의 현황을 실시간으로 파악할 수 있도록 식별 코드를 부여하였다. 식별 코드 부여 방식과 보유 전세버스 현황이 다음과 같을 때, 옳지 않은 것은?

〈식별 코드 부여 방식〉

[버스등급] – [승차인원] – [제조국가] – [모델번호] – [제조연월]

버스등급	코드	제조국가	코드
대형버스	BX	한국	KOR
중형버스	MF	독일	DEU
소형버스	RT	미국	USA

예 BX – 45 – DEU – 15 – 2502
2025년 2월 독일에서 생산된 45인승 대형버스 15번 모델

〈보유 전세버스 현황〉

BX – 28 – DEU – 24 – 1308	MF – 35 – DEU – 15 – 0910	RT – 23 – KOR – 07 – 0628
MF – 35 – KOR – 15 – 1206	BX – 45 – USA – 11 – 0712	BX – 45 – DEU – 06 – 1105
MF – 35 – DEU – 20 – 1110	BX – 41 – DEU – 05 – 1408	RT – 16 – USA – 09 – 0712
RT – 25 – KOR – 18 – 0803	RT – 25 – DEU – 12 – 0904	MF – 35 – KOR – 17 – 0901
BX – 28 – USA – 22 – 1404	BX – 45 – USA – 19 – 1108	BX – 28 – USA – 15 – 1012
RT – 16 – DEU – 23 – 1501	MF – 35 – KOR – 16 – 0804	BX – 45 – DEU – 19 – 1312
MF – 35 – DEU – 20 – 1005	BX – 45 – USA – 14 – 1007	–

① 보유하고 있는 소형버스의 절반 이상은 독일에서 생산되었다.
② 대형버스 중 28인승은 3대이며, 한국에서 생산된 차량은 없다.
③ 보유 중인 대형버스는 전체의 40% 이상을 차지한다.
④ 중형버스는 3대 이상이며, 모두 2013년 이전에 생산되었다.
⑤ 미국에서 생산된 버스 중 중형버스는 없다.

※ K부서는 보안을 위해 부서원들만 알 수 있는 비밀번호를 생성하려고 한다. 이를 위해 부서원에게 다음과 같은 메일을 보냈다. 이어지는 질문에 답하시오. [3~4]

〈신규 비밀번호 생성방법〉

- 각자의 컴퓨터에 보안을 위해 새로운 비밀번호를 생성하십시오.
- 비밀번호 생성방법은 다음과 같습니다.

1. 앞 두 자리는 성을 제외한 이름의 첫 자음으로 합니다. → 마동석=ㄷㅅ
2. 한글의 경우 대응되는 경우 알파벳으로 변형합니다. → ㄷ=C, ㅅ=G
3. 세 번째와 네 번째 자리는 생년월일의 일로 합니다. → 10월 3일=03
4. 다섯 번째와 여섯 번째 자리는 첫 번째와 두 번째 자리의 알파벳에 3을 더한 알파벳으로 합니다. → C=F, G=J
5. 가장 마지막 자리에는 직급의 번호로 합니다. → (사원=01, 대리=11, 과장=12, 차장=22, 부장=03)

03 새로 발령을 받은 공효주 사원은 9월 13일생이다. 공사원이 생성할 비밀번호로 옳은 것은?

① NI13QL11
② NI13QL01
③ NI13JV01
④ NI45QL01
⑤ WK13QL01

04 부서원들이 만든 비밀번호 중 잘못 만들어진 비밀번호는?

① 김민경 사원(12월 6일생) → EA06HD01
② 유오성 대리(2월 25일생) → HG25KJ11
③ 손흥민 과장(3월 30일생) → NE30QH12
④ 김연경 차장(11월 14일생) → HA14KD22
⑤ 황희찬 부장(4월 8일생) → NJ08QN03

대표기출유형

04 SWOT 분석

| 유형분석 |

- 상황에 대한 환경 분석 결과를 통해 주요 과제를 도출하는 문제이다.
- 주로 3C 분석 또는 SWOT 분석을 활용한 문제들이 출제되고 있으므로 해당 분석도구에 대한 사전 학습이 요구된다.

다음은 미용실에 대한 SWOT 분석 결과이다. 이에 대한 대응 방안으로 가장 적절한 것은?

S(강점)	W(약점)
• 뛰어난 실력으로 미용대회에서 여러 번 우승한 경험이 있다. • 인건비가 들지 않아 비교적 저렴한 가격에 서비스를 제공한다.	• 한 명이 운영하는 가게라 동시에 많은 손님을 받을 수 없다. • 홍보가 미흡하다.
O(기회)	**T(위협)**
• 바로 옆에 유명한 프랜차이즈 레스토랑이 생겼다. • 미용실을 위한 소셜 네트워크 예약 서비스가 등장했다.	• SNS를 활용하여 주변 미용실들이 열띤 가격경쟁을 펼치고 있다. • 대규모 프랜차이즈 미용실들이 잇따라 등장하고 있다.

① ST전략 : 여러 번 대회에서 우승한 경험을 가지고 가맹점을 낸다.
② WT전략 : 여러 명의 직원을 고용해 오히려 가격을 올리는 고급화 전략을 펼친다.
③ SO전략 : 소셜 네트워크 예약 서비스를 이용해 방문한 사람들에게만 저렴한 가격에 서비스를 제공한다.
④ WO전략 : 유명한 프랜차이즈 레스토랑과 연계하여 홍보물을 비치한다.

정답 ④

WO전략은 약점을 극복함으로써 기회를 활용할 수 있도록 내부 약점을 보완해 좀 더 효과적으로 시장 기회를 추구한다. 따라서 바로 옆에 유명한 프랜차이즈 레스토랑이 생겼다는 사실을 이용하여 홍보가 미흡한 점을 보완할 수 있도록 레스토랑과 제휴하여 레스토랑 내에 홍보물을 비치하는 방법은 WO전략으로 적절하다.

풀이 전략!

문제에 제시된 분석도구를 확인한 후, 분석 결과를 종합적으로 판단하여 각 선택지의 전략 과제와 일치 여부를 판단한다.

대표기출유형 04 기출응용문제

01 다음은 K섬유회사에 대한 SWOT 분석 결과이다. 〈보기〉 중 분석에 따른 대응 전략으로 적절한 것을 모두 고르면?

〈K섬유회사 SWOT 분석 결과〉

S(강점)	W(약점)
• 첨단 신소재 관련 특허 다수 보유	• 신규 생산 설비 투자 미흡 • 브랜드의 인지도 부족
O(기회)	**T(위협)**
• 고기능성 제품에 대한 수요 증가 • 정부 주도의 문화 콘텐츠 사업 지원	• 중저가 의류용 제품의 공급 과잉 • 저임금의 개발도상국과 경쟁 심화

보기

ㄱ. SO전략으로 첨단 신소재를 적용한 고기능성 제품을 개발한다.
ㄴ. ST전략으로 첨단 신소재 관련 특허를 개발도상국의 경쟁업체에 무상 이전한다.
ㄷ. WO전략으로 문화 콘텐츠와 디자인을 접목한 신규 브랜드 개발을 통해 적극적으로 마케팅 한다.
ㄹ. WT전략으로 기존 설비에 대한 재투자를 통해 대량생산 체제로 전환한다.

① ㄱ, ㄷ
② ㄱ, ㄹ
③ ㄴ, ㄷ
④ ㄴ, ㄹ
⑤ ㄷ, ㄹ

02 다음은 중국에 진출한 프랜차이즈 커피전문점에 대해 SWOT 분석을 한 자료이다. 〈보기〉의 (가)~(라)에 들어갈 전략을 바르게 나열한 것은?

〈중국 진출 프랜차이즈 커피전문점에 대한 SWOT 분석 결과〉

S(강점)	W(약점)
• 풍부한 원두커피의 맛 • 독특한 인테리어 • 브랜드 파워 • 높은 고객 충성도	• 낮은 중국 내 인지도 • 높은 시설비 • 비싼 임대료
O(기회)	**T(위협)**
• 중국 경제 급성장 • 서구문화에 대한 관심 • 외국인 집중 • 경쟁업체 진출 미비	• 중국의 차 문화 • 유명 상표 위조 • 커피 구매 인구의 감소

보기

(가)	(나)
• 브랜드가 가진 미국 고유문화 고수 • 독특하고 차별화된 인테리어 유지 • 공격적 점포 확장	• 외국인 많은 곳에 점포 개설 • 본사 직영으로 인테리어
(다)	**(라)**
• 고품질 커피로 상위 소수고객에 집중	• 녹차 향 커피 • 개발 상표 도용 감시

	(가)	(나)	(다)	(라)
①	SO전략	ST전략	WO전략	WT전략
②	WT전략	ST전략	WO전략	SO전략
③	SO전략	WO전략	ST전략	WT전략
④	ST전략	WO전략	SO전략	WT전략
⑤	WT전략	WO전략	ST전략	SO전략

03 다음은 농민·농촌을 사업 근거로 하는 특수은행인 S은행의 SWOT 분석 결과를 정리한 자료이다. ㉠~㉤ 중 SWOT 분석에 들어갈 내용으로 적절하지 않은 것은?

〈SWOT 분석 결과〉

강점 (Strength)	• 공적 기능을 수행하는 농민·농촌의 은행이라는 위상은 대체 불가능함 • 전국에 걸친 국내 최대의 영업망을 기반으로 안정적인 사업 기반 및 수도권 이외의 지역에서 우수한 사업 지위를 확보함 • 지자체 시금고 예치금 등 공공금고 예수금은 안정적인 수신 기반으로 작용함 • ㉠ 은행권 최초로 보이스피싱 차단을 위해 24시간 '대포통장 의심 계좌 모니터링' 도입 • BIS자기자본비율, 고정이하여신비율, 고정이하여신 대비 충당금커버리지비율 등 자산 건전성 지표가 우수함 • 디지털 전환(DT)을 위한 중장기 전략을 이행 중이며, 메타버스·인공지능(AI)을 활용한 개인 맞춤형 상품 등 혁신 서비스 도입 추진
약점 (Weakness)	• ㉡ 수수료 수익 등 비이자 이익의 감소 및 이자 이익에 편중된 수익 구조 • S중앙회에 매년 지급하는 농업지원 사업비와 상존하는 대손 부담으로 인해 시중은행보다 수익성이 낮음 • ㉢ 인터넷전문은행의 활성화 및 빅테크의 금융업 진출 확대 추세 • 금리 상승, 인플레이션, 경기 둔화 등의 영향으로 차주의 상환 부담이 높아짐에 따라 일정 수준의 부실여신비율 상승이 불가피할 것으로 예상
기회 (Opportunity)	• ㉣ 마이데이터(Mydata)로 제공할 수 있는 정보 범위의 확대 및 암호화폐 시장의 성장 • 2024년 홍콩, 중국, 호주, 인도에서 최종 인가를 획득하는 등 해외 영업망 확충 • 금융 당국의 유동성 지원 정책과 정책자금 대출을 기반으로 유동성 관리가 우수함 • 법률에 의거해 농업금융채권의 원리금 상환을 국가가 전액 보증하는 등 유사시 정부의 지원 가능성이 높음 • 귀농·귀촌 인구의 증가 및 농촌에 대한 소비자의 인식 변화로 새로운 사업 발굴 가능
위협 (Threat)	• 자산관리 시장에서의 경쟁 심화 • 사이버 위협에 대응해 개인정보 보안 대책 및 시스템 마련 시급 • ㉤ 이자 이익 의존도가 높은 은행의 수익 구조에 대한 비판 여론 • 금리 및 물가 상승 영향에 따른 자산 건전성 저하 가능성 존재 • 주택 시장 침체, 고금리 지속 등으로 가계여신 수요 감소 전망 • 경기 침체, 투자 심리 위축으로 기업여신 대출 수요 감소 전망 • 보험사, 증권사, 카드사 등의 은행업(지급 결제, 예금·대출) 진입 가능성 • 은행에 있던 예금·적금을 인출해 주식·채권으로 이동하는 머니무브의 본격화 조짐

① ㉠
② ㉡
③ ㉢
④ ㉣
⑤ ㉤

CHAPTER 04

정보능력

합격 Cheat Key

정보능력은 업무를 수행함에 있어 기본적인 컴퓨터를 활용하여 필요한 정보를 수집·분석·활용하는 능력으로, 업무와 관련된 정보를 수집하고, 이를 분석하여 의미 있는 정보를 얻는 능력을 의미한다. 세부 유형은 컴퓨터 활용, 정보 처리로 나눌 수 있다.

1 평소에 컴퓨터 활용 스킬을 틈틈이 익혀라!

윈도우(OS)에서 어떠한 설정을 할 수 있는지, 응용프로그램(엑셀 등)에서 어떠한 기능을 활용할 수 있는지를 평소에 직접 사용해 본다면 문제를 보다 수월하게 해결할 수 있다. 여건이 된다면 컴퓨터 활용 능력에 관련된 자격증 공부를 하는 것도 이론과 실무를 익히는 데 도움이 될 것이다.

2 문제의 규칙을 찾는 연습을 하라!

일반적으로 코드체계나 시스템 논리체계를 제공하고 이를 분석하여 문제를 해결하는 유형이 출제된다. 이러한 문제는 문제해결능력과 같은 맥락으로 규칙을 파악하여 접근하는 방식으로 연습이 필요하다.

3 현재 보고 있는 그 문제에 집중하라!

정보능력의 모든 것을 공부하려고 한다면 양이 너무나 방대하다. 그렇기 때문에 수험서에서 본인이 현재 보고 있는 문제들을 집중적으로 공부하고 기억하려고 해야 한다. 그러나 엑셀의 함수 수식, 연산자 등 암기를 필요로 하는 부분들은 필수적으로 암기를 해서 출제가 되었을 때 오답률을 낮출 수 있도록 한다.

4 사진 · 그림을 기억하라!

컴퓨터 활용 능력을 파악하는 영역이다 보니 컴퓨터 속 옵션, 기능, 설정 등의 사진 · 그림이 문제에 같이 나오는 경우들이 있다. 그런 부분들은 직접 컴퓨터를 통해서 하나하나 확인을 하면서 공부한다면 더 기억에 잘 남게 된다. 조금 귀찮더라도 한 번씩 클릭하면서 확인해 보도록 한다.

대표기출유형

01 정보 이해

| 유형분석 |

- 정보능력 전반에 대한 이해를 확인하는 문제이다.
- 정보능력 이론이나 새로운 정보 기술에 대한 문제가 자주 출제된다.

다음 중 정보의 가공 및 활용에 대한 설명으로 옳지 않은 것은?

① 정보는 원형태 그대로 혹은 가공하여 활용할 수 있다.
② 수집된 정보를 가공하여 다른 형태로 재표현하는 방법도 가능하다.
③ 정적정보의 경우 이용한 이후에도 장래활용을 위해 정리하여 보존한다.
④ 비디오테이프에 저장된 영상정보는 동적정보에 해당한다.
⑤ 동적정보는 입수하여 처리 후에는 해당 정보를 즉시 폐기해도 된다.

정답 ④

저장매체에 저장된 자료는 시간이 지나도 언제든지 동일한 형태로 재생이 가능하므로 정적정보에 해당한다.

오답분석

① 정보는 원래 형태 그대로 활용하거나 분석 및 정리 등 가공하여 활용할 수 있다.
② 정보를 가공하는 것뿐 아니라 일정한 형태로 재표현하는 것도 가능하다.
③ 시의성이 사라지면 정보의 가치가 떨어지는 동적정보와 달리, 정적정보의 경우 이용 후에도 장래에 활용을 하기 위해 정리하여 보존하는 것이 좋다.
⑤ 동적정보의 특징은 입수 후 처리한 경우에는 폐기하여도 된다는 것이다. 오히려 시간의 경과에 따라 시의성이 점점 떨어지는 동적정보를 축적하는 것은 비효율적이다.

풀이 전략!

자주 출제되는 정보능력 이론을 확인하고, 확실하게 암기해야 한다. 특히 새로운 정보 기술이나 컴퓨터 전반에 대해 관심을 가지는 것이 좋다.

대표기출유형 01 기출응용문제

01 **다음 중 SSD와 HDD에 대한 설명으로 옳지 않은 것은?**

① SSD는 HDD에 비해 전력 소모량이 적고 발열이 적다.
② 장기간 데이터를 보존하려면 SSD보다 HDD가 더 유리하다.
③ SSD는 내구성이 높아 충격이나 진동에 덜 민감하지만, HDD는 이에 민감하여 외부 충격에 의해 데이터가 손실될 수 있다.
④ SSD는 기계적인 방식을 사용하여 데이터를 읽고 쓰는 반면, HDD는 전기적인 방식으로 데이터를 저장한다.
⑤ 일반적으로 SSD는 보다 신속한 데이터 접근 속도를 제공하지만, HDD는 더 큰 저장 용량을 제공한다.

02 **다음은 데이터베이스에 대한 설명이다. 빈칸 ㉠, ㉡에 들어갈 말을 바르게 나열한 것은?**

> 파일시스템에서 하나의 파일은 독립적이고 어떤 업무를 처리하는 데 필요한 모든 정보를 가지고 있다. 파일도 데이터의 집합이므로 데이터베이스라고 볼 수도 있으나 일반적으로 데이터베이스라 함은 ___㉠___을 의미한다. 따라서 사용자는 여러 개의 파일에 있는 정보를 한 번에 검색해 볼 수 있다. 데이터베이스 관리시스템은 데이터와 파일, 그들의 관계 등을 생성하고, 유지하고 검색할 수 있게 해 주는 소프트웨어이다. 반면에 파일관리시스템은 ___㉡___에 대해서 생성, 유지, 검색을 할 수 있는 소프트웨어이다.

	㉠	㉡
①	여러 개의 연관된 파일	한 번에 한 개의 파일
②	여러 개의 연관된 파일	한 번에 복수의 파일
③	여러 개의 독립된 파일	한 번에 복수의 파일
④	여러 개의 독립된 파일	한 번에 한 개의 파일
⑤	여러 개의 독립된 파일	여러 개의 연관된 파일

03 다음 C대리의 답변 중 (가) ~ (마)에 들어갈 내용으로 적절하지 않은 것은?

A과장 : C대리, 파워포인트 슬라이드 쇼 실행 화면에서 단축키 좀 알려줄 수 있을까? 내 마음대로 슬라이드를 움직일 수가 없어서 답답해서 말이지.
C대리 : 네, 과장님. 제가 알려드리겠습니다.
A과장 : 그래. 우선 발표가 끝나고 쇼 실행 화면에서 화면을 검게 하고 싶은데 가능한가?
C대리 : ______(가)______
A과장 : 그렇군. 혹시 흰색으로 설정도 가능한가?
C대리 : ______(나)______
A과장 : 혹시 원하는 슬라이드로 이동하는 방법도 있나? 예를 들어 7번 슬라이드로 바로 넘어가고 싶네만.
C대리 : ______(다)______
A과장 : 슬라이드 쇼 실행 화면에서 모든 슬라이드를 보고 싶은 경우도 있네.
C대리 : ______(라)______
A과장 : 맞다. 형광펜 기능도 있다고 들었는데?
C대리 : ______(마)______

① (가) : [.](마침표) 버튼을 누르시면 됩니다.
② (나) : [,](쉼표) 버튼을 누르시면 됩니다.
③ (다) : [7](해당번호) 버튼을 누르고, [Enter↵](엔터) 버튼을 누르시면 됩니다.
④ (라) : [+](플러스) 버튼을 누르시면 됩니다.
⑤ (마) : [Ctrl](컨트롤) 버튼과 [I](영어 I) 버튼을 같이 누르시면 됩니다.

04 K사에는 시각 장애를 가진 C사원이 있다. C사원의 원활한 컴퓨터 사용을 위해 동료 사원들이 도움을 주고자 대화를 나누었다. 다음 중 바르게 설명한 사람은?

① A사원 : C사원은 Windows [제어판]에서 [접근성 센터]의 기능에 도움을 받는 게 좋겠어.
② B사원 : 아니야. [동기화 센터]의 기능을 활용해야지.
③ D사원 : [파일 탐색기]의 [옵션]을 활용하면 도움이 될 거야.
④ E사원 : [관리 도구]의 기능이 좋을 것 같아.
⑤ F사원 : [프로그램 및 기능]에서 도움을 받아야 하지 않을까?

05 K기금은 사원들만 이용할 수 있는 사내 공용 서버를 운영하고 있다. 이 서버에는 아이디와 패스워드를 입력하지 않고 자유롭게 접속하여 업무 관련 파일을 업로드 및 다운로드할 수 있다. 하지만 얼마 전부터 공용 서버의 파일을 다운로드 받은 개인용 컴퓨터에서 바이러스가 감지되어 우선적으로 공용 서버의 바이러스를 모두 치료하였다. 이런 상황에서 발생한 문제에 대처하기 위한 추가 조치사항으로 옳은 것을 〈보기〉에서 모두 고르면?

보기

ㄱ. 접속하는 모든 컴퓨터를 대상으로 바이러스 검사 및 치료한다.
ㄴ. 공용 서버에서 다운로드한 파일을 모두 실행한다.
ㄷ. 접속 후에는 쿠키를 삭제한다.

① ㄱ
② ㄴ
③ ㄱ, ㄴ
④ ㄱ, ㄷ
⑤ ㄴ, ㄷ

06 다음 설명에 해당하는 차트는 무엇인가?

- 데이터 계열이 하나만 있으므로 축이 없다.
- 차트의 조각은 사용자가 직접 분리할 수 있다.
- 차트에서 첫 번째 조각의 각을 0 ~ 360° 사이의 값을 이용하여 회전시킬 수 있다.

① 영역형 차트
② 분산형 차트
③ 꺾은선형 차트
④ 원형 차트
⑤ 표면형 차트

07 다음 중 셀 서식 관련 바로가기 키에 대한 설명으로 옳지 않은 것은?

① 〈Ctrl〉+〈1〉 : 셀 서식 대화상자가 표시된다.
② 〈Ctrl〉+〈2〉 : 선택한 셀에 글꼴 스타일 '굵게'가 적용되며, 다시 누르면 적용이 취소된다.
③ 〈Ctrl〉+〈3〉 : 선택한 셀에 밑줄이 적용되며, 다시 누르면 적용이 취소된다.
④ 〈Ctrl〉+〈5〉 : 선택한 셀에 취소선이 적용되며, 다시 누르면 적용이 취소된다.
⑤ 〈Ctrl〉+〈9〉 : 선택한 셀의 행이 숨겨진다.

대표기출유형

02 엑셀 함수

| 유형분석 |

- 컴퓨터 활용과 관련된 상황에서 문제를 해결하기 위한 행동이 무엇인지 묻는 문제이다.
- 주로 업무수행 중에 많이 활용되는 대표적인 엑셀 함수(COUNTIF, ROUND, MAX, SUM, COUNT, AVERAGE, …)가 출제된다.
- 종종 엑셀시트를 제시하여 각 셀에 들어갈 함수식이 무엇인지 고르는 문제가 출제되기도 한다.

다음 시트에서 판매수량과 추가판매의 합계를 구하기 위해서 [B6] 셀에 들어갈 수식으로 옳은 것은?

	A	B	C
1	일자	판매수량	추가판매
2	06월19일	30	8
3	06월20일	48	
4	06월21일	44	
5	06월22일	42	12
6	합계	184	

① =SUM(B2,C2,C5)
② =LEN(B2:B5,3)
③ =COUNTIF(B2:B5,">=12")
④ =SUM(B2:B5)
⑤ =SUM(B2:B5,C2,C5)

정답 ⑤

「=SUM(합계를 구할 처음 셀:합계를 구할 마지막 셀)」으로 표시해야 한다. 판매수량과 추가판매를 더하는 것은 비연속적인 셀을 더하는 것이므로 연속하는 영역을 입력하고 ','로 구분한 다음 영역을 다시 지정해야 한다. 따라서 [B6] 셀에 작성해야 할 수식으로는 「=SUM(B2:B5,C2,C5)」이 옳다.

풀이 전략!

제시된 상황에서 사용할 엑셀 함수가 무엇인지 파악한 후, 선택지에서 적절한 함수식을 골라 식을 만들어야 한다. 평소 대표적으로 문제에 자주 출제되는 몇몇 엑셀 함수를 익혀두면 풀이시간을 단축할 수 있다.

대표기출유형 02 기출응용문제

01 다음 워크시트에서 현재를 기준으로 재직기간이 8년 이상인 재직자의 수를 알아보려고 한다. 재직연수를 출력해 주는 함수식을 [D2] 셀에 입력하고, [D8] 셀까지 드래그한 후 [F2] 셀에 앞서 출력한 재직연수를 이용하여 조건에 맞는 재직자 수를 출력하는 함수식을 입력하려 할 때, 각 셀에 입력할 함수식은?

	A	B	C	D	E	F
1	재직자	부서	입사일	재직연수		8년 이상 재직자 수
2	K씨	인사팀	2011-12-21			
3	O씨	회계팀	2009-05-01			
4	G씨	개발팀	2010-10-25			
5	J씨	경영팀	2005-05-05			
6	M씨	마케팅팀	2009-11-02			
7	L씨	디자인팀	2012-01-05			
8	C씨	물류팀	2013-05-07			
9						

	[D2] 셀	[F2] 셀
①	=DATEDIF(C2,TODAY(),"Y")	=COUNTIF(D2:D8,">=8")
②	=DATEDIF(C2,TODAY(),Y)	=COUNTIF(D2:D8,>=8)
③	=DATEDIF(C2,NOW(),"Y")	=COUNTIF(D2:D8,>=8)
④	=DATEDIF(C2,TODAY(),Y)	=COUNTIF(D2:D8,"<=8")
⑤	=DATEDIF(C2,TODAY(),"M")	=COUNTIF(D2:D8,"<=8")

02 다음 워크시트를 참조하여 작성한 수식 「=INDEX(B2:D9,2,3)」의 결괏값은?

	A	B	C	D
1	코드	정가	판매수량	판매가격
2	L-001	25,400	503	12,776,000
3	D-001	23,200	1,000	23,200,000
4	D-002	19,500	805	15,698,000
5	C-001	28,000	3,500	98,000,000
6	C-002	20,000	6,000	96,000,000
7	L-002	24,000	750	18,000,000
8	L-003	26,500	935	24,778,000
9	D-003	22,000	850	18,700,000

① 805
② 1,000
③ 19,500
④ 12,776,000
⑤ 23,200,000

03 다음 시트에서 'O' 한 개당 20점으로 시험 점수를 계산하여 점수 필드에 입력하려고 할 때, [H2] 셀에 입력해야 할 함수식으로 옳은 것은?

	A	B	C	D	E	F	G	H
1	수험번호	성명	문항 1	문항 2	문항 3	문항 4	문항 5	점수
2	20250001	구대영	O	O	×	O	O	
3	20250002	오해영	×	O	O	O	×	
4	20250003	김은희	O	O	O	O	O	

① =COUNT(C2:G2,"O")*20
② =COUNTIF(C2:G2,"O")*20
③ =SUM(C2:G2,"O")*20
④ =SUMIF(C2:G2,"O")*20
⑤ =SUM(C2:G2,"O")

04 K기금 인사팀에 근무하는 L주임은 다음과 같이 하반기 공채 지원자들의 PT면접 점수를 입력한 후 면접 결과를 정리하고자 한다. 이를 위해 [F3] 셀에 〈보기〉와 같은 함수식을 입력하고, 채우기 핸들을 이용하여 [F6] 셀까지 드래그했을 때, [F3]~[F6] 셀에 나타나는 결괏값을 바르게 짝지은 것은?

	A	B	C	D	E	F
1						(단위 : 점)
2	이름	발표내용	발표시간	억양	자료준비	결과
3	조재영	85	92	75	80	
4	박슬기	93	83	82	90	
5	김현진	92	95	86	91	
6	최승호	95	93	92	90	

보기

=IF(AVERAGE(B3:E3)>=90,"합격","불합격")

	[F3]	[F4]	[F5]	[F6]
①	불합격	불합격	합격	합격
②	합격	합격	불합격	불합격
③	합격	불합격	합격	불합격
④	불합격	합격	불합격	합격
⑤	불합격	불합격	불합격	합격

PART 1

CHAPTER 05

조직이해능력

합격 Cheat Key

조직이해능력은 업무를 원활하게 수행하기 위해 조직의 체제와 경영을 이해하고 국제적인 추세를 이해하는 능력이다. 현재 많은 공사·공단에서 출제 비중을 높이고 있는 영역이기 때문에 미리 대비하는 것이 중요하다. 실제 업무 능력에서 조직이해능력을 요구하기 때문에 중요도는 점점 높아질 것이다.

세부 유형은 조직 체제 이해, 경영 이해, 업무 이해, 국제 감각으로 나눌 수 있다. 조직도를 제시하는 문제가 출제되거나 조직의 체계를 파악해 경영의 방향성을 예측하고, 업무의 우선순위를 파악하는 문제가 출제된다.

1 문제 속에 정답이 있다!

경력이 없는 경우 조직에 대한 이해가 낮을 수밖에 없다. 그러나 문제 자체가 실무적인 내용을 담고 있어도 문제 안에는 해결의 단서가 주어진다. 부담을 갖지 않고 접근하는 것이 중요하다.

2 경영·경제학원론 정도의 수준은 갖추도록 하라!

지원한 직군마다 차이는 있을 수 있으나, 경영·경제이론을 접목시킨 문제가 꾸준히 출제되고 있다. 따라서 기본적인 경영·경제이론은 익혀 둘 필요가 있다.

3 지원하는 공사 · 공단의 조직도를 파악하라!

출제되는 문제는 각 공사 · 공단의 세부내용일 경우가 많기 때문에 지원하는 공사 · 공단의 조직도를 파악해 두어야 한다. 조직이 운영되는 방법과 전략을 이해하고, 조직을 구성하는 체제를 파악하고 간다면 조직이해능력에서 조직도가 나올 때 단기간에 문제를 풀 수 있을 것이다.

4 실제 업무에서도 요구되므로 이론을 익혀라!

각 공사 · 공단의 직무 특성상 일부 영역에 중요도가 가중되는 경우가 있어서 많은 취업준비생들이 일부 영역에만 집중하지만, 실제 업무 능력에서 직업기초능력 10개 영역이 골고루 요구되는 경우가 많고, 현재는 필기시험에서도 조직이해능력을 출제하는 기관의 비중이 늘어나고 있기 때문에 미리 이론을 익혀 둔다면 모듈형 문제에서 고득점을 노릴 수 있다.

대표기출유형

01 경영 전략

| 유형분석 |

- 경영 전략에서 대표적으로 출제되는 문제는 마이클 포터(Michael Porter)의 본원적 경쟁 전략이다.
- 경영 전략의 기본적인 이해와 구조를 물어보는 문제가 자주 출제되므로 전략별 특징 및 개념에 대한 이론 학습이 요구된다.

경영이 어떻게 이루어지냐에 따라 조직의 생사가 결정된다고 할 만큼 경영은 조직에 있어서 핵심이다. 다음 중 경영 전략을 추진하는 과정에 대한 설명으로 옳지 않은 것은?

① 경영 전략은 조직 전략, 사업 전략, 부문 전략으로 분류된다.
② 환경 분석을 할 때는 조직의 내부환경뿐만 아니라 외부환경에 대한 분석도 필수이다.
③ 전략 목표는 비전과 미션으로 구분되는데, 둘 다 있어야 한다.
④ 경영 전략이 실행됨으로써 세웠던 목표에 대한 결과가 나오는데, 그것에 대한 평가 및 피드백 과정도 생략되어서는 안 된다.
⑤ '환경 분석 → 전략 목표 설정 → 경영 전략 도출 → 경영 전략 실행 → 평가 및 피드백'의 과정을 거쳐 이루어진다.

정답 ⑤

전략 목표를 먼저 설정하고 환경을 분석해야 한다.

풀이 전략!

대부분의 기업들은 마이클 포터의 본원적 경쟁 전략을 사용하고 있다. 각 전략에 해당하는 대표적인 기업을 연결하고, 그들의 경영 전략을 상기하며 문제를 풀어보도록 한다.

대표기출유형 01 기출응용문제

01 다음 중 고객만족경영의 3C에 해당하는 것은 무엇인가?

① Change
② Clear
③ Complete
④ Correct
⑤ Credit

02 다음 중 경영의 대표적인 구성요소인 4요소로 가장 적절한 것은?

① 경영목적, 인적자원, 자금, 마케팅
② 자금, 경영 전략, 마케팅, 회계
③ 인적자원, 마케팅, 회계, 자금
④ 경영목적, 인적자원, 자금, 경영 전략
⑤ 마케팅, 인적자원, 자금, 경영 전략

03 다음 〈보기〉 중 경영활동을 수행하고 있다고 볼 수 없는 것은?

보기

(가) 다음 시즌 우승을 목표로 해외 전지훈련에 참여하여 열심히 구슬땀을 흘리고 있는 선수단과 이를 운영하는 구단 직원들
(나) 자발적인 참여로 뜻을 같이한 동료들과 함께 매주 어려운 이웃을 찾아다니며 봉사활동을 펼치고 있는 S씨
(다) 교육지원대대장으로서 사병들의 교육이 원활히 진행될 수 있도록 훈련장 관리와 유지에 최선을 다하고 있는 원대령과 참모진
(라) 영화 촬영을 앞두고 시나리오와 제작 콘셉트을 회의하기 위해 모인 감독 및 스태프와 출연 배우들
(마) 대기업을 그만두고 가족들과 함께 조그만 무역회사를 차려 손수 제작한 밀짚 가방을 동남아로 수출하고 있는 B씨

① (가)
② (나)
③ (다)
④ (라)
⑤ (마)

04 **다음 중 경영 전략 추진과정을 순서대로 바르게 나열한 것은?**

① 경영 전략 도출 → 환경 분석 → 전략목표 설정 → 경영 전략 실행 → 평가 및 피드백
② 경영 전략 도출 → 경영 전략 실행 → 전략목표 설정 → 환경 분석 → 평가 및 피드백
③ 전략목표 설정 → 환경 분석 → 경영 전략 도출 → 경영 전략 실행 → 평가 및 피드백
④ 전략목표 설정 → 경영 전략 도출 → 경영 전략 실행 → 환경 분석 → 평가 및 피드백
⑤ 환경 분석 → 전략목표 설정 → 경영 전략 도출 → 경영 전략 실행 → 평가 및 피드백

05 **K기금에 근무 중인 B차장은 새로운 사업을 실행하기에 앞서 설문조사를 하려고 한다. 다음 방법을 이용하려고 할 때, 설문조사 순서를 바르게 나열한 것은?**

> 델파이 기법은 전문가들의 의견을 종합하기 위해 고안된 기법으로, 불확실한 상황을 예측하고자 할 경우 사용하는 인문사회과학 분석기법 중 하나이다. 설문지로만 이루어지기 때문에 전문가들의 익명성이 보장되고, 반복적인 설문을 통해 얻은 반응을 수집·요약해 특정한 주제에 대한 전문가 집단의 합의를 도출하는 방식으로 진행된다.

① 설문지 제작 → 발송 → 회수 → 검토 후 결론 도출 → 결론 통보
② 설문지 제작 → 1차 대면 토론 → 중간 분석 → 2차 대면 토론 → 합의 도출
③ 설문지 제작 → 발송 → 회수 → 중간 분석 → 대면 토론 → 합의 도출
④ 설문지 제작 → 발송 → 회수 → 중간 분석 → 재발송 → 회수 → 합의 도출
⑤ 설문지 제작 → 1차 대면 토론 → 중간 분석 → 2차 대면 토론 → 결론 통보

06 C는 취업스터디에서 기업 분석을 하다가 〈보기〉에서 제시하고 있는 기업의 경영 전략을 정리하였다. 다음 중 〈보기〉의 내용과 경영 전략이 바르게 짝지어진 것은?

- 차별화 전략 : 가격 이상의 가치로 브랜드 충성심을 이끌어 내는 전략이다.
- 원가우위 전략 : 업계에서 가장 낮은 원가로 우위를 확보하는 전략이다.
- 집중화 전략 : 특정 세분시장만 집중공략하는 전략이다.

보기

㉠ S기업은 S/W에 집중하기 위해 H/W의 한글전용 PC분야를 한국계기업과 전략적으로 제휴하고 회사를 설립해 조직체에 위양하였으며 이후 고유분야였던 S/W에 자원을 집중하였다.
㉡ B마트는 재고 네트워크를 전산화해 원가를 절감하고 양질의 제품을 최저가격에 판매하고 있다.
㉢ A호텔은 5성급 호텔로 하루 숙박비용이 상당히 비싸지만, 환상적인 풍경과 더불어 친절한 서비스를 제공하고 객실 내 제품이 모두 최고급으로 비치되어 있어 이용객들에게 높은 만족도를 준다.

	차별화 전략	원가우위 전략	집중화 전략
①	㉠	㉡	㉢
②	㉠	㉢	㉡
③	㉡	㉠	㉢
④	㉢	㉡	㉠
⑤	㉢	㉠	㉡

대표기출유형

02 조직 구조

| 유형분석 |

- 조직 구조 유형에 대한 특징을 물어보는 문제가 자주 출제된다.
- 기계적 조직과 유기적 조직의 차이점과 사례 등을 숙지하고 있어야 한다.
- 조직 구조 형태에 따라 기능적 조직, 사업별 조직으로 구분하여 출제되기도 한다.

다음 〈보기〉 중 기계적 조직의 특징으로 옳은 것을 모두 고르면?

보기

㉠ 변화에 맞춰 쉽게 변할 수 있다.
㉡ 상하 간 의사소통이 공식적인 경로를 통해 이루어진다.
㉢ 대표적으로 사내 벤처팀, 프로젝트팀이 있다.
㉣ 구성원의 업무가 분명하게 규정되어 있다.
㉤ 다양한 규칙과 규제가 있다.

① ㉠, ㉡, ㉢
② ㉠, ㉣, ㉤
③ ㉡, ㉢, ㉣
④ ㉡, ㉣, ㉤
⑤ ㉢, ㉣, ㉤

정답 ④

오답분석

㉠·㉢ 유기적 조직에 대한 설명이다.

- 기계적 조직
  - 구성원의 업무가 분명하게 규정되어 있고, 많은 규칙과 규제가 있다.
  - 상하 간 의사소통이 공식적인 경로를 통해 이루어진다.
  - 대표적으로 군대, 정부, 공공기관 등이 있다.
- 유기적 조직
  - 업무가 고전되지 않아 업무 공유가 가능하다.
  - 규제나 통제의 정도가 낮아 변화에 맞춰 쉽게 변할 수 있다.
  - 대표적으로 권한위임을 받아 독자적으로 활동하는 사내 벤처팀, 특정한 과제 수행을 위해 조직된 프로젝트팀이 있다.

풀이 전략!

조직 구조는 유형에 따라 기계적 조직과 유기적 조직으로 나눌 수 있다. 기계적 조직과 유기적 조직은 서로 상반된 특징을 가지고 있으며, 기계적 조직이 관료제의 특징과 비슷함을 파악하고 있다면, 이와 상반된 유기적 조직의 특징도 수월하게 파악할 수 있다.

대표기출유형 02 기출응용문제

01 **다음 중 조직목표의 기능에 대한 설명으로 적절하지 않은 것은?**

① 조직이 나아갈 방향을 제시해 주는 기능을 한다.
② 조직구성원의 의사결정 기준의 기능을 한다.
③ 조직구성원의 행동에 동기를 유발시키는 기능을 한다.
④ 조직을 운영하는 데 융통성을 제공하는 기능을 한다.
⑤ 조직 구조나 운영과정과 같이 조직 체제를 구체화할 수 있는 기준이 된다.

02 **조직 구조의 형태 중 사업별 조직 구조는 제품이나 고객별로 부서를 구분한다. 다음 중 사업별 조직 구조의 형태로 옳지 않은 것은?**

①
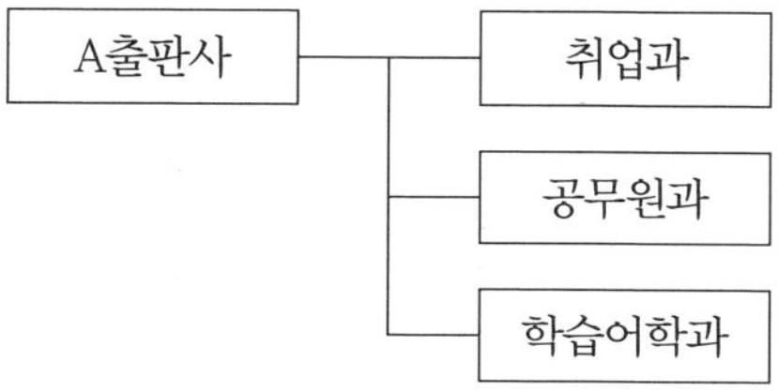

②
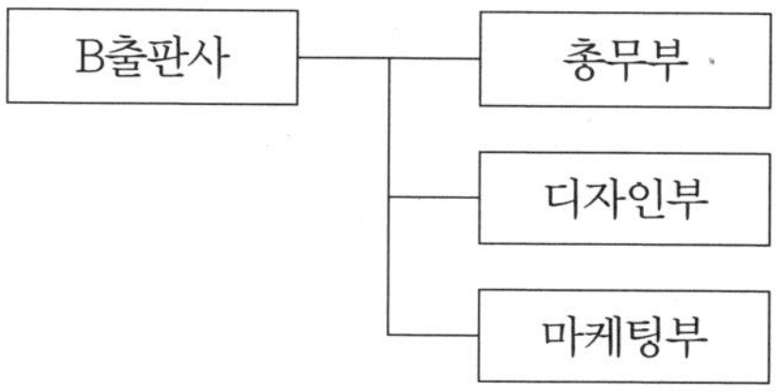

③
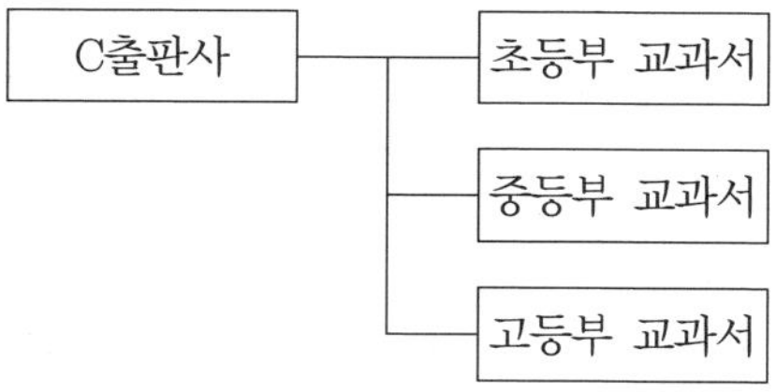

④
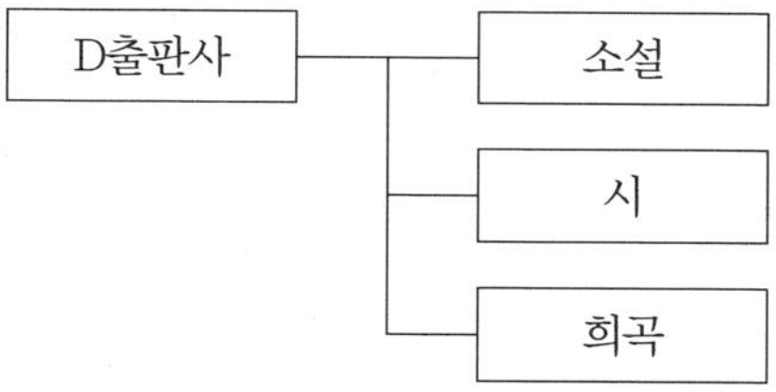

⑤
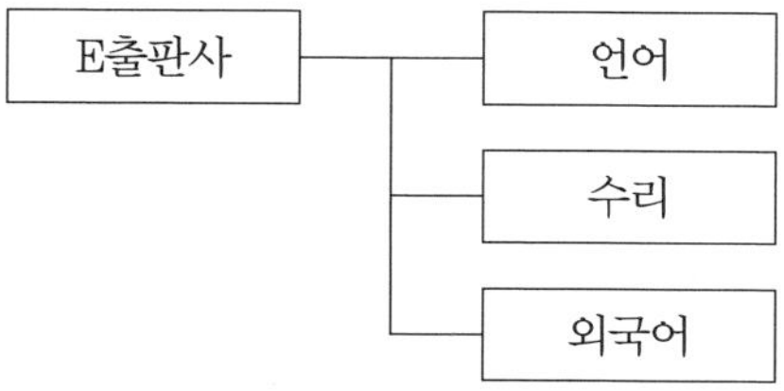

03 다음 조직도에 대한 〈보기〉의 대화 중 옳은 것을 모두 고르면?

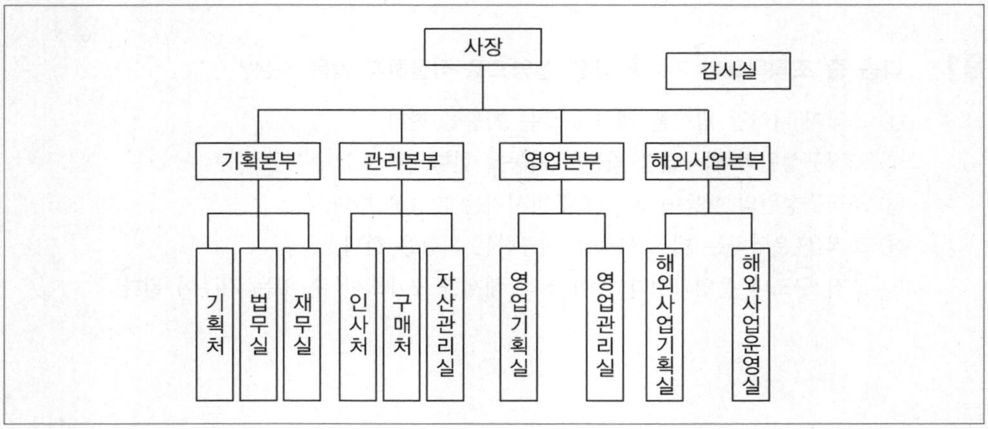

보기

A : 조직도를 보면 4개 본부, 3개의 처, 8개의 실로 구성되어 있어.
B : 사장 직속으로 4개의 본부가 있고, 그중 한 본부에서는 인사업무만을 전담하고 있네.
C : 감사실은 사장 직속이지만 별도로 분리되어 있구나.
D : 해외사업기획실과 해외사업운영실은 둘 다 해외사업과 관련이 있으니까 해외사업본부에 소속되어 있는 것이 맞아.

① A, B
② A, C
③ A, D
④ B, C
⑤ B, D

PART 2

직무수행능력

CHAPTER

01

경영

적중예상문제

정답 및 해설 p.044

01 **다음은 마이클 포터(Michael Porter)의 산업구조 분석모델(Five Forces Model)이다. (A)에 들어갈 용어로 옳은 것은?**

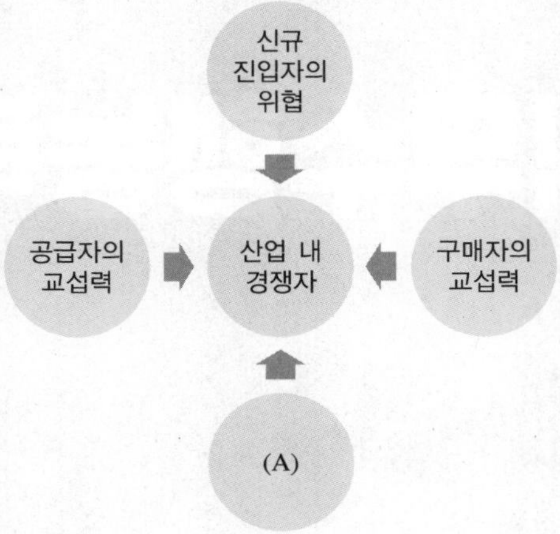

① 정부의 규제 완화
② 고객의 충성도
③ 공급업체의 규모
④ 가격의 탄력성
⑤ 대체재의 위협

02 **다음 중 적대적 M&A에 대한 사전 방어 전략에 해당하지 않는 것은?**

① 황금주
② 그린메일
③ 황금낙하산
④ 포이즌 필(Poison Pill)
⑤ 포이즌 풋(Poison Put)

03 다음 중 BCG 매트릭스와 GE 매트릭스의 차이점으로 옳지 않은 것은?

① BCG 매트릭스는 GE 매트릭스에 비해 더 간단하며 4개의 셀로 구성되는 반면, GE 매트릭스 9개의 셀로 구성된다.

② BCG 매트릭스의 기반이 되는 요인은 시장 성장과 시장점유율이고, GE 매트릭스의 기반이 되는 요인은 산업계의 매력과 비즈니스 강점이다.

③ BCG 매트릭스는 기업이 여러 사업부에 자원을 배치하는 데 사용되며, GE 매트릭스는 다양한 비즈니스 단위 간의 투자 우선순위를 결정하는 데 사용한다.

④ BCG 매트릭스에서는 하나의 측정만 사용되는 반면, GE 매트릭스에서는 여러 측정이 사용된다.

⑤ BCG 매트릭스는 기업이 그리드에서의 위치에 따라 제품 라인이나 비즈니스 유닛을 전략적으로 선택하는 데 사용하고, GE 매트릭스는 시장의 성장과 회사가 소유한 시장점유율을 반영한 성장-공유 모델로 이해할 수 있다.

PART 2

04 다음 중 ESG 경영에 대한 설명으로 옳지 않은 것은?

① ESG는 기업의 비재무적 요소인 '환경(Environment), 사회(Social), 지배구조(Governance)'의 약자이다.

② ESG는 재무제표에는 드러나지 않지만 중장기적으로 기업 가치에 영향을 미치는 지속가능성 평가 지표이다.

③ ESG는 기업의 행동이 미치는 영향 등을 구체화하고 그 노력을 측정 가능하도록 지표화하여 투자를 이끌어낸다.

④ ESG 평가가 높을수록 단순히 사회적 평판이 좋은 기업이라기보다 리스크에 강한 기업이라 할 수 있다.

⑤ ESG 경영의 핵심은 효율을 최우선으로 착한 기업을 키워나가는 것을 목적으로 한다.

05 다음 중 목표설정이론 및 목표관리(MBO)에 대한 설명으로 옳지 않은 것은?

① 목표는 구체적이고 도전적으로 설정하는 것이 바람직하다.

② 목표는 지시적 목표, 자기설정 목표, 참여적 목표로 구분된다.

③ 목표를 설정하는 과정에 부하직원이 함께 참여한다.

④ 조직의 목표를 구체적인 부서별 목표로 전환하게 된다.

⑤ 성과는 경영진이 평가하여 부하직원 개개인에게 통보한다.

06 **다음 중 홉스테드(G. Hofstede)의 국가 간 문화차이연구에서 문화차원(Cultural Dimensions)에 해당하지 않는 것은?**

① 권력의 거리(Power Distance)
② 불확실성 회피성(Uncertainty Avoidance)
③ 남성성 – 여성성(Masculinity – Femininity)
④ 민주주의 – 독재주의(Democracy – Autocracy)
⑤ 개인주의 – 집단주의(Individualism – Collectivism)

07 **다음은 S기업의 손익계산서 내용이다. S기업의 당기순이익을 구하면 얼마인가?**

• 매출액 : 10억 원	• 매출원가 : 6.5억 원
• 영업외이익 : 1억 원	• 특별이익 : 0.4억 원
• 영업외비용 : 0.4억 원	• 특별손실 : 0.6억 원
• 법인세비용 : 0.2억 원	• 판관비 : 0.5억 원

① 2.2억 원　② 2.4억 원
③ 2.8억 원　④ 3.2억 원
⑤ 3.6억 원

08 **다음 중 평가센터법에 대한 설명으로 옳지 않은 것은?**

① 한 번에 1명의 피평가자를 다수의 평가자들이 평가한다.
② 피평가자들에게 주어지는 조건들은 가급적 동등하며, 보통 피평가자들의 행동을 주로 평가한다.
③ 평가의 기준이 사전에 정해져 있어, 평가자의 주관적 판단을 감소시킨다.
④ 실용성을 최대화하기 위해 평가자와 피평가자가 모두 사전에 철저한 훈련을 받는다.
⑤ 실제로 담당할 직무와 관련성이 높은 행동들 위주로 평가하기 때문에 예측타당성이 큰 편이다.

09 **다음 수요예측기법 중 성격이 다른 하나를 고르면?**

① 델파이 기법　② 역사적 유추법
③ 시계열 분석 방법　④ 시장조사법
⑤ 라이프사이클 유추법

10 다음 중 소비자의 구매의사결정 과정을 순서대로 바르게 나열한 것은?

① 정보탐색 → 문제인식 → 구매의사결정 → 대안평가 → 구매 후 행동
② 문제인식 → 정보탐색 → 대안평가 → 구매의사결정 → 구매 후 행동
③ 문제인식 → 대안평가 → 구매의사결정 → 정보탐색 → 구매 후 행동
④ 정보탐색 → 문제인식 → 대안평가 → 구매의사결정 → 구매 후 행동
⑤ 대안평가 → 정보탐색 → 문제인식 → 구매의사결정 → 구매 후 행동

11 다음 〈보기〉 중 가격책정 방법에 대한 설명으로 옳은 것을 모두 고르면?

보기

ⓐ 준거가격이란 구매자가 어떤 상품에 대해 지불할 용의가 있는 최고가격을 의미한다.
ⓑ 명성가격이란 가격－품질 연상관계를 이용한 가격책정 방법이다.
ⓒ 단수가격이란 판매가격을 단수로 표시하여 가격이 저렴한 인상을 소비자에게 심어주어 판매를 증대시키는 방법이다.
ⓓ 최저수용가격이란 심리적으로 적당하다고 생각하는 가격 수준을 의미한다.

① ⓐ, ⓑ
② ⓐ, ⓒ
③ ⓑ, ⓒ
④ ⓑ, ⓓ
⑤ ⓒ, ⓓ

12 다음 중 수직적 통합의 이유로 옳은 것은?

① 대기업이 시장점유율을 높여 가격선도자 역할을 하기 위해
② 중소기업이 생산규모를 확대하고, 판매망을 강화하기 위해
③ 원료부터 제품까지의 기술적 일관성을 위해
④ 대규모 구조조정을 통한 경영혁신을 위해
⑤ 규모의 경제 확보를 위해

13 다음 중 작업 우선순위 결정 규칙에 대한 설명으로 옳지 않은 것은?

① 최소작업시간(SPT) : 작업시간이 짧은 순서대로 처리한다.
② 최소여유시간(STR) : 납기일까지 남은 시간이 적은 순서대로 처리한다.
③ 최소납기일(EDD) : 납기일이 빠른 순서대로 처리한다.
④ 선입선출(FCFS) : 먼저 도착한 순서대로 처리한다.
⑤ 후입선출(LCFS) : 늦게 도착한 순서대로 처리한다.

14 다음 중 자재소요계획(MRP)에 대한 설명으로 옳은 것은?

① MRP는 풀 생산방식(Pull System)에 속하며 시장 수요가 생산을 촉발시키는 시스템이다.
② MRP는 독립수요를 갖는 부품들의 생산수량과 생산시기를 결정하는 방법이다.
③ 자재명세서의 부품별 계획 주문 발주시기를 근거로 MRP를 수립한다.
④ 생산 일정계획의 완제품 생산일정(MPS)과 자재명세서(BOM), 재고기록철(IR) 정보를 근거로 MRP를 수립한다.
⑤ MRP는 필요할 때마다 요청해서 생산하는 방식이다.

15 다음을 활용하여 경제적 주문량(EOQ)을 고려한 연간 총재고비용을 구하면?[단, 기준은 (총재고비용)=(주문비)+(재고유지비)이다]

- 연간 부품 수요량 : 1,000개
- 1회 주문비 : 200원
- 단위당 재고 유지비 : 40원

① 500원
② 1,000원
③ 2,000원
④ 3,000원
⑤ 4,000원

16 다음 중 재무제표에 대한 설명으로 옳지 않은 것은?

① 재무제표는 재무상태표, 포괄손익계산서, 자본변동표, 현금흐름표, 그리고 주석으로 구성된다.
② 재무제표는 적어도 1년에 한 번은 작성한다.
③ 현금흐름에 대한 정보를 제외하고는 발생기준의 가정하에 작성한다.
④ 기업이 경영활동을 청산 또는 중단할 의도가 있더라도, 재무제표는 계속기업의 가정하에 작성한다.
⑤ 재무제표 요소의 측정기준은 역사적원가와 현행가치 등으로 구분된다.

17 S회사는 다음과 같은 기계장치를 B회사와 상호 교환하였다. 교환과정에서 S회사는 B회사에게 현금을 지급하고, 기계장치 취득원가 470,000원, 처분손실 10,000원을 인식하였다. 교환과정에서 S회사가 지급한 현금은?(단, 교환거래에 상업적 실질이 있고 각 기계장치의 공정가치는 신뢰성 있게 측정된다)

(단위 : 원)

구분	S회사	B회사
취득원가	800,000	600,000
감가상각누계액	340,000	100,000
공정가치	450,000	480,000

① 10,000원
② 20,000원
③ 30,000원
④ 40,000원
⑤ 50,000원

18 K회사는 2021년 초 지방자치단체로부터 무이자조건의 자금 100,000원을 차입(2024년 말 전액 일시상환)하여 기계장치(취득원가 100,000원, 내용연수 4년, 잔존가치 0원, 정액법 상각)를 취득하는 데 전부 사용하였다. 2022년 말 기계장치 장부금액은 얼마인가?(단, K회사가 2022년 초 금전대차 거래에서 부담할 시장이자율은 연 8%이고, 정부보조금을 자산의 취득원가에서 차감하는 원가 차감법을 사용한다)

기간	단일금액 1원의 현재가치(할인율=8%)
4	0.7350

① 48,500원
② 54,380원
③ 55,125원
④ 75,000원
⑤ 81,625원

19 다음 중 ISO에서 제정한 환경경영시스템에 대한 국제표준규격으로 옳은 것은?

① ISO 5000
② ISO 9000
③ ISO 14000
④ ISO 18000
⑤ ISO 20000

20 **다음 자료를 이용하여 계산한 회사의 주식가치는 얼마인가?**

- (사내유보율) = 30%
- [자기자본이익률(ROE)] = 10%
- (자기자본비용) = 20%
- (당기의 주당순이익) = 3,000원

① 12,723원
② 13,250원
③ 14,500원
④ 15,670원
⑤ 16,500원

21 **다음 중 재무레버리지에 대한 설명으로 옳은 것은?**

① 재무레버리지란 자산을 획득하기 위해 조달한 자금 중 재무고정비를 수반하는 자기자본이 차지하는 비율이다.
② 재무고정비로 인한 영업이익의 변동률에 따른 주당순자산(BPS)의 변동폭은 확대되어 나타난다.
③ 재무고정비에는 부채뿐만 아니라 보통주배당도 포함된다.
④ 재무레버리지도(DFL; Degree of Financial Leverage)는 영업이익의 변동에 따른 주당이익(EPS)에 미치는 영향을 분석한 것이다.
⑤ 다른 조건이 동일하다면 재무고정비가 클수록 영업이익의 변동에 따른 주당이익의 변동폭은 그만큼 더 작게 된다.

22 **5가지 성격 특성 요소(Big Five Personality Traits) 중 다음 설명에 해당하는 것은 무엇인가?**

과제 및 목적 지향성을 촉진하는 속성과 관련된 것으로, 심사숙고, 규준이나 규칙의 준수, 계획 세우기, 조직화, 과제의 준비 등과 같은 특질을 포함한다.

① 개방성(Openness to Experience)
② 성실성(Conscientiousness)
③ 외향성(Extraversion)
④ 수용성(Agreeableness)
⑤ 안정성(Emotional Stability)

23 다음 중 과학적 경영 전략에 대한 설명으로 옳지 않은 것은?

① 테일러의 과학적 관리법은 시간연구와 동작연구를 통해 노동자의 심리상태와 보상심리를 적용한 효과적인 과학적 경영 전략을 제시하였다.

② 포드 시스템은 노동자의 이동경로를 최소화하며 물품을 생산하거나, 고정된 생산라인에서 노동자가 계속해서 생산하는 방식을 통하여 불필요한 절차와 행동 요소들을 없애 생산성을 향상하였다.

③ 호손실험은 생산성에 비공식적 조직이 영향을 미친다는 사실을 밝혀낸 연구이다.

④ 목표설정이론은 인간이 합리적으로 행동한다는 기본적인 가정에 기초하여, 개인이 의식적으로 얻으려고 설정한 목표가 동기와 행동에 영향을 미친다는 이론이다.

⑤ 직무특성이론은 기술된 핵심 직무 특성이 종업원의 주요 심리 상태에 영향을 미치며, 이것이 다시 종업원의 직무 성과에 영향을 미친다고 주장한다.

24 다음 중 기업합병에 대한 설명으로 옳지 않은 것은?

① 기업합병이란 두 독립된 기업이 법률적, 실질적으로 하나의 기업실체로 통합되는 것이다.

② 기업합병에는 흡수합병과 신설합병이 있으며 흡수합병의 경우 한 회사는 존속하고 다른 회사의 주식은 소멸한다.

③ 기업인수는 한 기업이 다른 기업의 지배권을 획득하기 위하여 주식이나 자산을 취득하는 것이다.

④ 기업매각은 사업부문 중의 일부를 분할한 후 매각하는 것으로, 기업의 구조를 재편성하는 것이다.

⑤ 수평적 합병은 기업의 생산이나 판매과정 전후에 있는 기업 간의 합병으로, 주로 원자재 공급의 안정성 등을 목적으로 한다.

25 다음 〈보기〉 중 맥그리거(Mcgregor)의 XY이론에서 X이론적 인간관과 동기 부여 전략에 해당하는 것을 모두 고르면?

보기

ㄱ. 천성적 나태	ㄴ. 변화지향적
ㄷ. 자율적 활동	ㄹ. 민주적 관리
ㅁ. 어리석은 존재	ㅂ. 타율적 관리
ㅅ. 변화에 저항적	ㅇ. 높은 책임감

① ㄱ, ㄴ, ㄷ, ㄹ

② ㄱ, ㄴ, ㄹ, ㅁ

③ ㄱ, ㅁ, ㅂ, ㅅ

④ ㄴ, ㄷ, ㄹ, ㅇ

⑤ ㄴ, ㅁ, ㅂ, ㅅ

26 **다음 중 터크만(Tuckman)의 집단 발달의 5단계 모형에서 집단구성원들 간에 집단의 목표와 수단에 대해 합의가 이루어지고 응집력이 높아지며 구성원들의 역할과 권한 관계가 정해지는 단계는?**

① 형성기(Forming)
② 격동기(Storming)
③ 규범기(Norming)
④ 성과달성기(Performing)
⑤ 해체기(Adjourning)

27 **다음 중 행동기준고과법(BARS)에 대한 설명으로 옳지 않은 것은?**

① 전통적인 인사평가 방법에 비해 평가의 공정성이 증가하는 장점이 있다.
② 평정척도법과 중요사건기록법을 혼용하여 평가직무에 직접 적용되는 행동패턴을 척도화하여 평가하는 방법이다.
③ 다양하고 구체적인 직무에 적용이 가능하다는 장점이 있다.
④ 어떤 행동이 목표달성과 관련이 있는지 인식하여 목표관리의 일환으로 사용이 가능하다.
⑤ 점수를 통해 등급화하기보다는 개별행위를 빈도를 나눠서 측정하기 때문에 풍부한 정보를 얻을 수 있지만, 종업원의 행동변화를 유도하기 어렵다는 단점이 있다.

28 **다음 〈보기〉 중 푸시 앤 풀(Push and Pull) 전략에서 푸시 전략에 대한 설명으로 옳은 것을 모두 고르면?**

보기

㉠ 제조업자가 중간상을 대상으로 적극적인 촉진전략을 사용하여 도매상, 소매상들이 자사의 제품을 소비자에게 적극적으로 판매하도록 유도하는 방법이다.
㉡ 인적판매와 중간상 판촉의 중요성이 증가하게 되고, 최종소비자를 대상으로 하는 광고의 중요성은 상대적으로 감소하게 된다.
㉢ 제조업자가 최종소비자를 대상으로 적극적인 촉진을 사용하여 소비자가 자사의 제품을 적극적으로 찾게 함으로써 중간상들이 자발적으로 자사 제품을 취급하게 만드는 전략이다.
㉣ 최종소비자를 대상으로 하는 광고와 소비자 판촉의 중요성이 증가하게 된다.

① ㉠, ㉡
② ㉠, ㉣
③ ㉡, ㉢
④ ㉡, ㉣
⑤ ㉢, ㉣

29 다음 중 고압적 마케팅과 저압적 마케팅을 비교한 내용으로 옳지 않은 것은?

구분	고압적 마케팅	저압적 마케팅
① 마케팅 대상	판매자	소비자
② 마케팅 개념	선형	순환적
③ 마케팅 목적	제품 판매	소비자 만족
④ 마케팅 방법	판매, 촉진	조사, 계획
⑤ 마케팅 노력	선행적	후행적

30 다음 중 인간의 감각이 느끼지 못할 정도의 자극을 주어 잠재의식에 호소하는 광고로 옳은 것은?

① 애드버커시 광고
② 서브리미널 광고
③ 리스폰스 광고
④ 키치 광고
⑤ 티저 광고

31 다음 사례에 해당하는 브랜드 개발 전략은?

> 바나나맛 우유는 1974년 출시된 이후 꾸준히 인기를 끌고 있는 장수 제품이다. 빙그레는 최근 기존의 바나나맛 우유에서 벗어나 멜론의 달콤한 향을 더한 메론맛 우유를 내놓았는데, 그로 인해 사람들은 기존 제품에서 벗어난 신선함에 관심을 가졌고, 바나나맛 우유라는 상표를 다시금 사람들의 머릿속에 기억시키는 전략적 성과를 거두었다.

① 카테고리 확장
② 라인 확장
③ 시장침투 전략
④ 생산라인 확대
⑤ 푸시(Push) 전략

32 **다음 중 시장세분화에 대한 설명으로 옳은 것은?**

① 인구통계적 세분화는 나이, 성별, 가족규모, 소득, 직업, 종교, 교육수준 등을 바탕으로 시장을 나누는 것이다.
② 사회심리적 세분화는 추구하는 편익, 사용량, 상표애호도, 사용여부 등을 바탕으로 시장을 나누는 것이다.
③ 시장표적화는 시장경쟁이 치열해졌거나 소비자의 욕구가 급격히 변할 때 저가격으로 설정하는 전략방법이다.
④ 시장포지셔닝은 세분화된 시장의 좋은 점을 분석한 후 진입할 세분시장을 선택하는 것이다.
⑤ 행동적 세분화는 구매자의 사회적 위치, 생활습관, 개인성격을 바탕으로 시장을 나누는 것이다.

33 **다음 중 공급사슬관리(SCM)의 목적으로 옳은 것은?**

① 제품 생산에 필요한 자재의 소요량과 소요시기를 결정한다.
② 기업 내 모든 자원의 흐름을 정확히 파악하여 자원을 효율적으로 배치한다.
③ 자재를 필요한 시각에 필요한 수량만큼 조달하여 낭비 요소를 근본적으로 제거한다.
④ 자재의 흐름을 효과적으로 관리하여 불필요한 시간과 비용을 절감한다.
⑤ 조직의 인적 자원이 축적하고 있는 개별적인 지식을 체계화하고 공유한다.

34 **다음 중 JIT(Just In Time) 시스템의 특징으로 옳지 않은 것은?**

① 푸시(Push) 방식이다.
② 필요한 만큼의 자재만을 생산한다.
③ 공급자와 긴밀한 관계를 유지한다.
④ 가능한 소량 로트(Lot) 크기를 사용하여 재고를 관리한다.
⑤ 생산지시와 자재이동을 가시적으로 통제하기 위한 방법으로 칸반(Kanban)을 사용한다.

35 **다음 중 자금, 인력, 시설 등 모든 제조자원을 통합하여 계획 및 통제하는 관리시스템은?**

① MRP
② MRP Ⅱ
③ JIT
④ FMS
⑤ BPR

36 **다음 중 재고자산에 대한 설명으로 옳은 것은?(단, 재고자산감모손실 및 재고자산평가손실은 없다)**

① 선입선출법 적용 시 물가가 지속적으로 상승한다면, 계속기록법에 의한 기말재고자산금액이 실지재고조사법에 의한 기말재고자산 금액보다 작다.

② 선입선출법 적용 시 물가가 지속적으로 상승한다면, 계속기록법에 의한 기말재고자산금액이 실지재고조사법에 의한 기말재고자산 금액보다 크다.

③ 재고자산 매입 시 부담한 매입운임은 운반비로 구분하여 비용처리한다.

④ 부동산 매매기업이 정상적인 영업과정에서 판매를 목적으로 보유하는 건물은 재고자산으로 구분한다.

⑤ 재고자산을 순실현가능가치로 감액한 평가손실과 모든 감모손실은 감액이나 감모가 발생한 다음 기간에 매출원가로 인식한다.

PART 2

37 **다음은 S회사의 2024년 세무조정사항 등 법인세 계산 자료이다. S회사의 2024년도 법인세비용은?**

- 접대비 한도초과액은 24,000원이다.
- 감가상각비 한도초과액은 10,000원이다.
- 2024년 초 전기이월 이연법인세자산은 7,500원이고, 이연법인세부채는 없다.
- 2024년도 법인세비용차감전순이익은 150,000원이고, 이후에도 매년 이 수준으로 실현될 가능성이 높다.
- 과세소득에 적용될 세율은 25%이고, 향후에도 변동이 없다.

① 37,500원
② 40,500원
③ 43,500원
④ 45,500원
⑤ 48,500원

38 **K회사는 고객에게 상품을 판매하고 약속어음(액면금액 5,000,000원, 만기 6개월, 표시이자율 연 6%)을 받았다. K회사는 동 어음을 3개월간 보유한 후 은행에 할인하면서 은행으로부터 4,995,500원을 받았다. 동 어음에 대한 은행의 연간 할인율은?(단, 이자는 월할계산한다)**

① 8%
② 10%
③ 12%
④ 14%
⑤ 16%

39 S기업의 현재 주가는 30,000원이며, 차기 주당배당액이 2,000원으로 예상되고, S기업의 이익과 배당은 매년 4%씩 성장할 것으로 예상될 때, 보통주의 자본비용은?

① 10%
② 14%
③ 17%
④ 20%
⑤ 23%

40 다음을 참고하여 S기업의 올해 영업레버리지도를 계산하면 얼마인가?

- 의자 생산업체인 S기업의 올해 의자 판매량은 총 10,000개이다.
- 의자의 개당 고정원가는 25,000원, 변동원가는 1개당 3,000원이며, 의자의 가격은 개당 50,000원으로 동일하다.

① 0.5
② 1.0
③ 1.5
④ 2.0
⑤ 2.5

41 다음 〈보기〉에서 마이클 포터(Michael Porter)의 가치사슬 모형에서 지원적 활동(Support Activities)에 해당하는 것을 모두 고르면?

보기

ㄱ. 기업 하부구조
ㄴ. 내부 물류
ㄷ. 제조 및 생산
ㄹ. 인적자원관리
ㅁ. 기술 개발
ㅂ. 외부 물류
ㅅ. 마케팅 및 영업
ㅇ. 서비스
ㅈ. 조달 활동

① ㄱ, ㄴ, ㄷ, ㄹ
② ㄱ, ㄷ, ㄹ, ㅈ
③ ㄱ, ㄹ, ㅁ, ㅈ
④ ㄷ, ㅂ, ㅅ, ㅇ
⑤ ㄴ, ㄷ, ㅂ, ㅅ, ㅇ

42 다음 중 최고경영자, 중간경영자, 하위경영자 모두가 공통적으로 가져야 할 능력으로 옳은 것은?

① 타인에 대한 이해력과 동기 부여 능력
② 지식과 경험을 해당 분야에 적용시키는 능력
③ 복잡한 상황 등 여러 상황을 분석하여 조직 전체에 적용하는 능력
④ 담당 업무를 수행하기 위한 육체적, 지능적 능력
⑤ 한 부서의 변화가 다른 부서에 미치는 영향을 파악하는 능력

PART 2

43 다음 중 마케팅믹스 4P와 로터본(Lauterborn)의 4C의 대응 관계가 옳지 않은 것은?

	4P	4C
①	기업 관점	소비자 관점
②	제품	소비자 문제해결
③	가격	소비자 비용
④	유통	편의성
⑤	판매 촉진	제품 접근성

44 다음 중 지식경영시스템(KMS)에 대한 설명으로 옳지 않은 것은?

① KMS는 'Knowledge Management System'의 약자로, 지식경영시스템 또는 지식관리시스템을 나타낸다.
② 지식관리시스템은 지식베이스, 지식스키마, 지식맵의 3가지 요소로 구성되어 있다.
③ 지식베이스가 데이터베이스에 비유된다면 지식스키마는 원시데이터에 대한 메타데이터를 담고 있는 데이터사전 또는 데이터베이스에 비유될 수 있다.
④ 지식스키마 내에는 개별 지식의 유형, 중요도, 동의어와 주요 인덱스, 보안단계, 생성 – 조회 – 갱신 – 관리부서 정보 등과 전사적인 지식분류체계 등이 들어 있다.
⑤ 조직에서 필요한 지식과 정보를 창출하는 연구자, 설계자, 건축가, 과학자, 기술자는 필수적으로 포함하여야 한다.

45 **K회사는 철물 관련 사업을 하는 중소기업이다. 이 회사는 수요가 어느 정도 안정된 소모품을 다양한 거래처에 납품하고 있으며, 내부적으로는 부서별 효율성을 추구하고 있다. 이러한 회사의 조직구조로 적합한 유형은?**

① 기능별 조직
② 사업부제 조직
③ 프로젝트 조직
④ 매트릭스 조직
⑤ 다국적 조직

46 **다음 설명에 해당하는 현상으로 옳은 것은?**

> • 응집력이 높은 집단에서 나타나기 쉽다.
> • 집단구성원들이 의견일치를 추구하려다가 잘못된 의사결정을 하게 된다.
> • 이에 대처하기 위해서는 자유로운 비판이 가능한 분위기 조성이 필요하다.

① 집단사고(Groupthink)
② 조직시민행동(Organizational Citizenship Behavior)
③ 임파워먼트(Empowerment)
④ 몰입상승(Escalation of Commitment)
⑤ 악마의 옹호자(Devil's Advocacy)

47 **다음 중 샤인(Schein)이 제시한 경력 닻의 내용으로 옳지 않은 것은?**

① 관리역량 닻 : 특정 전문영역보다 관리직에 주된 관심이 있다.
② 전문역량 닻 : 일의 실제 내용에 주된 관심이 있으며, 전문분야에 종사하기를 원한다.
③ 안전지향 닻 : 직업 및 고용의 안정성에 관심이 있으며 보수를 중요하게 여긴다.
④ 사업가적 창의성 닻 : 타인의 삶을 향상시키고 사회를 위해 봉사하는 데 주된 관심이 있다.
⑤ 자율지향 닻 : 조직의 규칙과 제약조건에서 벗어나 스스로 결정할 수 있는 경력을 선호한다.

48 다음 중 직무확대에 대한 설명으로 옳지 않은 것은?

① 한 직무에서 수행되는 과업의 수를 증가시키는 것을 말한다.
② 종업원으로 하여금 중심과업에 다른 관련 직무를 더하여 수행하게 함으로써 개인의 직무를 넓게 확대한다.
③ 기업이 직원들의 능력을 개발하고 여러 가지 업무를 할 수 있도록 하여 인적자원의 운용 효율을 증가시킨다.
④ 근로자가 스스로 직무를 계획하고 실행하여 일의 자부심과 책임감을 가지게끔 한다.
⑤ 다양한 업무를 진행하며 종업원의 능력이 개발되고 종합적인 시각을 가질 수 있다는 장점이 있다.

PART 2

49 다음 중 기업이 글로벌 전략을 수행하는 이유로 옳지 않은 것은?

① 규모의 경제를 달성하기 위해
② 세계 시장에서의 협력 강화를 위해
③ 현지 시장으로의 효과적인 진출을 위해
④ 저임금 노동력을 활용하여 생산단가를 낮추기 위해
⑤ 기업구조를 개편하여 경영의 효율성을 높이고 리스크를 줄이기 위해

50 다음 중 수요예측기법의 시계열 분석법(Time Series Analysis)에 대한 설명으로 옳지 않은 것은?

① 과거 수요를 분석하여 시간에 따른 수요의 패턴을 파악하고 이의 연장선상에서 미래 수요를 예측하는 방법이다.
② 과거의 수요 흐름으로부터 미래의 수요를 투영하는 방법으로 과거의 수요 패턴이 미래에도 지속된다는 시장의 안정성이 기본적인 가정이다.
③ 목측법, 이동평균법, 지수평활법, 최소자승법, 박스 – 젠킨스(Box – Jenkins)법, 계절지수법, 시계열 회귀분석법 등이 있다.
④ 시계열 자료수집이 용이하고 변화하는 경향이 뚜렷하여 안정적일 때 이를 기초로 미래의 예측치를 구할 수 있다.
⑤ 주로 중단기 예측에 이용되며, 비교적 적은 자료로도 정확한 예측이 가능하다.

CHAPTER

02

경제

적중예상문제

정답 및 해설 p.054

01 **다음 중 다른 조건이 일정할 때, 국내통화 가치를 하락시키는 요인으로 옳은 것은?**

① 해외여행에 대한 수요가 급감한다.

② 한국은행이 기준금리 인상을 실시한다.

③ 외국 투자자들이 국내주식을 매수한다.

④ 수입 가전제품에 대한 관세가 인상된다.

⑤ 국내기업이 해외에 생산 공장을 건설한다.

02 **다음 중 통화승수에 대한 설명으로 옳지 않은 것은?**

① 통화승수는 법정지급준비율을 낮추면 커진다.

② 통화승수는 이자율 상승으로 요구불예금이 증가하면 작아진다.

③ 통화승수는 대출을 받은 개인과 기업들이 더 많은 현금을 보유할수록 작아진다.

④ 통화승수는 은행들이 지급준비금을 더 많이 보유할수록 작아진다.

⑤ 화폐공급에 내생성이 없다면 화폐공급곡선은 수직선의 모양을 갖는다.

03 **현재 S기업에서 자본의 한계생산은 노동의 한계생산보다 2배 크고, 노동가격이 8, 자본가격이 4이다. 이 기업이 동일한 양의 최종생산물을 산출하면서도 비용을 줄이는 방법은?(단, S기업은 노동과 자본만을 사용하고, 한계생산은 체감한다)**

① 자본투입을 늘리고 노동투입을 줄인다.

② 노동투입을 늘리고 자본투입을 줄인다.

③ 비용을 더 이상 줄일 수 없다.

④ 자본투입과 노동투입을 모두 늘린다.

⑤ 자본투입과 노동투입을 모두 줄인다.

04 다음과 같은 케인스의 경제모형을 가정할 경우, 정부지출승수, 투자승수, 정액조세승수를 순서대로 바르게 나열한 것은?

- $Y = C + I + G$
- $C = 0.6(Y - T) + 500$
- $I = 300$
- $G = 300$
- $T = 300$

(단, Y는 국민소득, C는 소비지출, I는 투자지출, G는 정부지출, T는 정액조세를 나타낸다)

	정부지출승수	투자승수	정액조세승수
①	1.5	1.5	−2.5
②	1.5	2.5	−2.5
③	2.5	1.5	−1.5
④	2.5	2.5	−1.5
⑤	3	3	−1.5

05 다음 중 물적자본의 축적을 통한 경제성장을 설명하는 솔로우(R. Solow)모형에서 수렴현상이 발생하는 원인은?

① 자본의 한계생산체감
② 경제성장과 환경오염
③ 내생적 기술진보
④ 기업가 정신
⑤ 인적자본

06 다음은 K사와 B사의 시간당 최대 생산량을 나타낸 자료이다. 이에 대한 설명으로 옳은 것은?

구분	K사	B사
모터(개)	4	2
펌프(개)	4	3

① K사는 펌프 생산에만 절대우위가 있다.
② B사는 펌프 생산에 비교우위가 있다.
③ B사는 모터 생산에 비교우위가 있다.
④ K사는 모터 생산에만 절대우위가 있다.
⑤ 펌프 생산은 K사가 담당하는 것이 합리적이다.

07 S기업의 비용함수가 $TC(Q)=50+25Q$로 주어져 있을 때, 이 비용함수에 대한 설명으로 옳지 않은 것은?

① 규모의 경제가 존재한다.

② 한계비용은 항상 일정하다.

③ 생산활동에 고정비용이 소요된다.

④ 생산량이 10일 때 평균비용은 30이다.

⑤ 평균비용은 생산량이 늘어날수록 증가한다.

08 휴대폰의 수요곡선은 $Q=-2P+100$이고, 공급곡선은 $Q=3P-20$이다. 정부가 휴대폰 1대당 10의 종량세 형태의 물품세를 공급자에게 부과하였다면, 휴대폰 공급자가 부담하는 총 조세부담액은?(단, P는 가격, Q는 수량, $P>0$, $Q>0$이다)

① 120

② 160

③ 180

④ 200

⑤ 220

09 엥겔곡선(EC; Engel Curve)이 다음 그림과 같다면 X재는 무엇인가?

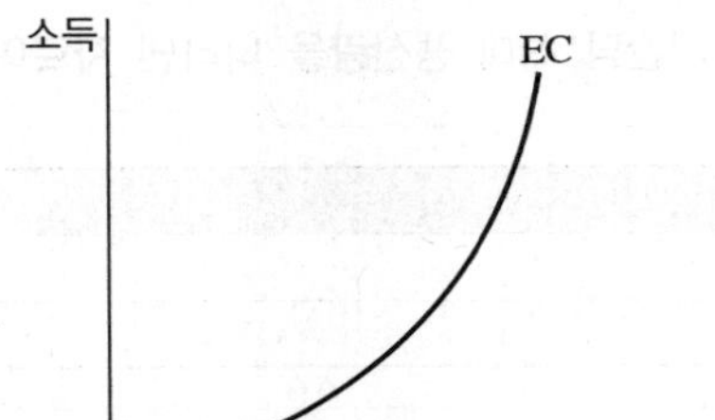

① 열등재

② 필수재

③ 보완재

④ 대체재

⑤ 사치재

10 **다음 중 정부가 재정적자를 국채의 발행으로 조달할 경우 국채의 발행이 채권가격의 하락으로 이어지고 시장이자율이 상승하여 투자에 부정적인 영향을 주는 것은?**

① 피셔방정식
② 구축효과
③ 유동성함정
④ 오쿤의 법칙
⑤ 화폐수량설

11 **어느 경제의 로렌츠곡선이 다음 그림과 같이 주어져 있을 때, 옳은 것은?**

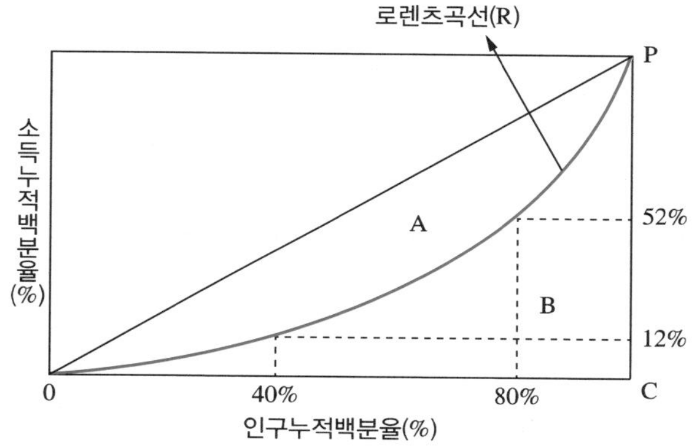

① 10분위분배율의 값은 4이다.
② 지니계수는 삼각형 OCP 면적을 면적 A로 나눈 값으로 산출한다.
③ 중산층 붕괴현상이 발생하면 A의 면적은 감소하고, B의 면적은 증가한다.
④ 불경기로 인해 저소득층의 소득이 상대적으로 크게 감소하면 A의 면적이 커진다.
⑤ 미국의 서브프라임모기지 사태는 로렌츠곡선을 대각선에 가깝도록 이동시킨다.

12 **다음 중 경기부양을 위해 확대 재정정책을 과도하게 실행할 경우 나타나는 현상으로 거리가 먼 것은?**

① 물가 상승
② 이자율 상승
③ 통화가치 하락
④ 정부 신인도 하락
⑤ 현재 납세자들로부터 미래 납세자들로 부(富)의 이전

13 **다음 중 소비자잉여와 생산자잉여에 대한 설명으로 옳지 않은 것은?**

① 소비자잉여는 소비자의 선호 체계에 의존한다.
② 완전경쟁일 때보다 기업이 가격차별을 실시할 경우 소비자잉여가 줄어든다.
③ 완전경쟁시장에서는 소비자잉여와 생산자잉여의 합인 사회적 잉여가 극대화된다.
④ 독점시장의 시장가격은 완전경쟁시장의 가격보다 높게 형성되지만 소비자잉여는 줄어들지 않는다.
⑤ 소비자잉여는 어떤 상품에 소비자가 최대한으로 지급할 용의가 있는 가격에서 실제 지급한 가격을 차감한 차액이다.

14 **다음과 같은 폐쇄경제의 IS-LM 모형을 전제할 경우, 빈칸에 들어갈 용어를 바르게 나열한 것은?**

- IS곡선 : $r=5-0.1Y$(단, r은 이자율, Y는 국민소득이다)
- LM곡선 : $r=0.1Y$
- 현재 경제상태가 국민소득은 30이고 이자율이 2.5라면, 상품시장은 ___(ㄱ)___이고 화폐시장은 ___(ㄴ)___이다.

	(ㄱ)	(ㄴ)
①	균형	균형
②	초과수요	초과수요
③	초과공급	초과공급
④	초과수요	초과공급
⑤	초과공급	초과수요

15 **다음 중 파레토 최적에 대한 설명으로 옳지 않은 것은?**

① 파레토 효율성이란 일반적으로 한정된 자원의 효율적인 사용과 관련된 의미이다.
② 외부성이 존재해도 완전경쟁만 이루어진다면 파레토 최적의 자원배분은 가능하다.
③ 재화 간 소비자의 주관적 교환비율인 한계대체율이 생산자의 한계변환율과 서로 같아야 한다.
④ 후생경제학 제1정리에 의하여 시장실패요인이 없다면 일반경쟁균형 하에서의 자원배분은 파레토 최적이다.
⑤ 파레토 효율성과 관련된 후생경제학의 제1정리와 제2정리에 있어서 소비자의 선호체계에 대한 기본 가정은 동일하지 않다.

16 다음 중 임금 결정이론에 대한 설명으로 옳지 않은 것은?

① 중첩임금계약(Staggered Wage Contracts) 모형은 실질임금이 경직적인 이유를 설명한다.
② 효율임금이론에 따르면 실질임금이 근로자의 생산성 또는 근로의욕에 영향을 미친다.
③ 효율임금이론에 따르면 높은 임금이 근로자의 도덕적 해이(Moral Hazard)를 억제하는 데 기여한다.
④ 내부자 – 외부자 모형에 따르면 내부자의 실질임금이 시장균형보다 높아져서 비자발적 실업이 발생한다.
⑤ 내부자 – 외부자 모형에서 외부자는 실업상태에 있는 노동자로서 기업과 임금협상을 할 자격이 없는 사람을 말한다.

PART 2

17 정부가 부동산 정책 A～C안 중 하나를 선택해야 한다고 가정해 보자. 각 구성원의 만족도(효용)가 소득에 비례한다고 할 때, 사회후생차원에서 공리주의와 롤스의 견해로 옳은 것은?

구분	A안	B안	C안
구성원 1	10억 원	2억 원	3억 원
구성원 2	0억 원	5억 원	4억 원
구성원 3	3억 원	1억 원	5억 원

① 공리주의를 따르면 B안이 가장 바람직하다.
② 공리주의를 따르면 C안이 가장 바람직하다.
③ 롤스에 따르면 A안이 가장 바람직하다.
④ 롤스에 따르면 C안이 가장 바람직하다.
⑤ 롤스에 따르면 가장 바람직한 방안을 알 수 없다.

18 다음 중 기대가 부가된 필립스곡선(Expectation–augmented Phillips Curve)에 대한 설명으로 옳지 않은 것은?

① 중동전쟁으로 원유가격이 급등하면 필립스곡선이 이동한다.
② 오쿤의 법칙(Okun's Law)과 결합하여 총공급곡선을 도출할 수 있다.
③ 1970년대 스태그플레이션(Stagflation)을 설명하는 데 유용하다.
④ 기대 물가상승률이 합리적 기대에 따라 결정되면 예상된 통화정책은 실업률에 영향을 미치지 않는다.
⑤ 다른 조건이 일정하다면 필립스곡선의 기울기가 가파를수록 희생비율(Sacrifice Ratio)이 크다.

19 **다음 보수행렬(Payoff Matrix)을 갖는 게임에 대한 설명으로 옳지 않은 것은?**

구분		참가자 을	
		전략 A	전략 B
참가자 갑	전략 A	(10, 6)	(4, 4)
	전략 B	(4, 4)	(6, 10)

① 우월전략균형이 존재하지 않는다.
② 내쉬균형이 1개 존재한다.
③ 두 참가자가 서로 다른 전략을 선택하면 내쉬균형이 달성되지 않는다.
④ 내쉬균형 상태에서는 각 참가자가 자신의 전략을 바꿀 유인이 존재하지 않는다.
⑤ 게임의 보수를 모두 절반으로 줄여도 내쉬균형은 변화하지 않는다.

20 **자본이동 및 무역거래가 완전히 자유롭고 변동환율제도를 채택하고 있는 소규모 개방경제인 S국에서 확대재정정책이 실시되는 경우, IS-LM 모형에 의하면 최종 균형에서 국민소득과 환율은 정책 실시 이전의 최초 균형에 비해 어떻게 변하는가?(단, 물가는 고정되어 있다고 가정한다)**

	국민소득	환율
①	불변	S국 통화 강세
②	증가	S국 통화 강세
③	감소	S국 통화 강세
④	증가	S국 통화 약세
⑤	감소	S국 통화 약세

21 **현재 우리나라 채권의 연간 명목수익률이 5%이고 동일 위험을 갖는 미국 채권의 연간 명목수익률이 2.5%일 때, 현물환율이 달러당 1,200원인 경우 연간 선물환율은?(단, 이자율평가설이 성립한다고 가정한다)**

① 1,200원/달러
② 1,210원/달러
③ 1,220원/달러
④ 1,230원/달러
⑤ 1,240원/달러

22 다음 〈보기〉 중 기업생산이론에 대한 설명으로 옳은 것을 모두 고르면?

보기

ㄱ. 장기(Long-run)에는 모든 생산요소가 가변적이다.
ㄴ. 다른 생산요소가 고정인 상태에서 생산요소 투입 증가에 따라 한계생산이 줄어드는 현상이 한계생산 체감의 법칙이다.
ㄷ. 등량곡선이 원점에 대해 볼록하면 한계기술대체율 체감의 법칙이 성립한다.
ㄹ. 비용극소화는 이윤극대화의 필요충분조건이다.

① ㄱ, ㄴ
② ㄷ, ㄹ
③ ㄱ, ㄴ, ㄷ
④ ㄴ, ㄷ, ㄹ
⑤ ㄱ, ㄴ, ㄷ, ㄹ

PART 2

23 쿠르노(Cournot) 복점기업 1과 2의 수요함수가 $P=10-(Q_1+Q_2)$이고 생산비용은 0일 때, 다음 중 옳지 않은 것은?(단, P는 시장가격, Q_1는 기업 1의 산출량, Q_2는 기업 2의 산출량이다)

① 기업 1의 한계수입곡선은 $MR_1=10-2Q_1-Q_2$이다.

② 기업 1의 반응함수는 $Q_1=5-\frac{1}{2}Q_2$이다.

③ 기업 1의 쿠르노 균형산출량은 $Q_1=\frac{10}{3}$이다.

④ 산업전체의 산출량은 $Q=\frac{20}{3}$이다.

⑤ 쿠르노 균형산출량에서 균형가격은 $P=\frac{20}{3}$이다.

24 다음 중 한국은행의 통화정책 수단과 제도에 대한 설명으로 옳지 않은 것은?

① 국채 매입·매각을 통한 통화량 관리
② 금융통화위원회는 한국은행 통화정책에 관한 사항을 심의·의결
③ 재할인율 조정을 통한 통화량 관리
④ 법정지급준비율 변화를 통한 통화량 관리
⑤ 고용증진 목표 달성을 위한 물가안정목표제 시행

25 **현재 인플레이션율을 8%에서 4%로 낮출 경우, 〈조건〉을 참고하여 계산된 희생률은 얼마인가?[단, Π_t, Π_{t-1}, U_t는 각각 t기의 인플레이션율, $(t-1)$기의 인플레이션율, t기의 실업률이다]**

> **조건**
> - $\Pi_t - \Pi_{t-1} = -0.8(U_t - 0.05)$
> - 현재실업률 : 5%
> - 실업률 1%p 증가할 때 GDP 2% 감소로 가정
> - 희생률 : 인플레이션율을 1%p 낮출 경우 감소되는 GDP 변화율(%)

① 1.5
② 2
③ 2.5
④ 3
⑤ 3.5

26 **다음은 주어진 생산요소(자원과 기술)를 이용하여 최대한 생산할 수 있는 X재와 Y재의 생산량 조합을 나타낸 그림이다. 이 곡선이 점선과 같이 이동하였을 때, 이에 대한 설명으로 옳지 않은 것은?**

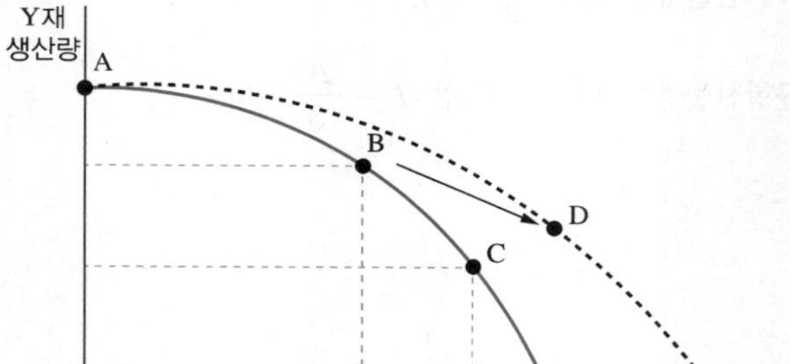

① 생산가능곡선이라고 한다.
② 곡선이 이동한 후 B점은 비효율적이어서 생산하지 않는다.
③ 곡선이 이동한 후 X재 생산량뿐만 아니라 Y재의 생산량도 증가할 수 있다.
④ X재 1단위를 추가로 생산할 때마다 단위당 기회비용은 체감한다.
⑤ 생산 요소의 증대 또는 생산 기술의 발전으로 곡선이 위와 같이 이동한다.

27 **다음 모형에서 정부지출(G)을 1만큼 증가시켰을 때, 균형소비지출(C)의 증가량은?(단, Y는 국민소득, I는 투자, X는 수출, M은 수입이며 수출은 외생적이다)**

- $Y = C + I + G + X - M$
- $C = 0.5Y + 10$
- $I = 0.4Y + 10$
- $M = 0.1Y + 20$

① 0.1
② 0.2
③ 1.5
④ 2.5
⑤ 5

PART 2

28 **다음 두 사례에서 공통으로 나타난 현상으로 옳은 것은?**

- 사례 1
1970년대 중동 국가들이 석유를 자원무기화하면서 석유 공급을 줄였고, 이로 인해 원유가격이 급등하였다. 석유 가격이 급등하자 소비가 줄어 경제가 침체국면에 빠졌는데도, 물가는 급격히 상승하는 현상이 나타났다.
- 사례 2
2020년 발생한 코로나19로 인해 경기는 계속 침체되는 반면, 반대로 물가는 계속 상승하고 있어 소상공인은 물론 일반 시민들까지 어려움을 토로하고 있는 상황이다.

① 슬럼프플레이션(Slumpflation)
② 스크루플레이션(Screwflation)
③ 스테그데이션(Stagdation)
④ 스태그플레이션(Stagflation)
⑤ 에코플레이션(Ecoplation)

29 **다음 중 경기변동에 대한 설명으로 옳지 않은 것은?**

① 투자는 소비에 비해 GDP 대비 변동성이 크므로 경기변동의 주요 원인이 된다.
② 기간 간 고른 소비가 어려운 저소득계층이 늘어나면, 이전에 비해 경기변동이 심해진다.
③ 실물적 경기변동은 경기변동을 자연실업률 자체가 변화하여 일어난다고 생각한다.
④ 총공급－총수요 모형에서 총수요의 변동이 경기변동의 요인이라고 본다면 물가는 경기와 반대로 움직인다.
⑤ 실질임금과 고용량은 단기적으로 양의 상관관계를 가지나, 장기적으로는 서로 관계가 없다.

30 **다음 중 황도 복숭아 시장에서 그림과 같은 변화를 가져올 수 있는 요인이 아닌 것은?**

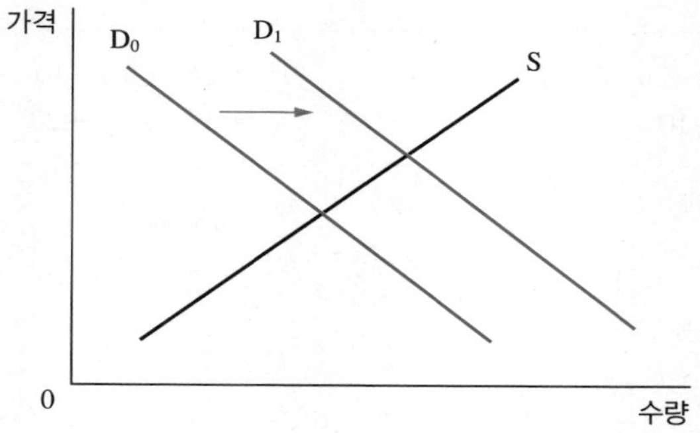

① 황도 복숭아 가격의 하락
② 복숭아가 정상재인 경우 소비자의 소득 증가
③ 복숭아가 위장기능을 개선시킨다는 연구결과 발표
④ 복숭아 가격이 점점 상승할 것이라는 소비자들의 예상
⑤ 황도 복숭아와 대체관계에 있는 천도 복숭아 가격의 상승

31 **대학 졸업 후 구직활동을 꾸준히 해온 30대 초반의 덕선이는 당분간 구직활동을 포기하기로 하였다. 덕선이와 같이 구직활동을 포기하는 사람이 많아지면 실업률과 고용률에 어떠한 변화가 생기는가?**

① 실업률 상승, 고용률 하락
② 실업률 상승, 고용률 불변
③ 실업률 하락, 고용률 하락
④ 실업률 하락, 고용률 불변
⑤ 실업률 불변, 고용률 하락

32 **다음 중 국민총소득(GNI), 국내총생산(GDP), 국민총생산(GNP)에 대한 설명으로 옳지 않은 것은?**

① GNI는 한 나라 국민이 국내외 생산활동에 참여한 대가로 받은 소득의 합계이다.
② 명목 GNI는 명목 GNP와 명목 국외순수취요소소득의 합이다.
③ 실질 GDP는 생산활동의 수준을 측정하는 생산지표인 반면, 실질 GNI는 생산활동을 통하여 획득한 소득의 실질 구매력을 나타내는 소득지표이다.
④ 원화표시 GNI에 아무런 변동이 없더라도 환율변동에 따라 달러화표시 GNI는 변동될 수 있다.
⑤ 국외수취 요소소득이 국외지급 요소소득보다 크면 명목 GNI가 명목 GDP보다 크다.

33 **다음은 A재 시장과 A재 생산에 특화된 노동시장의 상황을 나타낸 그래프이다. 〈보기〉 중 이에 대한 분석으로 옳은 것을 모두 고르면?**

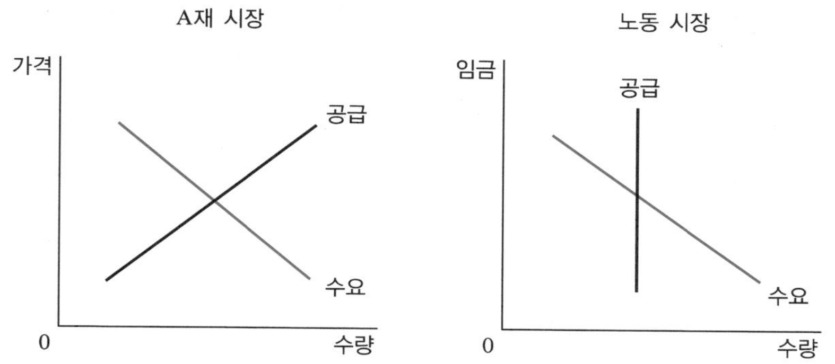

보기

가. A재에 대한 수요가 증가하면 고용량이 늘어난다.
나. A재에 대한 수요가 증가하면 임금이 상승한다.
다. 노동공급이 증가하면 A재 가격이 상승한다.
라. 노동공급이 증가하면 A재 거래량이 증가한다.
마. 노동공급이 감소하면 A재 수요곡선이 이동한다.

① 가, 다
② 나, 라
③ 가, 나, 라
④ 가, 라, 마
⑤ 나, 다, 마

34 **다음 중 통화정책 및 재정정책에 관한 케인스와 통화주의자의 견해로 옳지 않은 것은?**

① 통화주의자는 $k\%$ 준칙에 따른 통화정책을 주장한다.
② 케인스는 투자의 이자율탄력성이 매우 크다고 주장한다.
③ 케인스는 통화정책의 외부시차가 길다는 점을 강조한다.
④ 케인스에 따르면 이자율이 매우 낮을 때 화폐시장에 유동성함정이 존재할 수 있다.
⑤ 동일한 재정정책에 대해서 통화주의자가 예상하는 구축효과는 케인스가 예상하는 구축효과보다 크다.

35 **다음 글에서 설명하는 무차별곡선의 종류로 옳은 것은?**

> • 원점에 볼록하며, 절편을 가지지 않는다.
> • 효용함수는 $U(X,\ Y)=aX\times bY$(단, a, b는 0보다 크다)로 표시한다.
> • 우하향하는 모습을 나타내며, 원점에서 멀수록 더 높은 효용을 나타낸다.

① 선형 무차별곡선
② 준 선형 무차별곡선
③ 레온티에프형 무차별곡선
④ 콥 - 더글러스형 무차별곡선
⑤ X재가 비재화인 무차별곡선

36 **완전경쟁시장의 한 기업이 단기적으로 초과이윤을 획득하고 있다. 다음 〈보기〉 중 이 기업의 이윤 극대화 행동으로부터 유추할 수 있는 것을 모두 고르면?**

> 보기
> 가. 이 기업은 장기적으로도 초과이윤을 획득한다.
> 나. 이 기업이 산출량을 늘리면 총평균비용이 증가할 것이다.
> 다. 이 기업이 산출량을 늘리면 한계비용이 증가할 것이다.
> 라. 이 기업은 현재 한계비용과 총평균비용이 일치한다.
> 마. 시장가격은 이 기업의 현재 한계비용보다 높다.

① 가, 라
② 나, 다
③ 가, 다, 라
④ 나, 다, 마
⑤ 다, 라, 마

37 **노동시장에서 현재 고용상태인 개인이 다음 기에도 고용될 확률을 P_{11}, 현재 실업상태인 개인이 다음 기에 고용될 확률을 P_{21}이라고 하자. 이 확률이 모든 기간에 항상 동일하다고 할 때, 다음 중 이 노동시장에서의 균형실업률은?**

① $P_{21}\div(1-P_{21})$
② $P_{21}\div P_{11}$
③ $(1-P_{11})\div(1-P_{11}+P_{21})$
④ $(1-P_{11})\div(P_{11}+P_{21})$
⑤ $(1-P_{11})\div(1-P_{21})$

38 다음 〈보기〉 중 경제성장에 대한 설명으로 옳은 것을 모두 고르면?

보기

가. 인구증가율이 높은 나라일수록 1인당 소득이 낮은 경향이 있다.
나. 저축률이 높은 나라일수록 1인당 소득이 낮은 경향이 있다.
다. 1인당 소득은 국제적 차이를 설명하는 데 인적 자본과 물적 자본 못지않게 중요하다.
라. 개발도상국과 선진국 간의 1인당 소득격차는 줄어드는 추세를 보인다.

① 가, 나
② 가, 다
③ 나, 다
④ 나, 라
⑤ 다, 라

39 다음 중 게임이론에 대한 설명으로 옳지 않은 것은?

① 순수전략들로만 구성된 내쉬균형이 존재하지 않는 게임도 있다.
② 우월전략이란 상대 경기자들이 어떤 전략들을 사용하든지 상관없이 자신의 전략들 중에서 항상 가장 낮은 보수를 가져다주는 전략을 말한다.
③ 죄수의 딜레마 게임에서 두 용의자 모두가 자백하는 것은 우월전략균형이면서 동시에 내쉬균형이다.
④ 참여자 모두에게 상대방이 어떤 전략을 선택하는가에 관계없이 자신에게 더 유리한 결과를 주는 전략이 존재할 때 그 전략을 참여자 모두가 선택하면 내쉬균형이 달성된다.
⑤ 커플이 각자 선호하는 취미활동을 따로 하는 것보다 동일한 취미를 함께 할 때 더 큰 만족을 줄 수 있는 상황에서는 복수의 내쉬균형이 존재할 수 있다.

40 다음 중 소비이론에 대한 설명으로 옳지 않은 것은?

① 케인스의 소비함수에 따르면 평균소비성향은 한계소비성향보다 크다.
② 항상소득가설에 따르면 항상소득의 한계소비성향은 일시소득의 한계소비성향보다 작다.
③ 생애주기가설에 따르면 총인구에서 노인층의 비중이 상승하면 국민저축률은 낮아진다.
④ 쿠즈네츠는 장기에는 평균소비성향이 대략 일정하다는 것을 관찰하였다.
⑤ 상대소득가설에 따르면 소득이 감소하여도 소비의 습관성으로 인해 단기적으로 소비는 거의 감소하지 않는다.

41 상품 A의 가격을 10% 인상하였더니 상품 A의 판매량이 5% 감소하였다면, 다음 중 옳은 것은?

① 공급의 가격 탄력성은 1이다.
② 공급의 가격 탄력성은 1보다 크다.
③ 공급의 가격 탄력성이 1보다 작다.
④ 수요의 가격 탄력성이 1보다 크다.
⑤ 수요의 가격 탄력성이 1보다 작다.

42 다음 중 생산자의 단기 생산 활동에 대한 설명으로 옳지 않은 것은?

① 가변요소의 투입량이 증가할 때 평균생산성은 증가하다가 감소한다.
② 가변요소의 투입량이 증가할 때 한계생산성은 증가하다가 감소한다.
③ 수확체감의 법칙은 한계생산성이 지속적으로 감소하는 구간에서 발생한다.
④ 평균생산성이 증가하는 구간에서 한계생산성은 평균생산성보다 크다.
⑤ 한계생산물곡선은 평균생산물곡선의 극대점을 통과하므로 한계생산물과 평균생산물이 같은 점에서는 총생산물이 극대가 된다.

43 다음 중 산업 내 무역에 대한 설명으로 옳은 것은?

① 산업 내 무역은 규모의 경제와 관계없이 발생한다.
② 산업 내 무역은 부존자원의 상대적인 차이 때문에 발생한다.
③ 산업 내 무역은 경제여건이 다른 국가 사이에서 이루어진다.
④ 산업 내 무역은 유럽연합 국가들 사이의 활발한 무역을 설명할 수 있다.
⑤ 산업 내 무역은 무역으로 인한 소득재분배가 발생한다.

44 다음 중 우상향하는 총공급곡선(AS)을 왼쪽으로 이동시키는 요인으로 옳은 것은?

① 임금 상승
② 통화량 증가
③ 독립투자 증가
④ 정부지출 증가
⑤ 수입원자재 가격 하락

45 **다음 〈보기〉 중 외부효과로 인한 시장의 문제점을 해결하기 위한 방법으로 제시된 코즈의 정리에 대한 설명으로 옳은 것을 모두 고르면?**

보기

가. 외부효과를 발생시키는 재화에 대해 시장을 따로 개설해 주면 시장의 문제가 해결된다.
나. 외부효과를 발생시키는 재화에 대해 조세를 부과하면 시장의 문제가 해결된다.
다. 외부효과를 발생시키는 재화의 생산을 정부가 직접 통제하면 시장의 문제가 해결된다.
라. 외부효과를 발생시키는 재화에 대해 소유권을 인정해주면 이해당사자들의 협상을 통하여 시장의 문제가 해결된다.
마. 코즈의 정리와 달리 현실에서는 민간주체들이 외부효과 문제를 항상 해결할 수 있는 것은 아니다.

① 가, 다
② 라, 마
③ 가, 나, 라
④ 나, 다, 마
⑤ 다, 라, 마

PART 2

46 **다음 중 국제수지와 환율에 대한 설명으로 옳지 않은 것은?**

① 개방경제의 총수요에는 순수출이 포함된다.
② 명목환율은 서로 다른 나라 화폐 간의 교환비율이다.
③ 국제수지는 경제적 거래의 형태에 따라 크게 경상수지와 금융계정으로 나눌 수 있다.
④ 국민소득 항등식에 의하면 국내 저축이 국내 투자보다 크면 순수출은 항상 0보다 작다.
⑤ 실질환율은 우리나라에서 생산한 재화 한 단위가 다른 나라에서 생산한 재화 몇 단위와 교환되는지를 나타낸다.

47 **다음 〈보기〉 중 국내총생산(GDP) 통계에 대한 설명으로 옳은 것을 모두 고르면?**

보기

가. 여가가 주는 만족은 삶의 질에 매우 중요한 영향을 미치므로 GDP에 반영된다.
나. 환경오염으로 파괴된 자연을 치유하기 위해 소요된 지출은 GDP에 포함된다.
다. 우리나라의 지하경제 규모는 엄청나므로 한국은행은 이것을 포함하여 GDP를 측정한다.
라. 가정주부의 가사노동은 GDP에 불포함되지만, 가사도우미의 가사노동은 GDP에 포함된다.

① 가, 다
② 가, 라
③ 나, 다
④ 나, 라
⑤ 다, 라

48 다음 중 파레토 효율성에 대한 설명으로 옳지 않은 것은?

① 어느 한 사람의 효용을 감소시키지 않고서는 다른 사람의 효용을 증가시킬 수 없는 상태를 파레토 효율성이라고 한다.
② 일정한 조건이 충족될 때 완전경쟁시장에서의 일반균형은 파레토 효율성이다.
③ 파레토 효율적인 자원배분이 평등한 소득분배를 보장해주는 것은 아니다.
④ 파레토 효율적인 자원배분하에서는 항상 사회후생이 극대화된다.
⑤ 파레토 효율적인 자원배분은 일반적으로 무수히 많이 존재한다.

49 다음 〈보기〉 중 소비의 항상소득가설과 생애주기가설에 대한 설명으로 옳은 것을 모두 고르면?

보기

가. 소비자들은 가능한 한 소비수준을 일정하게 유지하려는 성향이 있다.
나. 생애주기가설에 의하면 고령인구의 비율이 높아질수록 민간부문의 저축률이 하락할 것이다.
다. 프리드먼의 항상소득가설에 의하면 높은 소득의 가계가 평균적으로 낮은 평균소비성향을 갖는다.
라. 케인스는 항상소득가설을 이용하여 승수효과를 설명하였다.

① 가, 나
② 가, 라
③ 나, 다
④ 가, 나, 다
⑤ 나, 다, 라

50 다음 중 자국의 실물시장 균형을 나타내는 IS곡선에 대한 설명으로 옳지 않은 것은?(단, IS곡선의 기울기는 세로축을 이자율, 가로축을 소득으로 하는 그래프상의 기울기를 말한다)

① 자국의 정부지출이 증가하면 IS곡선은 오른쪽으로 이동한다.
② 자국의 한계소비성향이 커지면 IS곡선의 기울기가 완만해진다.
③ 자국의 한계수입성향이 커질수록 IS곡선의 기울기는 가팔라진다.
④ 해외교역국의 한계수입성향이 커질수록 IS곡선의 기울기는 완만해진다.
⑤ 자국의 소득증가로 인한 한계유발투자율이 증가하면 IS곡선의 기울기가 완만해진다.

CHAPTER

03 법 적중예상문제

정답 및 해설 p.063

01 다음 〈보기〉 중 근대민법의 기본원리에 해당하는 것을 모두 고르면?

보기

㉠ 소유권 절대의 원칙
㉡ 계약 공정의 원칙
㉢ 계약 자유의 원칙
㉣ 과실 책임의 원칙
㉤ 권리 남용 금지의 원칙

① ㉠, ㉡, ㉢
② ㉠, ㉢, ㉣
③ ㉠, ㉣, ㉤
④ ㉡, ㉢, ㉣
⑤ ㉡, ㉣, ㉤

02 다음 중 사회법에 속하는 것은?

① 상법
② 수표법
③ 산업재해보상보험법
④ 가등기담보 등에 관한 법률
⑤ 특정범죄 가중처벌 등에 관한 법률

03 다음 중 상법상 주식회사에 대한 설명으로 옳지 않은 것은?

① 회사가 공고를 하는 방법은 정관의 절대적 기재사항이다.
② 회사가 가진 자기주식에도 의결권이 있다.
③ 각 발기인은 서면에 의하여 주식을 인수하여야 한다.
④ 창립총회에서는 이사와 감사를 선임하여야 한다.
⑤ 정관은 공증인의 인증을 받음으로써 효력이 생긴다.

04 다음 중 제한능력자에 대한 설명으로 옳지 않은 것은?

① 미성년자가 법정대리인으로부터 허락을 얻은 특정한 영업에 관하여는 성년자와 동일한 행위능력이 있다.
② 가정법원은 성년후견개시의 심판을 할 때 본인의 의사를 고려하여야 한다.
③ 특정후견은 본인의 의사에 반하여 할 수 없다.
④ 가정법원이 피성년후견인에 대하여 한정후견개시의 심판을 할 때에는 종전의 성년후견의 종료 심판을 한다.
⑤ 가정법원은 질병, 장애, 노령, 그 밖의 사유로 인한 정신적 제약으로 사무를 처리할 능력이 부족한 사람에 대하여 일정한 자의 청구로 성년후견개시의 심판을 한다.

05 다음 중 민법상 법인에 대한 설명으로 옳지 않은 것은?

① 법인은 이사를 두어야 한다.
② 사단법인의 사원의 지위는 양도 또는 상속할 수 없다.
③ 법인은 정관 또는 총회의 결의로 감사를 둘 수 있다.
④ 주무관청은 이해관계인의 청구에 의하여 임시이사를 선임할 수 있다.
⑤ 이사의 대표권에 대한 제한은 등기하지 않으면 제3자에게 대항하지 못한다.

06 다음 중 인권선언과 관계된 사건들을 시간 순서대로 바르게 나열한 것은?

① 권리청원 → 마그나 카르타 → 미국의 독립선언 → 프랑스의 인권선언
② 마그나 카르타 → 프랑스의 인권선언 → 연방헌법 → 영국의 권리장전
③ 마그나 카르타 → 영국의 권리장전 → 미국의 독립선언 → 프랑스의 인권선언
④ 버지니아 권리장전 → 영국의 인신보호법 → 마그나 카르타 → 프랑스의 인권선언
⑤ 버지니아 권리장전 → 마그나 카르타 → 프랑스의 인권선언 → 영국의 인신보호법

07 다음 중 민법이 규정하고 있는 전형계약이 아닌 것은?

① 사무관리
② 여행계약
③ 현상광고
④ 조합
⑤ 종신정기금

08 다음 중 빈칸에 들어갈 용어를 순서대로 바르게 나열한 것은?

> 보험계약은 ________가 약정한 보험료를 지급하고 재산 또는 생명이나 신체에 불확정한 사고가 발생할 경우에 ________가 일정한 보험금이나 그 밖의 급여를 지급할 것을 약정함으로써 효력이 생긴다.

① 피보험자, 보험수익자
② 피보험자, 보험계약자
③ 보험계약자, 피보험자
④ 보험계약자, 보험자
⑤ 보험계약자, 보험수익자

PART 2

09 다음 〈보기〉 중 상법상 손해보험에 해당하는 것은 모두 몇 개인가?

> **보기**
> ㄱ. 책임보험
> ㄴ. 화재보험
> ㄷ. 해상보험
> ㄹ. 생명보험
> ㅁ. 상해보험
> ㅂ. 재보험

① 2개
② 3개
③ 4개
④ 5개
⑤ 6개

10 다음 중 사원총회에 대한 설명으로 옳은 것은?

① 사원총회는 사단법인 및 재단법인의 필수기관이다.
② 정관에 다른 규정이 없는 경우, 사원은 서면이나 대리인으로 결의권을 행사할 수 있다.
③ 사원총회는 소집통지에 의해 통지한 사항에 대해서만 결의할 수 있으나, 총회의 결의로 이와 달리 정할 수 있다.
④ 사원총회를 소집하려고 하는 경우, 1주간 전에 그 회의의 목적사항을 기재한 통지가 도달해야 한다.
⑤ 임시총회의 소집을 요구할 수 있는 사원의 수는 정관으로 증감할 수 없다.

11 다음 중 소멸시효기간의 기산점에 대한 설명으로 옳은 것은?

① 불확정기한부 권리는 채권자가 기한 도래 사실을 안 때부터 소멸시효가 진행한다.
② 동시이행항변권이 붙은 채권은 이행기가 도래하더라도 소멸시효가 진행하지 않는다.
③ 이행불능으로 인한 손해배상청구권은 이행불능이 된 때로부터 소멸시효가 진행한다.
④ 선택채권은 선택권을 행사한 때로부터 소멸시효가 진행한다.
⑤ 부작위를 목적으로 하는 채권은 성립 시부터 소멸시효가 진행한다.

12 다음 중 불법행위에 대한 설명으로 옳지 않은 것은?

① 甲, 乙, 丙이 공동불법행위로 丁에게 손해를 가한 때에는 연대하여 그 손해를 배상할 책임이 있다.
② 甲이 과실로 심신상실을 초래하고, 심신상실 중에 乙에게 손해를 가한 경우, 甲은 乙에게 손해를 배상할 책임이 있다.
③ 甲이 과실로 乙을 사망에 이르게 한 경우, 甲은 재산상의 손해가 없는 乙의 직계존속, 직계비속 및 배우자에 대하여는 손해배상책임이 없다.
④ 甲이 乙의 신체, 자유 또는 명예를 해친 경우, 재산 이외의 손해에 대하여도 배상할 책임이 있다.
⑤ 미성년자 甲이 乙에게 손해를 가한 경우, 甲이 가해행위 당시 그 행위의 책임을 변식할 지능이 없었더라면 그 손해를 배상할 책임이 없다.

13 다음 중 상사에 대한 일반적인 법 적용순위를 순서대로 바르게 나열한 것은?

ㄱ. 상관습법	ㄴ. 상사특별법
ㄷ. 민사조약	ㄹ. 상법전
ㅁ. 민법전	ㅂ. 민사자치법
ㅅ. 상사자치법	

① ㄴ－ㄹ－ㄱ－ㄷ－ㅁ－ㅅ－ㅂ
② ㄴ－ㄹ－ㄱ－ㅅ－ㄷ－ㅁ－ㅂ
③ ㅅ－ㄴ－ㄹ－ㄱ－ㅂ－ㄷ－ㅁ
④ ㅅ－ㄴ－ㄹ－ㅂ－ㄱ－ㅁ－ㄷ
⑤ ㅅ－ㄴ－ㄹ－ㅂ－ㄷ－ㅁ－ㄱ

14 다음 중 헌법의 개정과 유사한 개념 중에서 기존 헌법을 배제하고 수평적 헌법전의 교체가 이루어지는 것을 무엇이라 하는가?

① 헌법의 폐지
② 헌법의 파괴
③ 헌법의 정지
④ 헌법의 침해
⑤ 헌법의 개정

15 다음 〈보기〉 중 보조적 상행위에 해당하거나 이로 추정되는 행위를 모두 고르면?

보기
㉠ 임금을 받을 목적으로 물건을 제조하는 행위
㉡ 도매상인이 영업자금을 차용하는 행위
㉢ 증권회사가 고객의 위탁을 받아 행하는 주식매수 행위
㉣ 상인의 매매대금 지급을 위한 수표발행 행위

① ㉠, ㉡
② ㉡, ㉣
③ ㉠, ㉡, ㉢
④ ㉡, ㉢, ㉣
⑤ ㉠, ㉢, ㉣

16 다음 중 회사의 권리능력에 대한 설명으로 옳지 않은 것은?

① 회사는 유증(遺贈)을 받을 수 있다.
② 회사는 상표권을 취득할 수 있다.
③ 회사는 다른 회사의 무한책임사원이 될 수 있다.
④ 회사는 명예권과 같은 인격권의 주체가 될 수 있다.
⑤ 회사는 합병을 할 수 있다.

17 다음 중 학자와 그들이 주장한 법의 목적이 바르게 연결되지 않은 것은?

① 칸트 – 인격의 완성
② 루소 – 국가이익의 추구
③ 예링 – 생활이익의 확보
④ 벤담 – 최대다수의 최대행복
⑤ 플라톤 – 도덕생활의 실현

18 **다음 중 청약과 승낙에 대한 설명으로 옳은 것은?**

① 청약과 승낙의 의사표시는 특정인에 대해서만 가능하다.
② 승낙자가 청약에 변경을 가하지 않고 조건만을 붙여 승낙한 경우에는 계약이 성립된다.
③ 청약자는 청약이 상대방에게 도달하기 전에는 임의로 이를 철회할 수 있다.
④ 당사자 간에 동일한 내용의 청약이 상호교차된 경우에는 양 청약의 통지가 상대방에게 발송된 때에 계약이 성립한다.
⑤ 승낙의 기간을 정한 청약은 승낙자가 그 기간 내에 승낙의 통지를 발송하지 아니한 때에는 그 효력을 잃는다.

19 **다음 중 임대차에 대한 설명으로 옳지 않은 것은?**

① 일시사용을 위한 임대차가 명백한 경우, 임차인에게 부속물매수청구권이 인정되지 않는다.
② 임차물에 대하여 권리를 주장하는 자가 있고 임대인이 그 사실을 모르고 있는 경우, 임차인은 지체 없이 임대인에게 이를 통지하여야 한다.
③ 토지임대차의 기간의 약정이 없는 경우, 원칙적으로 각 당사자는 언제든지 임대차계약의 해지를 통고할 수 있다.
④ 다른 약정이 없는 한, 임대인의 행위가 임대물의 보존에 필요한 행위라도 임차인은 이를 거절할 수 있다.
⑤ 부동산임차인은 당사자 사이에 반대약정이 없으면 임대인에 대하여 그 임대차등기절차에 협력할 것을 청구할 수 있다.

20 **다음 중 무권대리행위의 추인에 대한 설명으로 옳지 않은 것은?(단, 다툼이 있는 경우 판례에 따른다)**

① 본인이 무권대리인에게 추인한 경우, 상대방은 추인이 있었음을 주장할 수 있다.
② 무권대리행위의 일부에 대한 추인은 상대방의 동의를 얻지 못하는 한 무효이다.
③ 추인은 무권대리행위로 인한 권리 또는 법률관계의 승계인에게도 할 수 있다.
④ 추인은 제3자의 권리를 해하지 않는 한, 다른 의사표시가 없으면 계약시에 소급하여 그 효력이 생긴다.
⑤ 무권대리행위가 범죄가 되는 경우에 본인이 그 사실을 알고도 장기간 형사고소를 하지 않은 것만으로 묵시적 추인이 된다.

21 **다음 중 부당이득의 반환의무 또는 책임의 범위가 현존이익으로 한정되는 경우가 아닌 것은?**

① 선의의 부당이득자의 반환청구
② 실종선고가 취소된 경우, 실종선고를 직접원인으로 하여 선의로 재산을 취득한 자의 반환의무
③ 법률행위가 제한능력을 이유로 취소되는 경우, 제한능력자의 상환의무
④ 수탁보증인이 과실 없이 변제 기타의 출재로 주채무를 소멸시킨 경우, 주채무자의 수탁보증인에 대한 구상채무
⑤ 사무관리를 함에 있어 관리자가 과실 없이 손해를 받은 경우, 본인의 관리자에 대한 무과실손해보상채무

22 **다음 중 대리에 대한 설명으로 옳지 않은 것은?**

① 의사표시의 효력이 의사의 흠결로 인하여 영향을 받을 경우에 그 사실의 유무는 대리인을 표준하여 결정한다.
② 대리권 없는 자가 한 계약은 본인의 추인이 있을 때까지 상대방은 그 대리인에 대하여 이를 철회할 수 있다.
③ 복대리인은 그 권한 내에서 본인을 대리한다.
④ 대리인은 행위능력자임을 요하지 아니한다.
⑤ 무권대리행위에 대한 본인의 추인은 다른 의사표시가 없는 한, 추인한 때로부터 그 효력이 생긴다.

23 **다음 중 성년후견제도에 대한 설명으로 옳지 않은 것은?**

① 가정법원은 질병이나 노령 등의 사유로 인한 정신적 제약으로 사무를 처리할 능력이 부족한 사람에 대하여 일정한 자의 청구로 성년후견개시의 심판을 한다.
② 가정법원은 성년후견개시의 심판을 할 때 본인의 의사를 고려하여야 한다.
③ 가정법원은 취소할 수 없는 피성년후견인의 법률행위의 범위를 정할 수 있다.
④ 피성년후견인이 일용품의 구입 등 일상생활에 필요하고 그 대가가 과도하지 아니한 법률행위를 한 경우, 성년후견인은 이를 취소할 수 없다.
⑤ 성년후견개시의 원인이 소멸된 경우에 지방자치단체의 장은 가정법원에 성년후견종료의 심판을 청구할 수 있다.

24 **다음 중 관습법에 대한 설명으로 옳지 않은 것은?**

① 형법은 관습형법금지의 원칙이 적용된다.

② 민법 제1조에서는 관습법의 보충적 효력을 인정하고 있다.

③ 성문법이 발달하지 않은 국제법에서는 관습법이 중요한 법원이 된다.

④ 관습법은 당사자의 주장 · 입증이 있어야만 법원이 이를 판단할 수 있다.

⑤ 헌법재판소 다수의견에 의하면 관습헌법도 성문헌법과 동등한 효력이 있다.

25 **다음 중 상법상 주식회사 설립 시 정관의 절대적 기재사항으로 옳지 않은 것은?**

① 목적　② 상호

③ 청산인　④ 본점의 소재지

⑤ 회사가 발행할 주식의 총수

26 **다음 중 합명회사에 대한 설명으로 옳은 것은?**

① 무한책임사원과 유한책임사원으로 조직한다.

② 2인 이상의 무한책임사원으로 조직한다.

③ 사원이 출자금액을 한도로 유한의 책임을 진다.

④ 사원은 주식의 인수가액을 한도로 하는 출자의무를 부담할 뿐이다.

⑤ 업무집행자는 다른 사원 과반수의 결의가 있는 경우에만 자기 또는 제3자의 계산으로 회사와 거래를 할 수 있다.

27 **다음은 상법상 회사의 성립에 대한 규정이다. 빈칸에 들어갈 숫자로 옳은 것은?**

회사의 설립의 무효는 그 사원에 한하여, 설립의 취소는 그 취소권 있는 자에 한하여 회사성립의 날로부터 _____년 내에 소만으로 이를 주장할 수 있다.

① 1　② 2

③ 3　④ 4

⑤ 5

28 **다음 중 2인 이상의 무한책임사원으로만 조직된 회사의 명칭으로 옳은 것은?**

① 합명회사
② 합자회사
③ 유한회사
④ 주식회사
⑤ 유한책임회사

29 **권력관계에 있어서 국가와 기타 행정주체의 의사는 비록 설립에 흠이 있을지라도 당연무효의 경우를 제외하고는 일단 적법 · 유효하다는 추정을 받으며, 권한 있는 기관이 직권 또는 쟁송절차를 거쳐 취소하기 전에는 누구라도 이에 구속되고 그 효력을 부정하지 못하는 우월한 힘이 있는데, 이를 행정행위의 무엇이라고 하는가?**

① 확정력
② 불가쟁력
③ 공정력
④ 강제력
⑤ 불가변력

30 **다음 중 계약의 성립에 대한 설명으로 옳지 않은 것은?**

① 승낙자가 청약에 대해 그 일부만을 승낙할 경우 그 청약을 거절하고 새로운 청약을 한 것으로 본다.
② 청약자는 연착된 승낙을 새로운 청약으로 볼 수 있다.
③ 승낙기간을 정하지 아니한 계약의 청약은 청약자가 그 기간 내에 승낙의 통지를 받지 못한 때에는 그 효력을 잃는다.
④ 당사자 간에 동일한 내용의 청약이 상호교차된 경우에 양 청약이 상대방에게 도달한 때에 계약이 성립한다.
⑤ 격지자 간의 계약은 승낙의 통지가 상대방에게 도달한 때에 성립한다.

31 **다음 중 법원에 소를 제기하는 방법으로만 행사할 수 있는 권리는?**

① 상계권
② 계약해제권
③ 예약완결권
④ 채권자취소권
⑤ 보증인의 최고 · 검색의 항변권

32 다음 중 위임에 대한 설명으로 옳지 않은 것은?

① 당사자 일방이 부득이한 사유 없이 상대방의 불리한 시기에 위임계약을 해지한 때에는 그 손해를 배상하여야 한다.
② 수임인이 성년후견개시의 심판을 받은 경우에 위임은 종료한다.
③ 수임인이 위임사무의 처리로 인하여 받은 금전 기타의 물건에서 생긴 과실은 수임인에게 귀속한다.
④ 수임인이 위임인을 위하여 자기의 명의로 취득한 권리는 위임인에게 이전하여야 한다.
⑤ 위임사무의 처리에 비용을 요하는 때에는 위임인은 수임인의 청구가 있으면 이를 미리 지급하여야 한다.

33 다음 중 소선거구제에 대한 설명으로 옳지 않은 것은?

① 소선거구제에서는 후보자 파악이 쉽다.
② 소선거구제에서는 사표가 많이 발생할 수 있다.
③ 소선거구제에서는 선거 비용을 절약할 수 있다.
④ 소선거구제에서는 지연·혈연이 작용할 수 있다.
⑤ 소선거구제에서는 군소정당이 난립하여 정국이 불안정하다.

34 다음 중 소비대차에 대한 설명으로 옳은 것은?

① 대주가 목적물을 차주에게 인도하기 전 파산선고를 받았더라도 소비대차는 효력이 있다.
② 소비대차는 당사자 일방이 상대방에게 부동산을 사용·수익하게 할 것을 약정함으로써 그 효력이 생긴다.
③ 금전대차에서 차주가 금전에 갈음하여 물건의 인도를 받은 때에는 그 인도시의 가액이 차용액으로 된다.
④ 이자 없는 소비대차의 당사자는 원칙적으로 목적물의 인도 전에 계약을 해제할 수 없다.
⑤ 차주는 약정한 시기에 차용한 물건 그 자체를 반환하여야 한다.

35 **다음 중 법률행위의 성립요건에 해당하는 것은?**

① 요물계약에서 물건의 인도
② 대리행위에서 대리권의 존재
③ 당사자의 의사능력과 행위능력
④ 조건부 법률행위에서 조건의 성취
⑤ 토지거래허가구역 내의 토지거래계약에 대한 관할관청의 허가

36 **다음 중 민법상 유치권에 대한 설명으로 옳지 않은 것은?**

① 유치권의 발생을 배제하는 특약을 하면 유치권은 성립하지 않는다.
② 피담보채권이 변제기에 있지 않으면, 유치권은 성립하지 않는다.
③ 타인의 부동산뿐만 아니라 동산도 유치권의 객체가 될 수 있다.
④ 불법행위로 취득한 점유에 기해서는 유치권이 성립하지 않는다.
⑤ 임차인이 유치물에 대하여 필요비를 지출한 때에는 그 가액의 증가가 현존한 경우에 한하여 상환을 청구할 수 있다.

37 **다음 중 상법상 자기명의로서 타인의 계산으로 물건 또는 유가증권의 매매를 영업으로 하는 자는?**

① 중개업자 ② 위탁매매인
③ 대리상 ④ 운송주선인
⑤ 운송인

38 **다음 중 정관에 특별한 규정이 없는 경우에 신주발행사항을 결정하는 기관에 해당하는 것은?**

① 이사회 ② 주주총회
③ 대표이사 ④ 감사위원회
⑤ 사원총회

39 **다음 중 판례의 법원성에 대해 규정하고 있는 법은?**

① 대법원 규칙
② 국회법
③ 법원조직법
④ 형법
⑤ 헌법

40 **다음 중 행정주체가 국민에 대하여 명령 · 강제하고, 권리나 이익(利益)을 부여하는 등 법을 집행하는 행위는?**

① 행정조직
② 행정처분
③ 행정구제
④ 행정강제
⑤ 행정소송

41 **다음 중 민법과 상법에 대한 설명으로 옳지 않은 것은?**

① 상법은 민법에 대하여 특별법이다.
② 금전거래의 원인이 상행위로 인한 경우에 채권의 소멸시효는 상법의 경우 5년간 행사하지 않으면 소멸시효가 완성된다.
③ 채권의 소멸시효의 경우 민법의 경우 10년간 행사하지 않으면 소멸시효가 완성된다.
④ 당사자 간에 채권의 이자율을 약정하지 않았을 경우 민법은 연 6%의 이율을 적용하지만, 상법은 연 5%의 이율을 적용한다.
⑤ 상인과 비상인 간의 상거래에 있어서 상인인 당사자와 비상인인 당사자에게 모두 상법이 적용된다.

42 **다음 중 기한의 이익을 가지지 않는 자는?**

① 무상임치의 임치인
② 임대차의 임차인
③ 사용대차의 대주
④ 무이자 소비대차의 차주
⑤ 이자부 소비대차의 대주

43 다음 〈보기〉 중 동산에 해당하는 것을 모두 고르면?

보기

ㄱ. 관리할 수 있는 전기
ㄴ. 지중(地中)에 있는 지하수
ㄷ. 강제통용력을 상실한 주화(鑄貨)
ㄹ. 토지에 정착된 다리(橋)

① ㄱ, ㄴ
② ㄱ, ㄷ
③ ㄱ, ㄹ
④ ㄴ, ㄷ
⑤ ㄷ, ㄹ

PART 2

44 다음 중 재판상 행사하여야만 효과가 발생하는 것은?

① 해제권
② 채권자취소권
③ 환매권
④ 예약완결권
⑤ 상계권

45 다음 중 법원이 선임한 부재자의 재산관리인이 법원의 허가 없이도 유효하게 할 수 있는 행위가 아닌 것은?

① 부재자의 채무를 담보하기 위하여 부재자 소유의 부동산에 저당권을 설정해주는 행위
② 비가 새는 부재자 소유 건물의 지붕 수선을 도급주는 행위
③ 부재자 소유의 미등기 건물에 대하여 보존등기를 신청하는 행위
④ 부재자가 가진 채권의 소멸시효를 중단시키는 행위
⑤ 부재자가 한 무이자 금전대여를 이자부로 바꾸는 행위

46 다음 중 단독행위로 할 수 없는 것은?

① 채무인수
② 무권대리행위의 추인
③ 상계
④ 채무면제
⑤ 계약해제

47 **다음 중 법률행위의 무효와 취소에 대한 설명으로 옳은 것은?**

① 취소할 수 있는 법률행위를 후견인이 추인하는 경우, 추인은 취소의 원인이 소멸한 후에 하여야만 효력이 있다.

② 당사자가 무효임을 알고 추인한 때에는 법률행위 시에 소급하여 효력이 발생하는 것이 원칙이다.

③ 법률행위의 일부분이 무효인 때에는 원칙적으로 그 나머지 부분은 무효가 되지 않는다.

④ 악의의 제한능력자는 제한능력을 이유로 취소한 행위에 의하여 받은 이익이 현존하지 않더라도 그 이익을 전부 상환하여야 한다.

⑤ 제한능력자와 계약을 맺은 상대방은 계약 당시에 제한능력자임을 모른 경우에는 추인이 있을 때까지 자신의 의사표시를 철회할 수 있다.

48 **법무부장관이 외국인 A에게 귀화를 허가한 경우, 선거관리위원장은 귀화 허가가 무효가 아닌 한 귀화 허가에 하자가 있더라도 A가 한국인이 아니라는 이유로 선거권을 거부할 수 없다. 이처럼 법무부장관의 귀화 허가에 구속되는 행정행위의 효력은?**

① 공정력

② 구속력

③ 형식적 존속력

④ 구성요건적 효력

⑤ 실질적 존속력

49 **일정한 시기에 있어서의 피보험자의 생존 및 그 시기까지의 피보험자의 사망의 쌍방을 보험사고로 하는 것은?**

① 사망보험

② 생존보험

③ 혼합보험

④ 책임보험

⑤ 종신보험

50 **다음 중 공유에 대한 설명으로 옳지 않은 것은?**

① 공유자의 지분은 특별한 사정이 없는 한 균등한 것으로 추정한다.

② 공유물의 보존행위는 공유자 각자가 할 수 있다.

③ 공유자는 공유자 과반수의 찬성으로 공유물을 처분할 수 있다.

④ 공유자는 5년 내의 기간으로 공유물을 분할하지 아니할 것을 약정할 수 있다.

⑤ 공유자 중 1인이 그 지분을 포기하거나 상속인 없이 사망한 때에는 그 지분은 다른 공유자에게 각 지분의 비율로 귀속한다.

PART 3

최종점검 모의고사

제1회
신용보증기금 최종점검 모의고사

※ 신용보증기금 최종점검 모의고사는 2025년 채용공고 및 2024년 후기를 기준으로 구성한 것으로 실제 시험과 다를 수 있습니다.

■ 취약영역 분석

번호	O/×	영역
01		의사소통능력
02		
03		
04		
05		
06		
07		

번호	O/×	영역
08		수리능력
09		
10		
11		
12		
13		
14		

번호	O/×	영역
15		문제해결능력
16		
17		
18		
19		
20		

평가문항	20문항	평가시간	25분
시작시간	:	종료시간	:
취약영역			

제1회 신용보증기금
최종점검 모의고사

모바일 OMR

응시시간 : 25분　　문항 수 : 20문항　　정답 및 해설 p.074

※ 다음 기사를 읽고 이어지는 질문에 답하시오. [1~2]

"기업들은 근로자를 학벌이나 연공서열이 아닌 직무능력과 성과로 평가해야 한다." S공단 박이사장은 제4차 포용적 성장 포럼에서 발제자로 나서 '일자리 창출과 포용적 성장'이라는 주제로 발표하며 "능력 중심의 사회를 만들어야 한다."라고 강조했다.

박이사장은 "우리나라는 첫 직장을 어디서 출발하는지가 굉장히 중요하다."라며, "대기업에서 시작하면 쭉 대기업에 있고 중소기업이나 비정규직으로 출발하면 벗어나기 어려워, 대기업에 가기 위해 젊은 청년들이 대학 졸업까지 미룬 채 몇 년씩 취업 준비를 한다."라고 지적했다. 중소기업에서 비정규직으로 출발해도 학벌이 아닌 능력으로 평가받는 시스템이 갖춰져 있다면 자연스럽게 대기업 정규직이 될 수 있는 사회적 문화와 제도적 보장이 이뤄질 수 있을 것인데, 그렇지 못하다는 것이다.

청년 실업 문제를 해결하기 위해서는 일자리 미스매칭 문제가 해결돼야 하고, 이를 위해 능력 중심의 평가가 필요하다는 것이 박이사장의 견해이다. 박이사장은 "미국은 맥도날드 최고경영자(CEO)가 매장 파트타이머 출신인 경우도 있지만, 우리나라는 처음에 잘못 들어가면 발 빼고 못 간다."라며, "능력 중심의 임금체계 구축과 성과평가가 이뤄진다면 변화가 가능할 것"이라고 강조했다.

박이사장은 제대로 성과평가제도를 실현하기 위해서는 성과 연봉제의 도입이 필요하다고 강조했다. 그는 "지금도 성과평가제가 있기는 하지만 근로자의 성과가 연봉, 승진과 제대로 연동이 안 되다 보니 부실한 측면이 많았다."라며, "성과평가가 승진, 연봉과 연결돼야 근로자들도 제대로 따져 보고 항의도 하면서 제대로 된 성과평가제가 구축될 수 있을 것"이라고 설명했다.

규제 완화를 하면 일자리가 늘어날지에 대해 박이사장은 유럽과 미국의 예를 들며, 경험적으로 증명된 부분이지만 한국에도 적용될 수 있을지는 좀 더 살펴봐야 한다는 의견이었다. 박이사장은 "세계경제가 1980년대 불황으로 유럽과 미국 모두 경제가 어려웠다가 다시 살아났는데 미국과 유럽의 일자리를 비교해보면 미국은 늘어났는데 유럽은 늘지 않았다."라며, 그 이유로 "유럽과 달리 미국이 해고하기 쉬워 사람을 많이 썼기 때문이었다."라고 설명했다.

01 다음 중 기사를 읽고 직원들이 나눈 대화로 적절하지 않은 것은?

① 김대리 : 기업들이 근로자들을 학벌로 평가하는 것이 부당하다고 생각했었어.
유대리 : 맞아. 이제는 사원들을 학벌이 아닌 직무능력으로 평가할 시대야.

② 강과장 : 그러고 보니 우리 대학 출신들이 이부장님 밑에 많지 않습니까?
이부장 : 강과장님, 저는 사원들을 그렇게 학벌로 줄 세우지 않을 생각입니다.

③ 박차장 : 우리나라는 첫 직장이 어디냐가 아주 중요한 문제죠.
강대리 : 첫 직장의 규모가 영세하면 그대로 가는 경우가 대부분이다 보니….

④ 김과장 : 능력 중심의 임금체계 구축과 성과평가가 도입되면 어떨까요?
이대리 : 성과평가제도는 다소 불합리한 제도라 반발이 거셀 것 같습니다.

⑤ 차사원 : 일자리를 늘리기 위해 우리도 규제 완화를 빨리 실시해야 합니다.
정사원 : 규제 완화로 인한 일자리 창출 효과는 경험적으로 증명되었지만, 우리나라에 적용하기에는 아직 시간이 필요할 것으로 보입니다.

02 다음 중 기사의 제목으로 가장 적절한 것은?

① 성과평가제도란 무엇인가?
② 성과평가제도의 득과 실
③ 미국 맥도날드 CEO, 알고 보니 파트타이머 출신
④ 세계경제 불황기, 미국과 유럽의 차이점은?
⑤ 첫 직장 비정규직이면 점프하기 어려운 현실, 능력 중심의 평가 확산을

03 의사소통능력은 다음과 같이 구분할 수 있다. ㉠에 들어갈 내용으로 가장 적절한 것은?

말하기	듣기	㉠
쓰기	읽기	문자
산출	수용	

① 음성
② 표현
③ 상징
④ 의미
⑤ 해석

04 다음 글을 읽고 추론한 내용으로 적절하지 않은 것은?

> 비만 환자의 경우 식사 조절을 통한 섭취량 감소가 중요하므로 적절한 식이요법이 필요하다. 먼저 환자의 표준 체중에 대한 기초대사량과 활동대사량을 파악하고, 이에 따라 3대 영양소인 단백질과 지방, 탄수화물의 섭취량을 조절해야 한다.
> 표준 체중은 남성의 경우 $[키(m)]^2 \times 22$kg으로 계산하고, 여성의 경우에는 $[키(m)]^2 \times 21$kg으로 계산한다. 성인의 하루 기초대사량은 1kcal×(표준 체중)×24로 계산하고, 활동대사량은 활동의 정도에 따라 기초대사량에 0.2(정적 활동), 0.4(보통 활동), 0.8(격심한 활동)을 곱한다. 기초대사량에 활동대사량을 합한 값이 성인이 하루에 필요로 하는 칼로리가 된다.
> 필요한 칼로리가 정해지면 우선 단백질의 섭취량을 계산하고, 나머지를 지방과 탄수화물로 배분한다. 성인의 하루 단백질 섭취량은 표준 체중을 기준으로 0.8 ~ 1.2g/kg(평균 1.13g/kg)이며, 비만 환자가 저열량 식이 조절을 하는 경우에는 1.2 ~ 1.5g/kg(평균 1.35g/kg)으로 계산한다. 지방은 전체 필요 칼로리 중 20% 이하로 섭취하는 것이 좋으며, 콜레스테롤은 하루 300mg 이하로 제한하는 것이 좋다. 탄수화물의 경우 섭취량이 부족하면 단백질을 분해하여 포도당을 생성하게 되므로 케톤산증을 유발할 수 있다. 따라서 총 섭취 칼로리의 55 ~ 60% 정도의 섭취를 권장하며, 반드시 최소 100g 정도의 탄수화물을 섭취해야 한다.

① 신장 178cm인 성인 남성의 표준 체중은 약 69.7kg이 된다.
② 주로 정적 활동을 하는 남성의 표준 체중이 73kg이라면 하루에 필요한 칼로리는 2,102.4kcal이다.
③ 표준 체중이 55kg인 성인 여성의 경우 하루 평균 62.15g의 단백질을 섭취하는 것이 좋다.
④ 주로 보통 활동을 하는 비만 환자의 경우에도 하루에 반드시 최소 100g 정도의 탄수화물을 섭취해야 한다.
⑤ 주로 보통 활동을 하는 성인 남성의 하루 기초대사량이 1,728kcal라면 하루 500g 이하의 지방을 섭취하는 것이 좋다.

05 다음 밑줄 친 단어 중 맞춤법이 옳은 것은?

① 나는 보약을 먹어서 기운이 <u>뻗쳤다</u>.
② 한약을 <u>다릴</u> 때는 불 조절이 중요하다.
③ 가을이 되어 찬바람이 부니 몸이 <u>으시시</u> 추워진다.
④ 밤을 새우다시피 하며 시험을 <u>치루고</u> 나니 몸살이 났다.
⑤ 그는 항상 퇴근하기 전에는 자물쇠로 서랍을 단단히 <u>잠궜다</u>.

06 다음 글과 가장 관련 있는 한자성어는?

부채위기를 해결하겠다고 나선 유럽 국가들의 움직임이 당장 눈앞에 닥친 위기 상황을 모면하려는 미봉책이라서 안타깝다. 이것은 유럽중앙은행(ECB)의 대차대조표에서 명백한 정황이 드러난다. ECB에 따르면 지난해 말 대차대조표가 2조 730억 유로를 기록해 사상 최고치를 기록했다. 3개월 전에 비해 5,530억 유로 늘어난 수치다. 문제는 ECB의 장부가 대폭 부풀어 오른 배경이다. 유로존 주변국의 중앙은행은 채권을 발행해 이를 담보로 ECB에서 자금을 조달한다. 이렇게 ECB의 자금을 손에 넣은 중앙은행은 정부가 발행한 국채를 사들인다. 금융시장에서 '팔기 힘든' 국채를 소화하기 위한 임기응변인 셈이다.

① 피발영관(被髮纓冠)
② 탄주지어(呑舟之魚)
③ 양상군자(梁上君子)
④ 하석상대(下石上臺)
⑤ 배반낭자(杯盤狼藉)

07 다음 글의 빈칸에 들어갈 내용으로 가장 적절한 것은?

멋이라는 것도 일상생활의 단조로움이나 생활의 압박에서 해방되려는 하나의 노력일 것이다. 끊임없이 일상의 복장, 그 복장이 주는 압박감으로부터 벗어나기 위해 옷을 잘 차려 입는 사람은 그래도 멋쟁이다. 또는 삶을 공리적 계산으로서가 아니라 즐김의 대상으로 볼 수 있게 해 주는 활동, 가령 서도(書道)라든가 다도(茶道)라든가 꽃꽂이라든가 하는 일을 과외로 즐길 줄 아는 사람을 우리는 생활의 멋을 아는 사람이라고 말한다. 그러나 그렇다고 해서 값비싸고 화려한 복장, 어떠한 종류의 스타일과 수련을 전제하는 활동만이 멋을 나타내는 것이 아니다. 경우에 따라서는 털털한 옷차림, 아무런 세련도 거죽에 내세울 것이 없는 툭툭한 생활 태도가 멋있게 생각될 수도 있다. 기준적인 것에 변화를 더하는 것이 중요한 것이다. 그러나 기준으로부터 편차가 너무 커서는 안 된다. 혐오감을 불러일으킬 정도의 몸가짐, 몸짓 또는 생활 태도는 멋이 있는 것으로 생각되지 않는다. 편차는 어디까지나 기준에 의해서만 존재하는 것이다. 따라서 ________________________.

① 멋은 어떤 의도가 결부되지 않았을 때 자연스럽게 창조되는 것이다.
② 멋은 다른 사람의 관점에서 아름다워야 한다.
③ 멋은 일상적인 것을 뛰어넘는 비범성을 가장 본질적인 특징으로 삼는 것이다
④ 멋은 나와 남의 눈이 부딪치는 사회적 공간에서 형성되는 것이라고 할 수 있다.
⑤ 멋은 자신의 개성을 표현해주는 다양한 활동으로 볼 수 있다.

※ 다음은 S공사 직원 1,200명을 대상으로 조사한 자료이다. 이어지는 질문에 답하시오. **[8~9]**

〈최종 학력〉

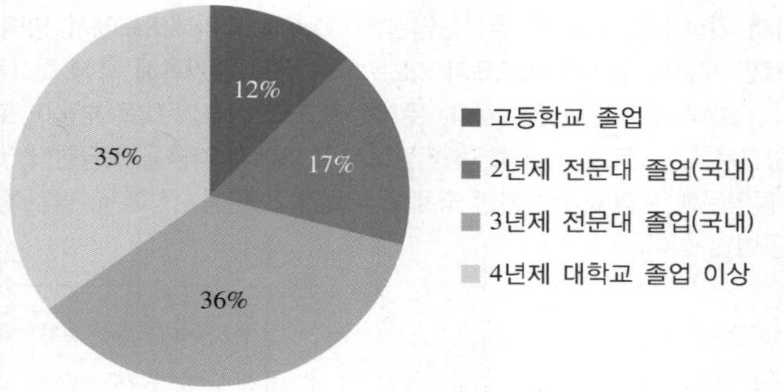

〈4년제 대학교 졸업 이상〉

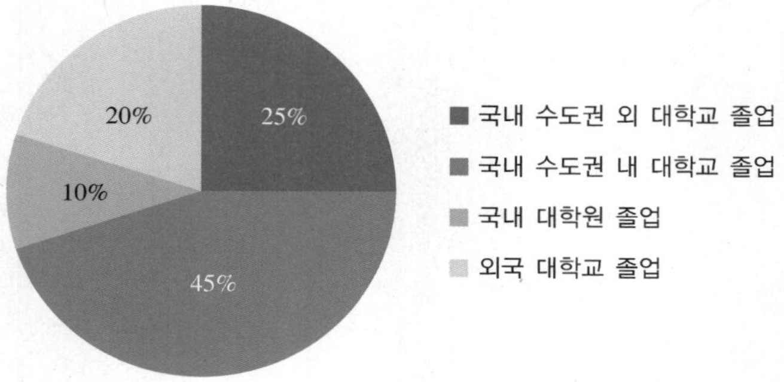

〈직원들의 월 급여〉

구분	200만 원 이상 250만 원 미만	250만 원 이상 300만 원 미만	300만 원 이상 350만 원 미만	350만 원 이상 400만 원 미만	400만 원 이상	합계
비율	18%	35%	24%	12%	11%	100%

08 다음 중 자료에 대한 설명으로 옳지 않은 것은?

① 직원 중 4년제 국내 수도권 내 대학교 졸업자 수는 전체 직원의 15% 이상을 차지한다.

② 고등학교 졸업의 학력을 가진 직원의 월 급여는 모두 300만 원 미만이라 할 때, 이 인원이 월 급여 300만 원 미만에서 차지하는 비율은 20% 이상이다.

③ 4년제 대학교 졸업 이상의 학력을 가진 직원의 월 급여는 모두 300만 원 이상이라 할 때, 이 인원이 월 급여 300만 원 이상에서 차지하는 비율은 78% 이하이다.

④ 월 급여가 300만 원 미만인 직원은 350만 원 이상인 직원의 2.5배 이상이다.

⑤ 전체 직원이 1,000명이라 할 때, 외국 대학교 졸업의 학력을 가진 직원은 70명이다.

09 국내 소재 대학 및 대학원 졸업자의 25%의 월 급여가 300만 원 이상일 때, 이들이 월 급여 300만 원 이상인 직원 인원에서 차지하는 비율은?(단, 소수점 첫째 자리에서 버림한다)

① 28%
② 32%
③ 36%
④ 43%
⑤ 47%

PART 3

10 신용보증기금의 어느 지점은 6개의 부서로 구성되어 있다. 2025년 상반기에 부서개편으로 7번째 부서를 신설하는데, 임원과 사원을 발탁하여 부서를 구성하려고 한다. 사원 한 명을 발탁하면 업무 효율이 3Point 증가하고, 비용이 4Point 소모된다. 임원 한 명을 발탁하면 업무 효율이 4Point 증가하고, 비용이 7Point 소모된다. 비용은 100Point 이하로 소모하면서 효율은 60Point를 달성하려고 할 때, 사원수와 임원수를 합한 최솟값은?(단, 사원과 임원은 각각 한 명 이상 발탁한다)

① 14
② 15
③ 16
④ 17
⑤ 18

11 S사의 회의실 기존 비밀번호는 862#이다. T부장은 기존 비밀번호에서 첫 번째에서 세 번째 자리까지는 0 ~ 9의 숫자를 사용하고, 마지막 네 번째 자리는 특수기호 #, *을 사용하여 비밀번호를 변경하였다. 이때 S사 회의실의 변경된 비밀번호가 기존 비밀번호 네 자리 중 한 자리와 그 문자가 같을 확률은?(단, 0 ~ 9의 숫자는 중복하여 사용할 수 있으며, 예시로는 '726#'이 있다.)

① $\frac{972}{1,000}$
② $\frac{486}{1,000}$
③ $\frac{376}{1,000}$
④ $\frac{243}{1,000}$
⑤ $\frac{154}{1,000}$

12 다음 자료를 근거로 할 때, 하루 동안 고용할 수 있는 최대 인원은?

총예산	본예산	500,000원
	예비비	100,000원
인건비	1인당 수당	50,000원
	산재보험료	(수당)×0.504%
	고용보험료	(수당)×1.3%

① 10명
② 11명
③ 12명
④ 13명
⑤ 14명

13 다음은 농구 경기에서 갑 ~ 정 4개 팀의 월별 득점에 관한 자료이다. 빈칸에 들어갈 수치로 옳은 것은?(단, 각 수치는 매월 일정한 규칙으로 변화한다)

〈월별 득점 현황〉

(단위 : 점)

구분	1월	2월	3월	4월	5월	6월	7월	8월	9월	10월
갑	1,024	1,266	1,156	1,245	1,410	1,545	1,205	1,365	1,875	2,012
을	1,352	1,702	2,000	1,655	1,320	1,307	1,232	1,786	1,745	2,100
병	1,078	1,423		1,298	1,188	1,241	1,357	1,693	2,041	1,988
정	1,298	1,545	1,658	1,602	1,542	1,611	1,080	1,458	1,579	2,124

① 1,358
② 1,397
③ 1,450
④ 1,498
⑤ 1,522

14 흰색 탁구공 7개와 노란색 탁구공 5개가 들어 있는 주머니에서 4개의 탁구공을 동시에 꺼낼 때, 흰색 탁구공이 노란색 탁구공보다 많을 확률은?

① $\frac{10}{33}$
② $\frac{14}{33}$
③ $\frac{17}{33}$
④ $\frac{20}{33}$
⑤ $\frac{23}{33}$

15 다음은 R대리가 부산 출장을 갔다 올 때 선택할 수 있는 교통편에 대한 자료이다. R대리가 모바일로 교통편 하나를 선택하여 왕복티켓으로 예매하려고 할 때, 가장 저렴한 교통편은 무엇인가?

〈출장 시 이용가능한 교통편 현황〉

교통편	종류	비용	기타
버스	일반버스	24,000원	–
	우등버스	32,000원	모바일 예매 1% 할인
기차	무궁화호	28,000원	왕복 예매 시 15% 할인
	새마을호	36,000원	왕복 예매 시 20% 할인
	KTX	58,000원	1+1 이벤트 (편도 금액으로 왕복 예매 가능)

① 일반버스
② 우등버스
③ 무궁화호
④ 새마을호
⑤ KTX

16 다음은 도서에 부여되는 ISBN의 끝자리 숫자를 생성하는 과정을 나타낸 자료이다. 최종 결괏값 (가)로 옳은 것은?

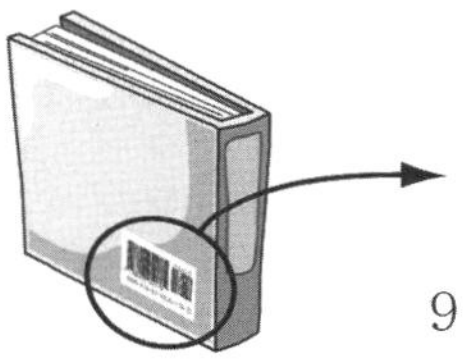

64410

9 788992 35778

ISBN 978-89-9235-778-(가)

- 과정 1 : ISBN의 '–'을 제외한 12개 숫자의 홀수 번째에는 1을, 짝수 번째에는 3을 곱한 후 그 값들을 모두 더한다.
- 과정 2 : 과정 1에서 구한 값을 10으로 나누어 나머지를 얻는다(단, 나머지가 0인 경우 과정 3은 생략한다).
- 과정 3 : 과정 2에서 얻은 나머지를 2로 나눈다.

① 0
② 1
③ 2
④ 3
⑤ 4

17 A도시락 전문점은 요일별 도시락 할인 이벤트를 진행하고 있다. S사가 지난 한 주간 A도시락 전문점에서 구매한 내역이 〈보기〉와 같을 때, S사의 지난주 도시락 구매비용은?

〈A도시락 요일별 할인 이벤트〉

요일	월		화		수		목		금	
할인품목	치킨마요		동백		돈가스		새치고기		진달래	
구분	원가	할인가	원가	할인가	원가	할인가	원가	할인가	원가	할인가
가격(원)	3,400	2,900	5,000	3,900	3,900	3,000	6,000	4,500	7,000	5,500
요일	토		일				매일			
할인품목	치킨제육		육개장		김치찌개		치킨(대)		치킨(중)	
구분	원가	할인가	원가	할인가	원가	할인가	원가	할인가	원가	할인가
가격(원)	4,300	3,400	4,500	3,700	4,300	3,500	10,000	7,900	5,000	3,900

※ 요일별 할인품목이 아닌 품목들은 원가로 계산함

보기

요일	월	화	수	목	금	토	일
구매내역	동백 3개 치킨마요 10개	동백 10개 김치찌개 3개	돈가스 8개 치킨(중) 2개	새치고기 4개 치킨(대) 2개	진달래 4개 김치찌개 7개	돈가스 2개 치킨제육 10개	육개장 10개 새치고기 4개

① 316,400원
② 326,800원
③ 352,400원
④ 375,300원
⑤ 380,000원

18 **경제학과, 물리학과, 통계학과, 지리학과 학생인 A ~ D는 검은색, 빨간색, 흰색의 세 가지 색 중 적어도 1가지 이상의 색을 좋아한다. 다음 〈조건〉에 따라 항상 참인 것은?**

조건

- 경제학과 학생은 검은색과 빨간색만 좋아한다.
- 경제학과 학생과 물리학과 학생은 좋아하는 색이 서로 다르다.
- 통계학과 학생은 빨간색만 좋아한다.
- 지리학과 학생은 물리학과 학생과 통계학과 학생이 좋아하는 색만 좋아한다.
- C는 검은색을 좋아하고, B는 빨간색을 좋아하지 않는다.

① A는 통계학과이다.
② B는 물리학과이다.
③ C는 지리학과이다.
④ D는 경제학과이다.
⑤ B와 C는 빨간색을 좋아한다.

PART 3

19 **A ~ E 다섯 명을 포함한 여덟 명이 달리기 경기를 하였다. 〈조건〉이 다음과 같을 때, 항상 옳은 것은?**

조건

- A와 D는 연속으로 들어왔으나, C와 D는 연속으로 들어오지 않았다.
- A와 B 사이에 3명이 있다.
- B는 일등도, 꼴찌도 아니다.
- E는 4등 또는 5등이고, D는 7등이다.
- 5명을 제외한 3명 중에 꼴찌는 없다.

① C가 3등이다.
② A가 C보다 늦게 들어왔다.
③ E가 C보다 일찍 들어왔다.
④ B가 E보다 늦게 들어왔다.
⑤ D가 E보다 일찍 들어왔다.

20 다음은 SWOT 분석에 대한 자료이다. 이를 토대로 분석 결과에 대한 설명으로 옳은 것은?

SWOT는 Strength(강점), Weakness(약점), Opportunity(기회), Threat(위협)의 머리글자를 따서 만든 단어로, 경영 전략을 세우는 방법론이다. SWOT로 도출된 조직의 내·외부 환경을 분석하고, 이 결과를 통해 대응전략을 구상하는 분석방법론이다.
'SO(강점 – 기회)전략'은 기회를 활용하기 위해 강점을 사용하는 전략이고, 'WO(약점 – 기회)전략'은 약점을 보완 또는 극복하여 시장의 기회를 활용하는 전략이다. 'ST(강점 – 위협)전략'은 위협을 피하기 위해 강점을 활용하는 전략이며, 'WT(약점 – 위협)전략'은 위협요인을 피하기 위해 약점을 보완하는 전략이다.

내부 / 외부	강점(Strength)	약점(Weakness)
기회(Opportunity)	SO(강점 – 기회)전략	WO(약점 – 기회)전략
위협(Threat)	ST(강점 – 위협)전략	WT(약점 – 위협)전략

〈유기농 수제버거 전문점 S사의 환경 분석 결과〉

구분	환경 분석
강점(Strength)	• 주변 외식업 상권 내 독창적 아이템 • 커스터마이징 고객 주문 서비스 • 주문 즉시 조리 시작
약점(Weakness)	• 높은 재료 단가로 인한 비싼 상품 가격 • 대기업 버거 회사에 비해 긴 조리 과정
기회(Opportunity)	• 웰빙을 추구하는 소비 행태 확산 • 치즈 제품을 선호하는 여성들의 니즈 반영
위협(Threat)	• 제품 특성상 테이크아웃 및 배달 서비스 불가

① SO전략 : 주변 상권의 프랜차이즈 샌드위치 전문업체의 제품을 벤치마킹해 샌드위치도 함께 판매한다.
② WO전략 : 유기농 채소와 유기농이 아닌 채소를 함께 사용하여 단가를 낮추고 가격을 내린다.
③ ST전략 : 테이크아웃이 가능하도록 버거의 사이즈를 조금 줄이고 사이드 메뉴를 서비스로 제공한다.
④ ST전략 : 치즈의 종류를 다양하게 구성해 커스터마이징 주문 시 선택할 수 있도록 한다.
⑤ WT전략 : 조리 과정을 단축시키기 위해 커스터마이징 형식의 고객 주문 서비스 방식을 없애고, 미리 조리해놓은 버거를 배달 제품으로 판매한다.

인생이란 결코 공평하지 않다.
이 사실에 익숙해져라.

– 빌 게이츠 –

제2회
기술보증기금 최종점검 모의고사

※ 기술보증기금 최종점검 모의고사는 2024년 채용공고 및 후기를 기준으로 구성한 것으로 실제 시험과 다를 수 있습니다.

■ 취약영역 분석

번호	O/×	영역
01		의사소통능력
02		
03		
04		
05		
06		
07		
08		
09		
10		
11		수리능력
12		
13		
14		
15		
16		
17		
18		
19		
20		

번호	O/×	영역
21		문제해결능력
22		
23		
24		
25		
26		
27		
28		
29		
30		
31		정보능력
32		
33		
34		
35		
36		
37		
38		
39		
40		

번호	O/×	영역
41		조직이해능력
42		
43		
44		
45		
46		
47		
48		
49		
50		

평가문항	50문항	평가시간	60분
시작시간	:	종료시간	:
취약영역			

제2회 기술보증기금
최종점검 모의고사

모바일 OMR

응시시간 : 60분 문항 수 : 50문항

정답 및 해설 p.079

01 **다음 글을 서두에 배치하여 세태를 비판하는 글을 쓴다고 할 때, 이어질 내용으로 가장 적절한 것은?**

> 순자(荀子)는 "군자의 학문은 귀로 들어와 마음에 붙어서 온몸으로 퍼져 행동으로 나타난다. 소인의 학문은 귀로 들어와 입으로 나온다. 입과 귀 사이는 네 치밖에 안 되니 어찌 일곱 자나 되는 몸을 아름답게 할 수 있을 것인가?"라고 했다.

① 줏대 없이 이랬다저랬다 하는 태도
② 약삭빠르게 이익만을 추종하는 태도
③ 간에 붙었다 쓸개에 붙었다 하는 태도
④ 실천은 하지 않고 말만 앞세우는 태도
⑤ 타인에게 책임을 떠넘기는 태도

02 **다음 중 A대리가 메일에서 언급할 내용으로 적절하지 않은 것은?**

> A대리 : B씨, 보고서 잘 봤습니다.
> B사원 : 네, 대리님. 미흡한 점이 많았을 텐데…. 죄송합니다.
> A대리 : 아닙니다. 처음인데도 잘 했습니다. 그런데 얘기해 줄 것이 있어요. 문서는 '내용'이 물론 가장 중요하긴 하지만 '표현'과 '형식'도 중요합니다. 앞으로 참고할 수 있게 메일로 유의사항을 보냈으니까 읽어 보세요.
> B사원 : 감사합니다. 확인하겠습니다.

① 의미를 전달하는 데 문제가 없다면 문장은 가능한 한 짧게 만드는 것이 좋다.
② 우회적인 표현은 오해의 소지가 있으므로 가능하면 쓰지 않는 것이 좋다.
③ 한자의 사용을 자제하되, 만약 사용할 경우 상용한자의 범위 내에서 사용한다.
④ 중요한 내용은 미괄식으로 작성하는 것이 그 의미가 강조되어 효과적이다.
⑤ 핵심을 담은 문장을 앞에 적어준다면 이해가 더 잘 될 것이다.

03 다음 중 경청하는 태도로 적절하지 않은 것은?

> 김사원 : 직원교육시간이요. 조금 귀찮기는 하지만 다양한 주제에 대해서 들을 수 있어서 좋은 것 같아요.
> 한사원 : 그렇죠? 이번 주 강의도 전 꽤 마음에 들더라고요. 그러고 보면 어떻게 하면 말을 잘 할지는 생각해볼 수 있지만 잘 듣는 방법에는 소홀하기 쉬운 것 같아요.
> 김사원 : 맞아요. 잘 듣는 것이 대화에서 큰 의미를 가지는데도 그렇죠. 오늘 강의에서 들은 내용대로 노력하면 상대방이 전달하는 메시지를 제대로 이해하는 데 문제가 없을 것 같아요.

① 상대방의 이야기를 들으면서 동시에 그 내용을 머릿속으로 정리한다.
② 선입견이 개입되면 안 되기 때문에 나의 경험은 이야기와 연결 짓지 않는다.
③ 상대방의 이야기를 들을 때 상대가 다음에 무슨 말을 할지 예상해본다.
④ 이야기를 듣기만 하는 것이 아니라 대화 내용에 대해 적극적으로 질문한다.
⑤ 내용뿐만 아니라 말하는 사람의 모든 것에 집중해서 듣는다.

04 다음 중 의미가 다른 한자성어는 무엇인가?

① 금의환향(錦衣還鄕)
② 입신양명(立身揚名)
③ 간담상조(肝膽相照)
④ 부귀공명(富貴功名)
⑤ 마부위침(磨斧爲針)

05 **다음은 '부정청탁 및 금품 등 수수의 금지에 관한 법률(김영란법)'에 대한 글이다. 이와 관련된 사례로 적절하지 않은 것은?**

> '부정청탁 및 금품 등 수수의 금지에 관한 법률'은 공직자와 언론사 · 사립학교 · 사립유치원 임직원, 사학재단 이사진 등이 부정한 청탁을 받고도 신고하지 않거나, 직무 관련성이나 대가성에 상관없이 1회 100만 원(연간 300만 원)이 넘는 금품이나 향응을 받으면 형사 처벌하도록 하는 법률이다.
> 우선 공직자를 비롯해 언론인 · 사립학교 교직원 등 법안 대상자들이 직무 관련성이나 대가성에 상관없이 1회 100만 원(연간 300만 원)을 초과하는 금품을 수수하면 형사처벌(3년 이하의 징역 또는 3,000만 원 이하의 벌금)을 받도록 규정했다. 또한, 직무 관련자에게 1회 100만 원(연간 300만 원) 이하의 금품을 받았다면 대가성이 입증되지 않더라도 수수금액의 2 ~ 5배를 과태료로 물도록 했다. 다만, 원활한 직무 수행, 사교 · 의례 · 부조 등의 목적으로 공직자에게 제공되는 금품의 상한액을 설정했다.
> 또한, 법안 시행 초기에는 식사 · 다과 · 주류 · 음료 등 음식물은 3만 원, 금전 및 음식물을 제외한 선물은 5만 원, 축의금 · 조의금 등 부조금과 화환 · 조화를 포함한 경조사비는 10만 원을 기준으로 했다. 그러나 국민권익위원회는 2017년 12월 선물 상한액은 농수축산물에 한해 10만 원으로 오르고 경조사비는 5만 원으로 낮아지는 내용의 개정안을 의결해 입법예고했다.
> 이에 따르면 선물비의 경우 상한액을 5만 원으로 유지하되 농축수산물(화훼 포함)에 한해 5만 원에서 10만 원으로 상향한다. 여기에는 농수축산물 원재료가 50% 이상인 가공품도 함께 해당한다. 경조사비는 기존 10만 원에서 5만 원으로 상한액이 낮아지는데 현금 5만 원과 함께 5만 원짜리 화환은 제공할 수 있다. 만약 현금 없이 경조사 화환만 제공할 경우에는 10만 원까지 인정된다. 다만 음식물은 유일하게 현행 상한액(3만 원)이 유지된다.
> 외부 강사의 경우 사례금 상한액은 장관급 이상은 시간당 50만 원, 차관급과 공직유관단체 기관장은 40만 원, 4급 이상 공무원과 공직유관단체 임원은 30만 원, 5급 이하와 공직유관단체 직원은 20만 원으로 제한했다. 사립학교 교직원, 학교법인 임직원, 언론사 임직원의 외부강의 사례금 상한액은 시간당 100만 원이다.

① 논문심사 중인 대학교수가 심사대상 대학원생에게 1만 원 이하의 도시락세트를 받은 것은 김영란법에 위배되는 행위이다.

② 직무 관련자들과 1인당 5만 원가량의 식사를 하고 각자 식사비를 지불한 것은 김영란법에 위배되는 행위이다.

③ 퇴직 예정자가 부하 직원들이 갹출한 50만 원 상당의 선물을 받는 것은 김영란법에 위배되는 행위이다.

④ 졸업한 학생선수가 학교운동부지도자에게 3만 원 상당의 선물을 제공하는 것은 김영란법에 위배되지 않는다.

⑤ A신문사 사장이 B대학에서 1시간 강의 후 그 대가로 90만 원을 지급받은 것은 김영란법에 위배되지 않는다.

06 다음 글의 빈칸에 들어갈 단어로 가장 적절한 것은?

인지부조화는 한 개인이 가지는 둘 이상의 사고, 태도, 신념, 의견 등이 서로 일치하지 않거나 상반될 때 생겨나는 심리적인 긴장상태를 의미한다. 인지부조화는 불편함을 유발하기 때문에 사람들은 이것을 감소시키려고 한다. 인지부조화를 감소시키는 방법은 서로 모순관계에 있어서 양립할 수 없는 인지들 가운데 하나 이상의 인지가 갖는 내용을 바꾸어 양립할 수 있게 만들거나, 서로 모순되는 인지들 간의 차이를 좁힐 수 있는 새로운 인지를 추가하여 부조화된 인지상태를 조화된 상태로 ______하는 것이다.

그런데 실제로 부조화를 감소시키는 행동은 비합리적인 면이 있다. 그 이유는 그러한 행동들이 사람들로 하여금 중요한 사실을 배우지 못하게 하고 자신들의 문제에 대해서 실제적인 해결책을 찾지 못하도록 할 수 있기 때문이다. 부조화를 감소시키려는 행동은 자기방어적인 행동이고, 부조화를 감소시킴으로써 우리는 자신의 긍정적인 이미지, 즉, 자신이 선하고 현명하며 상당히 가치 있는 인물이라는 긍정적인 측면의 이미지를 유지하게 된다. 비록 자기방어적인 행동이 유용한 것으로 생각될 수 있지만, 이러한 행동은 부정적 결과를 초래할 수 있다.

① 전이
② 전환
③ 변환
④ 이양
⑤ 양여

PART 3

07 기술보증기금의 이부장은 신입사원을 대상으로 OJT를 진행하고 있다. 이번 주에는 문서 종류에 따른 작성법에 대해 교육하려고 자료를 준비하였다. 밑줄 친 ㉠~㉤ 중 수정해야 할 내용은 무엇인가?

구분	작성법
공문서	• 회사 외부로 전달되는 문서이기 때문에 누가, 언제, 어디서, 무엇을, 어떻게(혹은 왜)가 드러나도록 작성함 • 날짜는 연도와 월일을 반드시 함께 기입함 • ㉠ <u>한 장에 담아내는 것이 원칙</u> • 마지막엔 반드시 '끝'자로 마무리 • 내용이 복잡할 경우 '－다음－' 또는 '－아래－'와 같은 항목을 만들어 구분함 • 장기간 보관되므로 정확하게 기술함
설명서	• 명령문보다 평서문으로 작성함 • 상품이나 제품에 대해 설명하는 글이므로 정확하게 기술함 • ㉡ <u>정확한 내용 전달을 위해 간결하게 작성함</u> • ㉢ <u>전문용어는 이해하기 어렵기 때문에 가급적 사용하지 않음</u> • 복잡한 내용은 도표를 통해 시각화함 • ㉣ <u>동일한 문장 반복을 피하고 다양한 표현을 이용함</u>
기획서	• 기획서의 목적을 달성할 수 있는 핵심 사항이 정확하게 기입되었는지 확인함 • 상대가 채택하게끔 설득력을 갖춰야 하므로, 상대가 요구하는 것이 무엇인지 고려하여 작성함 • 내용이 한눈에 파악되도록 체계적으로 목차를 구성함 • 핵심 내용의 표현에 신경을 써야 함 • 효과적인 내용 전달을 위해 내용에 적합한 표나 그래프를 활용하여 시각화함 • 충분히 검토를 한 후 제출함 • 인용한 자료의 출처가 정확한지 확인함
보고서	• 업무 진행 과정에서 쓰는 보고서인 경우, 진행 과정에 대한 핵심 내용을 구체적으로 제시함 • 내용의 중복을 피하고, 핵심 사항만을 산뜻하고 간결하게 작성함 • 복잡한 내용일 때는 도표나 그림을 활용함 • 개인의 능력을 평가하는 기본 요소이므로 제출하기 전에 반드시 최종 점검함 • 참고자료는 정확하게 제시함 • ㉤ <u>마지막엔 반드시 '끝'으로 마무리함</u> • 내용에 대한 예상 질문을 사전에 추출해 보고 그에 대한 답을 미리 준비함

① ㉠
② ㉡
③ ㉢
④ ㉣
⑤ ㉤

08 다음 (가) ~ (마) 문단에 대한 설명으로 적절하지 않은 것은?

(가) 질서란 무엇인가? 질서란 어떻게 생겨나는 것인가? 사전적인 의미에서 본 질서는 '사물 또는 사회가 올바른 상태를 유지하기 위해서 지켜야 할 일정한 차례나 규칙'을 말한다. 여기서 질서는 이상적인 상태나 상황을 가정하고 이것을 달성하기 위한 행동 규율이나 규범을 뜻한다.

(나) 이 같은 의미에서 질서에 가장 적합한 사례로 교통질서를 들 수 있다. 교통질서에는 모든 사람이 이루고 싶어 하는 바람직하고 이상적인 상태나 상황이 존재한다. 교통질서의 바람직한 상태란 보행자나 운전자가 교통 법규를 잘 지켜 교통사고가 없고, 교통 흐름이 원활하게 이루어지는 상태를 말한다. 바람직한 교통질서를 이루기 위해 우리는 무엇을 하는가? 사람들은 바람직한 교통질서를 이루기 위해 여러 가지 제도나 규칙을 만든다. 그리고 정해진 법규를 지키도록 유도하거나 공권력을 동원해 이를 지키도록 강요한다.

(다) 시장질서도 교통질서와 비슷한 것일까? 시장질서가 목표로 하는 바람직하고 이상적인 상태나 상황이 존재하는 것일까? 시장 경제의 참여자가 지켜야 할 규칙은 존재하는 것일까? 만약 규칙이 존재한다면, 이것은 인간들이 인위적으로 만들어 낸 것일까? 시장질서는 시장에 참여하고 있는 사람들이 자신이 할 수 없는 행동 영역을 제외한 범위 내에서 가장 유리한 행동을 선택한 결과 자연스럽게 이루어진 질서이다. 따라서 시장질서는 흔히 자발적이고 자연스럽게 만들어진 질서라는 의미에서 '자생적 혹은 자발적 질서'라고 부른다.

(라) 교통질서와 시장질서는 몇 가지 점에서 뚜렷하게 구분된다. 우선 교통질서에는 대부분의 사람들이 합의하는 바람직한 상태나 상황이 존재한다. 하지만 시장질서는 바람직한 상태나 상황을 정확하게 정의하기에는 너무나 복잡하다. 시장질서는 시장에 참여한 수많은 사람의 상호 작용의 결과로 생겨나는 것이기 때문에 우리의 한정된 이성(理性)으로 이상적인 상태나 상황을 가정하기에는 너무 복잡하다.

(마) 물론 교통질서와 시장질서는 공통점도 가지고 있다. 시장에 참여한 사람들은 무한한 자유를 가질 수 없다. 그들 역시 교통질서를 이루는 데 참여한 사람들처럼 일정한 규칙을 준수해야 한다. 따라서 시장 경제에 참여한 사람들이 누리는 자유는 '절제된 자유' 혹은 '규율이 있는 자유'라 할 수 있으며, 이는 존재하는 규칙을 준수하는 범위 내에서의 자유라 할 수 있다. 교통질서나 시장질서에 참여한 모든 사람들의 자유는 일정한 규칙을 준수한다는 의미에서 비슷하다.

① (가) : 질서의 특징에 대해 구체적 예를 들어 설명하고 있다.
② (나) : 질서의 개념에 대해 교통질서를 연결시켜 설명하고 있다.
③ (다) : 시장질서의 형성 과정을 문답식으로 설명하고 있다.
④ (라) : 교통질서와 시장질서의 차이점을 비교하고 있다.
⑤ (마) : 교통질서와 시장질서의 공통점을 비교하고 있다.

PART 3

09 다음 글의 내용으로 적절하지 않은 것은?

기업은 많은 이익을 남기길 원하고, 소비자는 좋은 제품을 저렴하게 구매하길 원한다. 그 과정에서 힘이 약한 저개발국가의 농민, 노동자, 생산자들은 무역상품의 가격 결정 과정에 참여하지 못하고, 자신이 재배한 식량과 상품을 매우 싼값에 팔아 겨우 생계를 유지한다. 그 결과, 세계 인구의 20% 정도가 우리 돈 약 1,000원으로 하루를 살아가고, 세계 노동자의 40%가 하루 2,000원 정도의 소득으로 살아가고 있다.

이러한 무역 거래의 한계를 극복하고자 공평하고 윤리적인 무역 거래를 통해 저개발국가 농민, 노동자, 생산자들이 겪고 있는 빈곤 문제를 해결하기 위해 공정무역이 생겨났다. 공정무역은 기존 관행 무역으로부터 소외당하며 불이익을 받고 있는 생산자와 지속가능한 파트너십을 통해 공정하게 거래하는 것으로, 생산자들과 공정무역 단체의 직거래를 통한 거래 관계에서부터 단체나 제품 등에 대한 인증시스템까지 모두 포함하는 무역을 의미한다.

이와 같은 공정무역은 국제 사회 시민운동의 일환으로, 1946년 미국의 시민단체 '텐사우전드빌리지(Ten Thousand Villages)'가 푸에르토리코의 자수 제품을 구매하고, 1950년대 후반 영국의 '옥스팜(Oxfam)'이 중국 피난민들의 수공예품과 동유럽국가의 수공예품을 팔면서 시작되었다. 이후 1960년대에는 여러 시민 단체들이 조직되어 아프리카, 남아메리카, 아시아의 빈곤한 나라에서 본격적으로 활동을 전개하였다. 이 단체들은 가난한 농부와 노동자들이 스스로 조합을 만들어 환경친화적으로 농산물을 생산하도록 교육하고, 이에 필요한 자금 등을 지원했다. 2000년대에는 자본주의의 대안활동으로 여겨지며 공정무역이 급속도로 확산되었고, 공정무역 단체나 회사가 생겨남에 따라 저개발국가 농부들의 농산물이 공정한 값을 받고 거래되었다. 이러한 과정에서 공정무역은 저개발국 생산자들의 삶을 개선하기 위한 중요한 시장 메커니즘으로 주목을 받게 된 것이다.

① 기존 관행 무역에서는 저개발국가의 농민, 노동자, 생산자들이 무역상품의 가격 결정 과정에 참여하지 못했다.

② 세계 노동자의 40%가 하루 2,000원 정도의 소득으로 살아가며, 세계 인구의 20%는 약 1,000원으로 하루를 살아간다.

③ 공정무역에서는 저개발국가의 생산자들과 지속가능한 파트너십을 통해 그들을 무역 거래 과정에서 소외시키지 않는다.

④ 공정무역은 1946년에 시작되었고, 1960년대 조직된 여러 시민 단체들이 본격적으로 활동을 전개하였다.

⑤ 시민 단체들은 조합을 만들어 환경친화적인 농산물을 직접 생산하고, 이를 회사에 공정한 값으로 판매하였다.

10 **다음 글에서 〈보기〉의 문장이 들어갈 위치로 바르게 짝지어진 것은?**

사람들의 커뮤니케이션에 대한 관점은 다르기 때문에 메시지 내용의 구성에 있어서도 매우 차이가 나는 것을 볼 수 있다. 메시지 구성논리(Message Design Logic)는 사람들이 자신의 생각과 메시지의 구성을 연결하는 커뮤니케이션에 대하여 가지는 믿음 체계라고 볼 수 있다. 다시 말해 커뮤니케이션의 기능이나 특성에 대한 사람들의 차별적인 관점이 메시지 구성에서 차별화를 보여 준다는 것이다. 이러한 차별적 메시지 구성은 사람들이 갈등적 관계에 있을 때 특히 명확하게 드러난다. 오키프는 다음과 같은 세 가지 종류의 메시지 구성논리를 주장하고 있다.
첫 번째, 표현적 메시지 구성논리(Expressive Message Design Logic)는 송신자 중심의 패턴이라고 볼 수 있다. 이러한 패턴을 사용하는 사람들은 기본적으로 자신의 표현(Self-expression)을 가장 중요하게 생각한다.
____(가)____ 표현적 메시지 구성논리를 사용하는 사람들은 자신의 생각의 표현을 억제하는 것이 힘들며, 생각하는 것을 곧바로 입으로 표현하고자 한다. 이러한 사람들은 커뮤니케이션에서 솔직함이나 개방성, 명쾌함 등을 중요한 가치로 생각하며, 의도적이고 전략적으로 말을 하는 사람들을 신뢰하지 않는다. 마음에 있는 것들을 곧바로 말하고 싶은 충동을 갖고 있는 것이다. 메시지 내용의 대부분은 송신자가 무엇을 느끼고 있는가에 초점이 맞춰져 있는 것이다.
두 번째는 인습적 메시지 구성논리(Conventional Message Design Logic)이다. 메시지 구성 논리를 사용하는 사람들은 커뮤니케이션을 협동적으로 이뤄지는 게임으로 간주한다. 따라서 이러한 사람들은 커뮤니케이션에서 적절함에 관심을 가지며, 대화의 맥락, 역할, 관계 등을 중요하게 생각한다. ____(나)____ 그들은 공손하려고 애쓰며, 사회적 규칙 등을 암시적으로 언급하는 사람들이다. 다른 사람이 사회적으로 잘못했을 경우 그 사람의 행동이 부적절했음을 지적할 뿐만 아니라 상대방의 사회적 위치가 무엇인지를 지적하는 사람인 것이다.
마지막으로 세 번째 구성논리는 수사적 메시지 구성논리(Rhetorical Message Design Logic)이다. ____(다)____ 이러한 사고방식은 커뮤니케이션의 기술적 능력과 세심함과 함께 유연성을 특히 강조하고 있다. 수사적 메시지 구성논리를 중심으로 하는 사람들은 상대방의 관점을 이해하기 위하여 상대방과의 커뮤니케이션의 내용에 주목한다. 서로 간에 이익이 되는 상황으로 기존의 상황을 재정의함으로써 문제를 예방하려고 한다.

보기

㉠ 이러한 구성논리를 사용하는 사람들은 커뮤니케이션을 상황을 만들고 복수(자신과 상대방)의 목표를 타협하는 도구로 간주한다.
㉡ 커뮤니케이션이란 송신자의 생각이나 감정을 전달하는 수단으로 간주되는 것이다.
㉢ 주어진 상황에서 올바른 것을 말하고 행하는 것에 관심을 갖는 것이다.

	(가)	(나)	(다)
①	㉠	㉡	㉢
②	㉠	㉢	㉡
③	㉡	㉠	㉢
④	㉡	㉢	㉠
⑤	㉢	㉡	㉠

PART 3

11 K공사에서 공청회를 개최하였다. 공청회 자리에 참석한 여자 인원수는 공청회에 참석한 전체 인원의 $\frac{3}{7}$ 보다 13명 적었고, 남자 인원수는 전체 인원의 $\frac{1}{2}$ 보다 33명 많았다. 공청회에 참석한 전체 인원은 몇 명인가?

① 210명
② 240명
③ 280명
④ 330명
⑤ 350명

12 기술보증기금은 2024년도 하반기 우수사원들에게 부상으로 순금을 수여하기로 하였다. 수상자는 1 ~ 3등 각 1명씩이며, 1등에게는 5돈 순금 두꺼비를 수여하고, 2등과 3등에게는 10g의 순금 열쇠를 하나씩 수여하기로 하였다. 부상 제작에 필요한 순금은 총 몇 kg인가?(단, 한 돈은 3.75g이다)

① 0.3875kg
② 0.03875kg
③ 0.2875kg
④ 0.02875kg
⑤ 3.8750kg

13 등산을 하는 데 올라갈 때는 시속 3km로 걷고, 내려올 때는 올라갈 때보다 5km 더 먼 길을 시속 4km로 걷는다. 올라갔다가 내려올 때 총 3시간이 걸렸다면, 올라갈 때 걸은 거리는 몇 km인가?

① 3km
② 4km
③ 5km
④ 6km
⑤ 7km

14 다음은 지역별 의료인력 분포 현황을 나타낸 자료이다. 이에 대한 설명으로 옳지 않은 것은?

〈지역별 의료인력 분포 현황〉

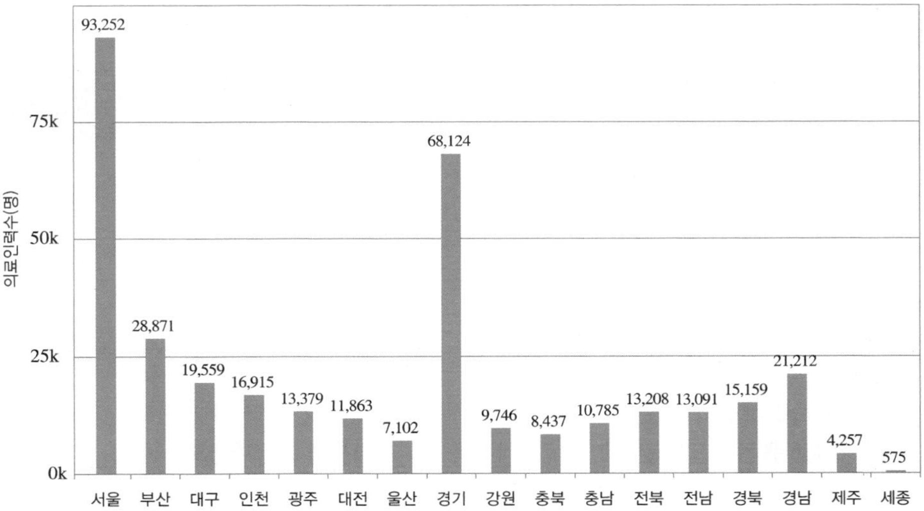

※ 의료인력이란 의사, 치과의사, 한의사, 간호사, 약사를 말함

※ 수도권은 서울, 인천 및 경기도를 말함

① 의료인력은 수도권에 편중된 불균형상태를 보이고 있다.

② 수도권에서 경기가 차지하는 비중은 인천이 차지하는 비중의 4배 미만이다.

③ 의료인력수가 두 번째로 적은 지역은 도서지역이다.

④ 의료인력수가 많을수록 의료인력 비중이 고르다고 말할 수 없다.

⑤ 서울과 경기를 제외한 나머지 지역 중 의료인력수가 가장 많은 지역과 가장 적은 지역의 차는 경남의 의료인력수보다 크다.

PART 3

15 다음은 청소년의 경제의식에 대한 설문조사 결과를 정리한 자료이다. 이에 대한 설명으로 옳은 것은?

〈경제의식에 대한 설문조사 결과〉

(단위 : %)

설문 내용	구분	전체	성별		학교별	
			남	여	중학교	고등학교
용돈을 받는지 여부	예	84.2	82.9	85.4	87.6	80.8
	아니오	15.8	17.1	14.6	12.4	19.2
월간 용돈 금액	5만 원 미만	75.2	73.9	76.5	89.4	60
	5만 원 이상	24.8	26.1	23.5	10.6	40
금전출납부 기록 여부	기록한다.	30	22.8	35.8	31	27.5
	기록 안 한다.	70	77.2	64.2	69.0	72.5

① 용돈을 받는 남학생의 비율이 용돈을 받는 여학생의 비율보다 높다.
② 월간 용돈을 5만 원 미만으로 받는 비율은 중학생이 고등학생보다 높다.
③ 고등학생 전체 인원을 100명이라 한다면, 월간 용돈을 5만 원 이상 받는 학생은 40명이다.
④ 금전출납부는 기록하는 비율이 기록 안 하는 비율보다 높다.
⑤ 용돈을 받지 않는 중학생 비율이 용돈을 받지 않는 고등학생 비율보다 높다.

※ 다음은 K국의 교통사고 사상자 2,500명 대해 조사한 자료이다. 이어지는 질문에 답하시오. [16~17]

〈교통사고 현황〉

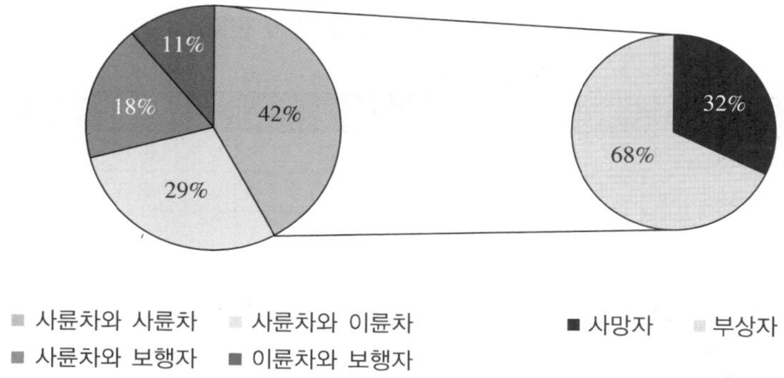

※ 사상자 수와 가해자 수는 같음

〈교통사고 가해자 연령〉

구분	20대	30대	40대	50대	60대 이상
비율	38%	21%	11%	8%	(　　)

※ 교통사고 가해자 연령 비율의 합은 100%임

16 다음 중 자료에 대한 설명으로 옳지 않은 것은?

① 교통사고 가해자 연령에서 60대 이상의 비율은 30대보다 높다.

② 사륜차와 사륜차 교통사고 사망사건 가해자가 모두 20대라고 할 때, 전체 20대 가해자 중 35% 이상을 차지한다.

③ 이륜차와 관련된 교통사고의 가해자 연령대가 30대 이하라고 할 때, 전체 30대 이하 가해자 중 70% 이상을 차지한다.

④ 보행자와 관련된 교통사고의 40%는 사망사건이라고 할 때, 사륜차와 사륜차의 교통사고 사망자 수보다 적다.

⑤ 사륜차와 이륜차 교통사고 사망자와 부상자의 비율이 사륜차와 사륜차 교통사고 사망자와 부상자 비율의 반대라고 할 때, 사륜차와 이륜차 교통사고 사망자 수가 사륜차와 사륜차 교통사고 사망자 수보다 더 많다.

17 이륜차 또는 보행자와 관련된 교통사고 건수 중 20%의 가해자가 20대라고 할 때, 이 인원이 20대 가해자에서 차지하는 비율은?(단, 비율은 소수점 첫째 자리에서 버림한다)

① 10%　　② 15%

③ 20%　　④ 25%

⑤ 30%

18 다음은 공공기관 청렴도 평가 현황 자료이다. 내부청렴도가 가장 높은 해와 낮은 해를 바르게 나열한 것은?

〈공공기관 청렴도 평가 현황〉

(단위 : 점)

구분	2021년	2022년	2023년	2024년
종합청렴도	6.23	6.21	6.16	6.8
외부청렴도	8.0	8.0	8.0	8.1
내부청렴도	( )	( )	( )	( )
정책고객평가	6.9	7.1	7.2	7.3
금품제공률	0.7	0.7	0.7	0.5
향응제공률	0.7	0.8	0.8	0.4
편의제공률	0.2	0.2	0.2	0.2

※ 종합청렴도, 외부청렴도, 내부청렴도, 정책고객평가는 각각 10점 만점으로, 10점에 가까울수록 청렴도가 높다는 의미임

※ (종합청렴도)=[(외부청렴도)×0.6+(내부청렴도)×0.3+(정책고객평가)×0.1]−(감점요인)

※ 금품제공률, 향응제공률, 편의제공률은 감점요인임

	가장 높은 해	가장 낮은 해
①	2021년	2023년
②	2022년	2023년
③	2022년	2024년
④	2023년	2024년
⑤	2023년	2022년

19 다음은 생명공학기술의 기술분야별 특허건수와 점유율에 대한 자료이다. 〈조건〉을 토대로 A ~ D에 해당하는 기술분야를 바르게 나열한 것은?

〈생명공학기술의 기술분야별 특허건수와 점유율〉

(단위 : 건, %)

기술분야 \ 구분	전세계 특허건수	미국 점유율	한국 특허건수	한국 점유율
생물공정기술	75,823	36.8	4,701	6.2
A	27,252	47.6	1,880	( )
생물자원탐색기술	39,215	26.1	6,274	16.0
B	170,855	45.6	7,518	( )
생물농약개발기술	8,122	42.8	560	6.9
C	20,849	8.1	4,295	( )
단백질체기술	68,342	35.1	3,622	5.3
D	26,495	16.8	7,127	( )

※ $[\text{해당국의 점유율(\%)}] = \frac{(\text{해당국의 특허건수})}{(\text{전세계 특허건수})} \times 100$

조건

- 발효식품개발기술과 환경생물공학기술은 미국보다 한국의 점유율이 높다.
- 동식물세포배양기술에 대한 미국 점유율은 생물농약 개발기술에 대한 미국 점유율보다 높다.
- 유전체기술에 대한 한국 점유율과 미국 점유율의 차이는 41%p 이상이다.
- 환경생물공학기술에 대한 한국의 점유율은 25% 이상이다.

	A	B	C	D
①	동식물세포배양기술	유전체기술	발효식품개발기술	환경생물공학기술
②	동식물세포배양기술	유전체기술	환경생물공학기술	발효식품개발기술
③	발효식품개발기술	유전체기술	동식물세포배양기술	환경생물공학기술
④	유전체기술	동식물세포배양기술	발효식품개발기술	환경생물공학기술
⑤	유전체기술	동식물세포배양기술	환경생물공학기술	발효식품개발기술

PART 3

20 다음은 K국에 출원된 의약품 특허출원에 대한 자료이다. 이를 바탕으로 작성된 보고서의 내용 중 옳은 것을 모두 고르면?

〈표 1〉 의약품별 특허출원 현황

(단위 : 건)

구분 \ 연도	2022년	2023년	2024년
완제의약품	7,137	4,394	2,999
원료의약품	1,757	797	500
기타 의약품	2,236	1,517	1,220
계	11,130	6,708	4,719

〈표 2〉 의약품별 특허출원 중 다국적기업 출원 현황

(단위 : 건)

구분 \ 연도	2022년	2023년	2024년
완제의약품	404	284	200
원료의약품	274	149	103
기타 의약품	215	170	141
계	893	603	444

〈표 3〉 완제의약품 특허출원 중 다이어트제 출원 현황

(단위 : 건)

구분 \ 연도	2022년	2023년	2024년
출원 건수	53	32	22

〈보고서〉

㉠ 2022년부터 2024년까지 의약품의 특허출원은 매년 감소하였다. 그러나 기타 의약품이 전체 의약품 특허출원에서 차지하는 비중은 매년 증가하여 ㉡ 2024년 전체 의약품 특허출원의 30% 이상이 기타 의약품 특허출원이었다. 다국적기업의 의약품 특허출원 현황을 보면, 원료의약품에서 다국적기업 특허출원이 차지하는 비중이 다른 의약품에 비해 매년 높아 ㉢ 2024년 원료의약품 특허출원의 20% 이상이 다국적기업 특허출원이었다. 한편, ㉣ 2024년 다국적기업에서 출원한 완제의약품 특허출원 중 다이어트제 특허출원은 11%였다.

① ㉠, ㉡
② ㉠, ㉢
③ ㉡, ㉣
④ ㉠, ㉢, ㉣
⑤ ㉡, ㉢, ㉣

※ K사는 모든 임직원에게 다음과 같은 규칙으로 사원번호를 부여한다. 다음 자료를 보고 이어지는 질문에 답하시오. [21~22]

〈사원번호 부여 기준〉

M	0	1	2	5	0	1	0	1
성별	부서		입사년도		입사월		입사순서	

- 사원번호 부여 순서 : [성별] – [부서] – [입사년도] – [입사월] – [입사순서]
- 성별 구분

남성	여성
M	W

- 부서 구분

총무부	인사부	기획부	영업부	생산부
01	02	03	04	05

- 입사년도 : 연도별 끝자리를 2자리 숫자로 기재(예 2025년 – 25)
- 입사월 : 2자리 숫자로 기재(예 5월 – 05)
- 입사순서 : 해당 월의 누적 입사순서(예 해당 월의 3번째 입사자 – 03)

※ K사에 같은 날 입사자는 없음

21 다음 중 사원번호가 'W05240401'인 사원에 대한 설명으로 옳지 않은 것은?

① 생산부서 최초의 여직원이다.
② 2024년에 입사하였다.
③ 4월에 입사한 여성이다.
④ 'M03240511'인 사원보다 입사일이 빠르다.
⑤ 생산부서로 입사하였다.

22 다음 K사의 2024년 하반기 신입사원 명단을 참고할 때, 기획부에 입사한 여성은 모두 몇 명인가?

M01240903	W03241005	M05240912	W05240913	W01241001	W04241009
W02240901	M04241101	W01240905	W03240909	M02241002	W03241007
M03240907	M01240904	W02240902	M04241008	M05241107	M01241103
M03240908	M05240910	M02241003	M01240906	M05241106	M02241004
M04241101	M05240911	W03241006	W05241105	W03241104	M05241108

① 2명
② 3명
③ 4명
④ 5명
⑤ 6명

PART 3

23 빨간색, 파란색, 노란색, 초록색의 화분에 빨강, 파랑, 노랑, 초록 꽃씨를 다음 〈조건〉에 따라 심는다고 한다. 이때 〈보기〉에 대해 판단한 내용으로 옳은 것은?

조건

- 각각의 화분에 화분과 같은 색깔의 꽃씨는 심을 수 없다.
- 빨강 꽃씨를 노란색 화분에 심을 수 없으며, 노랑 꽃씨를 빨간색 화분에 심지 못한다.
- 파랑 꽃씨를 초록색 화분에 심을 수 없으며, 초록 꽃씨를 파란색 화분에 심지 못한다.

보기

초록색 화분과 노란색 화분에 심을 수 있는 꽃씨의 종류는 같다.

① 확실히 틀리다.
② 확실히 맞다.
③ 확실하지 않지만 틀릴 확률이 높다.
④ 확실하지 않지만 맞을 확률이 높다.
⑤ 알 수 없다.

24 다음은 기술보증기금 직원들의 이번 주 추가근무 계획표이다. 하루에 3명 이상 추가근무를 할 수 없고, 직원들은 각자 일주일에 6시간을 초과하여 추가근무를 할 수 없다. 다음 중 추가근무 일정을 수정해야 하는 사람은 누구인가?

〈이번 주 추가근무 일정〉

성명	추가근무 일정	성명	추가근무 일정
유진실	금요일 3시간	민윤기	월요일 2시간
김은선	월요일 6시간	김남준	일요일 4시간, 화요일 3시간
이영희	토요일 4시간	전정국	토요일 6시간
최유화	목요일 1시간	정호석	화요일 4시간, 금요일 1시간
김석진	화요일 5시간	김태형	수요일 6시간
박지민	수요일 3시간, 일요일 2시간	박시혁	목요일 1시간

① 김은선
② 김석진
③ 박지민
④ 김남준
⑤ 정호석

25 월요일부터 금요일까지 진료를 하는 의사는 다음 <조건>에 따라 진료일을 정한다. 의사가 목요일에 진료를 하지 않았다면, 월요일부터 금요일 중 진료한 날은 총 며칠인가?

조건

- 월요일에 진료를 하면 수요일에는 진료를 하지 않는다.
- 월요일에 진료를 하지 않으면 화요일이나 목요일에 진료를 한다.
- 화요일에 진료를 하면 금요일에는 진료를 하지 않는다.
- 수요일에 진료를 하지 않으면 목요일 또는 금요일에 진료를 한다.

① 0일
② 1일
③ 2일
④ 3일
⑤ 4일

PART 3

26 안전본부 사고분석 개선처에 근무하는 B대리는 혁신우수 연구대회에 출전하여 첨단장비를 활용한 차종별 보행자사고 모형개발 자료를 발표했다. 연구 추진방향을 도출하기 위해 SWOT 분석을 한 결과가 다음과 같을 때, 분석 결과에 대응하는 전략과 그 내용이 바르게 짝지어지지 않은 것은?

강점(Strength)	약점(Weakness)
10년 이상 지속적인 교육과 연구로 신기술 개발을 위한 인프라 구축	보행자사고 모형개발을 위한 예산 및 실차 실험을 위한 연구소 부재
기회(Opportunity)	**위협(Threat)**
첨단 과학장비(3D스캐너, MADYMO) 도입으로 정밀 시뮬레이션 분석 가능	교통사고에 대한 국민의 관심과 분석수준 향상으로 공단의 사고분석 질적 제고 필요

① SO전략 : 과학장비를 통한 정밀 시뮬레이션 분석을 토대로 국내 차량의 전면부 형상을 취득하고 보행자사고를 분석해 신기술 개발에 도움
② WO전략 : 실차 실험 대신 과학장비를 통한 시뮬레이션 연구로 모형개발
③ ST전략 : 지속적 교육과 연구로 쌓아온 데이터를 바탕으로 사고분석 프로그램 신기술 개발을 통해 사고분석 질적 향상에 기여
④ WT전략 : 신기술 개발을 위한 연구대회를 개최해 인프라를 더욱 탄탄히 구축
⑤ WT전략 : 보행자사고 실험을 위한 연구소를 만들어 사고 분석 데이터 축적

※ 기술보증기금은 사내 장기자랑을 위해 조를 편성하기로 하였다. 이어지는 질문에 답하시오. [27~28]

〈조 편성 조건〉

- 2명씩 총 5개 조를 편성한다.
- 같은 팀끼리 같은 조가 될 수 없다.
- 남녀 조는 하나이다.
- 20대는 20대끼리, 30대는 30대끼리 조를 편성한다.
- 조원 간 나이 차는 5세 이내로 제한한다.

〈기술보증기금 직원 명단〉

(단위 : 세)

남	이름	전현무	김기안	이시언	방성훈	김충재
	나이	39	27	36	29	24
	소속	안전관리팀	기술팀	인사팀	기획팀	총무팀
여	이름	한혜진	박나래	안화사	정려원	김사랑
	나이	35	30	23	32	37
	소속	인사팀	기술팀	총무팀	안전관리팀	기획팀

27 다음 중 조원이 될 수 있는 사람끼리 바르게 짝지은 것은?

① 김충재, 김기안
② 안화사, 김충재
③ 정려원, 한혜진
④ 이시언, 방성훈
⑤ 김사랑, 정려원

28 세대 간 화합을 위해 다음과 같이 〈조건〉을 변경하기로 하였다. 이때 조원이 될 수 있는 사람끼리 바르게 짝지은 것은?

조건
- 2명씩 조를 편성한다.
- 가장 나이 차가 많이 나는 조합부터 조를 편성한다(가장 나이가 어린 사람과 가장 나이가 많은 사람이 한 조가 된다).

① 정려원, 김사랑
② 전현무, 김충재
③ 한혜진, 방성훈
④ 김기안, 박나래
⑤ 안화사, 이시언

29 K공사에서 근무하는 A사원은 경제자유구역사업에 대한 SWOT 분석 결과를 토대로 SWOT 분석에 의한 경영전략을 세웠다. 다음 〈보기〉 중 SWOT 분석에 의한 경영전략의 내용으로 적절하지 않은 것을 모두 고르면?

〈경제자유구역사업에 대한 SWOT 분석 결과〉

구분	분석 결과
강점(Strength)	• 성공적인 경제자유구역 조성 및 육성 경험 • 다양한 분야의 경제자유구역 입주희망 국내기업 확보
약점(Weakness)	• 과다하게 높은 외자금액 비율 • 외국계 기업과 국내기업 간의 구조 및 운영상 이질감
기회(Opportunity)	• 국제경제 호황으로 인하여 타국 사업지구 입주를 희망하는 해외시장부문의 지속적 증가 • 국내진출 해외기업 증가로 인한 동형화 및 협업 사례 급증
위협(Threat)	• 국내거주 외국인 근로자에 대한 사회적 포용심 부족 • 대대적 교통망 정비로 인한 기성 대도시의 흡수효과 확대

〈SWOT 분석에 의한 경영전략〉

• SO전략 : 강점을 활용하여 기회를 선점하는 전략
• ST전략 : 강점을 활용하여 위협을 최소화하거나 극복하는 전략
• WO전략 : 기회를 활용하여 약점을 보완하는 전략
• WT전략 : 약점을 최소화하고 위협을 회피하는 전략

보기

ㄱ. 성공적인 경제자유구역 조성 노하우를 활용하여 타국 사업지구로의 진출을 희망하는 해외기업을 유인 및 유치하는 전략은 SO전략에 해당한다.
ㄴ. 다수의 풍부한 경제자유구역 성공 사례를 바탕으로 외국인 근로자를 국내주민과 문화적으로 동화시킴으로써 원활한 지역발전의 토대를 조성하는 전략은 ST전략에 해당한다.
ㄷ. 기존에 국내에 입주한 해외기업의 동형화 사례를 활용하여 국내기업과 외국계 기업의 운영상 이질감을 해소하여 생산성을 증대시키는 전략은 WO전략에 해당한다.
ㄹ. 경제자유구역 인근 대도시와의 연계를 활성화하여 경제자유구역 내 국내·외 기업 간의 이질감을 해소하는 전략은 WT전략에 해당한다.

① ㄱ, ㄴ
② ㄱ, ㄷ
③ ㄴ, ㄷ
④ ㄴ, ㄹ
⑤ ㄷ, ㄹ

30 다음 자료와 상황을 근거로 판단할 때, 〈보기〉 중 옳은 것을 모두 고르면?

〈공공도서관 시설 및 도서관 자료 구비 기준〉

봉사대상 인구(명)	시설		도서관 자료	
	건물면적(m^2)	열람석(석)	기본장서(권)	연간증서(권)
10만 이상 30만 미만	1,650 이상	350 이상	30,000 이상	3,000 이상
30만 이상 50만 미만	3,300 이상	800 이상	90,000 이상	9,000 이상
50만 이상	4,950 이상	1,200 이상	150,000 이상	15,000 이상

1. 봉사대상 인구란 도서관이 설치되는 해당 시의 인구를 말한다. 연간증서(年間增書)는 설립 다음 해부터 매년 추가로 늘려야 하는 장서로서 기본장서에 포함된다.
2. 전체 열람석의 10% 이상을 노인과 장애인 열람석으로 할당하여야 한다.
3. 공공도서관은 기본장서 외에 다음 각 목에서 정하는 자료를 갖추어야 한다.
   가. 봉사대상 인구 1천 명당 1종 이상의 연속간행물
   나. 봉사대상 인구 1천 명당 10종 이상의 시청각자료

〈상황〉

신도시인 K시에 2025년 상반기 개관을 목표로 공공도서관 건설을 추진 중이다. K시의 예상 인구 추계는 다음과 같다.

구분	2024년	2025년	2030년	2040년
예상 인구(명)	13만	15만	30만	50만

※ K시 도서관은 예정대로 개관함
※ 2024년 인구는 실제 인구이며, 인구는 해마다 증가한다고 가정함

보기

ㄱ. K시 도서관 개관 시 확보해야 할 최소 기본장서는 30,000권이다.
ㄴ. K시의 예상 인구 추계자료와 같이 인구가 증가한다면, 2025년에는 노인 및 장애인 열람석을 2024년에 비해 35석 추가로 더 확보해야 한다.
ㄷ. K시의 예상 인구 추계자료와 같이 인구가 증가하고, 2025 ~ 2030년에 매년 같은 수로 인구가 늘어난다면, 2024년에는 최소 240종 이상의 연속간행물과 2,400종 이상의 시청각자료를 보유해야 한다.
ㄹ. 2030년 실제 인구가 예상 인구의 80% 수준에 불과하다면, 개관 이후 2030년 말까지 추가로 보유해야 하는 총 연간증서는 최소 18,000권이다.

① ㄱ, ㄴ
② ㄱ, ㄷ
③ ㄴ, ㄹ
④ ㄱ, ㄷ, ㄹ
⑤ ㄴ, ㄷ, ㄹ

31 A씨는 최근 회사 내 업무용 개인 컴퓨터의 보안을 강화하기 위하여 다음과 같은 메일을 받았다. 이를 토대로 A씨가 취해야 할 행동으로 적절하지 않은 것은?

> 발신 : 전산보안팀
>
> ---
>
> 수신 : 전 임직원
>
> 제목 : 업무용 개인 컴퓨터 보안대책 공유
>
> 내용 :
> 안녕하십니까. 전산팀장입니다.
> 최근 개인정보 유출 등 전산보안 사고가 자주 발생하고 있어 각별한 주의가 필요한 상황입니다. 이에 따라 자사에서도 업무상 주요 정보가 유출되지 않도록 보안프로그램을 업그레이드하는 등 전산보안을 더욱 강화하고 있습니다.
> 무엇보다 업무용 개인 컴퓨터를 사용하는 분들이 특히 신경을 많이 써주셔야 철저한 보안이 실천됩니다. 번거로우시더라도 다음과 같은 사항을 따라주시길 바랍니다.
>
> - 인터넷 익스플로러를 종료할 때마다 검색기록이 삭제되도록 설정해 주세요.
> - 외출 또는 외근으로 장시간 컴퓨터를 켜두어야 하는 경우에는 인터넷 검색기록을 직접 삭제해 주세요.
> - 인터넷 검색기록 삭제 시 기본 설정되어 있는 항목 외에도 '다운로드 기록', '양식 데이터', '암호', '추적방지, ActiveX 필터링 및 Do Not Track 데이터'를 모두 체크하여 삭제해 주세요(단, 즐겨찾기 웹 사이트 데이터 보존 부분은 체크 해제할 것).
> - 인터넷 익스플로러에서 방문한 웹 사이트 목록을 저장하는 기간을 5일로 변경해 주세요.
> - 자사에서 제공 중인 보안프로그램은 항시 업데이트하여 최신 상태로 유지해 주세요.
>
> 위 사항을 적용하는 데 어려움이 있을 경우에는 첨부파일에 이미지와 함께 친절하게 설명되어 있으니 참고바랍니다.
>
> 〈첨부〉 업무용 개인 컴퓨터 보안대책 적용 방법 설명(이미지).zip

① 인터넷 익스플로러에서 [도구(또는 톱니바퀴 모양)]를 클릭하여 [인터넷 옵션]의 '일반' 카테고리에 있는 [종료할 때 검색 기록 삭제]를 체크한다.
② 장시간 외출할 경우에는 [인터넷 옵션]의 '일반' 카테고리에 있는 [삭제]를 클릭해 직접 삭제한다.
③ 검색기록 삭제 시 [인터넷 옵션]의 '일반' 카테고리에 있는 [삭제]를 클릭하여 기존에 설정되어 있는 항목을 포함한 모든 항목을 체크하여 삭제한다.
④ [인터넷 옵션]의 '일반' 카테고리 중 검색기록 부분에서 [설정]을 클릭하고, '기록' 카테고리의 [페이지 보관일수]를 5일로 설정한다.
⑤ 자사의 보안프로그램을 실행하고 [설정]에서 업데이트를 실행한다.

PART 3

32 다음은 K공사의 신입공채 지원자들에 대한 평가점수를 정리한 자료이다. [B9] 셀에 다음과 같은 함수식을 입력하였을 때, [B9] 셀에 표시되는 결괏값으로 옳지 않은 것은?

	A	B	C	D	E
1	이름	협동점수	태도점수	발표점수	필기점수
2	부경필	75	80	92	83
3	김효남	86	93	74	95
4	박현정	64	78	94	80
5	백자영	79	86	72	97
6	이병현	95	82	79	86
7	노경미	91	86	80	79
8					
9	점수				

	함수식	결괏값
①	=AVERAGE(LARGE(B2:E2,3),SMALL(B5:E5,2))	79.5
②	=SUM(MAX(B3:E3),MIN(B7:E7))	174
③	=AVERAGE(MAX(B7:E7),COUNTA(B6:E6))	50
④	=SUM(MAXA(B4:E4),COUNT(B3:E3))	98
⑤	=AVERAGE(SMALL(B3:E3,3),LARGE(B7:E7,3))	86.5

33 다음 시트에서 [E2:E7] 영역처럼 표시하려고 할 때, [E2] 셀에 입력할 함수식으로 옳은 것은?

	A	B	C	D	E
1	순번	이름	주민등록번호	생년월일	백넘버
2	1	박민석 11	831121-1092823	831121	11
3	2	최성영 20	890213-1928432	890213	20
4	3	이형범 21	911219-1223457	911219	21
5	4	임정호 26	870211-1098432	870211	26
6	5	박준영 28	850923-1212121	850923	28
7	6	김민욱 44	880429-1984323	880429	44

① =MID(B2,5,2)
② =LEFT(B2,2)
③ =RIGHT(B2,5,2)
④ =MID(B2,5)
⑤ =LEFT(B2,5,2)

34 **다음 글을 참고할 때 1차 자료에 해당하지 않는 것은?**

> 정보는 기업이나 어떤 조직을 운영하는 데 있어서 중요한 자원으로, 의사결정을 하거나 문제의 답을 알아내고자 할 때 활용하는데, 이러한 정보는 크게 1차 자료와 2차 자료로 구분되어진다. 1차 자료란, 원래의 연구 성과가 기록된 자료이며, 2차 자료란, 이러한 1차 자료를 효과적으로 찾아보기 위해 1차 자료의 정보를 압축하여 정리해 놓은 것을 뜻한다.

① 학술지 논문
② 연구보고서
③ 단행본
④ 정기간행물
⑤ 신문

PART 3

35 **기술보증기금에 근무하는 B대리는 방대한 양의 자료를 한눈에 파악할 수 있게 데이터를 요약하라는 상사의 지시를 받았다. 이러한 상황에 대응하기 위해 이용해야 할 엑셀의 기능으로 옳은 것은?**

① 매크로 기능을 이용한다.
② 조건부 서식 기능을 이용한다.
③ 피벗 테이블 기능을 이용한다.
④ 유효성 검사 기능을 이용한다.
⑤ 필터 검사 기능을 이용한다.

36 **다음 〈보기〉 중 정보관리에 대한 설명으로 적절하지 않은 것은?**

> **보기**
> ㉠ 목록을 이용하여 정보를 관리하는 경우 중요한 항목을 찾아 정리하는 과정으로 이루어진다.
> ㉡ 정보 내에 포함된 키워드 등 세부요소를 찾고자 하는 경우 목록을 이용한 정보관리가 효율적이다.
> ㉢ 색인을 이용해 정보를 관리하는 경우 색인은 색인어와 위치정보로 구성된다.

① ㉠
② ㉡
③ ㉠, ㉡
④ ㉡, ㉢
⑤ ㉠, ㉡, ㉢

※ 다음은 자료, 정보, 지식을 구분한 자료이다. 이와 같은 과정을 거쳐 정보가 되고 지식이 된다고 할 때, 이어지는 질문에 답하시오. [37~38]

〈자료, 정보, 지식에 대한 구분〉

자료(Data)	⇨ 객관적 실제의 반영이며, 그것을 전달할 수 있도록 기호화한 것	⇨ 예 • 고객의 휴대폰 기종 • 고객의 휴대폰 활용 횟수
⇩ 정보(Information)	⇨ 자료를 특정한 목적과 문제해결에 도움이 되도록 가공한 것	⇨ 예 • 중년층의 휴대폰 기종 • 중년층의 휴대폰 활용 횟수
⇩ 지식(Knowledge)	⇨ 정보를 집적하고 체계화하여 장래의 일반적인 사항에 대비해 보편성을 갖도록 한 것	⇨ 예 • 휴대폰 디자인에 대한 중년층의 취향 • 중년층을 주요 타깃으로 한 신종 휴대폰 개발

37 다음 〈보기〉 중 정보(Information)에 대한 사례를 모두 고르면?

보기

㉠ 라면 종류별 전체 판매량
㉡ 1인 가구의 인기 음식
㉢ 남성을 위한 고데기 개발
㉣ 다큐멘터리와 예능 시청률
㉤ 만보기 사용 횟수
㉥ 5세 미만 아동들의 선호 색상

① ㉠, ㉢
② ㉡, ㉣
③ ㉡, ㉥
④ ㉢, ㉥
⑤ ㉣, ㉤

38 다음 자료를 통해 추론할 수 있는 지식(Knowledge)으로 옳지 않은 것은?

• 연령대별 선호 운동
• 직장인 평균 퇴근 시간
• 실내운동과 실외운동의 성별 비율
• 운동의 목적에 대한 설문조사 자료
• 선호하는 운동 부위의 성별 비율
• 운동의 실패 원인에 대한 설문조사 자료

① 퇴근 후 부담없이 운동 가능한 운동기구 개발
② 20·30대 남성들을 위한 실내체육관 개설 계획
③ 요일마다 특정 운동부위 발달을 위한 운동 가이드 채널 편성
④ 다이어트에 효과적인 식이요법 자료 발행
⑤ 목적에 맞는 운동 프로그램 계획 설계

39 **다음 중 Windows에 설치된 프린터의 [인쇄 관리자] 창에서 할 수 있는 작업으로 옳지 않은 것은?**

① 인쇄 중인 문서도 강제로 종료시킬 수 있다.
② 인쇄 중인 문서를 일시 중지하고 다른 프린터로 출력하도록 할 수 있다.
③ 현재 사용 중인 프린터를 기본 프린터로 설정할 수 있다.
④ 현재 사용 중인 프린터를 공유하도록 설정할 수 있다.
⑤ 현재 사용 중인 프린터의 기본 설정을 변경할 수 있다.

40 **K사는 자동차 관련 부품을 개발하고 있으며, 다음 〈보기〉는 K사의 내부회의 내용이다. 밑줄 친 ㉠~㉢ 중 정보의 특성을 고려할 때 적절한 것을 모두 고르면?**

보기

김팀장 : 이번 K프로젝트는 기한이 3월 30일까지입니다.
최대리 : T사에서 차량 외부차양 개발에 대한 안을 요청했습니다. 외부차양이 내부차양에 비해 실용적인지 자료가 필요합니다.
김팀장 : 시간이 없네. 효율적으로 찾아봐야 하니 박주임은 1차 자료보다는 ㉠ 2차 자료를 찾아보도록 해요.
박주임 : 네, 그럼 성능 비교에 대한 ㉡ 논문을 찾아보겠습니다.
김팀장 : 김대리는 B프로젝트를 맡았으니, 기온에 따른 냉방 효과를 예측할 수 있는 ㉢ 인포메이션(Information)을 만들어보도록 해요.
김대리 : 네, 알겠습니다.

① ㉠
② ㉡
③ ㉠, ㉢
④ ㉡, ㉢
⑤ ㉠, ㉡, ㉢

41 다음 중 조직 구조의 결정요인에 대한 설명으로 옳지 않은 것은?

① 급변하는 환경에서는 유기적 조직보다 원칙이 확립된 기계적 조직이 더 적합하다.
② 대규모 조직은 소규모 조직에 비해 업무의 전문화 정도가 높다.
③ 조직 구조의 주요 결정요인은 전략, 규모, 기술, 환경으로 4가지이다.
④ 조직 활동의 결과에 대한 만족은 조직의 문화적 특성에 따라 상이하다.
⑤ 일반적으로 소량생산기술을 가진 조직은 유기적 조직 구조를, 대량생산기술을 가진 조직은 기계적 조직 구조를 가진다.

42 다음 〈보기〉 중 문화충격에 대한 설명으로 적절한 것을 모두 고르면?

보기

ㄱ. 문화충격은 한 문화권에 속한 사람이 해당 문화 내에서 경험하는 문화적 충격을 의미한다.
ㄴ. 문화충격은 한 개인이 체화되지 않은 문화를 접하며 이질감을 경험하게 되어 겪는 심리적 부적응 상태를 의미한다.
ㄷ. 문화충격에 대비하기 위해서는 타 문화와 자신이 속한 문화의 차이점을 명확히 인지하고 보수적 태도를 고수하는 것이 좋다.

① ㄴ
② ㄷ
③ ㄱ, ㄴ
④ ㄱ, ㄷ
⑤ ㄴ, ㄷ

43 다음 사례에서 볼 수 있는 조직의 특성으로 가장 적절한 것은?

> 기술보증기금의 사내 봉사 동아리에 소속된 70여 명의 임직원이 연탄 나르기 봉사 활동을 펼쳤다. 이날 임직원들은 지역 주민들이 보다 따뜻하게 겨울을 날 수 있도록 연탄 3,000장과 담요를 직접 전달했다. 사내 봉사 동아리에 소속된 김대리는 "매년 진행하는 연말 연탄 나눔 봉사활동을 통해 지역사회에 도움의 손길을 전할 수 있어 기쁘다."라며, "오늘의 작은 손길이 큰 불씨가 되어 많은 분들이 따뜻한 겨울을 보내길 바란다."라고 말했다.

① 인간관계에 따라 형성된 자발적인 조직
② 이윤을 목적으로 하는 조직
③ 규모와 기능 그리고 규정이 조직화되어 있는 조직
④ 조직구성원들의 행동을 통제할 장치가 마련되어 있는 조직
⑤ 공익을 요구하지 않는 조직

44 김팀장은 매주 화요일 팀원이 모두 참여하는 팀 회의를 통해 중요한 사항에 대해 함께 결정한다. 처음에는 회의로 인해 개인 업무를 처리할 시간이 줄어들 것이라는 팀원들의 걱정도 있었지만, 우려와 달리 많은 장점을 발견하게 되었다. 다음 중 김팀장이 발견한 조직 내 집단의사결정의 장점으로 적절하지 않은 것은?

① 각자 다른 시각으로 문제를 바라봄에 따라 다양한 견해를 가지고 접근할 수 있다.
② 결정된 사항에 대하여 구성원들이 보다 수월하게 수용할 수 있다.
③ 구성원 간 의사소통의 기회가 향상된다.
④ 더 많은 지식과 정보로 효과적인 결정을 하도록 돕는다.
⑤ 의견이 서로 불일치하더라도 빠르게 의사결정을 완료할 수 있다.

45 A씨는 6개월간의 인턴 기간을 마치고 정규직 채용 면접에 참가했다. 면접 당일, 면접관이 인턴을 하는 동안 우리 조직에 대해서 알게 된 것을 말해보라는 질문을 던졌다. 다음 중 A씨가 면접관에게 답할 항목으로 적절하지 않은 것은?

① 조직의 구조
② 주요 업무 내용
③ 사무실의 구조
④ 업무 환경
⑤ 업무 처리 과정

46 **K부서의 A부장은 직원들의 업무 효율성이 많이 떨어졌다는 생각이 들어 각자의 의견을 들어 보고자 회의를 열었다. 회의에서 나온 다음 의견 중 적절하지 않은 것은?**

① B대리 : 요즘 업무 외적인 통화에 시간을 낭비하는 경우가 많은 것 같습니다. 확실한 목표업무량을 세우고 목표량 달성 후 퇴근을 하는 시스템을 운영하면 개인 활동으로 낭비되는 시간이 줄어 생산성이 높아지지 않을까요?

② C주임 : 여유로운 일정이 주원인이라고 생각합니다. 1인당 최대 작업량을 잡아 업무를 진행하면 업무 효율성이 극대화될 것입니다.

③ D대리 : 계획을 짜면 업무를 체계적으로 진행할 수 있다는 의미에서 C주임의 말에 동의하지만, 갑자기 발생할 수 있는 일에 대해 대비해야 한다고 생각합니다. 어느 정도 여유 있게 계획을 짜는 게 좋지 않을까요?

④ E사원 : 목표량 설정 이외에도 업무 진행과정에서 체크리스트를 사용해 기록하고 전체적인 상황을 파악할 수 있게 하면 효율이 높아질 것입니다.

⑤ F사원 : 업무시간 내에 끝내지 못한 일이 있다면 무리해서 하는 것보다 다음날 예정사항에 적어놓고 차후에 적절히 시간을 분배해 마무리하면 작업 능률이 더 오를 것입니다.

47 **다음 대화를 읽고 조직목표의 기능과 특징으로 적절하지 않은 것은?**

이대리 :	박부장님께서 우리 회사의 목표가 무엇인지 생각해 본 적 있냐고 하셨을 때 당황했어. 평소에 딱히 생각하고 지내지 않았던 것 같아.
김대리 :	응, 그러기 쉽지. 개인에게 목표가 있어야 그것을 위해서 무언가를 하는 것처럼 당연히 조직에도 목표가 있어야 하는데 조직에 속해 있으면 당연히 알아두어야 한다고 생각해.

① 조직이 존재하는 정당성을 제공한다.
② 의사결정을 할 때뿐만 아니라 하고 나서의 기준으로도 작용한다.
③ 공식적 목표와 실제적 목표는 다를 수 있다.
④ 동시에 여러 개를 추구하는 것보다 하나씩 순차적으로 처리해야 한다.
⑤ 목표 간에는 위계 관계와 상호 관계가 공존한다.

48 다음 글의 밑줄 친 ㉠, ㉡에 대한 설명으로 가장 적절한 것은?

> 조직 구조는 조직마다 다양하게 이루어지며, 조직목표의 효과적 달성에 영향을 미친다. 조직 구조에 대한 많은 연구를 통해 조직 구조에 영향을 미치는 요인으로는 조직의 전략, 규모, 기술, 환경 등이 있음을 확인할 수 있으며, 이에 따라 ㉠ 기계적 조직 혹은 ㉡ 유기적 조직으로 설계된다.

① ㉠은 의사결정 권한이 조직의 하부구성원들에게 많이 위임되어 있다.
② ㉡은 상하 간의 의사소통이 공식적인 경로를 통해 이루어진다.
③ ㉠은 규제나 통제의 정도가 낮아, 의사소통 결정이 쉽게 변할 수 있다.
④ ㉡은 구성원들의 업무가 분명하게 정의된다.
⑤ 안정적이고 확실한 환경에서는 ㉠이, 급변하는 환경에서는 ㉡이 적합하다.

49 다음은 조직의 문화를 기준을 통해 4가지 문화로 구분한 자료이다. (가) ~ (라)에 대한 설명으로 적절하지 않은 것은?

	유연성, 자율성 강조 (Flexibility & Discretion)		
내부지향성, 통합 강조 (Internal Focus & Integration)	(가)	(나)	외부지향성, 차별 강조 (External Focus & Differentiation)
	(다)	(라)	
	안정, 통제 강조 (Stability & Control)		

① (가)는 조직구성원 간 인화단결, 협동, 팀워크, 공유가치, 사기, 의사결정과정에 참여 등을 중요시한다.
② (가)는 개인의 능력개발에 대한 관심이 높고, 조직구성원에 대한 인간적 배려와 가족적인 분위기를 만들어내는 특징을 가진다.
③ (나)는 규칙과 법을 준수하고, 관행과 안정, 문서와 형식, 명확한 책임소재 등을 강조하는 관리적 문화의 특징을 가진다.
④ (다)는 조직내부의 통합과 안정성을 확보하고, 현상유지 차원에서 계층화되는 조직문화이다.
⑤ (라)는 실적을 중시하고, 직무에 몰입하며, 미래를 위한 계획을 수립하는 것을 강조한다.

50 새로운 조직 개편 기준에 따라 다음에 제시된 조직도 (가)를 조직도 (나)로 변경하려고 한다. 조직도 (나)의 빈칸에 들어갈 팀으로 적절하지 않은 것은?

(가)

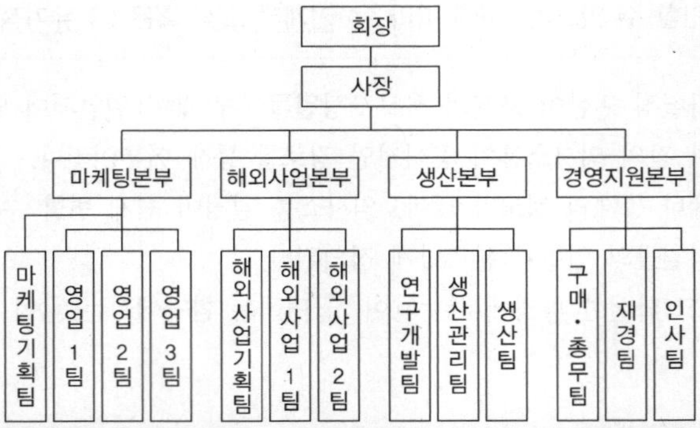

조직 개편 방향 및 기준

□ 명칭 변경 : 해외사업기획팀 → 해외마케팅기획팀
본부 이동 : 해외사업 1·2팀(해외사업본부 → 마케팅본부)

□ 기능중심의 조직 개편
- ○ 해외사업본부의 해외사업기획팀과 마케팅본부의 마케팅기획팀을 신설한 마케팅기획본부로 이동
- ○ 마케팅본부의 영업 1·2·3팀을 2개의 팀으로 통합
- ○ 해외사업 1·2팀 통합 후 해외영업팀 신설
- ○ 구매·총무팀에서 구매팀과 총무팀으로 분리
- ○ 총무팀과 재경팀 통합 후 재무팀 신설

(나)

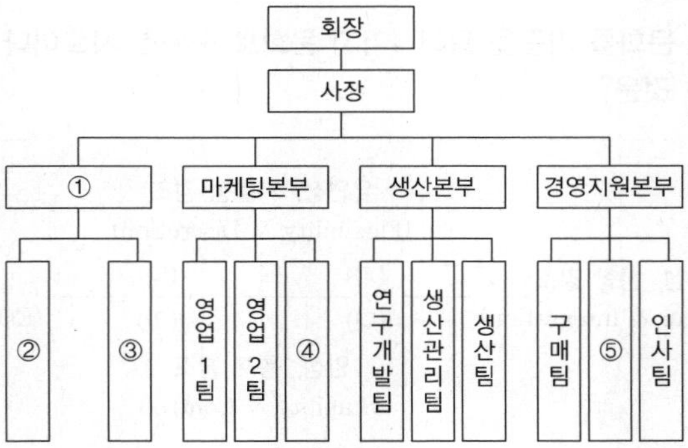

① 마케팅기획본부 ② 해외마케팅기획팀
③ 영업 3팀 ④ 해외영업팀
⑤ 재무팀

PART 4
채용 가이드

CHAPTER

01 블라인드 채용 소개

1. 블라인드 채용이란?

채용 과정에서 편견이 개입되어 불합리한 차별을 야기할 수 있는 출신지, 가족관계, 학력, 외모 등의 편견요인은 제외하고, 직무능력만을 평가하여 인재를 채용하는 방식입니다.

2. 블라인드 채용의 필요성

- 채용의 공정성에 대한 사회적 요구
  - 누구에게나 직무능력만으로 경쟁할 수 있는 균등한 고용기회를 제공해야 하나, 아직도 채용의 공정성에 대한 불신이 존재
  - 채용상 차별금지에 대한 법적 요건이 권고적 성격에서 처벌을 동반한 의무적 성격으로 강화되는 추세
  - 시민의식과 지원자의 권리의식 성숙으로 차별에 대한 법적 대응 가능성 증가
- 우수인재 채용을 통한 기업의 경쟁력 강화 필요
  - 직무능력과 무관한 학벌, 외모 위주의 선발로 우수인재 선발기회 상실 및 기업경쟁력 약화
  - 채용 과정에서 차별 없이 직무능력중심으로 선발한 우수인재 확보 필요
- 공정한 채용을 통한 사회적 비용 감소 필요
  - 편견에 의한 차별적 채용은 우수인재 선발을 저해하고 외모·학벌 지상주의 등의 심화로 불필요한 사회적 비용 증가
  - 채용에서의 공정성을 높여 사회의 신뢰수준 제고

3. 블라인드 채용의 특징

편견요인을 요구하지 않는 대신 직무능력을 평가합니다.

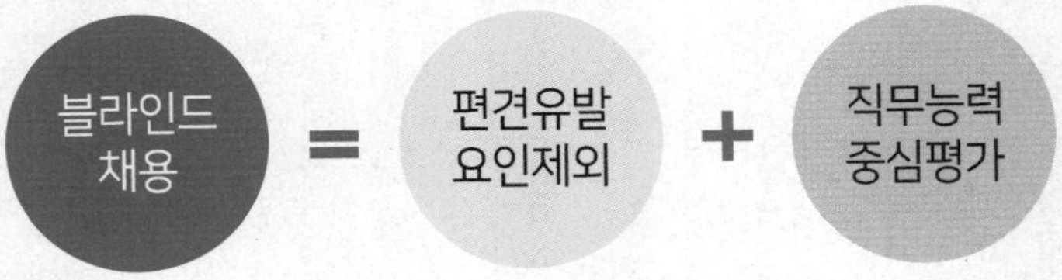

※ 직무능력중심 채용이란?
기업의 역량기반 채용, NCS기반 능력중심 채용과 같이 직무수행에 필요한 능력과 역량을 평가하여 선발하는 채용방식을 통칭합니다.

4. 블라인드 채용의 평가요소

직무수행에 필요한 지식, 기술, 태도 등을 과학적인 선발기법을 통해 평가합니다.

평가기준 = 직무수행에 필요한 직무능력

※ 과학적 선발기법이란?
직무분석을 통해 도출된 평가요소를 서류, 필기, 면접 등을 통해 체계적으로 평가하는 방법으로 입사지원서, 자기소개서, 직무수행능력평가, 구조화 면접 등이 해당됩니다.

5. 블라인드 채용 주요 도입 내용

- 입사지원서에 인적사항 요구 금지
  - 인적사항에는 출신지역, 가족관계, 결혼여부, 재산, 취미 및 특기, 종교, 생년월일(연령), 성별, 신장 및 체중, 사진, 전공, 학교명, 학점, 외국어 점수, 추천인 등이 해당
  - 채용 직무를 수행하는 데 있어 반드시 필요하다고 인정될 경우는 제외
    예 특수경비직 채용 시 : 시력, 건강한 신체 요구
    연구직 채용 시 : 논문, 학위 요구 등
- 블라인드 면접 실시
  - 면접관에게 응시자의 출신지역, 가족관계, 학교명 등 인적사항 정보 제공 금지
  - 면접관은 응시자의 인적사항에 대한 질문 금지

6. 블라인드 채용 도입의 효과성

- 구성원의 다양성과 창의성이 높아져 기업 경쟁력 강화
  - 편견을 없애고 직무능력 중심으로 선발하므로 다양한 직원 구성 가능
  - 다양한 생각과 의견을 통하여 기업의 창의성이 높아져 기업경쟁력 강화
- 직무에 적합한 인재선발을 통한 이직률 감소 및 만족도 제고
  - 사전에 지원자들에게 구체적이고 상세한 직무요건을 제시함으로써 허수 지원이 낮아지고, 직무에 적합한 지원자 모집 가능
  - 직무에 적합한 인재가 선발되어 직무이해도가 높아져 업무효율 증대 및 만족도 제고
- 채용의 공정성과 기업이미지 제고
  - 블라인드 채용은 사회적 편견을 줄인 선발 방법으로 기업에 대한 사회적 인식 제고
  - 채용과정에서 불합리한 차별을 받지 않고 실력에 의해 공정하게 평가를 받을 것이라는 믿음을 제공하고, 지원자들은 평등한 기회와 공정한 선발과정 경험

CHAPTER

02 서류전형 가이드

01 채용공고문

1. 채용공고문의 변화

기존 채용공고문	변화된 채용공고문
• 취업준비생에게 불충분하고 불친절한 측면 존재 • 모집분야에 대한 명확한 직무관련 정보 및 평가기준 부재 • 해당분야에 지원하기 위한 취업준비생의 무분별한 스펙 쌓기 현상 발생	• NCS 직무분석에 기반한 채용공고를 토대로 채용전형 진행 • 지원자가 입사 후 수행하게 될 업무에 대한 자세한 정보 공지 • 직무수행내용, 직무수행 시 필요한 능력, 관련된 자격, 직업기초능력 제시 • 지원자가 해당 직무에 필요한 스펙만을 준비할 수 있도록 안내
• 모집부문 및 응시자격 • 지원서 접수 • 전형절차 • 채용조건 및 처우 • 기타사항	• 채용절차 • 채용유형별 선발분야 및 예정인원 • 전형방법 • 선발분야별 직무기술서 • 우대사항

2. 지원 유의사항 및 지원요건 확인

채용 직무에 따른 세부사항을 공고문에 명시하여 지원자에게 적격한 지원 기회를 부여함과 동시에 채용과정에서의 공정성과 신뢰성을 확보합니다.

구성	내용	확인사항
모집분야 및 규모	고용형태(인턴 계약직 등), 모집분야, 인원, 근무지역 등	채용직무가 여러 개일 경우 본인이 해당되는 직무의 채용규모 확인
응시자격	기본 자격사항, 지원조건	지원을 위한 최소자격요건을 확인하여 불필요한 지원을 예방
우대조건	법정·특별·자격증 가점	본인의 가점 여부를 검토하여 가점 획득을 위한 사항을 사실대로 기재
근무조건 및 보수	고용형태 및 고용기간, 보수, 근무지	본인이 생각하는 기대수준에 부합하는지 확인하여 불필요한 지원을 예방
시험방법	서류·필기·면접전형 등의 활용방안	전형방법 및 세부 평가기법 등을 확인하여 지원전략 준비
전형일정	접수기간, 각 전형 단계별 심사 및 합격자 발표일 등	본인의 지원 스케줄을 검토하여 차질이 없도록 준비
제출서류	입사지원서(경력·경험기술서 등), 각종 증명서 및 자격증 사본 등	지원요건 부합 여부 및 자격 증빙서류 사전에 준비
유의사항	임용취소 등의 규정	임용취소 관련 법적 또는 기관 내부 규정을 검토하여 해당여부 확인

02 직무기술서

직무기술서란 직무수행의 내용과 필요한 능력, 관련 자격, 직업기초능력 등을 상세히 기재한 것으로 입사 후 수행하게 될 업무에 대한 정보가 수록되어 있는 자료입니다.

1. 채용분야

설명

NCS 직무분류 체계에 따라 직무에 대한 「대분류 – 중분류 – 소분류 – 세분류」 체계를 확인할 수 있습니다. 채용직무에 대한 모든 직무기술서를 첨부하게 되며 실제 수행 업무를 기준으로 세부적인 분류정보를 제공합니다.

채용분야	분류체계			
사무행정	대분류	중분류	소분류	세분류
분류코드	02. 경영・회계・사무	03. 재무・회계	01. 재무	01. 예산
				02. 자금
			02. 회계	01. 회계감사
				02. 세무

2. 능력단위

설명

직무분류 체계의 세분류 하위능력단위 중 실질적으로 수행할 업무의 능력만 구체적으로 파악할 수 있습니다.

능력단위	(예산)	03. 연간종합예산수립 05. 확정예산 운영	04. 추정재무제표 작성 06. 예산실적 관리
	(자금)	04. 자금운용	
	(회계감사)	02. 자금관리 05. 회계정보시스템 운용 07. 회계감사	04. 결산관리 06. 재무분석
	(세무)	02. 결산관리 07. 법인세 신고	05. 부가가치세 신고

3. 직무수행내용

설명

세분류 영역의 기본정의를 통해 직무수행내용을 확인할 수 있습니다. 입사 후 수행할 직무내용을 구체적으로 확인할 수 있으며, 이를 통해 입사서류 작성부터 면접까지 직무에 대한 명확한 이해를 바탕으로 자신의 희망직무인지 아닌지, 해당 직무가 자신이 알고 있던 직무가 맞는지 확인할 수 있습니다.

직무수행내용	(예산) 일정기간 예상되는 수익과 비용을 편성, 집행하며 통제하는 일
	(자금) 자금의 계획 수립, 조달, 운용을 하고 발생 가능한 위험 관리 및 성과평가
	(회계감사) 기업 및 조직 내・외부에 있는 의사결정자들이 효율적인 의사결정을 할 수 있도록 유용한 정보를 제공, 제공된 회계정보의 적정성을 파악하는 일
	(세무) 세무는 기업의 활동을 위하여 주어진 세법범위 내에서 조세부담을 최소화시키는 조세전략을 포함하고 정확한 과세소득과 과세표준 및 세액을 산출하여 과세당국에 신고・납부하는 일

4. 직무기술서 예시

태도	(예산) 정확성, 분석적 태도, 논리적 태도, 타 부서와의 협조적 태도, 설득력
	(자금) 분석적 사고력
	(회계 감사) 합리적 태도, 전략적 사고, 정확성, 적극적 협업 태도, 법률준수 태도, 분석적 태도, 신속성, 책임감, 정확한 판단력
	(세무) 규정 준수 의지, 수리적 정확성, 주의 깊은 태도
우대 자격증	공인회계사, 세무사, 컴퓨터활용능력, 변호사, 워드프로세서, 전산회계운용사, 사회조사분석사, 재경관리사, 회계관리 등
직업기초능력	의사소통능력, 문제해결능력, 자원관리능력, 대인관계능력, 정보능력, 조직이해능력

5. 직무기술서 내용별 확인사항

항목	확인사항
모집부문	해당 채용에서 선발하는 부문(분야)명 확인 예 사무행정, 전산, 전기
분류체계	지원하려는 분야의 세부직무군 확인
주요기능 및 역할	지원하려는 기업의 전사적인 기능과 역할, 산업군 확인
능력단위	지원분야의 직무수행에 관련되는 세부업무사항 확인
직무수행내용	지원분야의 직무군에 대한 상세사항 확인
전형방법	지원하려는 기업의 신입사원 선발전형 절차 확인
일반요건	교육사항을 제외한 지원 요건 확인(자격요건, 특수한 경우 연령)
교육요건	교육사항에 대한 지원요건 확인(대졸 / 초대졸 / 고졸 / 전공 요건)
필요지식	지원분야의 업무수행을 위해 요구되는 지식 관련 세부항목 확인
필요기술	지원분야의 업무수행을 위해 요구되는 기술 관련 세부항목 확인
직무수행태도	지원분야의 업무수행을 위해 요구되는 태도 관련 세부항목 확인
직업기초능력	지원분야 또는 지원기업의 조직원으로서 근무하기 위해 필요한 일반적인 능력사항 확인

03 입사지원서

1. 입사지원서의 변화

기존지원서		능력중심 채용 입사지원서	
직무와 관련 없는 학점, 개인신상, 어학점수, 자격, 수상경력 등을 나열하도록 구성	VS	해당 직무수행에 꼭 필요한 정보들을 제시할 수 있도록 구성	
직무기술서		인적사항	성명, 연락처, 지원분야 등 작성 (평가 미반영)
직무수행내용		교육사항	직무지식과 관련된 학교교육 및 직업교육 작성
요구지식 / 기술	→	자격사항	직무관련 국가공인 또는 민간자격 작성
관련 자격증		경력 및 경험사항	조직에 소속되어 일정한 임금을 받거나(경력) 임금 없이(경험) 직무와 관련된 활동 내용 작성
사전직무경험			

2. 교육사항

- 지원분야 직무와 관련된 학교 교육이나 직업교육 혹은 기타교육 등 직무에 대한 지원자의 학습 여부를 평가하기 위한 항목입니다.
- 지원하고자 하는 직무의 학교 전공교육 이외에 직업교육, 기타교육 등을 기입할 수 있기 때문에 전공 제한 없이 직업교육과 기타교육을 이수하여 지원이 가능하도록 기회를 제공합니다.
  (기타교육 : 학교 이외의 기관에서 개인이 이수한 교육과정 중 지원직무와 관련이 있다고 생각되는 교육내용)

구분	교육과정(과목)명	교육내용	과업(능력단위)

3. 자격사항

- 채용공고 및 직무기술서에 제시되어 있는 자격 현황을 토대로 지원자가 해당 직무를 수행하는 데 필요한 능력을 가지고 있는지를 평가하기 위한 항목입니다.
- 채용공고 및 직무기술서에 기재된 직무관련 필수 또는 우대자격 항목을 확인하여 본인이 보유하고 있는 자격사항을 기재합니다.

자격유형	자격증명	발급기관	취득일자	자격증번호

4. 경력 및 경험사항

- 직무와 관련된 경력이나 경험 여부를 표현하도록 하여 직무와 관련한 능력을 갖추었는지를 평가하기 위한 항목입니다.
- 해당 기업에서 직무를 수행함에 있어 필요한 사항만을 기록하게 되어 있기 때문에 직무와 무관한 스펙을 갖추지 않아도 됩니다.
- 경력 : 금전적 보수를 받고 일정기간 동안 일했던 경우
- 경험 : 금전적 보수를 받지 않고 수행한 활동

※ 기업에 따라 경력 / 경험 관련 증빙자료 요구 가능

구분	조직명	직위 / 역할	활동기간(년 / 월)	주요과업 / 활동내용

Tip

입사지원서 작성 방법

○ 경력 및 경험사항 작성
- 직무기술서에 제시된 지식, 기술, 태도와 지원자의 교육사항, 경력(경험)사항, 자격사항과 연계하여 개인의 직무역량에 대해 스스로 판단 가능

○ 인적사항 최소화
- 개인의 인적사항, 학교명, 가족관계 등을 노출하지 않도록 유의

부적절한 입사지원서 작성 사례
- 학교 이메일을 기입하여 학교명 노출
- 거주지 주소에 학교 기숙사 주소를 기입하여 학교명 노출
- 자기소개서에 부모님이 재직 중인 기업명, 직위, 직업을 기입하여 가족관계 노출
- 자기소개서에 석·박사 과정에 대한 이야기를 언급하여 학력 노출
- 동아리 활동에 대한 내용을 학교명과 더불어 언급하여 학교명 노출

04 자기소개서

1. 자기소개서의 변화

- 기존의 자기소개서는 지원자의 일대기나 관심 분야, 성격의 장・단점 등 개괄적인 사항을 묻는 질문으로 구성되어 지원자가 자신의 직무능력을 제대로 표출하지 못합니다.
- 능력중심 채용의 자기소개서는 직무기술서에 제시된 직업기초능력(또는 직무수행능력)에 대한 지원자의 과거 경험을 기술하게 함으로써 평가 타당도의 확보가 가능합니다.

1. 우리 회사와 해당 지원 직무분야에 지원한 동기에 대해 기술해 주세요.

2. 자신이 경험한 다양한 사회활동에 대해 기술해 주세요.

3. 지원 직무에 대한 전문성을 키우기 위해 받은 교육과 경험 및 경력사항에 대해 기술해 주세요.

4. 인사업무 또는 팀 과제 수행 중 발생한 갈등을 원만하게 해결해 본 경험이 있습니까? 당시 상황에 대한 설명과 갈등의 대상이 되었던 상대방을 설득한 과정 및 방법을 기술해 주세요.

5. 과거에 있었던 일 중 가장 어려웠었던(힘들었었던) 상황을 고르고, 어떤 방법으로 그 상황을 해결했는지를 기술해 주세요.

Tip

자기소개서 작성 방법

① 자기소개서 문항이 묻고 있는 평가 역량 추측하기

예시

- 팀 활동을 하면서 갈등 상황 시 상대방의 니즈나 의도를 명확히 파악하고 해결하여 목표 달성에 기여했던 경험에 대해서 작성해 주시기 바랍니다.
- 다른 사람이 생각해내지 못했던 문제점을 찾고 이를 해결한 경험에 대해 작성해 주시기 바랍니다.

② 해당 역량을 보여줄 수 있는 소재 찾기(시간×역량 매트릭스)

예시

시간 →

평가역량	2021년	2022년	2023년	2024년
도전정신	*대학 발표수업*	*대학 발표수업*	~~*다이어트(헬스)*~~	
대인관계	*대학 발표수업*	*대학 발표수업*		*경영 동아리*
의사소통	*편의점 아르바이트*	~~*군대 작업*~~	*봉사 동아리*	
직무역량			*경영 동아리*	*Book Study*
…				

③ 자기소개서 작성 Skill 익히기

- 두괄식으로 작성하기
- 구체적 사례를 사용하기
- '나'를 중심으로 작성하기
- 직무역량 강조하기
- 경험 사례의 차별성 강조하기

CHAPTER

03 인성검사 소개 및 모의테스트

01 인성검사 유형

인성검사는 지원자의 성격특성을 객관적으로 파악하고 그것이 각 기업에서 필요로 하는 인재상과 가치에 부합하는가를 평가하기 위한 검사입니다. 인성검사는 KPDI(한국인재개발진흥원), K-SAD(한국사회적성개발원), KIRBS(한국행동과학연구소), SHR(에스에이치알) 등의 전문기관을 통해 각 기업의 특성에 맞는 검사를 선택하여 실시합니다. 대표적인 인성검사의 유형에는 크게 다음과 같은 세 가지가 있으며, 채용 대행업체에 따라 달라집니다.

1. KPDI 검사

조직적응성과 직무적합성을 알아보기 위한 검사로 인성검사, 인성역량검사, 인적성검사, 직종별 인적성검사 등의 다양한 검사 도구를 구현합니다. KPDI는 성격을 파악하고 정신건강 상태 등을 측정하고, 직무검사는 해당 직무를 수행하기 위해 기본적으로 갖추어야 할 인지적 능력을 측정합니다. 역량검사는 특정 직무 역할을 효과적으로 수행하는 데 직접적으로 관련 있는 개인의 행동, 지식, 스킬, 가치관 등을 측정합니다.

2. KAD(Korea Aptitude Development) 검사

K-SAD(한국사회적성개발원)에서 실시하는 적성검사 프로그램입니다. 개인의 성향, 지적 능력, 기호, 관심, 흥미도를 종합적으로 분석하여 적성에 맞는 업무가 무엇인가 파악하고, 직무수행에 있어서 요구되는 기초능력과 실무능력을 분석합니다.

3. SHR 직무적성검사

직무수행에 필요한 종합적인 사고 능력을 다양한 적성검사(Paper and Pencil Test)로 평가합니다. SHR의 모든 직무능력검사는 표준화 검사입니다. 표준화 검사는 표본집단의 점수를 기초로 규준이 만들어진 검사이므로 개인의 점수를 규준에 맞추어 해석・비교하는 것이 가능합니다. S(Standardized Tests), H(Hundreds of Version), R(Reliable Norm Data)을 특징으로 하며, 직군・직급별 특성과 선발 수준에 맞추어 검사를 적용할 수 있습니다.

02 인성검사와 면접

인성검사는 특히 면접질문과 관련성이 높습니다. 면접관은 지원자의 인성검사 결과를 토대로 질문을 하기 때문입니다. 일관적이고 이상적인 답변을 하는 것이 가장 좋지만, 실제 시험은 매우 복잡하여 전문가라 해도 일정 성격을 유지하면서 답변을 하는 것이 힘듭니다. 또한, 인성검사에는 라이 스케일(Lie Scale) 설문이 전체 설문 속에 교묘하게 섞여 들어가 있으므로 겉치레적인 답을 하게 되면 회답태도의 허위성이 그대로 드러나게 됩니다. 예를 들어 '거짓말을 한 적이 한 번도 없다.'에 '예'로 답하고, '때로는 거짓말을 하기도 한다.'에 '예'라고 답하여 라이 스케일의 득점이 올라가게 되면 모든 회답의 신빙성이 사라지고 '자신을 돋보이게 하려는 사람'이라는 평가를 받을 수 있으므로 주의해야 합니다. 따라서 모의테스트를 통해 인성검사의 유형과 실제 시험 시 어떻게 문제를 풀어야 하는지 연습해 보고 체크한 부분 중 자신의 단점과 연결되는 부분은 면접에서 질문이 들어왔을 때 어떻게 대처해야 하는지 생각해 보는 것이 좋습니다.

03 유의사항

1. 기업의 인재상을 파악하라!

인성검사를 통해 개인의 성격 특성을 파악하고 그것이 기업의 인재상과 가치에 부합하는지를 평가하는 시험이기 때문에 해당 기업의 인재상을 먼저 파악하고 시험에 임하는 것이 좋습니다. 모의테스트에서 인재상에 맞는 가상의 인물을 설정하고 문제에 답해 보는 것도 많은 도움이 됩니다.

2. 일관성 있는 대답을 하라!

짧은 시간 안에 다양한 질문에 답을 해야 하는데, 그 안에는 중복되는 질문이 여러 번 나옵니다. 이때 앞서 자신이 체크했던 대답을 잘 기억해뒀다가 일관성 있는 답을 하는 것이 중요합니다.

3. 모든 문항에 대답하라!

많은 문제를 짧은 시간 안에 풀려다 보니 다 못 푸는 경우도 종종 생깁니다. 하지만 대답을 누락하거나 끝까지 다 못했을 경우 좋지 않은 결과를 가져올 수도 있으니 최대한 주어진 시간 안에 모든 문항에 답할 수 있도록 해야 합니다.

04 KPDI 모의테스트

※ 모의테스트는 질문 및 답변 유형 연습을 위한 것으로 실제 시험과 다를 수 있습니다.
※ 인성검사는 정답이 따로 없는 유형의 검사이므로 결과지를 제공하지 않습니다.

번호	내용	예	아니요
001	나는 솔직한 편이다.	☐	☐
002	나는 리드하는 것을 좋아한다.	☐	☐
003	법을 어겨서 말썽이 된 적이 한 번도 없다.	☐	☐
004	거짓말을 한 번도 한 적이 없다.	☐	☐
005	나는 눈치가 빠르다.	☐	☐
006	나는 일을 주도하기보다는 뒤에서 지원하는 것을 선호한다.	☐	☐
007	앞일은 알 수 없기 때문에 계획은 필요하지 않다.	☐	☐
008	거짓말도 때로는 방편이라고 생각한다.	☐	☐
009	사람이 많은 술자리를 좋아한다.	☐	☐
010	걱정이 지나치게 많다.	☐	☐
011	일을 시작하기 전 재고하는 경향이 있다.	☐	☐
012	불의를 참지 못한다.	☐	☐
013	처음 만나는 사람과도 이야기를 잘 한다.	☐	☐
014	때로는 변화가 두렵다.	☐	☐
015	나는 모든 사람에게 친절하다.	☐	☐
016	힘든 일이 있을 때 술은 위로가 되지 않는다.	☐	☐
017	결정을 빨리 내리지 못해 손해를 본 경험이 있다.	☐	☐
018	기회를 잡을 준비가 되어 있다.	☐	☐
019	때로는 내가 정말 쓸모없는 사람이라고 느낀다.	☐	☐
020	누군가 나를 챙겨주는 것이 좋다.	☐	☐
021	자주 가슴이 답답하다.	☐	☐
022	나는 내가 자랑스럽다.	☐	☐
023	경험이 중요하다고 생각한다.	☐	☐
024	전자기기를 분해하고 다시 조립하는 것을 좋아한다.	☐	☐

025	감시받고 있다는 느낌이 든다.	▢	▢
026	난처한 상황에 놓이면 그 순간을 피하고 싶다.	▢	▢
027	세상엔 믿을 사람이 없다.	▢	▢
028	잘못을 빨리 인정하는 편이다.	▢	▢
029	지도를 보고 길을 잘 찾아간다.	▢	▢
030	귓속말을 하는 사람을 보면 날 비난하고 있는 것 같다.	▢	▢
031	막무가내라는 말을 들을 때가 있다.	▢	▢
032	장래의 일을 생각하면 불안하다.	▢	▢
033	결과보다 과정이 중요하다고 생각한다.	▢	▢
034	운동은 그다지 할 필요가 없다고 생각한다.	▢	▢
035	새로운 일을 시작할 때 좀처럼 한 발을 떼지 못한다.	▢	▢
036	기분 상하는 일이 있더라도 참는 편이다.	▢	▢
037	업무능력은 성과로 평가받아야 한다고 생각한다.	▢	▢
038	머리가 맑지 못하고 무거운 느낌이 든다.	▢	▢
039	가끔 이상한 소리가 들린다.	▢	▢
040	타인이 내게 자주 고민상담을 하는 편이다.	▢	▢

05 SHR 모의테스트

※ 모의테스트는 질문 및 답변 유형 연습을 위한 것으로 실제 시험과 다를 수 있습니다.
※ 인성검사는 정답이 따로 없는 유형의 검사이므로 결과지를 제공하지 않습니다.

※ 이 성격검사의 각 문항에는 서로 다른 행동을 나타내는 네 개의 문장이 제시되어 있습니다. 이 문장들을 비교하여, 자신의 평소 행동과 가장 가까운 문장을 'ㄱ' 열에 표기하고, 가장 먼 문장을 'ㅁ' 열에 표기하십시오.

01 나는 ______________________

	ㄱ	ㅁ
A. 실용적인 해결책을 찾는다.	☐	☐
B. 다른 사람을 돕는 것을 좋아한다.	☐	☐
C. 세부 사항을 잘 챙긴다.	☐	☐
D. 상대의 주장에서 허점을 잘 찾는다.	☐	☐

02 나는 ______________________

	ㄱ	ㅁ
A. 매사에 적극적으로 임한다.	☐	☐
B. 즉흥적인 편이다.	☐	☐
C. 관찰력이 있다.	☐	☐
D. 임기응변에 강하다.	☐	☐

03 나는 ______________________

	ㄱ	ㅁ
A. 무서운 영화를 잘 본다.	☐	☐
B. 조용한 곳이 좋다.	☐	☐
C. 가끔 울고 싶다.	☐	☐
D. 집중력이 좋다.	☐	☐

04 나는 ______________________

	ㄱ	ㅁ
A. 기계를 조립하는 것을 좋아한다.	☐	☐
B. 집단에서 리드하는 역할을 맡는다.	☐	☐
C. 호기심이 많다.	☐	☐
D. 음악을 듣는 것을 좋아한다.	☐	☐

05 나는 ________________

	ㄱ	ㅁ
A. 타인을 늘 배려한다.	☐	☐
B. 감수성이 예민하다.	☐	☐
C. 즐겨하는 운동이 있다.	☐	☐
D. 일을 시작하기 전에 계획을 세운다.	☐	☐

06 나는 ________________

	ㄱ	ㅁ
A. 타인에게 설명하는 것을 좋아한다.	☐	☐
B. 여행을 좋아한다.	☐	☐
C. 정적인 것이 좋다.	☐	☐
D. 남을 돕는 것에 보람을 느낀다.	☐	☐

07 나는 ________________

	ㄱ	ㅁ
A. 기계를 능숙하게 다룬다.	☐	☐
B. 밤에 잠이 잘 오지 않는다.	☐	☐
C. 한 번 간 길을 잘 기억한다.	☐	☐
D. 불의를 보면 참을 수 없다.	☐	☐

08 나는 ________________

	ㄱ	ㅁ
A. 종일 말을 하지 않을 때가 있다.	☐	☐
B. 사람이 많은 곳을 좋아한다.	☐	☐
C. 술을 좋아한다.	☐	☐
D. 휴양지에서 편하게 쉬고 싶다.	☐	☐

09 나는 ______________________________

A. 뉴스보다는 드라마를 좋아한다.
B. 길을 잘 찾는다.
C. 주말엔 집에서 쉬는 것이 좋다.
D. 아침에 일어나는 것이 힘들다.

ㄱ	ㅁ
☐	☐
☐	☐
☐	☐
☐	☐

10 나는 ______________________________

A. 이성적이다.
B. 할 일을 종종 미룬다.
C. 어른을 대하는 게 힘들다.
D. 불을 보면 매혹을 느낀다.

ㄱ	ㅁ
☐	☐
☐	☐
☐	☐
☐	☐

11 나는 ______________________________

A. 상상력이 풍부하다.
B. 예의 바르다는 소리를 자주 듣는다.
C. 사람들 앞에 서면 긴장한다.
D. 친구를 자주 만난다.

ㄱ	ㅁ
☐	☐
☐	☐
☐	☐
☐	☐

12 나는 ______________________________

A. 나만의 스트레스 해소 방법이 있다.
B. 친구가 많다.
C. 책을 자주 읽는다.
D. 활동적이다.

ㄱ	ㅁ
☐	☐
☐	☐
☐	☐
☐	☐

CHAPTER

04 면접전형 가이드

01 면접유형 파악

1. 면접전형의 변화

기존 면접전형에서는 일상적이고 단편적인 대화나 지원자의 첫인상 및 면접관의 주관적인 판단 등에 의해서 입사 결정 여부를 판단하는 경우가 많았습니다. 이러한 면접전형은 면접 내용의 일관성이 결여되거나 직무 관련 타당성이 부족하였고, 면접에 대한 신뢰도에 영향을 주었습니다.

기존 면접(전통적 면접)		능력중심 채용 면접(구조화 면접)
• 일상적이고 단편적인 대화 • 인상, 외모 등 외부 요소의 영향 • 주관적인 판단에 의존한 총점 부여 ⇩ • 면접 내용의 일관성 결여 • 직무관련 타당성 부족 • 주관적인 채점으로 신뢰도 저하	VS	• 일관성 – 직무관련 역량에 초점을 둔 구체적 질문 목록 – 지원자별 동일 질문 적용 • 구조화 – 면접 진행 및 평가 절차를 일정한 체계에 의해 구성 • 표준화 – 평가 타당도 제고를 위한 평가 Matrix 구성 – 척도에 따라 항목별 채점, 개인 간 비교 • 신뢰성 – 면접진행 매뉴얼에 따라 면접위원 교육 및 실습

2. 능력중심 채용의 면접 유형

① 경험 면접
- 목적 : 선발하고자 하는 직무 능력이 필요한 과거 경험을 질문합니다.
- 평가요소 : 직업기초능력과 인성 및 태도적 요소를 평가합니다.

② 상황 면접
- 목적 : 특정 상황을 제시하고 지원자의 행동을 관찰함으로써 실제 상황의 행동을 예상합니다.
- 평가요소 : 직업기초능력과 인성 및 태도적 요소를 평가합니다.

③ 발표 면접
- 목적 : 특정 주제와 관련된 지원자의 발표와 질의응답을 통해 지원자 역량을 평가합니다.
- 평가요소 : 직무수행능력과 인지적 역량(문제해결능력)을 평가합니다.

④ 토론 면접
- 목적 : 토의과제에 대한 의견수렴 과정에서 지원자의 역량과 상호작용능력을 평가합니다.
- 평가요소 : 직무수행능력과 팀워크를 평가합니다.

02 면접유형별 준비 방법

1. 경험 면접

① 경험 면접의 특징

- 주로 직업기초능력에 관련된 지원자의 과거 경험을 심층 질문하여 검증하는 면접입니다.
- 직무능력과 관련된 과거 경험을 평가하기 위해 심층 질문을 하며, 이 질문은 지원자의 답변에 대하여 '꼬리에 꼬리를 무는 형식'으로 진행됩니다.

> - 능력요소, 정의, 심사 기준
>   - 평가하고자 하는 능력요소, 정의, 심사기준을 확인하여 면접위원이 해당 능력요소 관련 질문을 제시합니다.
> - Opening Question
>   - 능력요소에 관련된 과거 경험을 유도하기 위한 시작 질문을 합니다.
> - Follow-up Question
>   - 지원자의 경험 수준을 구체적으로 검증하기 위한 질문입니다.
>   - 경험 수준 검증을 위한 상황(Situation), 임무(Task), 역할 및 노력(Action), 결과(Result) 등으로 질문을 구분합니다.

경험 면접의 형태

〈일대다 면접〉 〈다대다 면접〉

② 경험 면접의 구조

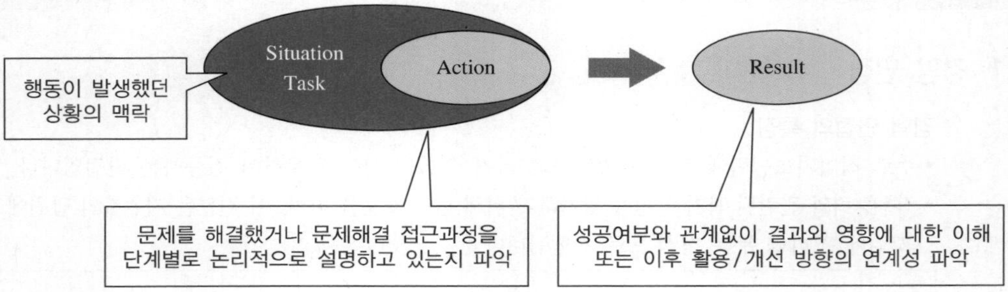

S(Situation) 귀하가 처해 있던 상황에 대해 말해 보시오.

T(Task) 귀하가 수행한 과제 / 과업은 무엇인가?

A(Action) 어떻게 행동(대응)했는가?

R(Result) 그 행동의 결과는 어땠는가?

( )에 관한 과거 경험에 대하여 말해 보시오.

행동이 발생한 맥락

귀하가 처해 있던 상황에 대해 말해 보시오.
- 언제 경험하였습니까?
- 어디에서 경험하였습니까?
- 당신은 어떻게 그 경험을 하게 되었습니까?

관련 인물 및 과제

귀하가 수행한 과제 / 과업은 무엇인가?
- 당신이 맡은 역할은 무엇이었습니까?
- 본인을 지원한 팀원 or 조원은 누구였습니까?

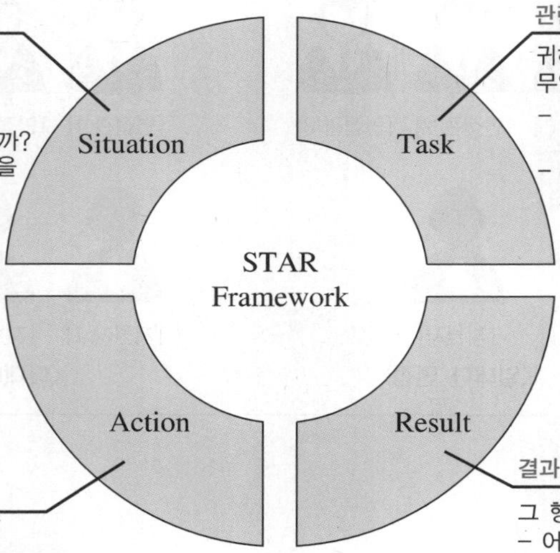

문제해결과정에 대한 구체적 설명

어떻게 행동(대응)했는가?
- 구체적으로 어떤 노력을 하였습니까?
- 어떤 어려움을 겪었으며 어떻게 극복하였습니까?

결과 / 영향에 대한 이해

그 행동의 결과는 어땠는가?
- 어떤 교훈을 얻었습니까?

③ 경험 면접 질문 예시(직업윤리)

시작 질문	
1	남들이 신경 쓰지 않는 부분까지 고려하여 절차대로 업무(연구)를 수행하여 성과를 낸 경험을 구체적으로 말해 보시오.
2	조직의 원칙과 절차를 철저히 준수하며 업무(연구)를 수행한 것 중 성과를 향상시킨 경험에 대해 구체적으로 말해 보시오.
3	세부적인 절차와 규칙에 주의를 기울여 실수 없이 업무(연구)를 마무리한 경험을 구체적으로 말해 보시오.
4	조직의 규칙이나 원칙을 고려하여 성실하게 일했던 경험을 구체적으로 말해 보시오.
5	타인의 실수를 바로잡고 원칙과 절차대로 수행하여 성공적으로 업무를 마무리하였던 경험에 대해 말해 보시오.

후속 질문		
상황 (Situation)	상황	구체적으로 언제, 어디에서 경험한 일인가?
		어떤 상황이었는가?
	조직	어떤 조직에 속해 있었는가?
		그 조직의 특성은 무엇이었는가?
		몇 명으로 구성된 조직이었는가?
	기간	해당 조직에서 얼마나 일했는가?
		해당 업무는 몇 개월 동안 지속되었는가?
	조직규칙	조직의 원칙이나 규칙은 무엇이었는가?
임무 (Task)	과제	과제의 목표는 무엇이었는가?
		과제에 적용되는 조직의 원칙은 무엇이었는가?
		그 규칙을 지켜야 하는 이유는 무엇이었는가?
	역할	당신이 조직에서 맡은 역할은 무엇이었는가?
		과제에서 맡은 역할은 무엇이었는가?
	문제의식	규칙을 지키지 않을 경우 생기는 문제점 / 불편함은 무엇인가?
		해당 규칙이 왜 중요하다고 생각하였는가?
역할 및 노력 (Action)	행동	업무 과정의 어떤 장면에서 규칙을 철저히 준수하였는가?
		어떻게 규정을 적용시켜 업무를 수행하였는가?
		규정은 준수하는 데 어려움은 없었는가?
	노력	그 규칙을 지키기 위해 스스로 어떤 노력을 기울였는가?
		본인의 생각이나 태도에 어떤 변화가 있었는가?
		다른 사람들은 어떤 노력을 기울였는가?
	동료관계	동료들은 규칙을 철저히 준수하고 있었는가?
		팀원들은 해당 규칙에 대해 어떻게 반응하였는가?
		규칙에 대한 태도를 개선하기 위해 어떤 노력을 하였는가?
		팀원들의 태도는 당신에게 어떤 자극을 주었는가?
	업무추진	주어진 업무를 추진하는 데 규칙이 방해되진 않았는가?
		업무수행 과정에서 규정을 어떻게 적용하였는가?
		업무 시 규정을 준수해야 한다고 생각한 이유는 무엇인가?

결과 (Result)	평가	규칙을 어느 정도나 준수하였는가?
		그렇게 준수할 수 있었던 이유는 무엇이었는가?
		업무의 성과는 어느 정도였는가?
		성과에 만족하였는가?
		비슷한 상황이 온다면 어떻게 할 것인가?
	피드백	주변 사람들로부터 어떤 평가를 받았는가?
		그러한 평가에 만족하는가?
		다른 사람에게 본인의 행동이 영향을 주었다고 생각하는가?
	교훈	업무수행 과정에서 중요한 점은 무엇이라고 생각하는가?
		이 경험을 통해 느낀 바는 무엇인가?

2. 상황 면접

① 상황 면접의 특징

직무 관련 상황을 가정하여 제시하고 이에 대한 대응능력을 직무관련성 측면에서 평가하는 면접입니다.

- 상황 면접 과제의 구성은 크게 2가지로 구분
  - 상황 제시(Description) / 문제 제시(Question or Problem)
- 현장의 실제 업무 상황을 반영하여 과제를 제시하므로 직무분석이나 직무전문가 워크숍 등을 거쳐 현장성을 높임
- 문제는 상황에 대한 기본적인 이해능력(이론적 지식)과 함께 실질적 대응이나 변수 고려능력(실천적 능력) 등을 고르게 질문해야 함

상황 면접의 형태

② 상황 면접 예시

상황 제시	인천공항 여객터미널 내에는 다양한 용도의 시설(사무실, 통신실, 식당, 전산실, 창고 면세점 등)이 설치되어 있습니다.	실제 업무 상황에 기반함
	금년에 소방배관의 누수가 잦아 메인 배관을 교체하는 공사를 추진하고 있으며, 당신은 이번 공사의 담당자입니다.	배경 정보
	주간에는 공항 운영이 이루어져 주로 야간에만 배관 교체 공사를 수행하던 중, 시공하는 기능공의 실수로 배관 연결 부위를 잘못 건드려 고압배관의 소화수가 누출되는 사고가 발생하였으며, 이로 인해 인근 시설물에 누수에 의한 피해가 발생하였습니다.	구체적인 문제 상황
문제 제시	일반적인 소방배관의 배관연결(이음)방식과 배관의 이탈(누수)이 발생하는 원인에 대해 설명해 보시오.	문제 상황 해결을 위한 기본 지식 문항
	담당자로서 본 사고를 현장에서 긴급히 처리하는 프로세스를 제시하고, 보수완료 후 사후적 조치가 필요한 부분 및 재발방지 방안에 대해 설명해 보시오.	문제 상황 해결을 위한 추가 대응 문항

3. 발표 면접

① 발표 면접의 특징

- 직무관련 주제에 대한 지원자의 생각을 정리하여 의견을 제시하고, 발표 및 질의응답을 통해 지원자의 직무능력을 평가하는 면접입니다.
- 발표 주제는 직무와 관련된 자료로 제공되며, 일정 시간 후 지원자가 보유한 지식 및 방안에 대한 발표 및 후속 질문을 통해 직무적합성을 평가합니다.

> • 주요 평가요소
> – 설득적 말하기 / 발표능력 / 문제해결능력 / 직무관련 전문성
> • 이미 언론을 통해 공론화된 시사 이슈보다는 해당 직무분야에 관련된 주제가 발표면접의 과제로 선정되는 경우가 최근 들어 늘어나고 있음
> • 짧은 시간 동안 주어진 과제를 빠른 속도로 분석하여 발표문을 작성하고 제한된 시간 안에 면접관에게 효과적인 발표를 진행하는 것이 핵심

발표 면접의 형태

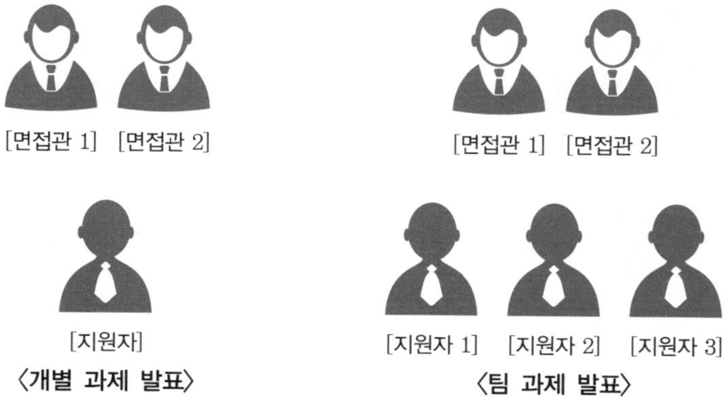

※ 면접관에게 시각적 효과를 사용하여 메시지를 전달하는 쌍방향 커뮤니케이션 방식
※ 심층면접을 보완하기 위한 방안으로 최근 많은 기업에서 적극 도입하는 추세

② 발표 면접 예시

1. 지시문

당신은 현재 A사에서 직원들의 성과평가를 담당하고 있는 팀원이다. 인사팀은 지난주부터 사내 조직문화관련 인터뷰를 하던 도중 성과평가제도에 관련된 개선 니즈가 제일 많다는 것을 알게 되었다. 이에 팀장님은 인터뷰 결과를 종합하려 성과평가제도 개선 아이디어를 A4용지에 정리하여 신속 보고할 것을 지시하셨다. 당신에게 남은 시간은 1시간이다. 자료를 준비하는 대로 당신은 팀원들이 모인 회의실에서 5분 간 발표할 것이며, 이후 질의응답을 진행할 것이다.

2. 배경자료

〈성과평가제도 개선에 대한 인터뷰〉

최근 A사는 회사 사세의 급성장으로 인해 작년보다 매출이 두 배 성장하였고, 직원 수 또한 두 배로 증가하였다. 회사의 성장은 임금, 복지에 대한 상승 등 긍정적인 영향을 주었으나 업무의 불균형 및 성과보상의 불평등 문제가 발생하였다. 또한 수시로 입사하는 신입직원과 경력직원, 퇴사하는 직원들까지 인원들의 잦은 변동으로 인해 평가해야 할 대상이 변경되어 현재의 성과평가제도로는 공정한 평가가 어려운 상황이다.

[생산부서 김상호]
우리 팀은 지난 1년 동안 생산량이 급증했기 때문에 수십 명의 신규인력이 급하게 채용되었습니다. 이 때문에 저희 팀장님은 신규 입사자들의 이름조차 기억 못할 때가 많이 있습니다. 성과평가를 제대로 하고 있는지 의문이 듭니다.

[마케팅 부서 김흥민]
개인의 성과평가의 취지는 충분히 이해합니다. 그러나 현재 평가는 실적기반이나 정성적인 평가가 많이 포함되어 있어 객관성과 공정성에는 의문이 드는 것이 사실입니다. 이러한 상황에서 평가제도를 재수립하지 않고, 인센티브에 계속 반영한다면, 평가제도에 대한 반감이 커질 것이 분명합니다.

[교육부서 홍경민]
현재 교육부서는 인사팀과 밀접하게 일하고 있습니다. 그럼에도 인사팀에서 실시하는 성과평가제도에 대한 이해가 부족한 것 같습니다.

[기획부서 김경호 차장]
저는 저의 평가자 중 하나가 연구부서의 팀장님인데, 일 년에 몇 번 같이 일하지 않는데 어떻게 저를 평가할 수 있을까요? 특히 연구팀은 저희가 예산을 배정하는데, 저에게는 좋지만….

4. 토론 면접

① 토론 면접의 특징

- 다수의 지원자가 조를 편성해 과제에 대한 토론(토의)을 통해 결론을 도출해가는 면접입니다.
- 의사소통능력, 팀워크, 종합인성 등의 평가에 용이합니다.

> - 주요 평가요소
>   - 설득적 말하기, 경청능력, 팀워크, 종합인성
> - 의견 대립이 명확한 주제 또는 채용분야의 직무 관련 주요 현안을 주제로 과제 구성
> - 제한된 시간 내 토론을 진행해야 하므로 적극적으로 자신 있게 토론에 임하고 본인의 의견을 개진할 수 있어야 함

토론 면접의 형태

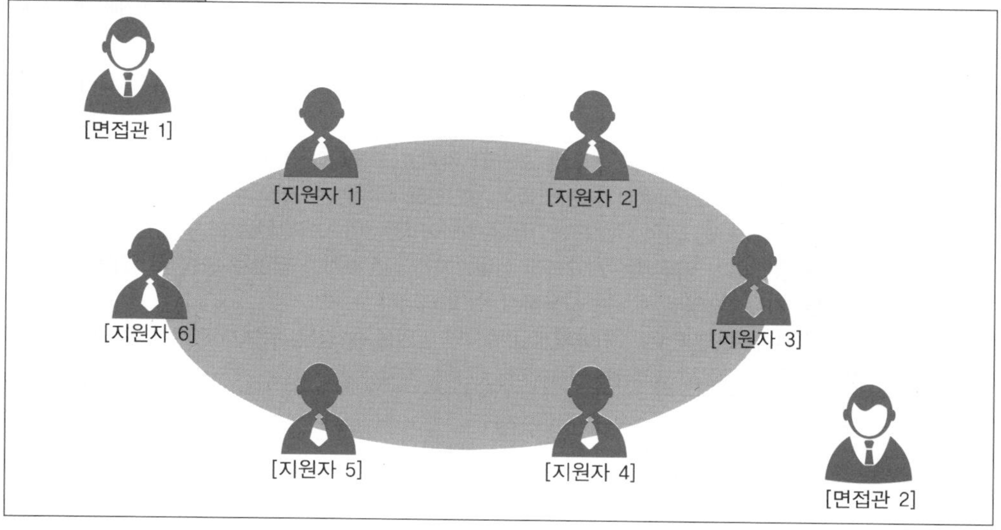

② 토론 면접 예시

고객 불만 고충처리
1. 들어가며
최근 우리 상품에 대한 고객 불만의 증가로 고객고충처리 TF가 만들어졌고 당신은 여기에 지원해 배치받았다. 당신의 업무는 불만을 가진 고객을 만나서 애로사항을 듣고 처리해 주는 일이다. 주된 업무로는 고객의 니즈를 파악해 방향성을 제시해 주고 그 해결책을 마련하는 일이다. 하지만 경우에 따라서 고객의 주관적인 의견으로 인해 제대로 된 방향으로 의사결정을 하지 못할 때가 있다. 이럴 경우 설득이나 논쟁을 해서라도 의견을 관철시키는 것이 좋을지 아니면 고객의 의견대로 진행하는 것이 좋을지 결정해야 할 때가 있다. 만약 당신이라면 이러한 상황에서 어떤 결정을 내릴 것인지 여부를 자유롭게 토론해 보시오.
2. 1분 자유 발언 시 준비사항
• 당신은 의견을 자유롭게 개진할 수 있으며 이에 따른 불이익은 없습니다. • 토론의 방향성을 이해하고, 내용의 장점과 단점이 무엇인지 문제를 명확히 말해야 합니다. • 합리적인 근거에 기초하여 개선방안을 명확히 제시해야 합니다. • 제시한 방안을 실행 시 예상되는 긍정적·부정적 영향요인도 동시에 고려할 필요가 있습니다.
3. 토론 시 유의사항
• 토론 주제문과 제공해드린 메모지, 볼펜만 가지고 토론장에 입장할 수 있습니다. • 사회자의 지정 또는 발표자가 손을 들어 발언권을 획득할 수 있으며, 사회자의 통제에 따릅니다. • 토론회가 시작되면, 팀의 의견과 논거를 정리하여 1분간의 자유발언을 할 수 있습니다. 순서는 사회자가 지정합니다. 이후에는 자유롭게 상대방에게 질문하거나 답변을 하실 수 있습니다. • 핸드폰, 서적 등 외부 매체는 사용하실 수 없습니다. • 논제에 벗어나는 발언이나 지나치게 공격적인 발언을 할 경우, 위에서 제시한 유의사항을 지키지 않을 경우 불이익을 받을 수 있습니다.

03 면접 Role Play

1. 면접 Role Play 편성

- 교육생끼리 조를 편성하여 면접관과 지원자 역할을 교대로 진행합니다.
- 지원자 입장과 면접관 입장을 모두 경험해 보면서 면접에 대한 적응력을 높일 수 있습니다.

경험면접

STEP 1.
지원자 그룹 경험기술서 작성(30분)

STEP 2.
경험기반 인터뷰 실시(1인당 15분)

면접위원
(최소 2인 이상 구성)

지원자
(1인 대상 권장)

STEP 3.
피드백 진행(1인당 5분)

발표면접

STEP 1.
지원자 그룹 발표 내용 작성(30분)

STEP 2.
발표 5분+추가질의 5분(1인당 10분)

면접위원
(최소 2인 이상 구성)

지원자
(1인 대상 권장)

STEP 3.
피드백 진행(1인당 5분)

Tip

면접 준비하기

1. 면접 유형 확인 필수
   - 기업마다 면접 유형이 상이하기 때문에 해당 기업의 면접 유형을 확인하는 것이 좋음
   - 일반적으로 실무진 면접, 임원면접 2차례에 거쳐 면접을 실시하는 기업이 많고 실무진 면접과 임원 면접에서 평가 요소가 다르기 때문에 유형에 맞는 준비방법이 필요
2. 후속 질문에 대한 사전 점검
   - 블라인드 채용 면접에서는 주요 질문과 함께 후속 질문을 통해 지원자의 직무능력을 판단
   → STAR 기법을 통한 후속 질문에 미리 대비하는 것이 필요

CHAPTER

05 신용보증기금&기술보증기금 면접 기출질문

| 01 | 신용보증기금

신용보증기금의 면접전형은 과제수행(20점)+실무(40점)+심층(40점) 총 3단계에 걸쳐 진행된다. 직무적합성과 신용보증기금의 업무에 대한 이해, 가치관 등을 종합적으로 평가한다.

1. 과제수행 면접

두 조가 함께 들어가서 주어진 주제와 제시문을 읽고 조별로 논의한 뒤에 주제, 목적, 내용 등을 요약하여 해결방법을 써서 발표한다. 두 조의 발표가 모두 끝난다면 상대 조에게 질문을 하고 토론을 하며 면접관들도 질문한다. 발표시간이 그리 길지는 않고 시간이 넘어간다면 더 이상 듣지 않고 발표를 멈추게 하니 조원들과 요점만 간략히 전달하는 것이 중요하다.

- 최근 금융시장의 문제점과 해결방안에 대해 토론하시오.
- 기업의 부실징후는 무엇을 보면 파악할 수 있는지 토론하시오.
- 보증료율을 높여야 하는지, 낮춰야 하는지 토론하시오.
- 최저임금 상승에 대해 찬반을 나누어 토론하시오.
- 사립유치원에 국가관리 회계 시스템(에듀파인)을 적용하는 것이 바람직하다고 생각하는가?
- 종교인 과세에 대해 찬반을 나누어 토론하시오.
- 교육 평등주의에 대해 찬반을 나누어 토론하시오.
- 보증기업 사장에게 한도 축소를 통보할 때 어떻게 해야 하는가?
- 전사적 차원에서 신용보증과 신용보험을 어떠한 비중으로 분배해야 하는가?
- 클라우드 컴퓨팅을 신용보증기금에 적용해야 하는가? 적용해야 한다면 그 이유는 무엇인가?
- 금융정책기관으로서 신용보증기금이 확대·강화해야 할 업무영역은 무엇인가?
- 연대보증 폐기에 대한 본인의 생각은 무엇인가?
- 우버택시의 도입에 대해 찬반을 나누어 토론하시오.
- SNS소통에 대해 긍정적인가 부정적인가?
- 전업주부 영유아 어린이집 이용제한에 대해 찬반을 나누어 토론하시오.
- 벤처 창업자에 대한 병역혜택을 찬반을 나누어 토론하시오.

2. 실무 면접

실무진들과 조가 다대다로 진행한다. 공통질문과 개인질문으로 나뉘는데, 신용보증기금에서 진행하고 있는 프로젝트나 전공에 관련된 질문이 많다. 만약 지원자가 예전에 했던 프로젝트가 있다면 그것과 관련된 구체적인 설명을 요구하기도 한다.

- 미국의 금리 인상이 이어지면 우리나라에 미치는 영향이 무엇인지 설명해 보시오.
- 재무제표와 현금흐름표의 차이에 대하여 설명해 보시오.
- 발생주의와 현금주의에 대하여 말해 보시오.
- 업무가 몰리면 우선순위를 어떻게 두고 업무를 진행할 것인지 말해 보시오.
- 공동대표와 각자대표의 차이가 무엇인지 말해 보시오.
- 신생기업이 새로운 사업을 시작할 때 고려할 점이 무엇인지 말해 보시오.
- DBM이란 무엇인가?
- OSI 7계층은 무엇인가?
- TCP는 몇 계층인지 알고 있는가?
- 공통키, 대칭키 방식에 대하여 설명해 보시오.
- 유동화증권에 대하여 설명해 보시오.
- 후순위채권은 누가 매입하는지 알고 있는가?
- 후순위채권 매입 시 회계처리 과정에 대하여 알고 있는가?
- M&A 보증 시 꼭 진행해야 하는 상법적 절차에 대하여 알고 있는가?
- 중소기업의 재무제표를 볼 때, 수익성을 보기 위해서는 어떤 계정과목 혹은 재무비율을 보아야 하는가?
- 자산담보부증권에 대하여 알고 있는가?
- 본인이 알고 있는 자산담보부증권에 대하여 말해 보시오.
- 기업가치평가 기법에 대하여 설명해 보시오.
- 블록 체인이 무엇인지 알고 있는가?
- 보증심사 시 고려해야 할 사항을 말해 보시오.
- 본인이 생각하는 가장 소중한 물건에 대하여 말해 보시오.
- 팔로우십에 대한 생각을 말해 보시오.
- 팔로우십에서 가장 중요한 가치가 무엇이라고 생각하는가?
- 매출채권보험에 대하여 설명해 보시오.
- 보험과 보증의 차이를 알고 있는가?
- 직접 금융 활성화 방안에 대하여 말해 보시오.
- 신용 보증에 대해 아는 것을 설명해 보시오.
- 삼성 바이오로직스 사태를 설명할 수 있겠는가?
- 공모전 수상 내역이 있는데 어떤 내용인가?
- 신용보증기금이 하는 일이 어떤 일이라고 생각하는가?
- 대민 업무를 함에 있어서 본인의 단점은 무엇인가?
- 민원고객이 몰려든다면 어떻게 하겠는가?
- 시각장애인에게 파란색을 설명해 보시오.
- 이자보상비율이란 무엇인가?
- SMART 융합 보증이란 무엇인가?
- 신용보증기금과 기술보증기금의 차이는 무엇인가?

- 영업점에서 민원이 심하게 발생할 경우 이에 대한 대처방법을 말해 보시오.
- 투자옵션부 보증이란 무엇인가?
- 본인의 장점을 한 가지 말해 보시오.
- 동대구역의 가치를 계산해 보시오.
- 4차 산업혁명에 대해 말해 보시오.
- 보증 기한 연장이 불가능한 기업의 대표가 연장 신청을 해달라고 할 경우 어떻게 할 것인가?
- 제조업, 도소매업에 대한 부채비율을 어느 정도로 관리하는 것이 바람직한가?
- 한계기업의 정의에 대해 설명해 보시오.
- 마포 사옥을 창업자들을 위한 공간으로 조성하려 하는데 어떻게 차별화할 수 있겠는가?
- 리플레이션에 대해 아는가?
- 메인비즈, 이노비즈의 개념에 대해 아는 사람이 있으면 답변해 보시오.
- 30초 내로 간단한 자기소개를 하시오.
- 중요도가 낮은 업무의 경우 상사에게 일일이 보고하고 일을 처리할 것인가?
- 보증과 보험의 차이를 설명해 보시오.
- 보험의 경우 부보율이 얼마나 되는가?
- 재무·비재무적 요소 중 중요하게 보아야 할 것은 무엇인가?
- 사모펀드에 대해 어떻게 규제해야 하는가?
- 중소기업의 사업실패 요인은 무엇이라고 생각하는가?
- 최근 미국, 일본, 유럽 등의 통화정책 차이로 환율 등의 대외여건이 변화하고 있는데, 본인이 중소기업 사장이라면 어떻게 대응하겠는가?
- 본인이 신용보증기금에 입사하기 위하여 노력한 것은 무엇인가?
- 결혼과 직장의 공통점 및 차이점은 무엇인가?
- 최근 읽었던 신용보증기금 관련 기사는 무엇인가?
- 신용보증기금이 본인을 뽑아야 하는 이유가 무엇인가?

3. 심층 면접

실무 면접과 비슷하지만, 임원들이 인성적인 질문을 한다. 자기소개서를 바탕으로 지원자의 기본적인 인성 및 가치관, 도전의식 및 열정, 윤리의식 · 사회적 책임감을 중점으로 평가한다.

- 업무 중 발생한 실수가 3개월 뒤에 발견되었을 경우 어떻게 행동할 것인가?
- 누군가가 본인에게 억울하게 누명을 씌웠을 경우 어떻게 행동할 것인가?
- 최근에 가장 관심을 갖고 본 경제 관련 이슈를 말해 보시오.
- 실제 경영자와 대표자가 다를 경우 어떻게 할 것인지 말해 보시오.
- 신용보증기금에 입사하기 위해 얼마나 준비했는지 말해 보시오.
- 새로운 환경에 적응할 때 어려움을 극복한 방법에 대하여 말해 보시오.
- 신용보증기금에 입사하여 얻고 싶은 점을 말해 보시오.
- 무엇인가를 성공했던 경험에 대하여 말해 보시오.
- 책임감을 발휘한 경험에 대하여 말해 보시오.
- 본인의 롤 모델에 대하여 말해 보시오.
- 상사가 부당한 업무를 지시했을 때, 어떻게 대처하겠는가?
- 본인의 직업관은 무엇인가?
- 신용보증기금의 최근 이슈에 대해 아는 것이 있는가?
- 중소기업의 자생력을 높이기 위한 방안을 설명할 수 있는가?
- 자격증과 교육훈련이 업무를 수행하면서 어떤 도움이 되겠는가?
- 본인의 단점이 무엇이며 어떻게 극복하여 업무에 활용할 것인가?
- 4차 산업혁명과 같은 기술발전으로 인한 명과 암에 대해 말해 보시오.
- 약속이 있는 날, 오늘 꼭 처리해야만 하는 업무가 생겼다. 어떤 선택을 할 것인가?
- 국보 1호가 왜 국보 1호로 지정되었는지 아는가?
- 직장상사가 사내결혼에 대해 심한 선입견을 가지고 있고, 본인은 사내연애 중이며 결혼을 생각하고 있다. 상사의 선입견을 풀기 위해 어떻게 할 것인가?
- 황제경영을 해결하기 위한 방안은 무엇인가?
- 신용보증기금에 입사 후 본인이 생각하는 본인의 모습을 말해 보시오.
- 신용보증기금이 나아가야 할 방향은 무엇이라고 생각하는가?
- 대기업의 한식 사업 진출에 대해 어떻게 생각하는가?
- 식물 혹은 동물로 태어난다면 무엇이 되고 싶은가?
- 본인이 가진 역량 말고 가치관은 무엇인가?
- 사회양극화의 원인과 해소방안은 무엇이라고 생각하는가?
- 기술금융이 활성화되지 않는 원인과 해결방안은 무엇이라 생각하는가?
- IT 업계가 아닌 신용보증기금에 지원한 이유는 무엇인가?
- 공기업과 사기업의 차이를 설명해 보시오.
- 경력 프로젝트 관련 구체적인 설명을 해 보시오.

| 02 | 기술보증기금

기술보증기금의 면접전형은 1차 면접과 2차 면접으로 총 2단계에 걸쳐 진행된다. 1차 면접은 조직적합성과 직무적합성, 토론을 합산하여 평가하며, 2차 면접은 종합적합성과 1차 면접 전형의 점수, 필기전형의 점수를 합산하여 평가한다.

1. 1차 면접 : 조직적합성 면접(인성 면접)

다대다로 이뤄지며 지원자의 자기소개서를 기반으로 진행된다. 제출한 자기소개서의 내용에 대한 숙지와 함께 기술보증기금의 핵심가치를 반영한 답변을 준비할 필요가 있고 모순되지 않은 솔직한 답변을 하도록 주의가 필요하다.

- 공직자로서 가장 중요하다고 생각하는 가치와 가치를 키우기 위해 어떤 노력이 필요한지 말해 보시오.
- 마지막으로 하고 싶은 말을 해 보시오.
- 본인이 원하지 않는 직무에 배정될 경우 어떻게 할 것인가?
- 현재를 개선하기 위해 했던 노력에 대하여 말해 보시오.
- 30초간 자기소개를 해 보시오.
- 어떤 상사가 좋은 상사라고 생각하는가?
- 전국 순환근무에 적응할 자신이 있는가?
- 금융기관 직원으로서 지녀야 할 중요한 덕목은 무엇이라고 생각하는가?
- 창의력을 키우기 위한 본인만의 노력이 있는가?
- 본인의 스트레스 해소방법은 무엇인가?
- 마지막으로 20초간 맺음말을 해 보시오.
- 여러 금융기관 중 기술보증기금에 지원한 이유가 무엇인가?
- 기술보증기금의 핵심가치와 본인의 가치관이 어떻게 부합하는가?
- 기술보증기금이 여성을 배려하고 있는 점에 대하여 아는 것이 있는가?
- 다른 사람들이 생각하는 본인의 모습 중 본인의 생각과 다른 점이 있었는가?
- 인턴생활을 하면서 힘들었던 점을 말해 보시오.
- 희망근무지역을 부산으로 했는데, 주소는 서울이다. 왜 이런 선택을 했는가?
- 부모님과 요즘 하는 이야기는 무엇인가?
- 연수원까지 오면서 어떤 생각을 했는가?
- 전 직장에서 구체적으로 어떤 일을 했는가?
- 본인의 강점은 무엇이고 그것을 기술보증기금에서 어떻게 활용할 것인가?
- 동아리 활동을 했다고 기록했는데, 어떤 활동을 했는가?
- 조직과 개인 중 어느 것이 더 중요하다고 생각하는가?
- 만약 상사로부터 부당한 대우를 받는다면 어떻게 할 것인가?
- 기술보증기금에 지원하게 된 동기가 무엇인가?

- 블랙 컨슈머도 고객으로 보아야 한다고 생각하는가?
- 기술보증기금의 핵심 가치 3가지 중 본인을 잘 표현할 수 있는 키워드 한 가지와 관련된 경험에 대해 말해 보시오.
- 공기업으로서 나아가야 할 방향은 무엇이라고 생각하는가?
- 토끼와 거북이 이야기에서 어떤 동물이 낫다고 생각하는가?
- 기업의 사회적 책임과 노블리스 오블리주에 대해 어떻게 생각하는가?
- 경제 민주화란 무엇이고, 본인의 생각은 무엇인가?
- 자기소개서에는 취업을 위해 많은 것을 준비한 것 같은데, 학창시절에 대한 이야기가 없는 것 같다. 학창시절 중 가장 기억에 남는 일은 무엇인가?
- 가장 기억에 남는 여행과 그곳에서 배운 교훈은?
- 올해 목표 중 본인이 이루고 싶은 가장 큰 목표는 무엇인가? 단, 취업과 관련이 없는 것만 이야기해 보시오.
- 본인이 최근 읽은 책 중 기억에 남는 책과 그것에서 얻은 교훈은 무엇인가?

2. 1차 면접 : 직무적합성 면접(PT 면접)

지원자 1명과 면접관 다수로 이뤄지는 발표와 질의응답으로 구성되는 면접인데, 시사관련 주제가 나오기도 하기 때문에 기업, 비즈니스, 4차 산업혁명, 기술보증기금의 사업과 관련된 것을 알고 가는 것이 좋다. 처음 보는 단어라도 문제지에 쓰인 뜻을 보고 차분히 생각해서 발표 내용을 구상해야 한다.

- 실패한 창업인에 대한 효과적인 재기지원 방안에 대하여 발표하시오.
- R&D 패러독스 해결 방안에 대하여 설명해 보시오.
- 데이터 산업의 활성화 방안에 대하여 말해 보시오.
- 기술보증기금에 대한 SWOT 분석을 해 보시오.
- 기술보증기금이 중점적으로 보증해야 하는 기업이 무엇인지 말해 보시오.
- 문화 콘텐츠 보증에 대하여 발표하시오.
- 최신 IT 기술을 기술보증기금 업무에 적용할 방안에 대하여 발표하시오.
- 문화 콘텐츠(영화, 드라마, 게임, 캐릭터 등) 평가 방안에 대하여 발표하시오.
- 대기업의 중소기업 기술탈취에 대해 어떻게 생각하는가?
- 기금의 경제 활성화 방안에 대하여 설명하시오.
- 금리 인하로 인한 우리 정부의 앞으로의 방향은 어떠한지 말해 보시오.
- 빅데이터에 3V가 있는데 4V, 5V에 V가 무엇인지 아는가?
- 본인이 생각하기에 기술평가에서 중요하게 생각할 요소와 각 비중을 정해 설명하시오.
- 기술평가와 관련하여 어떤 경험과 역량을 쌓아왔는가?
- 실제 기술평가 시 어떤 평가요소를 중점적으로 평가할 것인가?
- CAMP에서 베타는 어떻게 구하는가?
- 기술이 눈에 보이지 않는데 어떻게 이를 증명할 것인가?
- 성적이 좋은데 대학원에 갈 생각은 없는가?
- 동아리 활동 경험에 대해 이야기해 보시오.

3. 1차 면접 : 토론 면접

한 조로 이루어진 4명의 지원자들 간에 주어진 주제에 대해 토론하는 형식으로 진행된다. 주로 시사와 관련된 주제 및 창의력, 업무 전공에 관련한 주제가 주어진다. 자기 자신의 주장을 강하게 밀어붙이는 것보다는 다른 토론자들의 의견을 경청하여 덧붙이는 태도가 중요하다. 상대방을 이기기보다는 서로 이야기를 하면서 협의점을 찾는 것을 목적으로 생각해야 한다.

- 연대보증에 대하여 찬반 여부를 토론하시오.

4. 2차 면접 : 임원 면접

약 30분간 다대다로 이뤄지는 종합적합성면접으로, 공통질문 2개와 개인질문 2개 정도를 물어보는 형식으로 진행된다.

- 리스크 관리 방안에 대하여 설명해 보시오.
- 중소기업이 데이터를 활용하면 어떤 이점이 있는지 구체적으로 설명해 보시오.
- 기술보증기금의 보증 절차에 대하여 설명해 보시오.
- 남들이 생각하는 본인의 모습 중 본인의 생각과 다른 것이 있는가?
- 기금의 경제 활성화 방안에 대하여 설명해 보시오.
- 본인이 생각하는 기술금융이란 무엇인가?
- 기술보증기금의 보증절차에 대해 설명해 보시오.
- 본인이 지원한 직무에서 가장 중요하다고 생각하는 점은 무엇인가?
- 거주하고 있는 지역 외 근무를 하게 돼도 괜찮은가?
- 자기소개를 20초 내로 하시오.
- 남들보다 경쟁력이 있다고 생각하는 것은 무엇인가?
- 조직융화와 전문성 중에 어떤 것을 중시하는가?
- 본인과 닮은 동물과 그 동물을 선택한 이유를 말해 보시오.
- 진상 고객이 왔을 때 어떻게 대처할 것인가?
- 일하면서 동료와 갈등이 있을 때, 어떻게 할 것인가?
- 학창시절에 기억에 남는 경험을 말해 보시오.
- 중소기업에서 일했던 경험이 있던데, 어떤 고충이 있었나?
- 마지막으로 하고 싶은 말을 한 문장으로 말해 보시오.

현재 나의 실력을 객관적으로 파악해 보자!

모바일 OMR

답안채점 / 성적분석 서비스

도서에 수록된 모의고사에 대한 객관적인 결과(정답률, 순위)를 종합적으로 분석하여 제공합니다.

OMR 입력 **성적분석** **채점결과**

※OMR 답안채점 / 성적분석 서비스는 등록 후 30일간 사용 가능합니다.

도서 내 모의고사 우측 상단에 위치한 QR코드 찍기 → 로그인 하기 → '시작하기' 클릭 → '응시하기' 클릭 → 나의 답안을 모바일 OMR 카드에 입력 → '성적분석 & 채점결과' 클릭 → 현재 내 실력 확인하기

2025
최신판

신용보증기금& 기술보증기금

정답 및 해설

NCS+전공+모의고사 3회

편저 | SDC(Sidae Data Center)

판매량 1위 신용보증기금& 기술보증기금 YES24

기출복원문제부터
대표기출유형 및
모의고사까지

한 권으로
마무리!

SDC
SDC는 시대에듀 데이터 센터의 약자로
약 30만 개의 NCS · 적성 문제 데이터를
바탕으로 최신 출제경향을 반영하여
문제를 출제합니다.

시대에듀

Add+

특별부록

CHAPTER

01

2024년 하반기 주요 공기업

NCS 기출복원문제

01	02	03	04	05	06	07	08	09	10	11	12	13	14	15	16	17	18	19	20
④	③	⑤	③	③	③	④	④	③	⑤	③	④	②	①	③	④	⑤	④	③	④
21	22	23	24	25	26	27	28	29	30	31	32	33	34	35	36	37	38	39	40
⑤	③	②	⑤	⑤	③	③	③	①	①	③	①	②	①	④	③	④	④	④	③
41	42	43	44	45	46	47	48	49	50										
②	③	⑤	③	①	④	④	⑤	②	②										

01

정답 ④

쉼이란 대화 도중에 잠시 침묵하는 것을 말한다. 쉼을 사용하는 대표적인 경우는 다음과 같다.

- 이야기의 전이 시(흐름을 바꾸거나 다른 주제로 넘어갈 때)
- 양해, 동조, 반문의 경우
- 생략, 암시, 반성의 경우
- 여운을 남길 때

위와 같은 목적으로 쉼을 활용함으로써 논리성, 감정 제고, 동질감 등을 확보할 수 있다.

반면, 연단공포증은 면접이나 발표 등 청중 앞에서 이야기할 때 가슴이 두근거리고, 입술이 타고, 식은땀이 나고, 얼굴이 달아오르는 생리적인 현상으로, 쉼과는 관련이 없다. 연단공포증은 90% 이상의 사람들이 호소하는 불안이므로 극복하기 위해서는 연단공포증에 대한 걱정을 떨쳐내고 이러한 심리현상을 잘 통제하여 의사 표현하는 것을 연습해야 한다.

02

정답 ③

미국의 심리학자인 도널드 키슬러는 대인관계 의사소통 방식을 체크리스트로 평가하여 8가지 유형으로 구분하였다. 이 중 친화형은 따뜻하고 배려심이 깊으며, 타인과의 관계를 중시하는 유형이다. 또한 협동적이고 조화로운 성격으로, 자기희생적인 경향이 강하다.

키슬러의 대인관계 의사소통 유형

- 지배형 : 자신감이 있고 지도력이 있으나 논쟁적이고 독단이 강하여 대인 갈등을 겪을 수 있으므로 타인의 의견을 경청하고 수용하는 자세가 필요하다.
- 실리형 : 이해관계에 예민하고 성취 지향적으로 경쟁적인 데다 자기중심적이어서 타인의 입장을 배려하고 관심을 갖는 자세가 필요하다.
- 냉담형 : 이성적인 의지력이 강하고 타인의 감정에 무관심하며 피상적인 대인관계를 유지하므로 타인의 감정 상태에 관심을 가지고 긍정적인 감정을 표현하는 것이 필요하다.
- 고립형 : 혼자 있는 것을 선호하고 사회적 상황을 회피하며 지나치게 자신의 감정을 억제하므로 대인관계의 중요성을 인식하고 타인에 대한 비현실적인 두려움의 근원을 성찰하는 것이 필요하다.
- 복종형 : 수동적이고 의존적이며 자신감이 없으므로 적극적인 자기표현과 주장이 필요하다.
- 순박형 : 단순하고 솔직하며 자기주관이 부족하므로 자기주장을 하는 노력이 필요하다.
- 친화형 : 따뜻하고 인정이 많고 자기희생적이나 타인의 요구를 거절하지 못하므로 타인과의 정서적인 거리를 유지하는 노력이 필요하다.
- 사교형 : 외향적이고 인정하는 욕구가 강하며, 타인에 대한 관심이 많아서 간섭하는 경향이 있고 흥분을 잘 하므로 심리적 안정과 지나친 인정욕구에 대한 성찰이 필요하다.

03

정답 ⑤

철도사고는 달리는 도중에도 발생할 수 있으므로 먼저 인터폰을 통해 승무원에게 사고를 알리고, 열차가 멈춘 후에 안내방송에 따라 비상핸들이나 비상콕크를 돌려 문을 열고 탈출해야 한다. 만일 화재가 발생했을 경우에는 승무원에게 사고를 알리고 곧바로 119에도 신고를 해야 한다.

오답분석

① 침착함을 잃고 패닉에 빠지게 되면, 적절한 행동요령에 따라 대피하기 어렵다. 따라서 사고현장에서 대피할 때는 승무원의 안내에 따라 질서 있게 대피해야 한다.
② 화재사고 발생 시 승객들은 여유가 있을 경우 전동차 양 끝에 비치된 소화기를 통해 초기 진화를 시도해야 한다.
③ 역이 아닌 곳에서 열차가 멈췄을 경우 감전의 위험이 있으므로 반드시 승무원의 안내에 따라 반대편 선로의 열차 진입에 유의하며 대피 유도등을 따라 침착하게 비상구로 대피해야 한다.
④ 전동차에서 대피할 때는 부상자, 노약자, 임산부 등 탈출이 어려운 사람부터 먼저 대피할 수 있도록 배려하고 도와주어야 한다.

04

정답 ③

하향식 읽기 모형은 독자의 배경지식을 바탕으로 글의 맥락을 먼저 파악하는 읽기 전략이다. ③의 경우 제품 설명서를 통해 세부 기능과 버튼별 용도를 파악하고 기계를 작동시켰으므로 상향식 읽기를 수행한 사례이다. 제품 설명서를 하향식으로 읽는다면 제품 설명서를 읽기 전 제품을 보고 배경지식을 바탕으로 어떤 기능이 있는지 예측하고, 해당 기능을 수행하는 세부 방법을 제품 설명서를 통해 찾아봐야 한다.

오답분석

① 회의의 주제에 대한 배경지식을 가지고 회의 안건을 예상한 후 회의 자료를 파악하였으므로 하향식 읽기 모형에 해당한다.
② 헤드라인을 먼저 읽어 배경지식을 바탕으로 전체적인 내용을 파악하고 상세 내용을 읽었으므로 하향식 읽기 모형에 해당한다.
④ 요리에 대한 경험과 지식을 바탕으로 요리 과정을 파악하였으므로 하향식 읽기 모형에 해당한다.
⑤ 해당 분야에 대한 기본적인 지식을 바탕으로 서문이나 목차를 통해 책의 전체적인 흐름을 파악하였으므로 하향식 읽기 모형에 해당한다.

05

정답 ③

농도가 15%인 소금물 200g의 소금의 양은 $200\times\frac{15}{100}=30\text{g}$이고, 농도가 20%인 소금물 300g의 소금의 양은 $300\times\frac{20}{100}=60\text{g}$이다. 따라서 두 소금물을 섞었을 때의 농도는 $\frac{30+60}{200+300}\times100=\frac{90}{500}\times100=18\%$이다.

06

정답 ③

여직원끼리 인접하지 않는 경우는 남직원과 여직원이 번갈아 앉는 경우뿐이다. 이때 여직원 D의 자리를 기준으로 남직원 B가 옆에 앉는 경우를 다음과 같이 나눌 수 있다.

- 첫 번째, 여섯 번째 자리에 여직원 D가 앉는 경우
  남직원 B가 여직원 D 옆에 앉는 경우는 1가지뿐으로, 남은 자리에 남직원, 여직원이 번갈아 앉아 경우의 수는 $2\times1\times2!\times2!=8$가지이다.
- 두 번째, 세 번째, 네 번째, 다섯 번째 자리에 여직원 D가 앉는 경우
  각 경우에 대하여 남직원 B가 여직원 D 옆에 앉는 경우는 2가지이다. 남은 자리에 남직원, 여직원이 번갈아 앉으므로 경우의 수는 $4\times2\times2!\times2!=32$가지이다.

따라서 구하고자 하는 경우의 수는 $8+32=40$가지이다.

07

정답 ④

제시된 수열은 홀수 항일 때 +12, +24, +48, …이고, 짝수 항일 때 +20인 수열이다.
따라서 빈칸에 들어갈 수는 13+48=61이다.

08

정답 ④

2022년에 중학교에서 고등학교로 진학한 학생의 비율은 99.7%이고, 2023년에 중학교에서 고등학교로 진학한 학생의 비율은 99.6%이다. 따라서 진학한 비율이 감소하였으므로 중학교에서 고등학교로 진학하지 않은 학생의 비율은 증가하였음을 알 수 있다.

오답분석

① 중학교의 취학률이 가장 낮은 해는 97.1%인 2020년이다. 이는 97% 이상이므로 중학교의 취학률은 매년 97% 이상이다.
② 매년 초등학교의 취학률이 가장 높다.
③ 고등교육기관의 취학률은 2020년 이후로 계속해서 70% 이상을 기록하였다.
⑤ 고등교육기관의 취학률이 가장 낮은 해는 2016년이고, 고등학교의 상급학교 진학률이 가장 낮은 해 또한 2016년이다.

09

정답 ③

오답분석

① B기업의 매출액이 가장 많은 때는 2024년 3월이지만, 그래프에서는 2024년 4월의 매출액이 가장 많은 것으로 나타났다.
② 2024년 2월에는 A기업의 매출이 더 많지만, 그래프에서는 B기업이 더 많은 것으로 나타났다.
④ A기업의 매출액이 가장 적은 때는 2024년 4월이지만, 그래프에서는 2024년 3월의 매출액이 가장 적은 것으로 나타났다.
⑤ A기업과 B기업의 매출액의 차이가 가장 큰 때는 2024년 1월이지만, 그래프에서는 2024년 5월과 6월의 매출액 차이가 더 큰 것으로 나타났다.

10

정답 ⑤

스마트 팜 관련 정부 사업 참여 경험은 K사의 강점 요인이다. 또한 정부의 적극적인 지원은 스마트 팜 시장 성장에 따른 기회 요인이다. 따라서 스마트 팜 관련 정부 사업 참여 경험을 바탕으로 정부의 적극적인 지원을 확보하는 것은 내부의 강점을 통해 외부의 기회 요인을 극대화하는 SO전략에 해당한다.

오답분석

①·②·③·④ 외부의 기회를 이용하여 내부의 약점을 보완하는 WO전략에 해당한다.

11

정답 ③

A~F 모두 문맥을 무시하고 일부 문구에만 집착하여 뜻을 해석하고 있으므로 '과대해석의 오류'를 범하고 있다. 과대해석의 오류는 전체적인 상황이나 맥락을 고려하지 않고 특정 단어나 문장에만 집착하여 의미를 해석하는 오류로, 글의 의미를 지나치게 확대하거나 축소하여 생각하고, 문자 그대로의 의미에만 너무 집착하여 다른 가능성이나 해석을 배제하게 되는 논리적 오류이다.

오답분석

① 무지의 오류 : '신은 존재하지 않는다가 증명되지 않았으므로 신은 존재한다.'처럼 증명되지 않았다고 해서 그 반대의 주장이 참이라고 생각하는 오류이다.
② 연역법의 오류 : '조류는 날 수 있다. 펭귄은 조류이다. 따라서 펭귄은 날 수 있다.'처럼 잘못된 삼단논법에 의해 발생하는 논리적 오류이다.
④ 허수아비 공격의 오류 : '저 사람은 과거에 거짓말을 한 적이 있으니 이번에 일어난 사기 사건의 범인이다.'처럼 개별적 인과관계를 입증하지 않고 전혀 상관없는 별개의 논리를 만들어 공격하는 논리적 오류이다.
⑤ 권위나 인신공격에 의존한 논증 : '제정신을 가진 사람이면 그런 주장을 할 수가 없다.'처럼 상대방의 주장 대신 인격을 공격하거나, '최고 권위자인 A교수도 이런 말을 했습니다.'처럼 자신의 논리적인 약점을 권위자를 통해 덮으려는 논리적 오류이다.

12

정답 ④

A～E열차의 운행시간 단위를 시간 단위로, 평균 속력의 단위를 시간당 운행거리로 통일하여 정리하면 다음과 같다.

구분	운행시간	평균 속력	운행거리
A열차	900분=15시간	50m/s=(50×60×60)m/h=180km/h	15×180=2,700km
B열차	10시간 30분=10.5시간	150km/h	10.5×150=1,575km
C열차	8시간	55m/s=(55×60×60)m/h=198km/h	8×198=1,584km
D열차	720분=12시간	2.5km/min=(2.5×60)km/h=150km/h	12×150=1,800km
E열차	10시간	2.7km/min=(2.7×60)m/h=162km/h	10×162=1,620km

따라서 C열차의 운행거리는 네 번째로 길다.

13

정답 ②

K대학교 기숙사 운영위원회는 단순히 '기숙사에 문제가 있다.'라는 큰 문제에서 벗어나 식사, 시설, 통신환경이라는 세 가지 주요 문제를 파악하고 문제별로 다시 세분화하여 더욱 구체적으로 인과관계 및 구조를 파악하여 분석하고 있다. 따라서 제시문에서 나타난 문제해결 절차는 '문제 도출'이다.

문제해결 절차 5단계

1. 문제 인식 : 해결해야 할 전체 문제를 파악하여 우선순위를 정하고 선정 문제에 대한 목표를 명확히 하는 단계
2. 문제 도출 : 선정된 문제를 분석하여 해결해야 할 것이 무엇인지를 명확히 하는 단계로, 현상에 대한 문제를 분해하여 인과관계 및 구조를 파악하는 단계
3. 원인 분석 : 파악된 핵심 문제에 대한 분석을 통해 근본 원인을 도출해 내는 단계
4. 해결안 개발 : 문제로부터 도출된 근본 원인을 효과적으로 해결할 수 있는 최적의 해결 방안을 수립하는 단계
5. 실행 및 평가 : 해결안 개발을 통해 만들어진 실행 계획을 실제 상황에 적용하는 단계로, 해결안을 통해 문제의 원인들을 제거해 나가는 단계

14

정답 ①

공공사업을 위해 투입된 세금을 본래의 목적에 사용하지 않고 무단으로 다른 곳에 쓴 상황이므로 '예정되어 있는 곳에 쓰지 아니하고 다른 데로 돌려서 씀'을 의미하는 '전용(轉用)'이 가장 적절한 단어이다.

오답분석

② 남용(濫用) : 일정한 기준이나 한도를 넘어서 함부로 씀
③ 적용(適用) : 알맞게 이용하거나 맞추어 씀
④ 활용(活用) : 도구나 물건 따위를 충분히 잘 이용함
⑤ 준용(遵用) : 그대로 좇아서 씀

15

정답 ③

시조새는 비대칭형 깃털을 가진 최초의 동물로, 현대의 날 수 있는 조류처럼 바람을 맞는 곳의 깃털은 짧고, 뒤쪽은 긴 형태로 이루어졌으며, 이와 같은 비대칭형 깃털이 양력을 제공하여 짧은 거리의 활강을 가능하게 하였다. 따라서 비행을 하기 위한 시조새의 신체 조건은 날개의 깃털이 비대칭 구조로 형성되어 있는 것이다.

오답분석

① 제시문에서 언급하지 않은 내용이다.
②·④ 세 개의 갈고리 발톱과 척추뼈가 꼬리까지 이어지는 구조는 공룡의 특징을 보여주는 신체 조건이다.
⑤ 시조새는 현대 조류처럼 가슴뼈가 비행에 최적화된 형태로 발달되지 않았다고 언급하고 있다.

16

정답 ④

제시문은 서양의학에 중요한 영향을 준 히포크라테스와 갈레노스에 대해 소개하고 있다. 히포크라테스는 자연적 관찰을 통해 의사를 과학적인 기반 위의 직업으로 만들었으며, 히포크라테스 선서와 같이 전문직업으로써의 윤리적 기준을 마련한 서양의학의 상징이라고 소개하고 있으며, 갈레노스는 실제 해부와 임상 실험을 통해 의학 이론을 증명하고 방대한 저술을 남겨 후대 의학 발전에 큰 영향을 주었음을 설명하고 있다. 따라서 '히포크라테스와 갈레노스가 서양의학에 끼친 영향과 중요성'이 제시문의 주제이다.

오답분석

① 갈레노스의 의사로서의 이력은 언급하고 있지만, 생애에 대해 구체적으로 밝히는 글은 아니다.
② 갈레노스가 해부와 실험을 통해 의학 이론을 증명하였음을 설명할 뿐이며, 해부학의 발전 과정에 대해 설명하는 글은 아니다.
③ 히포크라테스 선서는 히포크라테스가 서양의학에 남긴 중요한 윤리적 기준이지만, 이를 중심으로 설명하는 글은 아니다.
⑤ 히포크라테스와 갈레노스 모두 4체액설과 같은 부분에서는 현대 의학과는 거리가 있었음을 밝히고 있다.

17

정답 ⑤

'비상구'는 '화재나 지진 따위의 갑작스러운 사고가 일어날 때에 급히 대피할 수 있도록 특별히 마련한 출입구'이다. 따라서 이와 가장 비슷한 단어는 '갇힌 곳에서 빠져나가거나 도망하여 나갈 수 있는 출구'를 의미하는 '탈출구'이다.

오답분석

① 진입로 : 들어가는 길
② 출입구 : 나갔다가 들어왔다가 하는 어귀나 문
③ 돌파구 : 가로막은 것을 쳐서 깨뜨려 통과할 수 있도록 뚫은 통로나 목
④ 여울목 : 여울물(강이나 바다 따위의 바닥이 얕거나 폭이 좁아 물살이 세게 흐르는 곳의 물)이 턱진 곳

18

정답 ④

A열차의 속력을 V_a, B열차의 속력을 V_b라 하고, 터널의 길이를 l, 열차의 전체 길이를 x라 하자.

A열차가 터널을 진입하고 빠져나오는 데 걸린 시간은 $\frac{l+x}{V_a}=14$초이다. B열차가 A열차보다 5초 늦게 진입하고 5초 빠르게 빠져나왔으므로 터널을 진입하고 빠져나오는 데 걸린 시간은 $14-5-5=4$초이다. 그러므로 $\frac{l+x}{V_b}=4$초이다.

따라서 $V_a=14(l+x)$, $V_b=4(l+x)$이므로 $\frac{V_a}{V_b}=\frac{14(l+x)}{4(l+x)}=3.5$배이다.

19

정답 ③

A팀은 5일마다, B팀은 4일마다 회의실을 사용하므로 두 팀이 회의실을 사용하고자 하는 날은 20일마다 겹친다. 첫 번째 겹친 날에 A팀이 먼저 사용했으므로 20일 동안 A팀이 회의실을 사용한 횟수는 4회이다. 두 번째 겹친 날에는 B팀이 사용하므로 40일 동안 A팀이 회의실을 사용한 횟수는 7회이고, 세 번째로 겹친 날에는 A팀이 회의실을 사용하므로 60일 동안 A팀은 회의실을 11회 사용하였다. 이를 표로 정리하면 다음과 같다.

겹친 횟수	첫 번째	두 번째	세 번째	네 번째	다섯 번째	…	$(n-1)$번째	n번째
회의실 사용 팀	A팀	B팀	A팀	B팀	A팀	…	A팀	B팀
A팀의 회의실 사용 횟수	4회	7회	11회	14회	18회	…		

겹친 날을 기준으로 A팀은 9회, B팀은 8회를 사용하였으므로 다음으로는 B팀이 회의실을 사용할 순서이다. 이때, B팀이 m번째로 회의실을 사용할 순서라면 A팀이 이때까지 회의실을 사용한 횟수는 $7m$회이다. 따라서 B팀이 겹친 날을 기준으로 회의실을 8회까지 사용하였고, 9번째로 사용할 순서이므로 이때까지 A팀이 회의실을 사용한 횟수는 최대 $7\times9=63$회이다.

20

정답 ④

마지막 조건에 따라 광물 B는 인회석이고, 광물 B로 광물 C를 긁었을 때 긁힘 자국이 생기므로 광물 C는 인회석보다 무른 광물이다. 한편, 광물 A로 광물 C를 긁었을 때 긁힘 자국이 생기므로 광물 A는 광물 C보다 단단하고, 광물 A로 광물 B를 긁었을 때 긁힘 자국이 생기지 않으므로 광물 A는 광물 B보다는 무른 광물이다. 따라서 가장 단단한 광물은 B이며, 그다음으로 A, C 순으로 단단하다.

오답분석

① 광물 C는 인회석보다 무른 광물이므로 석영이 아니다.
② 광물 A는 인회석보다 무른 광물이지만, 방해석인지는 확인할 수 없다.
③ 가장 무른 광물은 C이다.
⑤ 광물 B는 인회석이므로 모스 굳기 단계는 5단계이다.

21

정답 ⑤

J공사의 지점 근무 인원이 71명이므로 가용 인원수가 부족한 B오피스는 제외된다. 또한, 시설 조건에서 스튜디오와 회의실이 필요하다고 했으므로 스튜디오가 없는 D오피스도 제외된다. 나머지 A, C, E오피스는 모두 교통 조건을 충족하므로 임대비용만 비교하면 된다. A, C, E오피스의 5년 임대비용은 다음과 같다.

- A오피스 : 600만×71×5=213,000만 원 → 21억 3천만 원
- C오피스 : 3,600만×12×5=216,000만 원 → 21억 6천만 원
- E오피스 : (3,800만×12×0.9)×5=205,200만 원 → 20억 5천 2백만 원

따라서 사무실 이전 조건을 바탕으로 가장 저렴한 공유 오피스인 E오피스로 이전한다.

22

정답 ③

에너지바우처를 신청하기 위해서는 소득기준과 세대원 특성기준을 모두 충족해야 한다. C는 생계급여 수급자이므로 소득기준을 충족하고, 65세 이상이므로 세대원 특성기준도 충족한다. 그러나 C의 경우 보장시설인 양로시설에 거주하는 보장시설 수급자이므로 지원 제외 대상이다. 따라서 C는 에너지바우처를 신청할 수 없다.

오답분석

① A의 경우 의료급여 수급자이므로 소득기준을 충족하고, 7세 이하의 영유아가 있으므로 세대원 특성기준도 충족한다. 따라서 에너지바우처를 신청할 수 있다.
② B의 경우 교육급여 수급자이므로 소득기준을 충족하고, 한부모가족이므로 세대원 특성기준도 충족한다. 또한 4인 이상 세대에 해당하므로 바우처 지원금액은 716,300원으로 70만 원 이상이다.
④ 동절기 에너지바우처 지원방법은 요금차감과 실물카드 2가지 방법이 있다. 이 중 D의 경우 연탄보일러를 이용하고 있으므로 실물카드를 받아 연탄을 직접 결제하는 방식으로 지원받아야 한다.
⑤ E의 경우 생계급여 수급자이므로 소득기준을 충족하고, 희귀질환을 앓고 있는 어머니가 세대원으로 있으므로 세대원 특성기준도 충족한다. 또한 2인 세대에 해당하므로 하절기 바우처 지원금액인 73,800원이 지원된다. 이때, 하절기는 전기요금 고지서에서 요금을 자동으로 차감해 주므로 전기비에서 73,800원이 차감될 것이다.

23

정답 ②

A가족과 B가족 모두 소득기준과 세대원 특성기준이 에너지바우처 신청기준을 충족한다. A가족의 경우 5명이므로 총 716,300원을 지원받을 수 있다. 그러나 이미 연탄쿠폰을 발급받았으므로 동절기 에너지바우처는 지원받을 수 없다. 따라서 하절기 지원금액인 117,000원을 지원받는다. B가족의 경우 2명이므로 총 422,500원을 지원받을 수 있으며, 지역난방을 이용 중이므로 하절기와 동절기 모두 요금차감의 방식으로 지원받는다. 따라서 두 가족의 에너지바우처 지원 금액은 117,000+422,500=539,500원이다.

24

정답 ⑤

제시된 프로그램은 'result'의 초기 값을 0으로 정의한 후 'result' 값이 2를 초과할 때까지 하위 명령을 실행하는 프로그램이다. 이때 'result' 값을 1 증가시킨 후 그 값을 출력하고, 다시 1을 빼므로 0 → 1 → 1 출력 → 0 → 1 → 1 출력 → 0 → 1 → 1 출력 → …과정을 무한히 반복하게 된다. 따라서 1이 무한히 출력된다.

25

정답 ⑤

ROUND 함수는 인수를 지정한 자릿수로 반올림한 값을 구하는 함수로, 「=ROUND(인수, 자릿수)」로 표현한다. 이때 자릿수는 다음과 같이 나타낸다.

만의 자리	천의 자리	백의 자리	십의 자리	일의 자리	소수점 첫째 자리	소수점 둘째 자리	소수점 셋째 자리
−4	−3	−2	−1	0	1	2	3

따라서 「=ROUND(D2, −1)」는 [D2] 셀에 입력된 117.3365의 값을 십의 자리로 반올림하여 나타내므로, 출력되는 값은 120이다.

26

정답 ③

제시문은 ADHD의 원인과 치료 방법에 대한 글이다. 첫 번째 문단에서는 ADHD가 유전적 원인에 의해 발생한다고 설명하고, 두 번째 문단에서는 환경적 원인에 의해 발생한다고 설명하고 있다. 이를 종합하면 ADHD가 다양한 원인이 복합적으로 작용하는 질환임을 알 수 있다. 또한 빈칸 뒤에서도 다양한 원인에 부합하는 맞춤형 치료와 환경 조성이 필요하다고 하였으므로 빈칸에 들어갈 내용으로 가장 적절한 것은 ③이다.

27

정답 ③

~율/률의 앞 글자가 'ㄱ' 받침을 가지고 있으므로 '출석률'이 옳은 표기이다.

~율과 ~률의 구별

- ~율 : 앞 글자의 받침이 없거나 받침이 'ㄴ'인 경우 → 비율, 환율, 백분율
- ~률 : 앞 글자의 받침이 있는 경우(단, 'ㄴ' 받침 제외) → 능률, 출석률, 이직률, 합격률

28

정답 ③

남성 합격자 수와 여성 합격자 수의 비율이 2 : 3이므로 여성 합격자는 48명이다.
남성 불합격자 수와 여성 불합격자 수가 모두 a명이라 하면 다음과 같이 정리할 수 있다.

(단위 : 명)

구분	합격자	불합격자	전체 지원자
남성	$2b=32$	a	$a+2b$
여성	$3b=48$	a	$a+3b$

남성 전체 지원자 수는 $(a+32)$명이고, 여성 전체 지원자 수는 $(a+48)$명이다.

$(a+32):(a+48)=6:7$

$\rightarrow 6\times(a+48)=7\times(a+32)$

$\rightarrow a=(48\times6)-(32\times7)$

$\therefore a=64$

따라서 전체 지원자 수는 $2a+5b=(64\times2)+(16\times5)=128+80=208$명이다.

29

정답 ①

A씨는 2023년에는 9개월 동안 K공사에 근무하였다. (건강보험료)=(보수월액)×(건강보험료율)이고, 2023년 1월 1일 이후 (장기요양보험료)=(건강보험료)×$\frac{(\text{장기요양보험료율})}{(\text{건강보험료율})}$이므로 (장기요양보험료)=(보수월액)×(건강보험료율)×$\frac{(\text{장기요양보험료율})}{(\text{건강보험료율})}$이다.

그러므로 (보수월액)=$\frac{(\text{장기요양보험료})}{(\text{장기요양보험료율})}$이다.

따라서 A씨의 2023년 장기요양보험료는 35,120원이므로 보수월액은 $\frac{35,120}{0.9082\%}=\frac{35,120}{0.9082}\times 100 ≒ 3,866,990$원이다.

30

정답 ①

'가명처리'란 개인정보의 일부를 삭제하거나 일부 또는 전부를 대체하는 등의 방법으로 추가 정보가 없이는 특정 개인을 알아볼 수 없도록 처리하는 것을 말한다(개인정보보호법 제2조 제1의2호).

오답분석

② 개인정보보호법 제2조 제3호
③ 개인정보보호법 제2조 제1호 가목
④ 개인정보보호법 제2조 제2호

31

정답 ③

「=COUNTIF(범위,조건)」 함수는 조건을 만족하는 범위 내 인수의 개수를 셈하는 함수이다. 이때, 열 전체에 적용하려면 해당 범위에서 숫자를 제외하면 된다. 따라서 B열에서 값이 100 이하인 셀의 개수를 구하는 함수는 「=COUNTIF(B:B,"<=100")」이다.

32

정답 ①

- 초등학생의 한 달 용돈의 합계는 B열부터 E행까지 같은 열에 있는 금액의 합이다. 따라서 (A)에 들어갈 함수는 「=SUM(B2:E2)」이다.
- 한 달 용돈이 150,000원 이상인 학생 수는 [F2] 셀부터 [F7] 셀까지 금액이 150,000원 이상인 셀의 개수로 구할 수 있다. 따라서 (B)에 들어갈 함수는 「=COUNTIF(F2:F7,">=150,000")」이다.

33

정답 ②

빅데이터 분석을 기획하고자 할 때는 먼저 범위를 설정한 다음 프로젝트를 정의해야 한다. 그 후에 수행 계획을 수립하고 위험 계획을 수립해야 한다.

34

정답 ①

㉠ 짜깁기 : 기존의 글이나 영화 따위를 편집하여 하나의 완성품으로 만드는 일
㉡ 뒤처지다 : 어떤 수준이나 대열에 들지 못하고 뒤로 처지거나 남게 되다.

오답분석

- 짜집기 : 짜깁기의 비표준어형
- 뒤쳐지다 : 물건이 뒤집혀서 젖혀지다.

35

정답 ④

공문서에서 날짜를 작성할 때 날짜 다음에 괄호를 사용할 경우에는 마침표를 찍지 않아야 한다.

공문서 작성 시 유의사항
- 한 장에 담아내는 것이 원칙이다.
- 마지막엔 반드시 '끝'자로 마무리한다.
- 날짜 다음에 괄호를 사용할 경우에는 마침표를 찍지 않는다.
- 복잡한 내용은 항목별로 구분한다('-다음-', 또는 '-아래-').
- 대외문서이며 장기간 보관되는 문서이므로 정확하게 기술한다.

36

정답 ③

영서가 1시간 동안 빚을 수 있는 만두의 수를 x개, 어머니가 1시간 동안 빚을 수 있는 만두의 수를 y개라 할 때 다음 식이 성립한다.

$\frac{2}{3}(x+y)=60 \cdots$ ㉠

$y=x+10 \cdots$ ㉡

㉠$\times\frac{3}{2}$에 ㉡을 대입하면

$x+(x+10)=90$

$\rightarrow 2x=80$

$\therefore\ x=40$

따라서 영서는 혼자서 1시간 동안 40개의 만두를 빚을 수 있다.

37

정답 ④

- 1,000 이상 10,000 미만
  맨 앞과 맨 뒤의 수가 같은 경우는 $1\sim9$의 수가 올 수 있으므로 9가지이고, 각각의 경우에 따라 두 번째 수와 네 번째 수로 $0\sim9$의 수가 올 수 있으므로 경우의 수는 10가지이다. 그러므로 모든 네 자리 대칭수의 개수는 $9\times10=90$개이다.
- 10,000 이상 50,000 미만
  맨 앞과 맨 뒤의 수가 같은 경우는 1, 2, 3, 4의 수가 올 수 있으므로 4가지이고, 각각의 경우에 따라 두 번째 수와 네 번째 수로 $0\sim9$의 수가 올 수 있으므로 경우의 수는 10가지, 그 각각의 경우에 따라 세 번째에 올 수 있는 수 또한 $0\sim9$의 수가 올 수 있으므로 경우의 수는 10가지이다. 그러므로 $10,000\sim50,000$ 사이의 대칭수의 개수는 $4\times10\times10=400$개이다.

따라서 1,000 이상 50,000 미만의 모든 대칭수의 개수는 $90+400=490$개이다.

38

정답 ④

어떤 자연수의 모든 자릿수의 합이 3의 배수일 때, 그 자연수는 3의 배수이다. 그러므로 $2+5+\square$의 값이 3의 배수일 때, 25□는 3의 배수이다. $2+5=7$이므로, $7+\square$의 값이 3의 배수가 되도록 하는 □의 값은 2, 5, 8이다. 따라서 가능한 모든 수의 합은 $2+5+8=15$이다.

39

정답 ④

바이올린(V), 호른(H), 오보에(O), 플루트(F) 중 첫 번째 조건에 따라 호른과 바이올린을 묶었을 때 가능한 경우는 $3!=6$가지로 다음과 같다.

- (HV) − O − F
- (HV) − F − O
- F − (HV) − O
- O − (HV) − F
- F − O − (HV)
- O − F − (HV)

이때 두 번째 조건에 따라 오보에는 플루트 왼쪽에 위치하지 않으므로 (HV) − O − F, O − F − (HV) 2가지는 제외된다.
따라서 왼쪽에서 두 번째 칸에는 바이올린, 호른, 오보에만 위치할 수 있으므로 플루트는 배치할 수 없다.

40

정답 ③

사회적 기업은 수익 창출을 통해 자립적인 운영을 추구하고, 사회적 문제 해결과 경제적 성장을 동시에 달성하려는 특징을 가진 기업 모델로, 영리 조직에 해당한다.

영리 조직과 비영리 조직
- 영리 조직 : 이윤 추구를 주된 목적으로 하는 집단으로, 일반적인 사기업이 해당된다.
- 비영리 조직 : 사회적 가치 실현을 위해 공익을 추구하는 집단으로 자선단체, 의료기관, 교육기관, 비정부기구(NGO) 등이 해당된다.

41

정답 ②

$(\text{영업이익률})=\frac{(\text{영업이익})}{(\text{매출액})}\times 100$이고, 영업이익을 구하기 위해서는 매출총이익을 먼저 계산해야 한다. 따라서 2022년 4분기의 매출총이익은 $60-80=-20$십억 원이고, 영업이익은 $-20-7=-27$십 억 원이므로 영업이익률은 $-\frac{27}{60}\times 100=-45\%$이다.

42

정답 ③

1시간은 3,600초이므로 36초는 $36\text{초}\times\frac{1\text{시간}}{3,600\text{초}}=0.01$시간이다. 그러므로 무빙워크의 전체 길이는 $5\times 0.01=0.05$km이다.

따라서 무빙워크와 같은 방향으로 4km/h의 속력으로 걸을 때의 속력은 $5+4=9$km/h이므로 걸리는 시간은 $\frac{0.05}{9}=\frac{5}{900}=\frac{5}{900}\times\frac{3,600\text{초}}{1\text{시간}}=20$초이다.

43

정답 ⑤

제시된 순서도는 result 값이 6을 초과할 때까지 2씩 증가하고, result 값이 6을 초과하면 그 값을 출력하는 순서도이다.
따라서 result 값이 5일 때 2를 더하여 $5+2=7$이 되어 6을 초과하므로 출력되는 값은 7이다.

44

정답 ③

방문 사유 → 파손 관련(NO) → 침수 관련(NO) → 데이터 복구 관련(YES) → ◎ 출력 → STOP
따라서 출력되는 도형은 ◎이다.

45

정답 ①

상품코드의 맨 앞 자릿수가 '9'이므로 2 ~ 7번째 자릿수의 이진코드 변환 규칙은 'ABBABA'를 따른다. 이를 변환하면 다음과 같다.

3	8	7	6	5	5
A	B	B	A	B	A
0111101	0001001	0010001	0101111	0111001	0110001

따라서 주어진 수를 이진코드로 바르게 변환한 것은 ①이다.

46

정답 ④

안전 스위치를 누르는 동안에만 스팀이 나온다고 하였으므로 안전 스위치를 누르는 등의 외부 입력이 없다면 스팀은 발생하지 않는다.

오답분석

① 기본형 청소구로 카펫를 청소하면 청소 효율이 떨어질 뿐이며, 카펫 청소는 가능하다고 언급되어 있다.
② 스팀 청소 완료 후 충분히 식지 않은 상태에서 통을 분리하면 뜨거운 물이 새어 나와 화상의 위험이 있다고 언급되어 있다.
③ 기본형 청소구의 돌출부를 누른 상태에서 잡아당기면 좁은 흡입구를 꺼낼 수 있다고 언급되어 있다.
⑤ 스팀 청소구의 물통에 물을 채우는 작업, 걸레판에 걸레를 부착하는 작업 모두 반드시 전원을 분리한 상태에서 진행해야 한다고 언급되어 있다.

47

정답 ④

바닥에 물이 남는다면 스팀 청소구를 좌우로 자주 기울이지 않도록 주의하거나 젖은 걸레를 교체해야 한다.

48

정답 ⑤

팀 목표를 달성하도록 팀원을 격려하는 환경을 조성하기 위해서는 동료의 피드백이 필요하다. 긍정이든 부정이든 피드백이 없다면 팀원들은 개선을 이루거나 탁월한 성과를 내고자 하는 노력을 게을리하게 된다.

동료의 피드백을 장려하는 4단계

1. 간단하고 분명한 목표와 우선순위를 설정하라.
2. 행동과 수행을 관찰하라.
3. 즉각적인 피드백을 제공하라.
4. 뛰어난 수행성과에 대해 인정하라.

49

정답 ②

업무적으로 내적 동기를 유발하기 위해서는 업무 관련 교육을 꾸준히 하여야 한다.

내적 동기를 유발하는 방법
- 긍정적 강화법 활용하기
- 새로운 도전의 기회 부여하기
- 창의적인 문제해결법 찾기
- 자신의 역할과 행동에 책임감 갖기
- 팀원들을 지도 및 격려하기
- 변화를 두려워하지 않기
- 지속적인 교육 실시하기

50

정답 ②

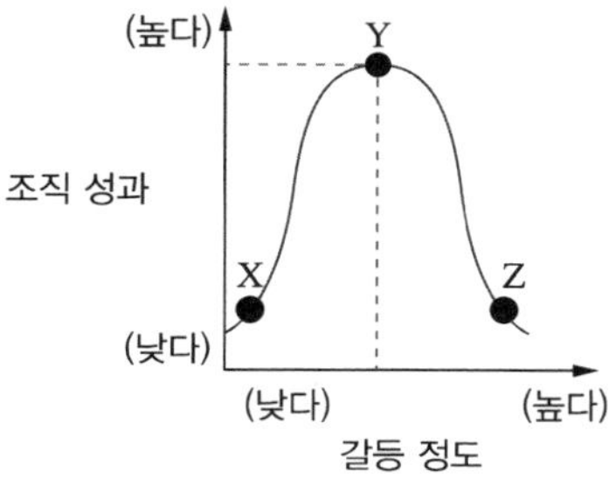

갈등 정도와 조직 성과에 대한 그래프에서 갈등이 X점 수준일 때에는 조직 내부의 의욕이 상실되고 환경의 변화에 대한 적응력도 떨어져 조직 성과가 낮아진다. 갈등이 Y점 수준일 때에는 갈등의 순기능이 작용하여 조직 내부에 생동감이 넘치고 변화 지향적이며 문제해결능력이 발휘되어 조직 성과가 높아진다. 반면, 갈등이 Z점 수준일 때에는 오히려 갈등의 역기능이 작용하여 조직 내부에 혼란과 분열이 발생하고 조직 구성원들이 비협조적이 되어 조직 성과는 낮아지게 된다.

CHAPTER

02

2024 ~ 2023년 주요 공기업

전공 기출복원문제

01 경영

01	02	03	04	05	06	07	08	09	10	11	12	13	14	15	16	17	18	19	20
③	⑤	④	③	⑤	④	③	③	①	①	④	②	①	③	④	①	④	③	③	④
21	22	23	24	25															
④	③	③	④	④															

01

정답 ③

테일러의 과학적 관리법은 하루 작업량을 과학적으로 설정하고 과업 수행에 따른 임금을 차별적으로 설정하는 차별적 성과급제를 시행한다.

오답분석

①·② 시간연구와 동작연구를 통해 표준 노동량을 정하고 해당 노동량에 따라 임금을 지급하여 생산성을 향상시킨다.
④ 각 과업을 전문화하여 관리한다.
⑤ 근로자가 노동을 하는 데 필요한 최적의 작업조건을 유지한다.

02

정답 ⑤

기능목록제도는 종업원별로 기능보유색인을 작성하여 데이터베이스에 저장하여 인적자원관리 및 경력개발에 활용하는 제도이며, 근로자의 직무능력 평가에 있어 필요한 정보를 파악하기 위해 개인능력평가표를 활용한다.

오답분석

① 자기신고제도 : 근로자에게 본인의 직무내용, 능력수준, 취득자격 등에 대한 정보를 직접 자기신고서에 작성하여 신고하게 하는 제도이다.
② 직능자격제도 : 직무능력을 자격에 따라 등급화하고 해당 자격을 취득하는 경우 직위를 부여하는 제도이다.
③ 평가센터제도 : 근로자의 직무능력을 객관적으로 발굴 및 육성하기 위한 제도이다.
④ 직무순환제도 : 담당직무를 주기적으로 교체함으로써 직무 전반에 대한 이해도를 높이는 제도이다.

03

정답 ④

데이터베이스 마케팅(DB 마케팅)은 고객별로 맞춤화된 서비스를 제공하기 위해 정보 기술을 이용하여 고객의 정보를 데이터베이스로 구축하여 관리하는 마케팅 전략이다. 이를 위해 고객의 성향, 이력 등 관련 정보가 필요하므로 기업과 고객 간 양방향 의사소통을 통해 1 : 1 관계를 구축하게 된다.

04

정답 ③

공정성 이론에 따르면 공정성 유형은 크게 절차적 공정성, 상호작용적 공정성, 분배적 공정성으로 나누어진다.
- 절차적 공정성 : 과정통제, 접근성, 반응속도, 유연성, 적정성
- 상호작용적 공정성 : 정직성, 노력, 감정이입
- 분배적 공정성 : 형평성, 공평성

05

정답 ⑤

e-비즈니스 기업은 비용절감 등을 통해 더 낮은 가격으로 우수한 품질의 상품 및 서비스를 제공할 수 있다는 장점이 있다.

06

정답 ④

조직시민행동은 조직 구성원의 내재적 만족으로 인해 촉발되므로 구성원에 대한 처우가 합리적일수록 자발적으로 일어난다.

07

정답 ③

협상을 통해 공동의 이익을 확대(Win – Win)하는 것은 통합적 협상의 특징이다.

분배적 협상과 통합적 협상의 비교
- 분배적 협상
  - 고정된 자원을 대상으로 합리적인 분배를 위해 진행하는 협상이다.
  - 한정된 자원량으로 인해 제로섬 원칙이 적용되어 갈등이 발생할 가능성이 많다.
  - 당사자 간 이익 확보를 목적으로 하며, 협상 참여자 간 관계는 단기적인 성격을 나타낸다.
- 통합적 협상
  - 당사자 간 이해관계를 조율하여 더 큰 이익을 추구하기 위해 진행하는 협상이다.
  - 협상을 통해 확보할 수 있는 자원량이 변동될 수 있어 갈등보다는 문제해결을 위해 노력한다.
  - 협상 참여자의 이해관계, 우선순위 등이 달라 장기적인 관계를 가지고 통합적인 문제해결을 추구한다.

08

정답 ③

워크 샘플링법은 전체 작업과정에서 무작위로 많은 관찰을 실시하여 직무활동에 대한 정보를 얻는 방법으로, 여러 직무활동을 동시에 기록하기 때문에 전체 직무의 모습을 파악할 수 있다.

오답분석

① 관찰법 : 조사자가 직접 조사대상과 생활하면서 관찰을 통해 자료를 수집하는 방법이다.
② 면접법 : 조사자가 조사대상과 직접 대화를 통해 자료를 수집하는 방법이다.
④ 질문지법 : 설문지로 조사내용을 작성하고 자료를 수집하는 방법이다.
⑤ 연구법 : 기록물, 통계자료 등을 토대로 자료를 수집하는 방법이다.

09

정답 ①

가구, 가전제품 등은 선매품에 해당한다. 전문품에는 명품제품, 자동차, 아파트 등이 해당한다.

10

정답 ①

연속생산은 동일제품을 대량생산하기 때문에 규모의 경제가 적용되어 여러 가지 제품을 소량생산하는 단속생산에 비해 단위당 생산원가가 낮다.

오답분석

② 연속생산의 경우, 표준화된 상품을 대량으로 생산함에 따라 운반에 따른 자동화 비율이 매우 높고, 속도가 빨라 운반비용이 적게 소요된다.
③·④ 제품의 수요가 다양하거나 제품의 수명이 짧은 경우 단속생산 방식이 적합하다.
⑤ 연속생산은 작업자의 숙련도와 관계없이 작업에 참여가 가능하다.

11

정답 ④

ELS는 주가연계증권으로, 사전에 정해진 조건에 따라 수익률이 결정되며 만기가 있다.

오답분석

① 주가연계펀드(ELF)에 대한 설명이다.
② 주가연계파생결합사채(ELB)에 대한 설명이다.
③ 주가지수연동예금(ELD)에 대한 설명이다.
⑤ 주가연계신탁(ELT)에 대한 설명이다.

12

정답 ②

브룸은 동기 부여에 대해 기대이론을 적용하여 기대감, 수단성, 유의성을 통해 구성원의 직무에 대한 동기 부여를 결정한다고 주장하였다.

오답분석

① 로크의 목표설정이론에 대한 설명이다.
③ 매슬로의 욕구 5단계이론에 대한 설명이다.
④ 맥그리거의 XY이론에 대한 설명이다.
⑤ 허즈버그의 2요인이론에 대한 설명이다.

13

정답 ①

시장세분화 단계에서는 시장을 기준에 따라 세분화하고, 각 세분시장의 고객 프로필을 개발하여 차별화된 마케팅을 실행한다.

오답분석

②·③ 표적시장 선정 단계에서는 각 세분시장의 매력도를 평가하여 표적시장을 선정한다.
④ 포지셔닝 단계에서는 각각의 시장에 대응하는 포지셔닝을 개발하고 전달한다.
⑤ 재포지셔닝 단계에서는 자사와 경쟁사의 경쟁위치를 분석하여 포지셔닝을 조정한다.

14

정답 ③

수익이 많고 안정적이어서 현상을 유지하는 것이 필요한 사업은 현금젖소(Cash Cow)이다. 스타(Star)는 성장률과 시장 점유율이 모두 높아 추가적인 자금흐름을 통해 성장시킬 필요가 있는 사업을 의미한다.

BCG 매트릭스의 영역
- 물음표(Question Mark) : 성장률은 높으나 점유율이 낮아 수익이 적고 현금흐름이 마이너스인 사업이다.
- 스타(Star) : 성장률과 시장 점유율이 모두 높아 수익이 많고, 더 많은 투자를 통해 수익을 증대하는 사업이다.
- 현금젖소(Cash Cow) : 성장률은 낮으나 점유율이 높아 안정적인 수익이 확보되는 사업으로, 투자 금액이 유지・보수 차원에서 머물게 되어 자금 투입보다 자금 산출이 많다.
- 개(Dog) : 성장률과 시장 점유율이 모두 낮아 수익이 적거나 마이너스인 사업이다.

15

정답 ④

변혁적 리더십에서 구성원의 성과 측정뿐만 아니라 구성원들을 리더로 얼마나 육성했는지도 중요한 평가 요소라 할 수 있다.

16

정답 ①

감정적 치유는 서번트 리더십의 구성요소에 해당한다.

변혁적 리더십의 구성요소
- 카리스마 : 변혁적 리더십의 가장 핵심적인 구성요소로, 명확한 비전을 제시하고 집합적인 행동을 위해 동기를 부여하며, 환경 변화에 민감하게 반응하는 일련의 과정을 의미한다.
- 영감적 동기화 : 구성원에게 영감을 주고 격려를 통해 동기를 부여하는 것을 의미한다.
- 지적 자극 : 구성원들이 기존 조직의 가치관, 신념, 기대 등에 대해 끊임없이 의문을 가지도록 지원하는 것을 의미한다.
- 개별 배려 : 구성원을 개별적으로 관리하며, 개인적인 욕구, 관심 등을 파악하여 만족시키고자 하는 것을 의미한다.

17

정답 ④

매트릭스 조직은 기존의 기능별 조직구조 상태를 유지하면서 특정한 프로젝트를 수행할 때는 다른 부서의 인력과도 함께 일하는 조직설계 방식으로, 서로 다른 부서 구성원이 함께 일하면서 효율적인 자원 사용과 브레인스토밍을 통한 창의적인 대안 도출도 가능하다.

오답분석

① 매트릭스 조직은 조직목표와 외부 환경 간 발생하는 갈등이 내재하여 갈등과 혼란을 초래할 수 있다.
② 복수의 상급자를 상대해야 하므로 역할에 대한 갈등 등으로 구성원이 심한 스트레스에 노출될 수 있다.
③ 힘의 균형이 치우치게 되면 조직의 구성이 깨지기 때문에 경영자의 개입 등으로 힘의 균형을 유지하기 위한 노력이 필요하다.

18

정답 ③

가치사슬(Value Chain)은 기업의 경쟁적 지위를 파악하고 이를 향상할 수 있는 지점을 찾기 위해 사용하는 모형으로, 고객에게 가치를 제공함에 있어서 부가가치 창출에 직·간접적으로 관련된 일련의 활동·기능·프로세스의 연계를 뜻한다. 가치사슬의 각 단계에서 가치를 높이는 활동을 어떻게 수행할 것인지, 비즈니스 과정이 어떻게 개선될 수 있는지를 조사·분석하여야 한다.

가치사슬 분석의 효과
- 프로세스 혁신 : 생산, 물류, 서비스 등 기업의 전반적 경영활동을 혁신할 수 있다.
- 원가 절감 : 낭비요소를 사전에 파악하여 제거함으로써 원가를 절감할 수 있다.
- 품질 향상 : 기술개발 등을 통해 더욱 양질의 제품을 생산할 수 있다.
- 기간 단축 : 조달, 물류, CS 등을 분석하여 고객에게 제품을 더욱 빠르게 납품할 수 있다.

19

정답 ③

- (당기순이익)=(총수익)−(총비용)=35억−20억=15억 원
- (기초자본)=(기말자본)−(당기순이익)=65억−15억=50억 원
- (기초부채)=(기초자산)−(기초자본)=100억−50억=50억 원

20

정답 ④

상위에 있는 욕구를 충족시키지 못하면 하위에 있는 욕구는 더욱 크게 증가하여, 하위욕구를 충족시키기 위해 훨씬 더 많은 노력이 필요하게 된다.

오답분석

① 심리학자 앨더퍼가 인간의 욕구에 대해 매슬로의 욕구 5단계설을 발전시켜 주장한 이론이다.
②·③ 존재욕구를 기본적 욕구로 정의하며, 관계욕구, 성장욕구로 계층화하였다.

21

정답 ④

사업 다각화는 무리하게 추진할 경우 수익성에 악영향을 줄 수 있다는 단점이 있다.

오답분석

① 지속적인 성장을 추구하여 미래 유망산업에 참여하고, 구성원에게 더 많은 기회를 줄 수 있다.
② 기업이 한 가지 사업만 영위하는 데 따르는 위험에 대비할 수 있다.
③ 보유자원 중 남는 자원을 활용하여 범위의 경제를 실현할 수 있다.

22

정답 ③

종단분석은 시간과 비용의 제약으로 인해 표본 규모가 작을수록 좋으며, 횡단분석은 집단의 특성 또는 차이를 분석해야 하므로 표본이 일정 규모 이상일수록 정확하다.

23

정답 ③

채권이자율이 시장이자율보다 높아지면 채권가격은 액면가보다 높은 가격에 거래된다. 단, 만기에 가까워질수록 채권가격이 하락하여 가격위험에 노출된다.

오답분석

①·②·④ 채권이자율이 시장이자율보다 낮은 할인채에 대한 설명이다.

24

정답 ④

물음표(Question Mark) 사업은 신규 사업 또는 현재 시장점유율은 낮으나, 향후 성장 가능성이 높은 사업이다. 기업 경영 결과에 따라 개(Dog) 사업 또는 스타(Star) 사업으로 바뀔 수 있다.

오답분석

① 스타(Star) 사업 : 성장 가능성과 시장점유율이 모두 높아서 계속 투자가 필요한 유망 사업이다.
② 현금젖소(Cash Cow) 사업 : 높은 시장점유율로 현금창출은 양호하나, 성장 가능성은 낮은 사업이다.
③ 개(Dog) 사업 : 성장 가능성과 시장점유율이 모두 낮아 철수가 필요한 사업이다.

25

정답 ④

테일러의 과학적 관리법에서는 작업에 사용하는 도구 등을 표준화하여 관리 비용을 낮추고 효율성을 높이는 것을 추구한다.

오답분석

① 과학적 관리법의 특징 중 동기부여에 대한 설명이다.
② 과학적 관리법의 특징 중 표준화에 대한 설명이다.
③ 과학적 관리법의 특징 중 통제에 대한 설명이다.

02 경제

01	02	03	04	05	06	07	08	09	10	11	12	13	14	15					
⑤	②	①	④	⑤	①	④	③	③	④	④	③	①	③	④					

01

정답 ⑤

가격탄력성이 1보다 크면 탄력적이라고 할 수 있다.

오답분석

①·② 수요의 가격탄력성은 가격의 변화에 따른 수요의 변화를 의미하는 것으로, 분모는 상품 가격의 변화량을 상품 가격으로 나눈 값이고, 분자는 수요량의 변화량을 수요량으로 나눈 값이다.
③ 대체재가 많을수록 해당 상품 가격 변동에 따른 수요의 변화는 더 크게 반응하게 된다.

02

정답 ②

GDP 디플레이터는 명목 GDP를 실질 GDP로 나누어 물가상승 수준을 예측할 수 있는 물가지수로, 국내에서 생산된 모든 재화와 서비스 가격을 반영한다. 따라서 GDP 디플레이터를 구하는 계산식은 (명목 GDP)÷(실질 GDP)×100이다.

03

정답 ①

한계소비성향은 소비의 증가분을 소득의 증가분으로 나눈 값으로, 소득이 1,000만 원 늘었을 때 현재 소비자들의 한계소비성향이 0.7이므로 소비는 700만 원이 늘었다고 할 수 있다. 따라서 소비의 변화폭은 700이다.

04

정답 ④

㉠ 환율이 상승하면 제품을 수입하기 위해 더 많은 원화를 필요로 하고, 이에 따라 수입이 감소하게 되므로 순수출이 증가한다.
㉡ 국내이자율이 높아지면 국내자산 투자수익률이 좋아져 해외로부터 자본유입이 확대되고, 이에 따라 환율은 하락한다.
㉢ 국내물가가 상승하면 상대적으로 가격이 저렴한 수입품에 대한 수요가 늘어나 환율은 상승한다.

05

정답 ⑤

독점적 경쟁시장은 광고, 서비스 등 비가격경쟁이 가격경쟁보다 더 활발히 진행된다.

06

정답 ①

케인스학파는 경기침체 시 정부가 적극적으로 개입하여 총수요의 증대를 이끌어야 한다고 주장하였다.

오답분석

② 고전학파의 거시경제론에 대한 설명이다.
③ 케인스학파의 거시경제론에 대한 설명이다.
④ 고전학파의 이분법에 대한 설명이다.
⑤ 케인스학파의 화폐중립성에 대한 설명이다.

07

정답 ④

오답분석

① 매몰비용의 오류 : 이미 투입한 비용과 노력 때문에 경제성이 없는 사업을 지속하여 손실을 키우는 것을 의미한다.
② 감각적 소비 : 제품을 구입할 때, 품질, 가격, 기능보다 디자인, 색상, 패션 등을 중시하는 소비 패턴을 의미한다.
③ 보이지 않는 손 : 개인의 사적 영리활동이 사회 전체의 공적 이익을 증진시키는 것을 의미한다.
⑤ 희소성 : 사람들의 욕망에 비해 그 욕망을 충족시켜 주는 재화나 서비스가 부족한 현상을 의미한다.

08

정답 ③

• (실업률)=(실업자)÷(경제활동인구)×100
• (경제활동인구)=(취업자)+(실업자)
∴ 5,000÷(20,000+5,000)×100=20%

09

정답 ③

(한계비용)=(총비용 변화분)÷(생산량 변화분)
• 생산량이 50일 때 총비용 : 16(평균비용)×50(생산량)=800
• 생산량이 100일 때 총비용 : 15(평균비용)×100(생산량)=1,500
따라서 한계비용은 700÷50=14이다.

10

정답 ④

A국은 노트북을 생산할 때 기회비용이 더 크기 때문에 TV 생산에 비교우위가 있고, B국은 TV를 생산할 때 기회비용이 더 크기 때문에 노트북 생산에 비교우위가 있다.

구분	노트북 1대	TV 1대
A국	TV 0.75	노트북 1.33
B국	TV 1.25	노트북 0.8

11

정답 ④

다이내믹 프라이싱의 단점은 소비자 후생이 감소해 소비자의 만족도가 낮아진다는 것이다. 이로 인해 기업이 소비자의 불만에 직면할 수 있다는 리스크가 발생한다.

12

정답 ③

㉡ 빅맥 지수는 동질적으로 판매되는 상품의 가치는 동일하다는 가정에서 나라별 화폐로 해당 제품의 가격을 평가하여 구매력을 비교하는 것이다.

㉢ 맥도날드의 대표적 햄버거인 빅맥 가격을 기준으로 한 이유는 전 세계에서 가장 동질적으로 판매되고 있기 때문이며, 이처럼 품질, 크기, 재료가 같은 물건이 세계 여러 나라에서 팔릴 때 나라별 물가를 비교하기 수월하다.

오답분석

㉠ 빅맥 지수는 영국 경제지인 이코노미스트에서 최초로 고안하였다.

㉣ 빅맥 지수에 사용하는 빅맥 가격은 제품 가격만 반영하고 서비스 가격은 포함하지 않기 때문에 나라별 환율에 대한 상대적 구매력 평가 외에 다른 목적으로 사용하기에는 측정값이 정확하지 않다.

13

정답 ①

확장적 통화정책은 국민소득을 증가시켜 이에 따른 보험료 인상 등 세수확대 요인으로 작용한다.

오답분석

② 이자율이 하락하고, 소비 및 투자가 증가한다.

③·④ 긴축적 통화정책이 미치는 영향이다.

14

정답 ③

토지, 설비 등이 부족하면 한계 생산가치가 떨어지기 때문에 노동자를 많이 고용하는 게 오히려 손해이다. 따라서 노동 수요곡선은 왼쪽으로 이동한다.

오답분석

① 노동 수요는 재화에 대한 수요가 아닌 재화를 생산하기 위해 파생되는 수요이다.

② 상품 가격이 상승하면 기업은 더 많은 제품을 생산하기 위해 노동자를 더 많이 고용한다.

④ 노동에 대한 인식이 긍정적으로 변화하면 노동시장에 더 많은 노동력이 공급된다.

15

정답 ④

S씨가 달리기를 선택할 경우 (기회비용)=1(순편익)+8(암묵적 기회비용)=9로 기회비용이 가장 작다.

오답분석

① 헬스를 선택할 경우
  : (기회비용)=2(순편익)+8(암묵적 기회비용)=10

② 수영을 선택할 경우
  : (기회비용)=5(순편익)+8(암묵적 기회비용)=13

③ 자전거를 선택할 경우
  : (기회비용)=3(순편익)+7(암묵적 기회비용)=10

03 법

01	02	03	04	05																
④	①	③	⑤	②																

01

정답 ④

근로자참여 및 협력증진에 관한 법은 집단적 노사관계법으로, 노동조합과 사용자단체 간의 노사관계를 규율한 법이다. 노동조합 및 노동관계조정법, 근로자참여 및 협력증진에 관한 법, 노동위원회법, 교원의 노동조합설립 및 운영 등에 관한 법률, 공무원직장협의회법 등이 이에 해당한다.

나머지는 근로자와 사용자의 근로계약을 체결하는 관계에 대해 규율한 법으로, 개별적 근로관계법이라고 한다. 근로기준법, 최저임금법, 산업안전보건법, 직업안정법, 남녀고용평등법, 선원법, 산업재해보상보험법, 고용보험법 등이 이에 해당한다.

02

정답 ①

용익물권은 타인의 토지나 건물 등 부동산의 사용가치를 지배하는 제한물권으로, 민법상 지상권, 지역권, 전세권이 이에 속한다.

용익물권의 종류
- 지상권 : 타인의 토지에 건물이나 수목 등을 설치하여 사용하는 물권
- 지역권 : 타인의 토지를 자기 토지의 편익을 위하여 이용하는 물권
- 전세권 : 전세금을 지급하고 타인의 토지 또는 건물을 사용·수익하는 물권

03

정답 ③

- 선고유예 : 형의 선고유예를 받은 날로부터 2년이 경과한 때에는 면소된 것으로 간주한다(형법 제60조).
- 집행유예 : 양형의 조건을 참작하여 그 정상에 참작할 만한 사유가 있는 때에는 1년 이상 5년 이하의 기간 형의 집행을 유예할 수 있다(형법 제62조 제1항).

04

정답 ⑤

몰수의 대상(형법 제48조 제1항)

1. 범죄행위에 제공하였거나 제공하려고 한 물건
2. 범죄행위로 인하여 생겼거나 취득한 물건
3. 제1호 또는 제2호의 대가로 취득한 물건

05

정답 ②

상법상 법원에는 상사제정법(상법전, 상사특별법령, 상사조약), 상관습법, 판례, 상사자치법(회사의 정관, 이사회 규칙), 보통거래약관, 조리 등이 있다. 조례는 해당되지 않는다.

PART 1
직업기초능력

CHAPTER

01 의사소통능력

대표기출유형 01 기출응용문제

01

정답 ④

생리활성 물질은 항암 효과를 가지고 있는데, 새싹 채소와 성체 모두 이를 함유하고 있다.

오답분석

① 성체로 자라기 위해 종자 안에는 각종 영양소가 포함되어 있다.
② 새싹은 성숙한 채소에 비하여 영양성분이 약 3～4배 정도 더 많이 함유되어 있으며, 종류에 따라서는 수십 배 이상의 차이를 보이기도 한다.
③ 씨에서 바로 나왔을 때가 아닌 어린잎이 두세 개 달릴 즈음이 생명유지와 성장에 필요한 생리활성 물질을 가장 많이 만들어 내는 때이다.
⑤ 무 싹은 기존에 많이 쓰여 온 새싹 채소이다.

02

정답 ③

먼 바다에서 지진해일의 파고는 수십 cm 이하이지만 얕은 바다에서는 급격하게 높아진다.

오답분석

① 화산폭발으로 인해 발생하는 건 맞지만, 파장이 긴 파도를 지진해일이라 한다.
② 태평양에서 발생한 지진해일은 발생 하루 만에 발생지점에서 지구의 반대편까지 이동할 수 있다.
④ 지진해일이 해안가에 가까워질수록 파도가 강해지는 것은 맞지만, 속도는 시속 45～60km까지 느려진다.
⑤ 해안의 경사 역시 암초, 항만 등과 마찬가지로 지진해일을 변형시키는 요인이 된다.

03

정답 ②

채집음식이란 재배한 식물이 아닌 야생에서 자란 음식재료를 활용하여 만든 음식을 의미한다.

오답분석

① 로가닉의 희소성은 루왁 커피를 사례로 봄으로써 까다로운 채집과정과 인공의 힘으로 불가능한 생산과정을 거치면서 나타남을 알 수 있다.
③ 로가닉은 '천연상태의 날 것'을 유지한다는 점에서 기존의 오가닉과 차이가 있음을 알 수 있다.
④ 소비자들이 로가닉 제품의 스토리텔링에 만족한다면 높은 가격은 더 이상 매출 상승의 장애 요인이 되지 않을 것으로 보고 있다.
⑤ '로가닉 조리법'을 활용한 외식 프랜차이즈 브랜드가 꾸준히 인기를 끌고 있음을 확인할 수 있다.

대표기출유형 02 기출응용문제

01

정답 ④

화폐 통용을 위해서는 화폐가 유통될 수 있는 시장이 성장해야 하고, 농업생산력이 발전해야 한다. 그러나 서민들은 물품화폐를 더 선호하였고, 일부 계층에서만 화폐가 유통되었다. 이에 따라 광범위한 동전 유통이 실패한 것이다. 화폐수요량에 따른 공급은 화폐가 유통된 이후의 조선 후기에 해당하는 내용이다.

02

정답 ③

핵융합발전은 원자력발전에 비해 같은 양의 원료로 $3 \sim 4$배의 전기를 생산할 수 있다고 하였으나, 핵융합발전은 수소의 동위원소를 원료로 사용하는 반면 원자력발전은 우라늄을 원료로 사용한다. 즉, 전력 생산에 서로 다른 원료를 사용하므로 생산된 전력량으로 연료비를 서로 비교할 수 없다.

오답분석

① 핵융합 에너지는 화력발전을 통해 생산되는 전력 공급량을 대체하기 어려운 태양광에 대한 대안이 될 수 있으므로 핵융합발전이 태양열발전보다 더 많은 양의 전기를 생산할 수 있음을 추론할 수 있다.
② 원자력발전은 원자핵이 분열하면서 방출되는 에너지를 이용하며, 핵융합발전은 수소 원자핵이 융합해 헬륨 원자핵으로 바뀌는 과정에서 방출되는 에너지를 이용해 전기를 생산한다. 따라서 원자의 핵을 다르게 이용한다는 것을 알 수 있다.
④ 미세먼지와 대기오염을 일으키는 오염물질은 전혀 나오지 않고 헬륨만 배출된다는 내용을 통해 헬륨은 대기오염을 일으키는 오염물질에 해당하지 않음을 알 수 있다.
⑤ 발전장치가 꺼지지 않도록 정밀하게 제어하는 것이 중요하다는 내용을 통해 알 수 있다.

03

정답 ④

밑줄 친 '일부 과학자'들은 목재를 친환경 연료로 바라보지 않고 있으며, 마지막 문장에서 이들은 배출량을 줄이는 것이 아니라 배출하지 않는 방법을 택해야 한다고 말한다. 따라서 이들의 주장으로 ④가 가장 적절하다.

대표기출유형 03 기출응용문제

01

정답 ②

오답분석

① 그 나라에 가기 전에 풍토병 예방 알약을 먹거나 백신을 맞아야 한다.
③ 오늘밤 집에 혼자 있는데 어떡해.
④ 나를 위해 시 낭송을 하거나 노래를 부르는 등 특별한 행사는 자제하는 게 좋겠네.
⑤ 조금 가시다가 우회전 하십시오.

02

정답 ②

오답분석

① 숫사슴 → 수사슴
③ 양치물 → 양칫물
④ 전세집 → 전셋집
⑤ 등교길 → 등굣길

03

정답 ②

'썩이다'는 '걱정이나 근심으로 몹시 괴로운 상태가 되게 하다.'라는 뜻이다. ②는 '물건이나 사람 또는 사람의 재능 따위가 쓰여야 할 곳에 제대로 쓰이지 못하고 내버려진 상태에 있게 하다.'라는 뜻의 '썩히다'로 고쳐야 한다.

대표기출유형 04 기출응용문제

01

정답 ④

- 너나들이 : 서로 너니 나니 하고 부르며 허물없이 말을 건넴
- 수어지교(水魚之交) : 물이 없으면 살 수 없는 물고기와 물의 관계라는 뜻으로, 아주 친밀하여 떨어질 수 없는 사이를 비유적으로 이르는 말

오답분석

① 불요불급(不要不急) : 필요하지도 않고 급하지도 않음
② 육지행선(陸地行船) : 육지에서 배를 저으려 한다는 뜻으로, 안 되는 일을 억지로 하려고 함을 비유적으로 이르는 말
③ 오월동주(吳越同舟) : 서로 적의를 품은 사람들이 한자리에 있게 된 경우나 서로 협력하여야 하는 상황을 비유적으로 이르는 말
⑤ 이심전심(以心傳心) : 마음과 마음으로 서로 뜻이 통함

02

정답 ②

모든 일에는 지켜야 할 질서와 차례가 있음에도 불구하고 이를 무시한 채 무엇이든지 빠르게 처리하려는 한국의 '빨리빨리' 문화는 일의 순서도 모르고 성급하게 덤빔을 비유적으로 이르는 ②와 가장 관련이 있다.

오답분석

① 모양이나 형편이 서로 비슷하고 인연이 있는 것끼리 서로 잘 어울리고, 사정을 보아주며 감싸 주기 쉬움을 비유적으로 이르는 말
③ 속으로는 가기를 원하면서 겉으로는 만류하는 체한다는 뜻으로, 속생각은 전혀 다르면서도 말로만 그럴듯하게 인사치레함을 비유적으로 이르는 말
④ 한마디 말을 듣고도 여러 가지 사실을 미루어 알아낼 정도로 매우 총기가 있다는 말
⑤ 작은 힘이라도 꾸준히 계속하면 큰일을 이룰 수 있음을 비유적으로 이르는 말

CHAPTER

02 수리능력

대표기출유형 01 기출응용문제

01

정답 ②

천희의 수학시험 점수를 x점이라고 하면, 네 사람의 수학시험 점수 평균이 105점이므로 다음과 같다.

$$\frac{101+105+108+x}{4}=105$$

$\rightarrow x+314=420$

$\therefore x=106$

따라서 천희의 수학시험 점수는 106점이다.

02

정답 ④

할인받기 전 종욱이가 지불할 금액은 $25{,}000\times2+8{,}000\times3=74{,}000$원이다. 통신사 할인과 깜짝 할인을 적용한 후의 금액은 $(25{,}000\times2\times0.85+8{,}000\times3\times0.75)\times0.9=54{,}450$원이다. 따라서 총 할인된 금액은 $74{,}000-54{,}450=19{,}550$원이다.

03

정답 ①

전체 월급을 1이라고 하면 다음과 같이 정리할 수 있다.

- 저금한 나머지 : $1-\frac{1}{4}=\frac{3}{4}$
- 모임회비와 월세 : $\frac{3}{4}\times\frac{1}{4}+\frac{3}{4}\times\frac{2}{3}=\frac{11}{16}$
- 모임회비와 월세를 낸 후 나머지 : $\frac{3}{4}-\frac{11}{16}=\frac{1}{16}$
- 부모님 용돈 : $\frac{1}{16}\times\frac{1}{2}=\frac{1}{32}$
- 생활비 : $\frac{1}{16}-\frac{1}{32}=\frac{1}{32}$

따라서 생활비는 월급의 $\frac{1}{32}$이다.

04

정답 ⑤

아버지, 은서, 지은이의 나이를 각각 x세, $\frac{1}{2}x$세, $\frac{1}{7}x$세라고 하자.

$\frac{1}{2}x-\frac{1}{7}x=15$

$\rightarrow 7x-2x=210$

$\therefore x=42$

따라서 아버지의 나이는 42세이다.

05

정답 ①

어른의 좌석 수를 x개, 어린이의 좌석 수를 y개라 하자.

$9,000x+3,000y=3,300,000 \rightarrow 3x+y=1,100 \rightarrow y=1,100-3x$ ⋯ ㉠

550개의 좌석 중 빈 좌석이 1개 이상 있었으므로 $x+y\le 549$ ⋯ ㉡

㉠을 ㉡에 대입하면

$1,100-2x\le 549$

$\therefore x\ge 275.5$

따라서 뮤지컬 Y를 관람한 어른의 수는 최소 276명이다.

06

정답 ⑤

주사위를 두 번 던지는 경우의 수는 $6\times6=36$가지이고, 두 눈의 합이 10 이상인 경우는 다음과 같다.

- 두 눈의 합이 10인 경우 : (4, 6), (5, 5), (6, 4)
- 두 눈의 합이 11인 경우 : (5, 6), (6, 5)
- 두 눈의 합이 12인 경우 : (6, 6)

따라서 두 눈의 합이 10 이상 나올 확률은 $\frac{6}{36}=\frac{1}{6}$이다.

07

정답 ②

6개의 숫자를 가지고 여섯 자리 수를 만드는 경우의 수는 6!인데, 그중 1이 3개, 2가 2개로 중복되어 $3!\times2!$의 경우가 겹친다.

따라서 가능한 모든 경우의 수는 $\frac{6!}{3!\times2!}=60$가지이다.

08

정답 ②

A, B, C, D항목의 점수를 각각 a, b, c, d점이라고 하자.

각 가중치에 따른 점수는 다음과 같다.

$a+b+c+d=82.5\times4=330$ ⋯ ㉠

$2a+3b+2c+3d=83\times10=830$ ⋯ ㉡

$2a+2b+3c+3d=83.5\times10=835$ ⋯ ㉢

㉠과 ㉡을 연립하면 다음과 같다.

$a+c=160$ ⋯ ⓐ

$b+d=170$ ⋯ ⓑ

㉠과 ㉢을 연립하면 다음과 같다.

$c+d=175$ ⋯ ⓒ

$a+b=155$ ⋯ ⓓ

각 항목의 만점은 100점이므로 ⓐ와 ⓓ를 통해 최저점이 55점이나 60점인 것을 알 수 있다. 만약 A항목이나 B항목의 점수가 55점이라면 ⓐ와 ⓑ에 의해 최고점이 100점 이상이 되므로 최저점은 60점인 것을 알 수 있다.
따라서 $a=60$, $c=100$이고, 최고점과 최저점의 차는 $100-60=40$점이다.

09

정답 ③

희경이가 본사에서 나온 시각을 구하려면 오후 3시에서 본사에서 지점까지 가는 데 걸린 시간만큼을 제하면 된다. 본사에서 지점까지 가는 데 걸린 시간은 $\frac{20}{60}+\frac{30}{90}=\frac{2}{3}$시간, 즉 40분이므로 오후 2시 20분에 본사에서 나왔다는 것을 알 수 있다.

대표기출유형 02 기출응용문제

01

정답 ④

ㄴ. 건설 부문의 도시가스 소비량은 2023년에 1,808TOE, 2024년에 2,796TOE이다. 따라서 2024년의 전년 대비 증가율은 $\frac{2,796-1,808}{1,808}\times 100 ≒ 54.6\%$이므로 옳은 설명이다.

ㄷ. 2024년 온실가스 배출량 중 간접 배출이 차지하는 비중은 $\frac{28,443}{35,638}\times 100 ≒ 79.8\%$이고, 2023년 온실가스 배출량 중 고정 연소가 차지하는 비중은 $\frac{4,052}{30,823}\times 100 ≒ 13.1\%$이다. 이의 5배는 $13.1\times 5=65.5\%$로 2024년 온실가스 배출량 중 간접 배출이 차지하는 비중인 79.8%보다 작으므로 옳은 설명이다.

오답분석

ㄱ. 에너지 소비량 중 이동 부문에서 경유가 차지하는 비중은 2023년에 $\frac{196}{424}\times 100 ≒ 46.2\%$이고, 2024년에 $\frac{179}{413}\times 100 ≒ 43.3\%$로, 전년 대비 약 2.9%p 감소하였으므로 옳지 않은 설명이다.

02

정답 ④

ㄱ. 초등학생의 경우 남성의 스마트폰 중독 비율이 33.35%이므로 29.58%인 여성보다 높은 것을 알 수 있지만, 중・고교생의 경우 남성의 스마트폰 중독 비율이 32.71%이므로 32.72%인 여성보다 0.01%p가 낮다.

ㄷ. 대도시에 사는 초등학생 수를 a명, 중・고교생 수를 b명, 전체 인원을 $(a+b)$명이라고 하면, 대도시에 사는 학생 중 스마트폰 중독 인원에 대한 식은 다음과 같다.
$30.80\times a+32.40\times b=31.95\times(a+b) \rightarrow 1.15\times a=0.45\times b \rightarrow b ≒ 2.6a$
따라서 대도시에 사는 중・고교생 수가 초등학생 수보다 2.6배 많다.

ㄹ. 초등학생의 경우 기초수급가구의 경우 스마트폰 중독 비율이 30.35%이므로, 31.56%인 일반 가구의 경우보다 스마트폰 중독 비율이 낮다. 중・고교생의 경우에도 기초수급가구의 경우 스마트폰 중독 비율이 31.05%이므로, 32.81%인 일반가구의 경우보다 스마트폰 중독 비율이 낮다.

오답분석

ㄴ. 한부모・조손 가족의 스마트폰 중독 비율은 초등학생의 경우가 28.83%로, 중・고교생의 70%인 $31.79\times 0.7 ≒ 22.3\%$ 이상이므로 옳은 설명이다.

03

정답 ①

주어진 자료의 수치는 비율뿐이므로 실업자의 수는 알 수 없다.

오답분석

② 2023년 대비 2024년 실업자의 비율은 2%p 증가하였다.
③ 2023년 대비 2024년 경제활동인구 비율은 80%에서 70%로 감소하였다.
④ 2023년 대비 2024년 취업자 비율은 12%p 감소한 반면, 실업자 비율은 2%p 증가하였기 때문에 취업자 비율의 증감폭이 더 크다.
⑤ 2023년 대비 2024년 비경제활동인구 비율은 20%에서 30%로 증가하였다.

04

정답 ③

2019년부터 공정자산총액과 부채총액의 차를 순서대로 나열하면 952, 1,067, 1,383, 1,127, 1,864, 1,908억 원이다. 따라서 그 차이는 2024년이 가장 크다.

오답분석

① 2022년에는 자본총액이 전년 대비 감소했다.
② 직전 해에 비해 당기순이익이 가장 많이 증가한 해는 2023년이다.
④ 총액 규모가 가장 큰 것은 공정자산총액이다.
⑤ 2019년과 2020년을 비교하면 분모 증가율은 $\frac{1,067-952}{952}=\frac{115}{952}≒\frac{1}{8}$이고, 분자 증가율은 $\frac{481-464}{464}=\frac{17}{464}≒\frac{1}{27}$이다. 따라서 2020년에는 비중이 감소했다.

05

정답 ②

2016 ~ 2020년 전통사찰 지정·등록 수의 평균은 (17+15+12+7+4)÷5=11개소이므로 옳은 설명이다.

오답분석

① 2021년 전통사찰 지정·등록 수는 전년 대비 동일하고, 2024년 전통사찰 지정·등록 수는 전년 대비 증가했으므로 옳지 않은 설명이다.
③ 전년 대비 2018년 지정·등록 감소폭은 3개소, 전년 대비 2022년 지정·등록 감소폭은 2개소이므로 옳지 않은 설명이다.
④ 주어진 자료만으로는 2024년 전통사찰 총 등록현황을 파악할 수 없다.
⑤ 2018년 전통사찰 지정·등록 수는 전년 대비 3개소 감소했으므로 옳지 않은 설명이다.

06

정답 ②

2023년과 2024년 총 매출액에 대한 비율의 차이가 가장 적은 것은 기차 영역이다.

오답분석

① 2024년 총 매출액은 2023년 총 매출액보다 2,544−1,903=641억 원 더 많다.
③ 애니메이션 영역의 매출액 비중은 전년 대비 2024년에 12.6−9.7=2.9%p 감소하였고, 게임 영역의 매출액 비중은 전년 대비 2024년에 56.2−51.4=4.8%p 감소하였으므로 옳은 설명이다.
④ 2023년과 2024년 모두 매출액에서 게임 영역이 차지하는 비율은 각각 56.2%, 51.4%이므로 옳은 설명이다.
⑤ 모든 분야의 2024년 매출액은 각각 전년 대비 증가한 것을 확인할 수 있다.

07

정답 ②

기원이의 체중이 11kg 증가하면 71+11=82kg이다. 이 경우 비만도는 $\frac{82}{73.8}\times100≒111\%$이므로 과체중에 도달한다. 따라서 기원이가 과체중이 되기 위해서는 11kg 이상 체중이 증가하여야 한다.

오답분석

① • 혜지의 표준체중 : (158−100)×0.9=52.2kg
  • 기원이의 표준체중 : (182−100)×0.9=73.8kg

③ • 혜지의 비만도 : $\frac{58}{52.2}\times100≒111\%$
  • 기원이의 비만도 : $\frac{71}{73.8}\times100≒96\%$
  • 용준이의 표준체중 : (175−100)×0.9=67.5kg
  • 용준이의 비만도 : $\frac{96}{67.5}\times100≒142\%$

  90% 이상 110% 이하면 정상체중이므로 3명의 학생 중 정상체중인 학생은 기원이뿐이다.

④ 용준이가 정상체중 범주에 속하려면 비만도가 110% 이하여야 한다.

  $\frac{x}{67.5}\times100\leq110\% \rightarrow x\leq74.25$

  즉, 현재 96kg에서 정상체중이 되기 위해서는 약 22kg 이상 감량을 해야 한다.

⑤ 혜지의 비만도 차이는 111%−100%로 11%p이다. 용준이의 비만도 차이는 142%−100%=42%p이다. 혜지의 비만도 차이에 4배를 한 값은 44%p이므로 용준이의 비만도 차이 값인 42%p보다 더 크다.

대표기출유형 03 기출응용문제

01

정답 ④

A가 이번 달에 내야 하는 전기료는 (200×100)+(150×200)=50,000원이다. 이때 B가 내야 하는 전기료는 A의 2배인 10만 원이므로 전기 사용량은 400kWh를 초과했음을 알 수 있다. B가 사용한 전기량을 $(400+x)$kWh로 정하고 전기료에 대한 식을 정리하면 다음과 같다.

$(200\times100)+(200\times200)+(x\times400)=100,000$

$\rightarrow x\times400=100,000-60,000$

$\therefore x=100$

따라서 B가 사용한 전기량은 총 400+100=500kWh이다.

02

정답 ③

2024년 전체 실적은 45+50+48+42=185억 원이며, 1～2분기와 3～4분기가 차지하는 비율을 각각 구하면 다음과 같다.

• 1～2분기 : $\frac{45+50}{185}\times100≒51.4\%$

• 3～4분기 : $\frac{48+42}{185}\times100≒48.6\%$

따라서 비율을 바르게 나열한 것은 ③이다.

03

정답 ④

수송인원은 승차인원과 유입인원의 합이므로 빈칸을 모두 구하면 다음과 같다.

- (A) : 208,645=117,450+A → A=91,195
- (B) : B=189,243+89,721 → B=278,964
- (C) : 338,115=C+89,209 → C=248,906

따라서 옳은 것은 ④이다.

04

정답 ②

- 공연음악 시장 규모 : 2025년의 예상 후원 시장 규모는 6,305+118=6,423백만 달러이고, 티켓 판매 시장 규모는 22,324+740 =23,064백만 달러이다. 따라서 2025년 공연음악 시장 규모는 6,423+23,064=29,487백만 달러이다.
- 스트리밍 시장 규모 : 2020년 스트리밍 시장의 규모가 1,530백만 달러이므로, 2025년의 스트리밍 시장 규모는 1,530×2.5=3,825백만 달러이다.
- 오프라인 음반 시장 규모 : 2025년 오프라인 음반 시장 규모를 x백만 달러라고 하면, $\frac{x-8,551}{8,551}\times 100=-6\%$이므로 $x=-\frac{6}{100}\times 8,551+8,551 \fallingdotseq 8,037.9$이다. 따라서 2025년 오프라인 음반 시장 규모는 8,037.9백만 달러이다.

따라서 옳은 것은 ②이다.

CHAPTER

03 문제해결능력

대표기출유형 01 기출응용문제

01

정답 ④

C는 3층에 내렸으므로 다섯 번째 조건에 의해 B는 6층, F는 7층에 내린 것을 알 수 있다. 네 번째 조건에서 G는 C보다 늦게, B보다 빨리 내렸다고 했으므로 G는 4층 또는 5층에 내렸다. 그리고 I는 D보다 늦게, G보다는 일찍 내렸으며, D는 A보다 늦게 내렸으므로 A는 1층, D는 2층, I는 4층이 된다. 그러므로 G는 5층에서 내렸다. 두 번째 조건에 의해 H는 홀수 층에서 내렸으므로 H는 9층, E는 8층에서 내렸다. 따라서 짝수 층에서 내리지 않은 사람은 G이다.

02

정답 ②

주어진 조건을 정리하면 다음과 같다.

구분	1일	2일	3일	4일	5일	6일
경우 1	B	E	F	C	A	D
경우 2	B	C	F	D	A	E
경우 3	A	B	F	C	E	D
경우 4	A	B	C	F	D	E
경우 5	E	B	F	C	A	D
경우 6	E	B	C	F	D	A

따라서 B영화는 어떠한 경우에도 1일 또는 2일에 상영된다.

오답분석

① A영화는 경우 3 또는 4에서 C영화보다 먼저 상영된다.
③ C영화는 경우 1 또는 5, 6에서 E영화보다 늦게 상영된다.
④ D영화는 경우 1 또는 3, 5에서 폐막작으로, 경우 4 또는 6에서 5일에 상영된다.
⑤ E영화는 경우 1 또는 3에서 개막작이나 폐막작으로 상영되지 않는다.

03

정답 ④

주어진 조건에 따라 면접 순서를 정리하면 다음과 같다.

구분	1번	2번	3번	4번	5번	6번
경우 1	F	B	C	A	D	E
경우 2	F	E	C	A	D	B
경우 3	F	C	A	D	E	B
경우 4	E	F	C	A	D	B

따라서 모두 4가지 경우가 가능하다.

04

정답 ④

어떠한 경우에도 F는 항상 C보다 일찍 면접을 본다.

오답분석

① 경우 1에서 D는 B보다 늦게 면접을 본다.
② 경우 1, 2, 4에서 C는 세 번째로 면접을 본다.
③ 경우 1, 3, 4에서 A는 E보다 일찍 면접을 본다.
⑤ 경우 1, 3에서 E는 D보다 늦게 면접을 본다

05

정답 ③

어떠한 경우에도 D는 항상 오후에 면접을 본다.

06

정답 ①

모든 조건을 고려하면 A의 고향은 부산, B의 고향은 춘천, E의 고향은 대전이고, C, D의 고향은 각각 대구 또는 광주이다. 탑승자에 따라 열차의 경유지를 나타내면 다음과 같이 두 가지 경우가 나온다.

구분		대전	대구	부산	광주	춘천	탑승자
경우 1	열차 1	○	○	○			A, D, E
	열차 2	○		○		○	B
	열차 3	○			○		C
경우 2	열차 1	○		○	○		A, D, E
	열차 2	○		○		○	B
	열차 3	○	○				C

따라서 E의 고향은 대전이다.

07

정답 ①

열차 2는 대전, 부산, 춘천을 경유하므로 **06**번을 참고할 때 열차 2를 탈 수 있는 사람은 A, B, E이다.

08

정답 ②

06번을 참고할 때 열차 1이 광주를 경유하면 경우 2에 해당하므로 C의 고향은 대구이며, 열차 3은 대구를 경유한다.

01

정답 ②

3일간 5명에게 지급할 총급여를 정리하면 다음과 같다.

구분	정규 근무시간 급여	초과 근무시간				합계
		1일차	2일차	3일차	추가 급여	
A과장	3×8×21,220=509,280원	–	3시간 20분	1시간 10분	40,000원	549,280원
B대리	3×8×18,870=452,880원	–	10분	2시간	20,000원	472,880원
C주임	3×8×17,150=411,600원	–	50분	2시간	25,000원	436,600원
D사원	3×8×15,730=377,520원	10분	2시간 30분	–	25,000원	402,520원
E사원	3×8×14,300=343,200원	–	–	–	0원	343,200원

따라서 3일간 직원 5명에게 지급할 총급여는 549,280+472,880+436,600+402,520+343,200=2,204,480원이다.

02

정답 ①

01번을 참고할 때 5명의 직원 중 가장 많이 일한 사람은 총 4시간 30분 동안 초과근무를 한 A과장이고, 가장 적게 일한 사람은 초과근무를 하지 않은 E사원이다. 따라서 A과장과 E사원의 3일간 급여의 합은 549,280+343,200=892,480원이다.

03

정답 ②

초순수를 생산하기 위해서 용존산소 탈기, 한외여과의 공정과정을 거친다.

오답분석

① RO수를 생산하기 위해서 다중여과탑, 활성탄흡착, RO막 공정이 필요하다.
③ 이온교환, CO_2 탈기 공정을 통해 CO_2와 미량이온까지 제거해 순수를 생산한다.
④ 침전수는 10^{-6}m 크기의 물질까지 제거한다.
⑤ 석유화학에는 RO수를 제공하지만, RO수는 미량이온까지 제거하지 않은 산업용수이다.

04

정답 ①

ㄱ. 부패금액이 산정되지 않은 6번의 경우에도 고발하였으므로 옳지 않은 설명이다.
ㄴ. 2번의 경우 해임당하였음에도 고발되지 않았으므로 옳지 않은 설명이다.

오답분석

ㄷ. 직무관련자로부터 금품을 수수한 사건은 2번, 4번, 5번, 7번, 8번으로 총 5건 있었다.
ㄹ. 2번과 4번은 모두 '직무관련자로부터 금품 및 향응 수수'로 동일한 부패행위 유형에 해당함에도 2번은 해임, 4번은 감봉 1개월의 처분을 받았으므로 옳은 설명이다.

대표기출유형 03 기출응용문제

01

정답 ①

조건에 따라 소괄호 안에 있는 부분을 순서대로 풀이하면 다음과 같다.
'1 A 5'에서 A는 좌우의 두 수를 더하는 것이지만, 더한 값이 10 미만이면 좌우에 있는 두 수를 곱해야 한다. 1+5=6으로 10 미만이므로 두 수를 곱하여 5가 된다.
'3 C 4'에서 C는 좌우의 두 수를 곱하는 것이지만, 곱한 값이 10 미만이면 좌우에 있는 두 수를 더한다. 이 경우 3×4=12로 10 이상이므로 12가 된다.
대괄호를 풀어보면 '5 B 12'이다. B는 좌우에 있는 두 수 가운데 큰 수에서 작은 수를 빼는 것이지만, 두 수가 같거나 뺀 값이 10 미만이면 두 수를 곱한다. 12−5=7로 10 미만이므로 두 수를 곱해야 한다. 따라서 60이 된다.
'60 D 6'에서 D는 좌우에 있는 두 수 가운데 큰 수를 작은 수로 나누는 것이지만, 두 수가 같거나 나눈 값이 10 미만이면 두 수를 곱해야 한다. 이 경우 나눈 값이 60÷6=10이므로 답은 10이다.

02

정답 ①

보유 전세버스 현황에서 소형버스(RT)는 RT−25−KOR−18−0803, RT−16−DEU−23−1501, RT−25−DEU−12−0904, RT−23−KOR−07−0628, RT−16−USA−09−0712로 소형버스는 총 5대이며, 이 중 독일에서 생산된 것은 2대이다. 따라서 이는 소형버스 전체의 40%를 차지하므로 ①은 옳지 않다.

03

정답 ②

- 앞 두 자리 : ㅎ, ㅈ → N, I
- 세 번째, 네 번째 자리 : 1, 3
- 다섯 번째, 여섯 번째 자리 : Q, L
- 마지막 자리 : 01

따라서 생성할 비밀번호는 'NI13QL01'이다.

04

정답 ⑤

황희찬 부장(4월 8일생)의 비밀번호는 'NJ08QM03'이다.

대표기출유형 04 기출응용문제

01

정답 ①

제시된 자료는 SWOT 분석을 통해 K섬유회사의 강점(S), 약점(W), 기회(O), 위협(T) 요인을 분석한 것으로, SO전략과 WO전략은 발전 방안으로서 적절하다.

오답분석

ㄴ. ST전략에서 경쟁업체에 특허 기술을 무상 이전하는 것은 경쟁이 더 심화될 수 있으므로 적절하지 않다.
ㄹ. WT전략에서는 기존 설비에 대한 재투자보다는 수요에 맞게 다양한 제품을 유연하게 생산할 수 있는 신규 설비에 대한 투자가 필요하다.

02

정답 ③

- (가) : 외부의 기회를 활용하면서 내부의 강점을 더욱 강화시키는 SO전략에 해당한다.
- (나) : 외부의 기회를 활용하여 내부의 약점을 보완하는 WO전략에 해당한다.
- (다) : 외부의 위협을 회피하며 내부의 강점을 적극 활용하는 ST전략에 해당한다.
- (라) : 외부의 위협을 회피하고 내부의 약점을 보완하는 WT전략에 해당한다.

따라서 바르게 나열한 것은 ③이다.

03

정답 ③

ⓒ의 '인터넷전문은행의 활성화 및 빅테크의 금융업 진출 확대 추세'는 강력한 경쟁 상대의 등장을 의미하므로 조직 내부의 약점(W)이 아니라 조직 외부로부터의 위협(T)에 해당한다.

오답분석

ⓐ 조직의 목표 달성을 촉진할 수 있으며 조직 내부의 통제 가능한 강점(S)에 해당한다.
ⓑ 조직의 목표 달성을 방해할 수 있으며 조직 내부의 통제 가능한 약점(W)에 해당한다.
ⓓ 조직 외부로부터 비롯되어 조직의 목표 달성에 도움이 될 수 있는 통제 불가능한 기회(O)에 해당한다.
ⓔ 조직 외부로부터 비롯되어 조직의 목표 달성을 방해할 수 있는 통제 불가능한 위협(T)에 해당한다.

CHAPTER

04 정보능력

대표기출유형 01 기출응용문제

01

정답 ④

SSD(Solid State Drive)는 전기적인 방식으로 데이터를 읽고 쓰는 반면, HDD(Hard Disk Drive)는 기계적인 방식으로 자기 디스크를 돌려서 데이터를 읽고 쓴다.

오답분석

① SSD는 HDD에 비해 전력 소모량과 발열이 적다.
② 기계적 방식인 HDD는 전기 공급이 없어도 데이터를 보존할 수 있기 때문에 장기간 데이터 보존에 유리하다. 반면 전기적 방식인 SSD는 오랜 기간 전원 공급 없이 방치하면 데이터 유실이 일어난다.
③ SSD는 내구성이 높아 충격이나 진동에 덜 민감하지만, HDD는 외부 충격에 의한 데이터 손실 가능성이 비교적 높다.
⑤ 일반적으로 SSD는 신속한 데이터 접근 속도를 제공하며, HDD는 더 큰 저장 용량을 제공한다.

02

정답 ①

빈칸 ㉠에 들어갈 내용으로 옳은 것은 '여러 개의 연관된 파일'이며, 빈칸 ㉡에 들어갈 내용으로 옳은 것은 '한 번에 한 개의 파일'이다.

03

정답 ④

(플러스) 버튼을 누를 경우 슬라이드가 확대된다. 모든 슬라이드를 보기 위해서는 (하이픈, 마이너스) 버튼을 눌러야 한다.

04

정답 ①

Windows [제어판]의 [접근성 센터]에는 돋보기, 내레이터, 화상 키보드, 고대비 설정과 같은 시각 장애에 도움을 줄 수 있는 기능이 포함되어 있다.

05

정답 ④

ㄱ. 공용 서버 안의 모든 바이러스를 치료한 후에 접속하는 모든 컴퓨터를 대상으로 바이러스 검사를 하고 치료해야 한다.
ㄷ. 쿠키는 공용으로 사용하는 PC로 인터넷에 접속했을 때 개인 정보 유출을 방지하기 위해 삭제한다.

오답분석

ㄴ. 다운로드 받은 감염된 파일을 모두 실행하면 바이러스가 더욱 확산된다.

06

정답 ④

오답분석

① 영역형 차트 : 시간에 따른 변화를 보여 주며 합계값을 추세와 함께 볼 수 있고, 각 값의 합계를 표시하여 전체에 대한 부분의 관계도 보여준다.
② 분산형 차트 : 가로·세로값 축이 있으며, 각 축의 값이 단일 데이터 요소로 결합되어 일정하지 않은 간격이나 그룹으로 표시된다. 과학, 통계 및 공학 데이터에 이용된다.
③ 꺾은선형 차트 : 항목 데이터는 가로축을 따라 일정 간격으로 표시되고 모든 값 데이터는 세로축을 따라 표시된다. 월, 분기, 회계 연도 등과 같은 일정 간격에 따라 데이터의 추세를 표시하는 데 유용하다.
⑤ 표면형 차트 : 두 데이터 집합 간의 최적 조합을 찾을 때 유용하며, 지형도에서 색과 무늬는 같은 값 범위에 있는 지역을 나타낸다. 항목과 데이터 계열이 숫자 값일 때 이용가능하다.

07

정답 ③

〈Ctrl〉+〈3〉은 글꼴 스타일에 기울임꼴을 적용하는 바로가기 키이다. 〈Ctrl〉+〈4〉를 입력해야 선택한 셀에 밑줄이 적용된다.

대표기출유형 02 기출응용문제

01

정답 ①

엑셀에서 기간을 구하는 함수는 DATEDIF(시작일,종료일,구분) 함수로, 재직연수를 출력해야 하므로 구분에는 연도로 나타내주는 “Y”를 입력해야 한다. 현재로부터 재직기간을 출력해야 하므로 현재의 날짜를 나타내는 TODAY() 함수를 사용해도 되고, 현재 날짜와 시간까지 출력하는 NOW() 함수를 사용해도 된다. 조건에 맞는 셀의 개수를 출력하는 함수는 COUNTIF(범위,조건) 함수이고, 8년 이상의 재직자를 출력해야 하므로 조건에는 “>=8”이 입력되어야 한다.

02

정답 ⑤

「=INDEX(범위,행,열)」는 해당하는 범위 안에서 지정한 행, 열의 위치에 있는 값을 출력한다. 따라서 [B2:D9]의 범위에서 2행 3열에 있는 값 23,200,000이 결괏값이 된다.

03

정답 ②

지정한 범위 내에서 주어진 조건에 맞는 셀의 개수를 추출하는 COUNTIF 함수를 사용해야 한다. ○ 한 개당 20점이므로 ○의 개수를 구한 뒤 그 값에 20을 곱해야 한다. 따라서 [H2] 셀에 입력할 함수식으로 「=COUNTIF(C2:G2,“○”)*20」가 옳다.

04

정답 ①

‘AVERAGE(B3:E3)’ 함수식은 [B3:E3] 범위의 평균을 출력한다. 그리고 IF 함수는 논리 검사를 수행하여 TRUE나 FALSE에 해당하는 값을 반환해 주는 함수이다. 따라서 「=IF(AVERAGE(B3:E3)>=90,“합격”,“불합격”)」 함수식은 [B3:E3] 범위의 평균이 90 이상일 경우 ‘합격’, 그렇지 않을 경우 ‘불합격’이 출력된다. [F3]~[F6]의 각 셀에 출력되는 [B3:E3], [B4:E4], [B5:E5], [B6:E6] 영역의 평균값은 83, 87, 91, 92.5이므로 [F3]~[F6] 셀의 결괏값으로 옳은 것은 ①이다.

CHAPTER

05 조직이해능력

대표기출유형 01 기출응용문제

01

정답 ①

고객만족경영의 3C는 고객(Customer), 변화(Change), 경쟁(Competition)이다.

02

정답 ④

경영은 경영목적, 인적자원, 자금, 경영 전략의 4요소로 구성된다. 경영목적은 조직의 목적을 달성하기 위해 경영자가 수립하는 것으로, 보다 구체적인 방법과 과정이 담겨 있다. 인적자원은 조직에서 일하는 구성원으로, 경영은 이들의 직무수행에 기초하여 이루어지기 때문에 인적자원의 배치 및 활용이 중요하다. 자금은 경영을 하는 데 사용할 수 있는 돈으로, 자금이 충분히 확보되는 정도에 따라 경영의 방향과 범위가 정해지게 된다. 경영 전략은 조직이 변화하는 환경에 적응하기 위하여 경영활동을 체계화하는 것으로, 목표달성을 위한 수단이다. 경영 전략은 조직의 목적에 따라 전략 목표를 설정하고, 조직의 내·외부 환경을 분석하여 도출한다.

03

정답 ②

경영활동을 구성하는 요소는 경영목적, 인적자원, 자금, 경영 전략이다. (나)의 경우와 같이 봉사활동을 수행하는 일은 목적과 인력, 자금 등이 필요한 일이지만, 정해진 목표를 달성하기 위한 조직의 관리, 전략, 운영활동이라고 볼 수 없으므로 경영활동이 아니다.

04

정답 ③

경영 전략 추진과정

- 전략목표 설정 : 비전 설정, 미션 설정
- 환경 분석 : 내부환경 분석, 외부환경 분석
- 경영 전략 도출 : 조직전략, 사업전략 등
- 경영 전략 실행 : 경영목적 달성
- 평가 및 피드백 : 경영 전략 결과, 전략목표 및 경영 전략 재조정

05

정답 ④

델파이 기법은 반복적인 설문 조사를 통해 의견 차이를 좁혀 합의를 도출하는 방식으로, 이를 순서대로 바르게 나열한 것은 ④이다.

06

정답 ④

㉠ 집중화 전략에 해당한다.
㉡ 원가우위 전략에 해당한다.
㉢ 차별화 전략에 해당한다.

대표기출유형 02 기출응용문제

01

정답 ④

조직목표의 기능

- 조직이 존재하는 정당성과 합법성 제공
- 조직이 나아갈 방향 제시
- 조직구성원의 의사결정의 기준
- 조직구성원 행동수행의 동기유발
- 수행평가의 기준
- 조직설계의 기준

PART 1

02

정답 ②

②는 업무의 내용이 유사하고 관련성이 있는 업무들을 결합해서 구분한 것으로, 기능식 조직 구조의 형태로 볼 수 있다.

03

정답 ③

오답분석

- B : 사장 직속으로 4개의 본부가 있다는 설명은 옳지만, 인사업무만을 전담하고 있는 본부는 없으므로 옳지 않다.
- C : 감사실이 분리되어 있다는 설명은 옳지만, 사장 직속이 아니므로 옳지 않다.

남에게 이기는 방법의 하나는
예의범절로 이기는 것이다.

- 조쉬 빌링스 -

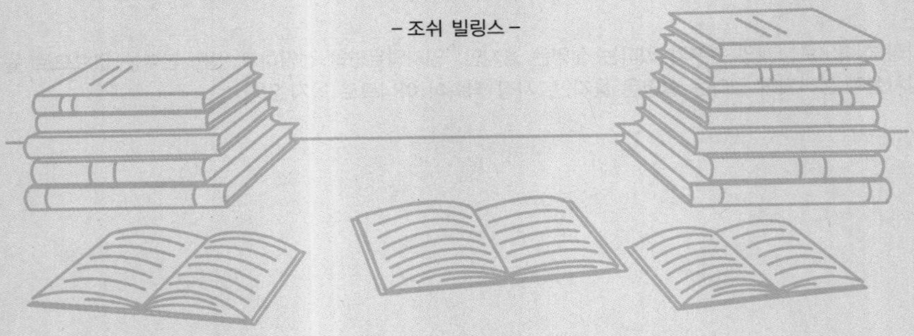

PART 2
직무수행능력

CHAPTER

01

경영

적중예상문제

01	02	03	04	05	06	07	08	09	10	11	12	13	14	15	16	17	18	19	20
⑤	②	⑤	⑤	⑤	④	④	①	③	②	③	③	②	④	⑤	④	②	③	③	①
21	22	23	24	25	26	27	28	29	30	31	32	33	34	35	36	37	38	39	40
④	②	①	⑤	③	③	⑤	①	⑤	②	②	①	④	①	②	④	③	③	①	③
41	42	43	44	45	46	47	48	49	50										
③	①	⑤	⑤	①	①	④	④	⑤	②										

01

정답 ⑤

마이클 포터(Michael Porter)의 산업구조 분석모델은 산업에 참여하는 주체를 기존기업(산업 내 경쟁자), 잠재적 진입자(신규 진입자), 대체재, 공급자, 구매자로 나누고 이들 간의 경쟁 우위에 따라 기업 등의 수익률이 결정되는 것으로 본다.

오답분석

① 정부의 규제 완화 : 정부의 규제 완화는 시장 진입장벽이 낮아지게 만들며, 신규 진입자의 위협으로 볼 수 있다.
② 고객의 충성도 : 고객의 충성도 정도에 따라 진입자의 위협도가 달라진다.
③ 공급업체의 규모 : 공급업체의 규모에 따라 공급자의 교섭력에 영향을 준다.
④ 가격의 탄력성 : 소비자들은 가격에 민감할 수도, 둔감할 수도 있기에 구매자 교섭력에 영향을 준다.

02

정답 ②

그린메일은 특정기업의 주식을 대량 매입한 뒤 경영진에게 적대적 M&A를 포기하는 대가로 매입한 주식을 시가보다 훨씬 높은 값에 되사도록 요구하는 행위로 적대적 M&A 시도에 대한 사후 방어 전략에 해당한다.

오답분석

① 황금주 : 단 1주 만으로도 주주총회 결의사항에 대해 거부권을 행사할 수 있는 권리를 가진 주식을 발행하는 전략이다.
③ 황금낙하산 : 기업임원이 적대적 M&A로 인해 퇴사하는 경우 거액의 퇴직위로금을 지급받도록 하는 전략이다.
④ 포이즌 필 : 현재 주가 대비 현저히 낮은 가격에 신주를 발행하는 것을 허용하여 매수자가 적대적 M&A를 시도할 때 엄청난 비용이 들도록 하는 전략이다.
⑤ 포이즌 풋 : 채권자가 미리 약정한 가격에 채권을 상환할 것을 청구할 수 있는 권리를 부여하여 적대적 M&A를 시도하는 매수자가 인수 직후 부채 상환 부담을 갖게 하는 전략이다.

03

정답 ⑤

GE 매트릭스는 기업이 그리드에서의 위치에 따라 제품 라인이나 비즈니스 유닛을 전략적으로 선택하는 데 사용하는 다중 요인 포트폴리오 매트릭스라고도 부른다.

04

정답 ⑤

ESG 경영의 주된 목적은 착한 기업을 키우는 것이 아니라 불확실성 시대의 환경, 사회, 지배구조라는 복합적 리스크에 얼마나 잘 대응하고 지속적 경영으로 이어나갈 수 있느냐 하는 것이다.

05

정답 ⑤

목표관리는 목표의 설정뿐 아니라 성과 평가 과정에도 부하직원이 참여하는 관리기법이다.

오답분석

① 목표설정 이론은 명확하고 도전적인 목표가 성과에 미치는 영향을 분석한다.
② 목표는 지시적 목표, 자기설정 목표, 참여적 목표로 구분되고, 이 중 참여적 목표가 종업원의 수용성이 가장 높다.
③ 조직의 상·하 구성원이 모두 협의하여 목표를 설정한다.
④ 조직의 목표를 부서별, 개인별 목표로 전환하여 조직 구성원 각자의 책임을 정하고, 조직의 효율성을 향상시킬 수 있다.

PART 2

06

정답 ④

홉스테드의 문화차원이론은 어느 사회의 문화가 그 사회 구성원의 가치관에 미치는 영향과 그 가치관과 행동의 연관성을 요인분석으로 구조를 통하여 설명하는 이론이다. 이는 개인주의 – 집단주의(Individualism – Collectivism), 불확실성 회피성(Uncertainty Avoidance), 권력의 거리(Power Distance), 남성성 – 여성성(Masculinity – Femininity) 등 4가지 차원을 제시하였다.

07

정답 ④

- (매출액)－(매출원가)＝(매출총이익) → 10억－6.5억＝3.5억 원
- (매출총이익)－(판관비)＝(영업이익) → 3.5억－0.5억＝3억 원
- (영업이익)＋(영업외이익)－(영업외비용)＝(경상이익) → 3억＋1억－0.4억＝3.6억 원

∴ (경상이익)＋(특별이익)－(특별손실)－(법인세비용)＝(당기순이익) → 3.6억＋0.4억－0.6억－0.2억＝3.2억 원

08

정답 ①

평가센터법이란 주로 관리자들의 선발(Selection)과 개발(Development), 적성·능력 등의 진단(Inventory)을 위하여 실시된 평가방법 중 하나이다. 일반적으로 2～3일 동안 외부와 차단된 별도의 교육장소에서 다수의 평가자(인사 분야 전문가, 교수, 실무 담당자 등)가 일정한 기준을 가지고 평가를 실시하며, 평가를 실행함에 있어 시간과 비용이 크기 때문에 한 번에 다수의 피평가자들이 참여하며 다수의 평가자들이 평가한다.

09

정답 ③

수요예측기법은 수치를 이용한 계산방법 적용 여부에 따라 정성적 기법과 정량적 기법으로 구분할 수 있다. 정성적 기법은 개인의 주관이나 판단 또는 여러 사람의 의견에 의하여 수요를 예측하는 방법으로서 델파이 기법, 역사적 유추법, 시장조사법, 라이프사이클 유추법 등이 있다. 정량적 기법은 수치로 측정된 통계자료에 기초하여 계량적으로 예측하는 방법으로, 사건에 대하여 시간의 흐름에 따라 기록한 시계열 데이터를 바탕으로 분석하는 시계열 분석 방법이 이에 해당한다.

오답분석

① 델파이 기법 : 여러 전문가의 의견을 되풀이해 모으고 교환하고 발전시켜 미래를 예측하는 방법이다.
② 역사적 유추법 : 수요 변화에 관한 과거 유사한 제품의 패턴을 바탕으로 유추하는 방법이다.
④ 시장조사법 : 시장에 대해 조사하려는 내용의 가설을 세운 뒤 소비자 의견을 조사하여 가설을 검증하는 방법이다.
⑤ 라이프사이클 유추법 : 제품의 라이프사이클을 분석하여 수요를 예측하는 방법이다.

10

정답 ②

소비자의 구매의사결정 과정

문제인식(Problem Recognition) → 정보탐색(Information Search) → 대안 평가(Evaluation of Alternatives) → 구매의사결정(Purchase Decision) → 구매 후 행동(Post- Purchase Behavior)

11

정답 ③

ⓑ 명성가격은 가격이 높으면 품질이 좋다고 판단하는 경향으로 인해 설정되는 가격이다.

ⓒ 단수가격은 가격을 단수(홀수)로 적어 소비자에게 싸다는 인식을 주는 가격이다(예 9,900원).

오답분석

ⓐ 구매자가 어떤 상품에 대해 지불할 용의가 있는 최고가격은 유보가격이다.

ⓓ 심리적으로 적당하다고 생각하는 가격 수준은 준거가격이라고 한다. 최저수용가격이란 소비자들이 품질에 대해 의심 없이 구매할 수 있는 가장 낮은 가격을 의미한다.

12

정답 ③

수직적 통합은 원료를 공급하는 기업이 생산기업을 통합하는 등의 전방 통합과 유통기업이 생산기업을 통합하거나 생산기업이 원재료 공급기업을 통합하는 등의 후방 통합이 있으며, 원료 독점으로 경쟁자 배제, 원료 부문에서의 수익, 원료부터 제품까지의 기술적 일관성 등의 장점이 있다.

오답분석

①·②·⑤ 수평적 통합은 동일 업종의 기업이 동등한 조건하에서 합병·제휴하는 일로, 수평적 통합의 장점이다.

④ 대규모 구조조정은 수직적 통합의 이유와 관련이 없다.

13

정답 ②

최소여유시간(STR)이란 남아있는 납기일수와 작업을 완료하는 데 소요되는 일수와의 차이를 여유시간이라고 할 때, 여유시간이 짧은 것부터 순서대로 처리하는 것이다.

14

정답 ④

자재소요계획은 생산 일정계획의 완제품 생산일정(MPS)과 자재명세서(BOM), 재고기록철(IR)에 대한 정보를 근거로 MRP를 수립하여 재고 관리를 모색한다.

오답분석

① MRP는 푸시 생산방식(Push System)이다.

② MRP는 종속수요를 갖는 부품들의 생산수량과 생산시기를 결정하는 방법이다.

③ 부품별 계획 주문 발주시기는 MRP의 결과물이다.

⑤ 필요할 때마다 요청해서 생산하는 방식은 풀 생산방식(Pull System)이다.

15

정답 ⑤

- $EOQ = \sqrt{\dfrac{2\times(\text{연간 수요량})\times(\text{1회 주문비})}{(\text{재고유지비용})}} = \sqrt{\dfrac{2\times1,000\times200}{40}} = 100$
- $(\text{연간 재고유지비용}) = \dfrac{EOQ}{2}\times(\text{단위당 연간 재고유지비}) = \dfrac{100}{2}\times40 = 2,000$원
- $(\text{연간 주문비용}) = \dfrac{(\text{연간수요})}{EOQ}\times(\text{단위당 주문비}) = \dfrac{1,000}{100}\times200 = 2,000$원

(총재고비용)=(연간 재고유지비용)+(연간 주문비용)

∴ 2,000+2,000=4,000원

16

정답 ④

계속기업의 가정이란 보고기업이 예측 가능한 미래에 영업을 계속하여 영위할 것이라는 가정이다. 기업이 경영활동을 청산 또는 중단할 의도가 있다면, 계속기업의 가정이 아닌 청산가치 등을 사용하여 재무제표를 작성한다.

오답분석

① 재무제표는 재무상태표, 포괄손익계산서, 자본변동표, 현금흐름표, 그리고 주석으로 구성된다. 법에서 이익잉여금처분계산서 등의 작성을 요구하는 경우는 주석으로 공시한다.
② 원칙적으로 최소 1년에 한 번씩은 작성해야 한다.
③ 현금흐름표 등 현금흐름에 관한 정보는 현금주의에 기반한다.
⑤ 역사적원가는 측정일의 조건을 반영하지 않고, 현행가치는 측정일의 조건을 반영한다. 현행가치는 다시 현행원가, 공정가치, 사용가치(이행가치)로 구분된다.

17

정답 ②

S회사가 지급한 현금을 구해 보면 470,000(기계장치)+340,000+10,000(처분손실)−800,000=20,000원

18

정답 ③

- (지방자치단체로부터 차입한 자금의 공정가치)=100,000원×0.7350=73,500원
- 지방자치단체로부터 100,000원을 차입하였으므로 공정가치보다 초과 지급한 금액이 정부보조금이 된다. 따라서 정부보조금은 26,500원이다.
- (2022년 말 장부금액)=100,000−25,000(감가상각누계액)−19,875(정부보조금 잔액)=55,125원

19

정답 ③

ISO 14000 시리즈는 환경경영에 대한 국제표준으로 기업이 환경보호 및 환경관리개선을 위한 환경경영체제의 기본 요구사항을 갖추고 규정된 절차에 따라 체계적으로 환경경영을 하고 있음을 인증해주는 제도이다.

20

정답 ①

- $P_0 = D_1 \div (k-g)$에서 $g = b\times r = 0.3\times0.1 = 0.03$
- D_0 =(주당순이익)×[1−(사내유보율)]=3,000×(1−0.3)=2,100원
- $D_1 = D_0\times(1+g) = 2,100\times(1+0.03) = 2,163$원
- $P = 2,163\div(0.2-0.03) = 12,723$원

21

정답 ④

오답분석

① 자기자본이 아닌 타인자본이 차지하는 비율이다.
② 당순자산이 아닌 주당순이익의 변동폭이 확대되어 나타난다.
③ 보통주배당이 아닌 우선주배당이다.
⑤ 주당이익의 변동폭은 그만큼 더 크게 된다.

22

정답 ②

5가지 성격 특성 요소(Big Five Personality Traits)

- 개방성(Openness to Experience) : 상상력, 호기심, 모험심, 예술적 감각 등으로 보수주의에 반대하는 성향
- 성실성(Conscientiousness) : 목표를 성취하기 위해 성실하게 노력하는 성향. 과제 및 목적 지향성을 촉진하는 속성과 관련된 것으로, 심사숙고, 규준이나 규칙의 준수, 계획 세우기, 조직화, 과제의 준비 등과 같은 특질을 포함
- 외향성(Extraversion) : 다른 사람과의 사교, 자극과 활력을 추구하는 성향. 사회와 현실 세계에 대해 의욕적으로 접근하는 속성과 관련된 것으로, 사회성, 활동성, 적극성과 같은 특질을 포함
- 수용성(Agreeableness) : 타인에게 반항적이지 않은 협조적인 태도를 보이는 성향. 사회적 적응성과 타인에 대한 공동체적 속성을 나타내는 것으로, 이타심, 애정, 신뢰, 배려, 겸손 등과 같은 특질을 포함
- 안정성(Emotional Stability) : 스트레스를 견디는 개인의 능력. 정서가 안정적인 사람들은 온화하고 자신감이 있음

23

정답 ①

테일러(Tailor)의 과학적 관리법은 노동자의 심리상태와 인격은 무시하고, 노동자를 단순한 숫자 및 부품으로 바라본다는 한계점이 있다. 이러한 한계점으로 인해 직무특성이론과 목표설정이론이 등장하는 배경이 되었다.

24

정답 ⑤

기업의 생산이나 판매과정 전후에 있는 기업 간의 합병으로, 주로 원자재 공급의 안정성 등을 목적으로 하는 것은 수직적 합병이다. 수평적 합병은 동종 산업에서 유사한 생산단계에 있는 기업 간의 합병으로, 주로 규모의 경제적 효과나 시장지배력을 높이기 위해서 이루어진다.

25

정답 ③

맥그리거(Mcgregor)는 두 가지의 상반된 인간관 모형을 제시하고, 인간모형에 따라 조직관리 전략이 달라져야 한다고 주장하였다.

- X이론 : 소극적·부정적 인간관을 바탕으로 한 전략 – 천성적 나태, 어리석은 존재, 타율적 관리, 변화에 저항적
- Y이론 : 적극적·긍정적 인간관을 특징으로 한 전략 – 변화지향적, 자율적 활동, 민주적 관리, 높은 책임감

26

정답 ③

규범기는 역할과 규범을 받아들이고 수행하며 성과로 이어지는 단계이다.

터크만(Tuckman)의 집단 발달의 5단계 모형

1. 형성기(Forming) : 집단의 구조와 목표, 역할 등 모든 것이 불확실한 상태. 상호 탐색 및 방향 설정
2. 격동기(Storming) : 소속감, 능력, 영향력은 인식한 상태. 권력분배와 역할분담 등에서 갈등과 해결 과정을 겪음
3. 규범기(Norming) : 집단의 구조, 목표, 역할, 규범, 소속감, 응집력 등이 분명한 상태. 협동과 몰입
4. 성과달성기(Performing) : 비전 공유 및 원활한 커뮤니케이션으로 집단목표 달성. 자율성, 높은 생산성
5. 해체기(Adjourning) : 집단의 수명이 다하여 멤버들이 해산됨

27

정답 ⑤

행동기준고과법은 평가직무에 적용되는 행동패턴을 측정하여 점수화하고 등급을 매기는 방식으로 평가한다. 따라서 등급화하지 않고 개별행위 빈도를 나눠서 측정하는 기법은 옳지 않다. 또한 BARS는 구체적인 행동의 기준을 제시하고 있으므로 향후 종업원의 행동변화를 유도하는 데 도움이 된다.

28

정답 ①

오답분석

ⓒ·ⓓ 풀 전략(Pull Strategy)에 대한 설명이다.

29

정답 ⑤

고압적 마케팅은 판매활동, 촉진활동에 비중을 두는 후행적 마케팅 기법이며, 저압적 마케팅은 마케팅 조사, 계획에 비중을 두는 선행적 마케팅 기법이다.

오답분석

①·②·③·④ 고압적 마케팅은 전통적 마케팅 방법으로 판매자 중심, 제품 판매, 선형 마케팅(피드백을 고려하지 않음), 후행적(판매 및 촉진활동에 비중) 성격을 나타낸다. 반면 저압적 마케팅은 현대적 마케팅 방법으로 소비자 중심, 소비자 만족, 순환적 마케팅(소비자의 피드백 중요), 선행적(마케팅 조사 및 계획에 비중) 성격을 나타낸다.

30

정답 ②

서브리미널 광고는 자각하기 어려울 정도의 짧은 시간 동안 노출되는 자극을 통하여 잠재의식에 영향을 미치는 현상을 의미하는 서브리미널 효과를 이용한 광고이다.

오답분석

① 애드버커시 광고 : 기업과 소비자 사이에 신뢰관계를 회복하려는 광고이다.
③ 리스폰스 광고 : 광고 대상자에게 직접 반응을 얻고자 메일, 통신 판매용 광고전단을 신문·잡지에 끼워 넣는 광고이다.
④ 키치 광고 : 설명보다는 기호와 이미지를 중시하는 광고이다.
⑤ 티저 광고 : 소비자의 흥미를 유발시키기 위해 처음에는 상품명 등을 명기하지 않다가 점점 대상을 드러내어 소비자의 관심을 유도하는 광고이다.

31

정답 ②

라인 확장(Line Extension)이란 기존 상품을 개선한 신상품에 기존의 상표를 적용하는 브랜드 확장의 유형이다. 라인 확장은 적은 마케팅 비용으로 매출과 수익성 모두 손쉽게 높일 수 있고, 제품이 아닌 소비자층을 타깃팅함으로써 소비자층을 확대할 수 있다는 장점이 있다. 하지만 무분별한 라인 확장은 브랜드 이미지가 약해지는 희석효과나 신제품이 기존제품 시장에 침범하는 자기잠식효과를 유발하는 등 역효과를 일으킬 수도 있기 때문에 주의해야 한다.

32

정답 ①

시장세분화는 수요층별로 시장을 분할해 각 층에 대해 집중적인 마케팅 전략을 펴는 것으로, 인구통계적 세분화는 나이, 성별, 라이프사이클, 가족 수 등을 세분화하여 소비자 집단을 구분하는 데 많이 사용한다.

오답분석

② 사회심리적 세분화는 사회계층, 준거집단, 라이프 스타일, 개성 등으로 시장을 나누는 것이다.
③ 시장표적화는 포지셔닝할 고객을 정하는 단계이다.
④ 시장포지셔닝은 소비자들의 마음속에 자사 제품의 바람직한 위치를 형성하기 위하여 제품 효익을 개발하고 커뮤니케이션하는 활동을 의미한다.
⑤ 행동적 세분화는 구매자의 사용상황, 사용경험, 상표애호도 등으로 시장을 나누는 것이다.

33

정답 ④

공급사슬관리(SCM)란, 공급자로부터 최종 고객에 이르기까지 자재 조달, 제품 생산, 유통, 판매 등의 흐름을 적절히 관리하는 것이다. 이를 통해 자재의 조달 시간을 단축하고, 재고 비용이나 유통 비용 등을 절감할 수 있다.

오답분석

① 자재소요량계획(MRP)에 대한 설명이다.
② 업무재설계(BPR)에 대한 설명이다.
③ 적시생산방식(JIT)에 대한 설명이다.
⑤ 지식관리시스템(KMS)에 대한 설명이다.

34

정답 ①

적시생산시스템(JIT; Just In Time)은 무재고 생산방식 또는 도요타 생산방식이라고도 하며 필요한 것을 필요한 양만큼 필요한 때에 만드는 생산방식으로 설명된다. 재고가 생산의 비능률을 유발하는 원인이기 때문에 이를 없애야 한다는 사고방식에 의해 생겨난 기법이다. 고품질, 저원가, 다양화를 목표로 한 철저한 낭비제거 사상을 수주로부터 생산, 납품에 이르기까지 적용하는 것으로 풀(Pull) 방식을 도입하고 있다.

35

정답 ②

MRP II(Manufacturing Resource Planning II)는 제조자원을 계획하는 관리시스템이다. 여기에는 자재소요계획(MRP; Material Requirement Planning)과 구별을 위해 II를 붙였다.

오답분석

① MRP(Material Requirement Planning) : 자재소요계획으로서 제품(특히 조립제품)을 생산함에 있어서 부품(자재)이 투입될 시점과 투입되는 양을 관리하기 위한 시스템이다.
③ JIT(Just In Time) : 적기공급생산으로 재고를 쌓아 두지 않고서도 필요한 때 제품을 공급하는 생산방식이다.
④ FMS(Flexible Manufacturing System) : 다품종 소량생산을 가능하게 하는 생산 시스템으로, 생산 시스템을 자동화하고 무인화하여 다품종 소량 또는 중량 생산에 유연하게 대응하는 시스템이다.
⑤ BPR(Business Process Reengineering) : 경영혁신기법의 하나로, 기업의 활동이나 업무의 전반적인 흐름을 분석하고, 경영목표에 맞도록 조직과 사업을 최적으로 다시 설계하여 구성한다.

36

정답 ④

증권회사의 상품인 유가증권과 부동산 매매회사가 정상적 영업과정에서 판매를 목적으로 취득한 토지·건물 등은 재고자산으로 처리된다.

오답분석

① · ② 선입선출법의 경우에는 계속기록법을 적용하든 실지재고조사법을 적용하든 기말재고자산, 매출원가, 매출총이익 모두 동일한 결과가 나온다.

③ 매입운임은 매입원가에 포함한다.

⑤ 재고자산을 순실현가능가치로 감액한 평가손실과 모든 감모손실은 감액이나 감모가 발생한 기간에 비용으로 인식한다.

37

정답 ③

- (당기법인세부채)=(150,000원+24,000원+10,000원)×25%=46,000원
- (이연법인세자산)=10,000원×25%=2,500원
- (법인세비용)=46,000원−2,500원=43,500원

38

정답 ③

- (만기금액)=5,000,000원+5,000,000원×6%×6/12=5,150,000원
- (할인액)=5,150,000원×(할인율)×3/12=5,150,000−4,995,500=154,500원
- (할인율)=12%

39

정답 ①

$Ks=(D_1 \div P_0)+g=(2{,}000 \div 30{,}000)+0.04 \fallingdotseq 10\%$

40

정답 ③

(영업레버리지도)=(공헌이익)÷(영업이익)

- (공헌이익)=(총매출액)−(총변동원가)=5억 원(=10,000개×50,000원)−2천만 원(=10,000개×2,000원)=4억 8천만 원
- (영업이익)=(공헌이익)−(총고정원가)=5억 7천만 원−2억 5천만 원(=10,000×25,000원)=3억 2천만 원

따라서 영업레버리지도는 4억 8천만 원÷3억 2천만 원=1.5이다.

41

정답 ③

마이클 포터(Michael Porter)의 가치사슬 모형에서 부가가치를 추가하는 기본 활동들은 크게 본원적 활동과 지원적 활동으로 볼 수 있다.

- 본원적 활동(Primary Activities)
  기업의 제품과 서비스의 생산과 분배에 직접적으로 관련되어 있다. 유입 물류, 조업, 산출 물류, 판매와 마케팅, 서비스 등이 포함된다.
- 지원적 활동(Support Activities)
  본원적 활동이 가능하도록 하며 조직의 기반구조(일반관리 및 경영활동), 인적자원관리(직원 모집, 채용, 훈련), 기술(제품 및 생산 프로세스 개선), 조달(자재구매) 등으로 구성된다.

42

정답 ①

카츠(Kartz)는 경영자에게 필요한 능력을 크게 인간적 자질, 전문적 자질, 개념적 자질 3가지로 구분하였다. 그중 인간적 자질은 구성원을 리드하고 관리하며, 다른 구성원들과 함께 일을 할 수 있게 하는 것으로서 모든 경영자가 갖추어야 하는 능력이다. 타인에 대한 이해력과 동기 부여 능력은 인간적 자질에 속한다.

오답분석

②·④ 전문적 자질(현장실무)에 해당한다.
③·⑤ 개념적 자질(상황판단)에 해당한다.

43

정답 ⑤

4P와 4C의 비교

4P	4C
기업 관점	소비자 관점
제품	소비자 문제해결
유통	편의성
판매 촉진	커뮤니케이션
가격	소비자 비용

44

정답 ⑤

지식경영시스템은 조직 안의 지식자원을 체계화하고 공유하여 기업 경쟁력을 강화하는 기업정보시스템이다. 조직에서 필요한 지식과 정보를 창출하는 연구자, 설계자, 건축가, 과학자, 기술자 등을 반드시 포함하는 것과는 관련이 없다.

45

정답 ①

기능별 조직은 전체 조직을 기능별 분류에 따라 형성시키는 조직의 형태이다. 해당 회사는 수요가 비교적 안정된 소모품을 납품하는 업체이기 때문에 환경적으로도 안정되어 있으며, 부서별 효율성을 추구하므로 기능별 조직이 이 회사의 조직 구조로 적합하다.

기능별 조직

구분	내용
적합한 환경	• 조직 구조 : 기능조직 • 환경 : 안정적 • 기술 : 일상적이며 낮은 상호의존성 • 조직규모 : 작거나 중간 정도 • 조직목표 : 내적 효율성, 기술의 전문성과 질
장점	• 기능별 규모의 경제 획득 • 기능별 기술개발 용이 • 기능 목표 달성 가능 • 중간 이하 규모의 조직에 적합 • 소품종 생산에 유리
단점	• 환경변화에 대한 대응이 늦음 • 최고경영자의 의사결정이 지나치게 많음 • 부문 간 상호조정 곤란 • 혁신이 어려움 • 전체 조직목표에 대한 제한된 시각

46

정답 ①

집단사고(Groupthink)는 응집력이 높은 집단에서 의사결정을 할 때, 동조압력과 전문가들의 과다한 자신감으로 인해 사고의 다양성이나 자유로운 비판 대신 집단의 지배적인 생각에 순응하여 비합리적인 의사결정을 하게 되는 경향이다.

47

정답 ④

샤인(Schein)의 경력 닻 모형

- 닻Ⅰ : 관리역량 – 복잡한 경영 문제를 인지, 분석하고 해결하는 능력
- 닻Ⅱ : 전문역량 – 직무의 내용에 관심, 도전적 업무, 자율성, 전문화된 영역 선호
- 닻Ⅲ : 안전지향 – 직업안정과 및 고용안정 욕구, 조직가치와 규범에 순응, 보수・작업조건・복리후생 등 외재적 요인에 관심
- 닻Ⅳ : 사업가적 창의성 지향 – 신규조직・서비스 등 창의성 중시, 창조욕구, 새로운 도전
- 닻Ⅴ : 자율지향 – 규칙에 얽매인 조직보다 자유로운 계약직・파트타임 선호, 성과에 의한 보상 선호

48

정답 ④

근로자가 스스로 계획하고 실행하여 그 결과에 따른 피드백을 수집하고 수정해 나가며, 일의 자부심과 책임감을 가지고 자발성을 높이는 기법은 직무충실화 이론에 해당한다. 직무충실화 이론은 직무확대보다 더 포괄적으로 구성원들에게 더 많은 책임과 더 많은 선택의 자유를 요구하기 때문에 수평적 측면으로는 질적 개선에 따른 양의 증가, 수직적 측면으로는 본래의 질적 개선의 증가로 볼 수 있다.

49

정답 ⑤

기업이 글로벌 전략을 수행하면 외국 현지법인과의 커뮤니케이션 비용이 증가하고, 외국의 법률이나 제도 개편 등 기업 운영상 리스크에 대한 본사 차원의 대응 역량이 더욱 요구되므로, 경영상의 효율성은 오히려 낮아질 수 있다.

오답분석

① 글로벌 전략을 통해 대량생산을 통한 원가절감, 즉 규모의 경제를 이룰 수 있다.
② 글로벌 전략을 통해 세계 시장에서 외국 기업들과의 긴밀한 협력이 가능하다.
③ 외국의 무역장벽이 높으면, 국내 생산 제품을 수출하는 것보다 글로벌 전략을 통해 외국에 직접 진출하는 것이 효과적일 수 있다.
④ 글로벌 전략을 통해 국내보다 상대적으로 인건비가 저렴한 국가의 노동력을 고용하여 원가를 절감할 수 있다.

50

정답 ②

시계열 분석법은 시계열 자료수집이 용이하고 변화하는 경향이 뚜렷하여 안정적일 때 이를 기초로 미래의 예측치를 구하지만, 과거의 수요 패턴이 항상 계속적으로 유지된다고 할 수 없으므로 주로 중단기 예측에 이용되며, 비교적 적은 자료로도 정확한 예측이 가능하다.

CHAPTER 02

경제

적중예상문제

01	02	03	04	05	06	07	08	09	10	11	12	13	14	15	16	17	18	19	20
⑤	②	①	④	①	②	⑤	②	②	②	④	⑤	④	⑤	②	①	④	⑤	②	①
21	22	23	24	25	26	27	28	29	30	31	32	33	34	35	36	37	38	39	40
④	③	⑤	⑤	③	④	④	④	④	①	④	②	②	②	④	②	③	②	②	②
41	42	43	44	45	46	47	48	49	50										
⑤	⑤	④	①	②	④	④	④	④	④										

01

정답 ⑤

국내기업이 해외에 생산 공장을 건설하기 위해서는 해외에 필요한 자금을 가지고 나가야 하므로 외환에 대한 수요가 증가한다. 외환의 수요가 증가하면 환율이 상승하게 되므로 국내통화의 가치가 하락한다.

오답분석

①·④ 수입 가전제품에 대한 관세가 인상되고 해외여행에 대한 수요가 급감하면 외환 수요가 감소한다. 따라서 환율이 하락한다.

②·③ 외국 투자자들이 국내주식을 매수하거나 기준금리가 인상이 되면 자본유입이 많아져서 외환의 공급이 증가하고, 이에 따라 환율이 하락한다.

02

정답 ②

이자율 상승으로 요구불예금이 증가하면 시장에 있는 현금들이 예금 쪽으로 들어와서 민간 화폐보유성향이 낮아져 통화승수가 증가한다.

03

정답 ①

자본투입을 늘리고 노동투입을 줄일 경우 생산성도 높아지고 비용도 줄어들기 때문에 동일한 양의 최종생산물을 산출하면서도 비용을 줄일 수 있다.

04

정답 ④

정액세만 존재하고 한계소비성향(c)이 0.6인 경우 정부지출승수$\left(\frac{dY}{dG}\right)$와 투자승수$\left(\frac{dY}{dI}\right)$는 모두 $\frac{1}{1-c}=\frac{1}{1-0.6}=2.5$로 나타낼 수 있고, 정액조세승수는 $\frac{-c}{1-c}=\frac{-0.6}{1-0.6}=-1.5$이다.

05

정답 ①

솔로우모형은 규모에 대한 보수불변 생산함수를 가정하며, 시간이 흐름에 따라 노동량이 증가하며 기술이 진보하는 것을 고려한 성장모형이다. 솔로우모형은 장기 균형상태에서 더 이상 성장이 발생하지 않으며 자본의 한계생산체감에 의해 일정한 값을 갖게 되는 수렴현상이 발생한다고 설명한다.

06

정답 ②

절대우위는 다른 생산자에 비해 더 적은 생산요소를 투입해 같은 상품을 생산할 수 있는 능력이고 비교우위는 다른 생산자보다 더 적은 기회비용으로 생산할 수 있는 능력이다. K사는 B사보다 모터, 펌프 모두 시간당 최대 생산량이 많으므로 모터, 펌프 모두에 절대우위가 있다. 반면, K사의 펌프 생산 기회비용은 모터 1개이지만 B사의 펌프 생산 기회비용은 모터 2/3개이다. 따라서 B사는 펌프 생산에 비교우위가 있다.

07

정답 ⑤

비용함수는 생산량과 비용 사이의 관계를 나타내는 함수이다. 주어진 비용함수에서 생산량(Q)이 늘어날수록 총비용이 증가한다. 하지만 평균비용은 (총비용)÷(생산량)이므로 줄어든다. 예를 들어 생산량이 1, 2, 3개로 늘어날 경우 총비용(TQ)은 75, 100, 125 순으로 증가하지만 평균비용은 75, 50(=100÷2), 41.6(≒125÷3) 순으로 감소한다. 이는 평균 고정비가 (고정비)÷(생산량)이기 때문에 생산량이 늘어날수록 줄어들기 때문이다. 고정비는 생산량과 관계없이 들어가는 비용으로 문제의 함수에선 50이다. 이처럼 생산량이 늘어날 때 평균비용이 줄어드는 것을 규모의 경제가 존재한다고 한다. 한계비용은 생산량이 하나 더 늘어날 때 들어가는 비용으로 문제에선 25로 일정하다.

08

정답 ②

수요곡선 : $2P=-Q+100$, $P=-\frac{1}{2}Q+50$

공급곡선 : $3P=Q+20$, $P=\frac{1}{3}Q+\frac{20}{3}$

$-\frac{1}{2}Q+50=\frac{1}{3}Q+\frac{20}{3}$

$\rightarrow \frac{5}{6}Q=\frac{130}{3}$

$\therefore Q=52,\ P=24$

따라서 물품세 부과 전 균형가격 $P=24$, 균형생산량 $Q=52$이다.

공급자에게 1대당 10의 물품세를 부과하였으므로, 다음과 같은 식이 성립한다.

$P=\frac{1}{3}Q+\frac{50}{3}$

$\rightarrow -\frac{1}{2}Q+50=\frac{1}{3}Q+\frac{50}{3}$

$\rightarrow \frac{5}{6}Q=\frac{100}{3}$

$\therefore Q=40$

따라서 조세부과 후 생산량이 40이므로, 수요곡선에 대입하면 조세부과 후의 균형가격 $P=30$이다.

이와 같이 조세가 부과되면 균형가격은 상승(24 → 30)하고, 균형생산량은 감소(52 → 40)함을 알 수 있으며, 소비자가 실제로 지불하는 가격이 6원 상승하고 있으므로 10의 물품세 중 소비자 부담은 6원, 공급자 부담은 4원임을 알 수 있다.

이때 공급자가 부담하는 총 조세부담액은 (거래량)×(단위당 조세액)$=40\times4=160$이 된다.

09

정답 ②

소득증가비율보다 X재 구입량의 증가율이 더 작으므로 X재는 필수재이다.

10

정답 ②

채권가격 변화에 의한 구축효과의 경로

정부의 국공채 발행 → 채권의 공급 증가 → 채권가격 하락 → 이자율 상승(채권가격과 이자율과는 음의 관계) → 투자 감소

11

정답 ④

오답분석

① $(10\text{분위분배율}) = \dfrac{(\text{최하위 }40\%\text{ 소득계층의 소득})}{(\text{최상위 }20\%\text{ 소득계층의 소득})} = \dfrac{12\%}{(100-52)\%} = \dfrac{1}{4}$

② 지니계수는 면적 A를 삼각형 OCP 면적(A+B)으로 나눈 값이다. 즉, $\dfrac{(\text{A 면적})}{(\triangle\text{OCP 면적})} = \dfrac{A}{A+B}$의 값이 지니계수이다.

③ 중산층 붕괴 시 A의 면적은 증가하고, B의 면적은 감소한다.

⑤ 미국의 서브프라임모기지 사태는 로렌츠곡선을 대각선에서 멀리 이동시킨다.

12

정답 ⑤

경기부양을 위해 확장적 재정정책을 과도하게 실행하면 국가의 부채가 증가하여 극심한 재정적자로 정부의 신인도가 하락할 우려가 있으며, 재정적자는 빚을 미래 세대에게 물려주는 결과를 가져온다. 또한 확장적 재정정책은 물가를 상승시키고 통화가치를 하락시키며, 정부의 국채 대량 발행은 이자율 상승을 가져온다.

13

정답 ④

독점시장의 시장가격은 완전경쟁시장의 가격보다 높게 형성되므로 소비자잉여는 줄어든다.

14

정답 ⑤

IS-LM 모형은 이자율과 국민소득과의 관계를 분석하는 경제모형이다. 이 모형은 물가가 고정되어 있다는 한계점을 가지고 있긴 하나, 여전히 유용한 경제모형으로 활용되고 있다. IS곡선은 생산물시장의 균형을 달성하는 이자율과 국민소득을 나타내며, LM곡선은 화폐시장의 균형을 달성하는 이자율과 국민소득을 나타낸다. IS-LM에서 균형은 $Y=25$, $r=2.5$이지만, 현재 $Y=30$, $r=2.5$이므로, 현재 상태가 IS곡선 상방에 있어 상품시장에서 초과공급, LM곡선 하방에 있어 화폐시장에서 초과수요이다.

15

정답 ②

시장구조가 완전경쟁이라고 하더라도 불완전경쟁, 외부성, 공공재 등 시장실패 요인이 존재한다면 파레토 최적의 자원배분이 이루어지지 않는다.

16

정답 ①

중첩임금계약은 명목임금이 경직적인 이유를 설명한다. 케인스 학파는 화폐에 대한 착각현상으로 임금 경직성이 나타난다고 설명하며, 새 케인스 학파는 노동자가 합리적인 기대를 가지나 현실적으로는 메뉴비용 등의 존재로 임금 경직성이 발생한다고 설명한다.

17

정답 ④

벤담, 제임스 밀, 존 스튜어트 밀 등이 대표적인 학자인 공리주의는 최대 다수의 최대 행복을 목적으로 한다. 공리주의에 따르면 구성원들의 소득 합이 가장 많아서 효용이 가장 큰 대안을 선택해야 한다. 따라서 A안(13억 원), B안(8억 원), C안(12억 원)이므로 A안을 선택한다.

반면 롤스는 최소 수혜자의 최대 행복을 목적으로 하기 때문에 전체 효용이 아니라 최소 수혜자가 얼마만큼 효용을 얻는지 살펴야 한다. A안은 구성원 2가 0억 원을, B안은 구성원 3이 1억 원을, C안은 구성원 1이 3억 원의 효용을 얻으므로 최소 수혜자가 가장 많은 행복을 얻을 수 있는 C안이 가장 바람직한 선택이다.

결론적으로 공리주의에 따르면 A안, 롤스에 따르면 C안을 선택하는 것이 바람직하다.

18

정답 ⑤

희생비율이란 인플레이션율을 1% 낮추기 위해 감수해야 하는 GDP 감소율을 말한다. 필립스곡선의 기울기가 매우 가파르다면 인플레이션율을 낮추더라도 실업률은 별로 상승하지 않으므로 GDP 감소율이 작아진다. 극단적으로 필립스곡선이 수직선이라면 인플레이션율을 낮추더라도 실업률은 전혀 상승하지 않으므로 GDP 감소율은 0이 되어 희생비율도 0이 된다. 그러므로 필립스곡선의 기울기가 가파를수록 희생비율은 작아진다.

오쿤의 법칙(Okun's law)
- 미국의 경제학자 오쿤이 발견한 현상으로, 실업률과 GDP의 관계를 나타낸다.
- 경기회복기에는 고용의 증가속도보다 국민총생산의 증가속도가 더 크고, 불황기에는 고용의 감소속도보다 국민총생산의 감소속도가 더 큰 법칙을 말한다.

19

정답 ②

갑, 을 모두가 전략 A를 선택하는 경우와 모두가 전략 B를 선택하는 경우에 각각 내쉬균형이 성립하므로 내쉬균형은 2개가 존재한다.

오답분석

① 우월전략균형은 각 참가자의 우월전략이 만나는 균형을 의미하고, 우월전략은 상대방의 전략과 관계없이 자신의 보수를 가장 크게 하는 전략이다. 갑이 전략 A를 선택하면 을은 전략 A를 선택하는 것이 유리하고, 갑이 전략 B를 선택하면 을도 전략 B를 선택하는 것이 유리하므로 을의 입장에서 우월전략은 존재하지 않는다. 갑의 입장에서도 마찬가지다.
③ 제시된 게임에서 내쉬균형은 두 참가자가 같은 전략을 선택하는 경우에 달성된다.
④ 내쉬균형은 각 참가자의 내쉬전략이 만나는 균형을 의미한다. 내쉬전략은 상대방의 전략이 제시된 상태에서 자신의 보수를 가장 크게 하는 전략으로, 내쉬균형이 달성되면 각 참가자는 더 이상 전략을 바꿀 필요가 없다.
⑤ 내쉬균형의 달성은 보수를 같은 비율로 줄이거나 늘리는 것과는 관계가 없다.

20

정답 ①

소규모 경제에서 자본이동과 무역이 완전히 자유롭고 변동환율제도를 채택한다면 확대재정정책이 실시되더라도 소득은 불변이고, 이자율의 상승으로 S국 통화는 강세가 된다.

21

정답 ④

이자율 평가설에서는 $i = i^* + \frac{f-e}{e}$가 성립한다(단, i는 자국이자율, i^*는 외국이자율, f는 연간 선물환율, e는 현물환율이다).

문제에서 주어진 바에 따르면 $i=0.05$, $i^*=0.025$, $e=1,200$이므로 이들을 식에 대입하면 $f=1,230$이 도출된다.

PART 2

22

정답 ③

오답분석

ㄹ. 비용극소화를 통해 도출된 비용함수를 이윤함수에 넣어서 다시 이윤극대화 과정을 거쳐야 하므로 필요조건이기는 하나 충분조건은 아니다.

23

정답 ⑤

쿠르노 모형에서 각 기업은 완전경쟁시장 생산량의 $\frac{1}{3}$을 생산하기 때문에 두 기업의 생산량은 $\frac{2}{3}$이다. 완전경쟁시장에서는 $P=MC$이기 때문에 $P=0$, 생산량은 $Q=10$이다. 따라서 쿠르노 모형 생산량은 $Q=\frac{20}{3}$이고, 가격은 $P=\frac{10}{3}$이다.

24

정답 ⑤

한국은행은 고용증진 목표 달성이 아닌 통화정책 운영체제로서 물가안정목표제를 운영하고 있다.

25

정답 ③

$\Pi_t=0.04$, $\Pi_{t-1}=0.08$을 $\Pi_t-\Pi_{t-1}=-0.8(U_t-0.05)$에 대입하면 $U_t=10\%$가 도출된다. 현재 실업률이 5%이기 때문에 실업률 증가분은 5%p이고 세 번째 가정에 따르면 GDP는 10% 감소한다. 인플레이션율을 4%p 낮출 경우 GDP 변화율(%)이 10%이므로, 인플레이션율을 1%p 낮출 경우 감소되는 GDP 변화율(%)인 희생률은 2.5로 도출된다.

26

정답 ④

생산가능곡선(Production Possibility Curve)이란 두 재화 생산의 등량곡선이 접하는 무수히 많은 점들을 연결한 계약곡선을 재화공간으로 옮겨놓은 것이다. 생산가능곡선상의 모든 점들에서 생산은 파레토 효율적으로 이루어진다. 즉, 경제 내의 모든 생산요소를 가장 효율적으로 투입했을 때 최대로 생산가능한 재화의 조합을 나타내는 곡선을 생산가능곡선(PPC)이라고 한다. 일반적으로 생산가능곡선은 우하향하고 원점에 대해 오목한 형태인데, 그 이유는 X재 생산의 기회비용이 체증하기 때문이다.

27

정답 ④

먼저 정부지출을 1만큼 증가시킬 때 국민소득(Y)이 얼마만큼 증가하는지를 도출해야 한다. $Y=C+I+G+X-M$에서 각 수치들을 대입하면 $Y=0.5Y+10+0.4Y+10+G+X-0.1Y-20 \rightarrow 0.2Y=G+X$이다. 따라서 G값을 1만큼 증가시키면 Y값은 5만큼 커지게 된다. 다음으로 커진 국민소득에 대응해서 소비가 얼마만큼 증가하는지를 도출하면 된다. $C=0.5Y+10$에서 Y가 5만큼 상승할 때 $C=2.5$가 상승한다. 따라서 정부지출을 1만큼 증가시키면 소비는 2.5가 상승한다.

28

정답 ④

제시문은 스태그플레이션(Stagflation)에 대한 설명이다. 이는 경제활동이 침체되고 있음에도 불구하고 지속적으로 물가가 상승하는 상태의 저성장·고물가 상태를 의미한다.

오답분석

① 슬럼프플레이션(Slumpflation) : 슬럼프(불황)와 인플레이션의 합성어로, 높은 실업률로 대표되는 불황에서의 인플레이션이라는 뜻하며, 스태그플레이션보다 심한 경기침체 상태를 말한다.
② 스크루플레이션(Screwflation) : 쥐어짜기를 의미하는 스크루와 인플레이션의 합성어로, 물가 상승과 실질임금 감소 등으로 중산층의 가처분 소득이 줄어드는 현상을 말한다.
③ 스테그데이션(Stagdation) : 경기침체 상황에서 물가가 급락하는 현상이다.
⑤ 에코플레이션(Ecoflation) : 환경과 인플레이션의 합성어로, 환경 기준 강화나 기후변화로 인해 기업의 제조원가가 상승하여 결과적으로 소비재의 가격이 인상되는 것을 말한다.

PART 2

29

정답 ④

총수요의 변동으로 경기변동이 발생하면 경기와 물가는 같은 방향으로 움직이므로 경기 순응적이 된다.

30

정답 ①

수요란 일정기간 주어진 가격으로 소비자들이 구입하고자 의도하는 재화와 서비스의 총량을 의미한다. 수요는 관련재화(대체재, 보완재)의 가격, 소비자의 소득수준, 소비자의 선호 등의 요인에 따라 변화하며, 수요의 변화는 수요곡선 자체를 좌우로 이동시킨다. 그림에서는 수요곡선이 오른쪽으로 이동하고 있으므로 복숭아 수요를 증가시키는 요인이 아닌 것을 고르는 문제이다. 복숭아 가격이 하락하면 복숭아의 수요가 증가하게 되는데, 이는 '수요량의 변화'로서 수요곡선상에서 움직이게 된다.

31

정답 ④

덕선이가 실망노동자가 되면서 실업자에서 비경제활동인구로 바뀌게 되었다.
실업률은 경제활동인구에 대한 실업자의 비율이므로 분자인 실업자보다 분모인 경제활동인구가 큰 상황에서 실업자와 경제활동인구가 동일하게 줄어든다면 실업률은 하락하게 된다.
고용률은 생산가능인구에 대한 취업자의 비율이므로 덕선이가 실망노동자가 되어도 분자인 취업자와 분모인 생산가능인구는 아무런 변화가 없다. 따라서 고용률은 변하지 않는다.

32

정답 ②

과거에는 국민총생산(GNP)이 소득지표로 사용되었으나, 수출품과 수입품의 가격변화에 따른 실질소득의 변화를 제대로 반영하지 못했기 때문에 현재는 국민총소득(GNI)을 소득지표로 사용한다.
명목 GNP는 명목 GDP에 국외순수취요소소득을 더하여 계산하는데, 명목 GDP는 당해연도 생산량에 당해연도의 가격을 곱하여 계산하므로 수출품과 수입품의 가격변화에 따른 실질소득 변화가 모두 반영된다. 즉, 명목으로 GDP를 집계하면 교역조건변화에 따른 실질무역손익이 0이 된다. 다시 말해 명목 GNP는 명목 GNI와 동일하다.

33

정답 ②

오답분석

가. A재에 대한 수요가 증가하면 A재의 생산량이 증가하므로 A재에 특화된 노동에 대한 수요가 증가한다. 그러나 노동공급곡선이 수직선이므로 노동수요가 증가하더라도 고용량은 변하지 않고 임금만 상승하게 된다.
다. 노동공급이 증가하면 임금이 하락하므로 A재의 생산비용이 낮아진다. 이로 인해 A재 시장에서 공급곡선이 오른쪽으로 이동하므로 A재의 가격은 하락하고 거래량은 증가한다.
마. 노동공급이 감소하면 임금이 상승하므로 A재 생산비용이 상승하여 A재의 공급곡선이 왼쪽으로 이동한다.

34

정답 ②

케인스학파는 비용보다는 수익 측면에 초점을 맞추어 기업가들이 수익성 여부에 대한 기대에 입각해서 투자를 한다고 보고, 고전학파와는 달리 투자의 이자율 탄력성이 낮다고 보고 있다.

35

정답 ④

오답분석

① 선형 무차별곡선 : 완전대체재의 무차별곡선으로, 우하향하는 직선의 모습을 나타낸다.
② 준 선형 무차별곡선 : 콥-더글러스형과 모양은 비슷하나, 효용함수를 $U=X+\ln Y$ 또는 $U=\ln X+Y$로 표시한다.
③ 레온티에프형 무차별곡선 : 완전보완재의 무차별곡선으로, L자형 모습을 나타낸다.
⑤ X재가 비재화인 무차별곡선 : 좌상향의 모습을 나타낸다.

36

정답 ②

오답분석

가. 완전경쟁기업이 단기에 초과이윤을 획득하고 있으면, 장기에는 다른 경쟁기업들이 진입하게 되므로 장기에는 모든 완전경쟁기업이 정상이윤만을 획득한다.
라. 초과이윤 상태에서는 한계비용이 평균비용보다 크다. 한계비용과 총평균비용이 일치하는 평균비용의 최소점을 손익분기점이라고 한다.
마. 완전경쟁시장의 이윤극대화 조건에 따라 시장가격과 한계비용은 일치한다.

37

정답 ③

i) 자연실업률 조건

$sE=fU$(U : 실업자의 수, E : 취업자의 수, s : 취업자 중에 이번 기에 실직하는 비율, f : 실업자 중에 이번 기에 취업하는 비율)

→ (자연실업률)$=\dfrac{U}{E+U}=\dfrac{s}{s+f}$

ii) s(취업자 중에 이번 기에 실직하는 비율)$=1-P_{11}$

f(실업자 중에 이번 기에 취업하는 비율)$=P_{21}$

이를 식에 대입하면 $\dfrac{1-P_{11}}{1-P_{11}+P_{21}}$이다. 따라서 주어진 노동시장에서의 균형실업률은 ③이다.

38

정답 ②

오답분석

나. 저축률이 높은 나라일수록 1인당 소득은 높은 경향이 있다.
라. 칼도우의 정형화된 사실에 따르면 개발도상국과 선진국 간의 1인당 소득격차는 확대된다.

39

정답 ②

우월전략은 상대방의 전략에 관계없이 항상 자신의 보수가 가장 크게 되는 전략을 말한다.

40

정답 ②

항상소득가설에 의하면 항상소득의 증가는 소비의 증가에 크게 영향을 미치지만, 임시소득의 증가는 소비에 거의 영향을 미치지 않는다. 따라서 항상소득의 한계소비성향은 일시소득의 한계소비성향보다 크다.

41

정답 ⑤

수요의 가격 탄력성이란 어떤 재화의 가격이 변할 때 그 재화의 수요량이 얼마나 변하는지를 나타내는 지표이다. 수요의 가격 탄력성은 수요량의 변화율을 가격의 변화율로 나누고 음의 부호(−)를 부가하여 구할 수 있으며, 이 값이 1보다 큰 경우를 '탄력적'이라고 하고 이는 가격 변화에 수요량이 민감하게 변한다는 것을 의미한다. 이 문제에서 가격 변화율은 10%, 제품 판매량은 5% 감소하였으므로 수요의 가격 탄력성은 $\frac{5\%}{10\%}=0.5$이다.

42

정답 ⑤

생산에 투입된 가변요소인 노동의 양이 증가할수록 총생산이 체증적으로 증가하다가 일정 단위를 넘어서면 체감적으로 증가하기 때문에 평균생산과 한계생산은 증가하다가 감소한다. 한계생산물곡선은 평균생산물곡선의 극대점을 통과하므로 한계생산물과 평균생산물이 같은 점에서는 평균생산물이 극대가 된다. 한편, 한계생산물이 0일 때 총생산물이 극대가 된다.

43

정답 ④

산업 내 무역(Intra-industry Trade)은 동일한 산업 내에서 재화의 수출입이 이루어지는 것을 말한다. 산업 내 무역은 시장구조가 독점적 경쟁이거나 규모의 경제가 발생하는 경우에 주로 발생하며, 부존자원의 차이와는 관련이 없다. 산업 내 무역은 주로 경제발전의 정도 혹은 경제 여건이 비슷한 나라들 사이에서 이루어지므로 유럽연합 국가들 사이의 활발한 무역을 설명할 수 있다.

44

정답 ①

우상향하는 총공급곡선이 왼쪽으로 이동하는 경우는 부정적인 공급충격이 발생하는 경우이다. 따라서 임금이 상승하는 경우 기업의 입장에서는 부정적인 공급충격이므로 총공급곡선이 왼쪽으로 이동하게 된다.

오답분석

②·③·④ 총수요곡선을 오른쪽으로 이동시키는 요인이다.
⑤ 총공급곡선을 오른쪽으로 이동시키는 요인에 해당한다.

45

정답 ②

코즈의 정리란 재산권(소유권)이 명확하게 확립되어 있고, 거래비용 없이도 자유롭게 매매할 수 있다면 권리가 어느 경제 주체에 귀속되는가와 상관없이 당사자 간의 자발적 협상에 의한 효율적인 자원배분이 가능해진다는 이론이다. 그러나 현실적으로는 거래비용의 존재, 외부성 측정 어려움, 이해당사자의 모호성, 정보의 비대칭성, 협상능력의 차이 등의 요인 때문에 코즈의 정리로 문제를 해결하는 데는 한계가 있다.

46

정답 ④

국제수지(Balance of Payment)란 일정 기간 자국과 외국 사이에 일어난 모든 경제적 거래를 체계적으로 정리한 통계로 크게 경상수지, 자본수지, 금융계정으로 나뉜다. 한 나라 안의 생산은 한 나라 경제주체들의 소득 및 지출과 항상 일치한다. 또한, 이는 국민소득과 사후적으로 항상 같게 된다. 이를 식으로 나타내면 Y(국민소득)$=C$(소비)$+I$(투자)$+G$(정부지출)$+NX$(순수출)$=C$(소비)$+S$(민간 저축)$+T$(세금)이다. 식의 공통된 것을 빼고 좌변에 투자지출을 놓고 정리하면 $I=S+(T-G)+NX$이다. 즉, 국내투자는 국내저축+국외저축(순수출)으로 국내저축이 국내투자보다 크면 순수출은 항상 0보다 크다.

47

정답 ④

오답분석

가. 여가, 자원봉사 등의 활동은 생산활동이 아니므로 GDP에 포함되지 않는다.
다. GDP는 마약밀수 등의 지하경제를 반영하지 못하는 한계점이 있다.

48

정답 ④

사회후생의 극대화는 자원배분의 파레토 효율성이 달성되는 효용가능경계와 사회무차별곡선이 접하는 점에서 이루어진다. 그러므로 파레토 효율적인 자원배분하에서 항상 사회후생이 극대화되는 것은 아니며, 사회후생 극대화는 무수히 많은 파레토 효율적인 점들 중의 한 점에서 달성된다.

49

정답 ④

오답분석

라. 케인스는 절대소득가설을 이용하여 승수효과를 설명하였다.

50

정답 ④

IS곡선이란 생산물시장의 균형이 이루어지는 이자율(r)과 국민소득(Y)의 조합을 나타내는 직선을 말하며, 관계식은 다음과 같다.

$$r=\frac{-1-c(1-t)+m}{b}\,Y+\frac{1}{b}(C_0-cT_0+I_0+G_0+X_0-M_0)$$

즉, IS곡선의 기울기는 투자의 이자율탄력성(b)이 클수록, 한계소비성향(c)이 클수록, 한계저축성향(s)이 작을수록, 세율(t)이 낮을수록, 한계수입성향(m)이 작을수록 완만해진다. 한편, 소비, 투자, 정부지출, 수출이 증가할 때 IS곡선은 오른쪽으로, 조세, 수입, 저축이 증가할 때 왼쪽으로 수평이동한다. 외국의 한계수입성향이 커지는 경우에는 자국의 수출이 증가하므로 IS곡선은 오른쪽으로 이동한다.

CHAPTER

03

법

적중예상문제

01	02	03	04	05	06	07	08	09	10	11	12	13	14	15	16	17	18	19	20
②	③	②	⑤	④	③	①	④	③	②	③	③	③	①	④	③	②	③	④	⑤
21	22	23	24	25	26	27	28	29	30	31	32	33	34	35	36	37	38	39	40
④	⑤	①	④	③	②	②	①	③	⑤	④	③	⑤	③	①	⑤	②	①	③	②
41	42	43	44	45	46	47	48	49	50										
④	③	②	②	①	①	⑤	④	③	③										

PART 2

01

정답 ②

근대민법은 형식적 평등을 추구하며 사적자치의 원칙에 소유권 절대의 원칙(㉠), 계약 자유의 원칙(㉢), 과실 책임의 원칙(㉣)에 충실했다. 그러나 현대민법은 공공의 복리를 강조하며 이를 실천하기 위한 수단으로 신의성실의 원칙, 계약 공정의 원칙, 권리 남용 금지의 원칙, 무과실 책임의 원칙 등을 강조한다.

02

정답 ③

사회법에서 사회란 의미는 약자보호를 의미하며, 산업재해보상보험법이 사회법에 해당한다.
• 공법 : 헌법, 행정법, 형법, 형사소송법, 민사소송법, 행정소송법, 국제법 등
• 사법 : 민법, 상법, 회사법, 어음법, 수표법 등
• 사회법 : 근로기준법, 연금법, 보험법, 사회보장법, 산업재해보상보험법 등

03

정답 ②

의결권(상법 제369조 제2항)
회사가 가진 자기주식은 의결권이 없다.

오답분석
① 상법 제289조 제1항 제7호
③ 상법 제293조
④ 상법 제312조
⑤ 상법 제292조

04

정답 ⑤

가정법원은 질병, 장애, 노령, 그 밖의 사유로 인한 정신적 제약으로 사무를 처리할 능력이 지속적으로 결여된 사람에 대하여 본인, 배우자, 4촌 이내의 친족, 미성년후견인, 미성년후견감독인, 한정후견인, 한정후견감독인, 특정후견인, 특정후견감독인, 검사 또는 지방자치단체의 장의 청구에 의하여 성년후견개시의 심판을 한다(민법 제9조 제1항). 사무를 처리할 능력이 부족한 사람의 경우에는 한정후견개시의 심판을 한다(민법 제12조 제1항 참고).

05

정답 ④

임시이사의 선임(민법 제63조)

이사가 없거나 결원이 있는 경우에 이로 인하여 손해가 생길 염려 있는 때에는 법원은 이해관계인이나 검사의 청구에 의하여 임시이사를 선임하여야 한다.

06

정답 ③

마그나 카르타(1215년) → 영국의 권리장전(1689년) → 미국의 독립선언(1776년) → 프랑스의 인권선언(1789년)

07

정답 ①

사무관리는 준법률행위인 혼합사실행위이다. 전형계약이란 민법상 규정되어 있는 15종의 계약을 말한다. 증여・매매・교환・소비대차・사용대차・임대차・고용・도급・여행계약・현상광고・위임・임치・조합・종신정기금・화해계약이 전형계약이다. 여행계약은 비전형계약에 속하였으나 민법이 개정되면서 새로이 전형계약이 되었다.

08

정답 ④

보험계약의 의의(상법 제638조)

보험계약은 당사자 일방(보험계약자)이 약정한 보험료를 지급하고 재산 또는 생명이나 신체에 불확정한 사고가 발생할 경우에 상대방(보험자)이 일정한 보험금이나 그 밖의 급여를 지급할 것을 약정함으로써 효력이 생긴다.

09

정답 ③

상법 제4편 제2장의 손해보험에는 책임보험(ㄱ), 화재보험(ㄴ), 운송보험, 해상보험(ㄷ), 자동차보험, 보증보험이 있다. 재보험(ㅂ)은 책임보험의 규정을 준용(상법 제726조)하므로 손해보험에 포함시킨다.

오답분석

생명보험(ㄹ), 상해보험(ㅁ)은 인보험에 해당한다.

10

정답 ②

오답분석

① 사원총회는 사단법인의 필수기관이다.
③ 총회는 통지한 사항에 관하여서만 결의할 수 있다. 그러나 정관에 다른 규정이 있는 때에는 그 규정에 의한다(민법 제72조).
④ 총회의 소집은 1주간 전에 그 회의의 목적사항을 기재한 통지를 발하고 기타 정관에 정한 방법에 의하여야 한다(민법 제71조).
⑤ 총사원의 5분의 1 이상으로부터 회의의 목적사항을 제시하여 청구한 때에는 이사는 임시총회를 소집하여야 한다. 이 정수는 정관으로 증감할 수 있다(민법 제70조 제2항).

11

정답 ③

오답분석

① 채무이행의 불확정한 기한이 있는 경우에는 채무자는 기한이 도래함을 안 때로부터 지체책임이 있다(민법 제387조 제1항).
② 이 사건 부동산에 대한 매매대금 채권이 비록 소유권이전등기청구권과 동시이행의 관계에 있다 할지라도 매도인은 매매대금의 지급기일 이후 언제라도 그 대금의 지급을 청구할 수 있는 것이며, 다만 매수인은 매도인으로부터 그 이전등기에 대한 이행의 제공을 받기까지 그 지급을 거절할 수 있는 데 지나지 아니하므로 매매대금청구권은 그 지급기일 이후 시효의 진행에 걸린다고 할 것이다(대판 1991.3.22, 90다9797).
④ 선택채권의 소멸시효는 그 선택권을 행사할 수 있는 때로부터 진행한다.
⑤ 부작위를 목적으로 하는 채권은 위반행위를 한 때부터 소멸시효가 진행한다.

12

정답 ③

생명침해로 인한 위자료(민법 제752조)

타인의 생명을 해한 자는 피해자의 직계존속, 직계비속 및 배우자에 대하여는 재산상의 손해가 없는 경우에도 손해배상의 책임이 있다.

오답분석

① 민법 제760조 제1항
② 민법 제754조
④ 민법 제751조 제1항
⑤ 민법 제753조

13

정답 ③

상사에 대한 일반적인 법 적용순위를 나열하면 상사자치법(ㅅ) – 상사특별법(ㄴ) – 상법전(ㄹ) – 상관습법(ㄱ) – 민사자치법(ㅂ) – 민사조약(ㄷ) – 민법전(ㅁ) 순으로 볼 수 있다.

PART 2

14

정답 ①

헌법의 폐지는 기존의 헌법(전)은 배제하지만 헌법제정권력의 주체는 경질되지 않으면서 헌법의 근본규범성을 인정하고 헌법의 전부를 배제하는 경우이다.

15

정답 ④

오답분석

㉠ 보조적 상행위는 상인이 영업을 위하여 보조적으로 하는 행위이다. 자기명의로 영업성 있는 거래를 하여도 '오로지 임금을 받을 목적으로 물건을 제조하거나 노무에 종사하는 자의 행위'는 상행위가 아니며, 소상인도 아니다.

16

정답 ③

회사의 법인격은 법률이 부여한 것으로, 그의 권리능력은 법률에 의하여 제한을 받는다. 즉, '회사는 다른 회사의 무한책임사원이 되지 못한다(상법 제173조).'는 규정을 두어 정책적 제한을 하고 있다.

17

정답 ②

루소는 개인의 이익이 국가적 이익보다 우선하며, 법의 목적은 개인의 자유와 평등의 확보 및 발전이라고 보았다.

18

정답 ③

오답분석

① 청약의 상대방은 특정인과 불특정인 모두 유효하다. 반면 승낙은 청약과 달리 반드시 특정인(청약자)에 대하여 해야 한다.
② 승낙자가 청약에 대하여 조건을 붙이거나 변경을 가하여 승낙한 때에는 그 청약의 거절과 동시에 새로 청약한 것으로 본다(민법 제534조).
④ 당사자 간에 동일한 내용의 청약이 상호교차된 경우에는 양 청약이 상대방에게 도달한 때에 계약이 성립한다(민법 제533조).
⑤ 승낙의 기간을 정한 계약의 청약은 청약자가 그 기간 내에 승낙의 통지를 받지 못한 때에는 그 효력을 잃는다(민법 제528조 제1항).

19

정답 ④

임대인의 보존행위, 인용의무(민법 제624조)

임대인이 임대물의 보존에 필요한 행위를 하는 때에는 임차인은 이를 거절하지 못한다.

20

정답 ⑤

무권대리행위에 대한 추인은 무권대리행위로 인한 효과를 자기에게 귀속시키려는 의사표시이니 만큼 무권대리행위에 대한 추인이 있었다고 하려면 그러한 의사가 표시되었다고 볼 만한 사유가 있어야 하고, 무권대리행위가 범죄가 되는 경우에 대하여 그 사실을 알고도 장기간 형사고소를 하지 아니하였다 하더라도 그 사실만으로 묵시적인 추인이 있었다고 할 수는 없는 바, 권한 없이 기명날인을 대행하는 방식에 의하여 약속어음을 위조한 경우에 피위조자가 이를 묵시적으로 추인하였다고 인정하려면 추인의 의사가 표시되었다고 볼 만한 사유가 있어야 한다(대판 1998.2.10, 97다31113).

21

정답 ④

주채무자의 부탁으로 보증인이 된 자가 과실없이 변제 기타의 출재로 주채무를 소멸하게 한 때에는 주채무자에 대하여 구상권이 있다(민법 제441조 제1항). 제425조 제2항의 규정은 전항의 경우에 준용한다(동조 제2항). 전항의 구상권은 면책된 날 이후의 법정이자 및 피할 수 없는 비용 기타 손해배상을 포함한다(동법 제425조 제2항).

22

정답 ⑤

추인의 효력(민법 제133조)

추인은 다른 의사표시가 없는 때에는 계약 시에 소급하여 그 효력이 생긴다.

오답분석

① 민법 제116조 제1항
② 민법 제134조
③ 민법 제123조 제1항
④ 민법 제117조

23

정답 ①

한정후견개시의 심판(민법 제12조 제1항)

가정법원은 질병, 장애, 노령, 그 밖의 사유로 인한 정신적 제약으로 사무를 처리할 능력이 부족한 사람에 대하여 본인, 배우자, 4촌 이내의 친족, 미성년후견인, 미성년후견감독인, 성년후견인, 성년후견감독인, 특정후견인, 특정후견감독인, 검사 또는 지방자치단체의 장의 청구에 의하여 한정후견개시의 심판을 한다.

오답분석

② 민법 제9조 제2항
③ 민법 제10조 제2항
④ 민법 제10조 제4항
⑤ 민법 제11조

24

정답 ④

사실인 관습은 그 존재를 당사자가 주장·입증하여야 하나, 관습법은 당사자의 주장·입증을 기다림이 없이 법원이 직권으로 이를 판단할 수 있다(대판 1983.6.14, 80다3231).

25

정답 ③

청산인은 주식회사 정관의 기재사항이 아니고, 법원에 대한 신고사항이다(상법 제532조 참고).

주식회사 설립 시 정관의 절대적 기재사항(상법 제289조 제1항)
발기인은 정관을 작성하여 다음의 사항을 적고 각 발기인이 기명날인 또는 서명하여야 한다.
1. 목적
2. 상호
3. 회사가 발행할 주식의 총수
4. 액면주식을 발행하는 경우 1주의 금액
5. 회사의 설립 시에 발행하는 주식의 총수
6. 본점의 소재지
7. 회사가 공고를 하는 방법
8. 발기인의 성명·주민등록번호 및 주소

PART 2

26

정답 ②

합명회사는 2인 이상의 무한책임사원으로 조직된 회사이다(상법 제178조). 무한책임사원이라 함은 회사에 대하여 출자의무와 회사채무에 대한 직접·연대·무한의 책임을 부담하는 사원을 말한다.

오답분석

① 상법 제268조 합자회사
③ 상법 제553조 유한회사
④ 상법 제331조 주식회사
⑤ 상법 제287조의11 유한책임회사

27

정답 ②

설립무효, 취소의 소(상법 제184조 제1항)
회사의 설립의 무효는 그 사원에 한하여, 설립의 취소는 그 취소권 있는 자에 한하여 회사성립의 날로부터 2년 내에 소만으로 이를 주장할 수 있다.

28

정답 ①

2인 이상의 무한책임사원으로만 조직된 회사는 합명회사를 말한다.

합명회사의 특징

구분	내용
구성	2인 이상의 무한책임사원으로 조직된 회사이다.
책임	무한책임사원이라 함은 회사에 대하여 출자의무와 아울러 회사채무에 대한 직접·연대·무한의 책임을 부담하는 사원을 말한다(회사의 업무를 직접 집행하고 회사를 대표할 권한을 가짐).
성격	인적 신뢰도가 두터운 조직으로, 사원이 소수임이 보통이고 형식적으로는 사단이지만 실질적으로는 조합에 가까운 성격을 띠고 있다(상법에 특별한 규정이 없는 한, 민법상의 조합의 규정 준용).
사원의 출자	금전, 현물, 노무, 신용 어느 것으로도 출자할 수 있고 사원의 수가 1인이 된 때 회사는 해산하나 다른 사원을 가입시켜 회사를 계속할 수 있다.

29

정답 ③

오답분석

① 확정력에는 형식적 확정력(불가쟁력)과 실질적 확정력(불가변력)이 있다.
② 불가쟁력은 행정행위의 상대방 기타 이해관계인이 더 이상 그 효력을 다툴 수 없게 되는 힘을 의미한다.
④ 강제력에는 행정법상 의무위반자에게 처벌을 가할 수 있는 제재력과 행정법상 의무불이행자에게 의무의 이행을 강제할 수 있는 자력집행력이 있다.
⑤ 일정한 행정행위의 경우 그 성질상 행정청 스스로도 직권취소나 변경이 제한되는 경우가 있는데 이를 불가변력이라 한다.

30

정답 ⑤

격지자 간의 계약성립시기(민법 제531조)
격지자 간의 계약은 승낙의 통지를 발송한 때에 성립한다.

오답분석

① 민법 제534조
② 민법 제530조
③ 민법 제529조
④ 민법 제533조

31

정답 ④

채권자취소권(민법 제406조 제1항)
채무자가 채권자를 해함을 알고 재산권을 목적으로 한 법률행위를 한 때에는 채권자는 그 취소 및 원상회복을 법원에 청구할 수 있다. 그러나 그 행위로 인하여 이익을 받은 자나 전득한 자가 그 행위 또는 전득 당시에 채권자를 해함을 알지 못한 경우에는 그러하지 아니하다.

오답분석

①·②·③·⑤ 상계권, 계약해제권, 예약완결권, 보증인의 최고·검색의 항변권의 행사에는 특별한 제한이 없으므로 재판상, 재판 외 모두 가능하다.

32

정답 ③

수임인의 취득물 등의 인도, 이전의무(민법 제684조 제1항)
수임인은 위임사무의 처리로 인하여 받은 금전, 기타의 물건 및 그 수취한 과실을 위임인에게 인도하여야 한다.

오답분석

① 민법 제689조 제2항
② 민법 제690조
④ 민법 제684조 제2항
⑤ 민법 제687조

33

정답 ⑤

중·대선거구제와 비례대표제는 군소정당이 난립하여 정국이 불안정을 가져온다는 단점이 있다. 그에 비해 소선거구제는 양대정당이 육성되어 정국이 안정된다는 장점이 있다.

34

정답 ③

대물대차(민법 제606조)

금전대차의 경우에 차주가 금전에 갈음하여 유가증권 기타 물건의 인도를 받은 때에는 그 인도 시의 가액으로써 차용액으로 한다.

오답분석

① 대주가 목적물을 차주에게 인도하기 전에 당사자 일방이 파산선고를 받은 때에는 소비대차는 그 효력을 잃는다(민법 제599조).
② 소비대차는 당사자 일방이 금전 기타 대체물의 소유권을 상대방에게 이전할 것을 약정하고 상대방은 그와 같은 종류, 품질 및 수량으로 반환할 것을 약정함으로써 그 효력이 생긴다(민법 제598조).
④ 이자 없는 소비대차의 당사자는 목적물의 인도 전에는 언제든지 계약을 해제할 수 있다. 그러나 상대방에게 생긴 손해가 있는 때에는 이를 배상하여야 한다(민법 제601조).
⑤ 차용한 물건 그 차제를 반환하는 것이 아니라 차용한 물건과 동종, 동질, 동량의 물건을 반환한다(민법 제598조 참고).

35

정답 ①

법률행위의 성립요건은 법률행위 존재의 유・무를 결정하고, 효력요건은 기성립된 법률행위의 유효・무효를 결정한다. 요물계약에서 물건의 인도는 요물계약이라는 법률행위를 존재하게 하는 성립요건에 해당한다. 물건의 인도가 이뤄지지 않으면 요물계약 자체가 성사되지 않는다. 반면, 대리행위에서 대리권의 존재, 당사자의 의사능력과 행위능력, 조건부 법률행위에서 조건의 성취, 토지거래허가구역 내의 토지거래계약에 대한 관할관청의 허가는 법률행위가 유효한지 무효한지를 결정하는 효력요건에 해당한다.

36

정답 ⑤

임차인의 상환청구권(민법 제626조 제2항)

임차인이 유치물에 대하여 유익비를 지출한 때에는 그 가액의 증가가 현존한 경우에 한하여 상환을 청구할 수 있다.

오답분석

① 유치권 성립에 대한 민법의 규정은 임의규정이므로 당사자 간에 유치권의 발생을 배제하는 특약도 유효하다.
② 피담보채권이 변제기에 있어야만 유치권이 성립한다(민법 제320조 제1항).
③ 유치권의 목적물은 동산, 유가증권, 부동산 등이다.
④ 전항의 규정은 그 점유가 불법행위로 인한 경우에 적용하지 아니한다(민법 제320조 제2항).

37

정답 ②

오답분석

① 중개업자(중개인) : 타인 간의 상행위의 중개를 영업으로 하는 자(상법 제93조)
③ 대리상 : 일정한 상인을 위하여 상업사용인이 아니면서 상시 그 영업부류에 속하는 거래의 대리 또는 중개를 영업으로 하는 자(상법 제87조)
④ 운송주선인 : 자기의 명의로 물건운송의 주선을 영업으로 하는 자(상법 제114조)
⑤ 운송인 : 육상 또는 호천, 항만에서 물건 또는 여객의 운송을 영업으로 하는 자(상법 제125조)

38

정답 ①

정관에 특별한 규정이 없는 경우에는 업무집행에 대한 의결기관인 이사회에서 신주발행사항을 결정한다(상법 제416조 참고).

39

정답 ③

우리나라는 법원조직법에서 판례의 법원성에 대해 규정하고 있다.

우리나라 불문법의 법원성

판례법	법원의 판결은 본래 어떤 구체적인 사건의 해결방법으로서의 의미만을 가질 뿐이나, 실제로는 사실상 뒤의 재판을 강력하게 기속하는 구속력이 있으므로, 같은 내용의 사건에 대해서는 같은 내용의 판결이 내려지게 된다. 판례법이란 이와 같이 거듭되는 법원의 판결을 법으로 보는 경우에 있게 된다. 영미법계의 국가에서는 이러한 판례의 구속력이 인정되나, 대륙법계의 국가에서는 대체로 성문법주의이기 때문에 판례법은 제2차적 법원에 지나지 않는다. 우리나라의 경우에도 성문법 중심의 대륙법계의 법체계를 따르고 있어 판례법의 구속력은 보장되지 않는다. 그러나 법원조직법에서 상급법원의 판단은 해당 사건에서만 하급법원에 기속력을 지닌다고 규정(제8조)하는 한편, 대법원에서 종전의 판례를 변경하려면 대법관 전원의 3분의 2 이상의 합의가 있어야 한다고 엄격한 절차를 규정(제7조 제1항 제3호)하고 있어 하급법원은 상급법원의 판결에 기속된다. 따라서 우리나라의 경우 판례는 사실상의 구속력을 지닌다고 볼 수 있다.
관습법	사회생활상 일정한 사실이 장기간 반복되어 그 생활권의 사람들을 구속할 수 있는 규범으로 발전된 경우 사회나 국가로부터 법적 확신을 획득하여 법적 가치를 가진 불문법으로서 관행의 존재와 그에 대한 법적 확신, 또한 관행이 선량한 풍속이나 사회질서에 반하지 않을 것이며 그러한 관행을 반대하는 법령이 없을 때 혹은 법령의 규정에 의하여 명문으로 인정한 관습일 때에 관습법으로 성립되며 성문법을 보충한다.
조리	법원은 구체적 사건에 적용할 법규가 없는 경우에도 재판을 거부할 수 없으며 조리는 이러한 법의 흠결 시에 재판의 준거가 된다. 또한, 법률행위의 해석의 기준이 되기도 한다. 우리나라 민법 제1조에는 “민사에 관하여 법률에 규정이 없으면 관습법에 의하고 관습법이 없으면 조리에 의한다.”라고 규정하고 있다.

40

정답 ②

행정행위는 행정처분이라고도 하며, 행정의 처분이란 행정청이 행하는 구체적 사실에 대한 법 집행으로서의 공권력 행사 또는 그 거부와 그 밖에 이에 준하는 행정작용이다(행정절차법 제2조 제2호).

41

정답 ④

이자 있는 채권의 이율은 다른 법률의 규정이나 당사자의 약정이 없으면 연 5푼으로 한다(민법 제379조). 상행위로 인한 채무의 법정이율은 연 6푼으로 한다(상법 제54조). 따라서 당사자 간의 채권의 이자율을 약정하지 않았을 경우 민법은 연 5%의 이율을 적용하지만, 상법은 연 6%의 이율을 적용한다.

42

정답 ③

기한의 이익을 가지는 자

- 채권자만이 갖는 경우 : 무상임치의 임치인
- 채무자만이 갖는 경우 : 무이자 소비대차의 차주, 사용대차의 차주
- 채권자, 채무자 쌍방이 갖는 경우 : 이자 있는 정기예금, 이자부 소비대차

43

정답 ②

ㄱ. 관리할 수 있는 전기는 민법 제98조에 따른 물건으로, 부동산 이외의 물건인 동산이다.
ㄷ. 강제통용력을 상실한 화폐나 기념주화는 단순한 물건으로 취급된다. 즉, 동산이다.

오답분석

ㄴ. 지하수는 토지의 구성부분으로, 동산에 해당하지 않는다.
ㄹ. 토지에 정착된 다리는 토지와 일체인 부동산으로 취급된다.

44

정답 ②

채권자취소권은 재판상 권리를 행사하여야만 효과가 발생한다. 이 외에도 혼인취소권, 친생부인권 등이 재판상의 행사로서 효과가 발생하는 권리이다. 해제권, 환매권, 예약완결권, 상계권은 상대방에 대한 의사표시로서 그 효과가 발생한다.

45

정답 ①

부재자의 재산관리인은 법원의 허가 없이는 보존행위와 대리의 목적인 물건이나 권리의 성질을 변하지 아니하는 범위에서 그 이용 또는 개량하는 행위만 할 수 있다(민법 제118조 제2호).

오답분석

②·③·④·⑤ 보존 및 범위 내에서 이용·개량하는 행위이지만, 부재자 채무의 담보를 위한 부재자 소유 부동산에 저당권을 설정해주는 행위는 처분행위로서 법원의 허가를 얻어야만 가능하다.

46

정답 ①

채무인수는 채권행위와 처분행위가 결합된 계약으로서 단독행위가 아니다. 추인, 상계, 채무면제, 계약해제는 상대방에게 도달하여야 효력이 발생하는 단독행위이다.

47

정답 ⑤

오답분석

① 법정대리인 또는 후견인이 하는 추인은 취소의 원인이 소멸되지 않아도 그 효력이 있다(민법 제144조 제2항).
② 당사자가 무효임을 알고 추인한 때에는 새로운 법률행위로 본다(민법 제139조).
③ 법률행위의 일부분이 무효인 때에는 그 전부를 무효로 한다. 그러나 그 무효부분이 없더라도 법률행위를 하였을 것이라고 인정될 때에는 나머지 부분은 무효가 되지 아니한다(민법 제137조).
④ 제한능력자는 선의이든 악의이든 받은 이익이 현존하는 한도에서 상환할 책임이 있다(민법 제141조).

48

정답 ④

유효한 행정행위가 존재하는 이상 모든 국가기관은 그 존재를 존중하고 스스로의 판단에 대한 기초로 삼아야 한다는 것으로 구성요건적 효력을 말한다.

행정행위의 효력

공정력		비록 행정행위에 하자가 있는 경우에도 그 하자가 중대하고 명백하여 당연무효인 경우를 제외하고는, 권한 있는 기관에 의해 취소될 때까지는 일응 적법 또는 유효한 것으로 보아 누구든지(상대방은 물론 제3의 국가기관도) 그 효력을 부인하지 못하는 효력
구속력		행정행위가 그 내용에 따라 관계행정청, 상대방 및 관계인에 대하여 일정한 법적 효과를 발생하는 힘으로, 모든 행정행위에 당연히 인정되는 실체법적 효력
존속력	불가쟁력(형식적)	행정행위에 대한 쟁송제기기간이 경과하거나 쟁송수단을 다 거친 경우에는 상대방 또는 이해관계인은 더 이상 그 행정행위의 효력을 다툴 수 없게 되는 효력
	불가변력(실질적)	일정한 경우 행정행위를 발한 행정청 자신도 행정행위의 하자 등을 이유로 직권으로 취소·변경·철회할 수 없는 제한을 받게 되는 효력

49

정답 ③

오답분석

① 사망보험 : 피보험자의 사망을 보험사고로 한다.
② 생존보험 : 일정한 시기에 있어서의 피보험자의 생존을 보험사고로 한다.
④ 책임보험 : 피보험자가 보험기간 중에 발생한 사고로 인하여 제3자에게 손해배상책임을 지는 경우에 보험자가 손해를 보상해 주는 보험이다.
⑤ 종신보험 : 피보험자가 사망하면 보험금을 100% 지급하는 상품으로, 자살 등의 특별한 사유가 없을 경우 사망 시기·원인 등에 관계없이 보험금을 지급한다.

50

정답 ③

공유자는 다른 공유자의 동의 없이 공유물을 처분하거나 변경하지 못한다(민법 제264조). 공유물의 관리에 대한 사항은 공유자 지분의 과반수로써 결정한다(민법 제265조).

오답분석

① 민법 제262조 제2항
② 민법 제265조
④ 민법 제268조 제1항
⑤ 민법 제267조

PART 3

최종점검 모의고사

제1회 신용보증기금
최종점검 모의고사

01	02	03	04	05	06	07	08	09	10	11	12	13	14	15	16	17	18	19	20
④	⑤	①	⑤	①	④	④	④	④	③	②	②	④	②	③	④	①	②	②	③

01 문서 내용 이해 정답 ④

성과평가제도가 실현되면 능력 중심의 임금체계 구축과 성과평가가 이루어지게 되므로 청년실업 문제와 일자리 미스매칭 문제가 해결될 수 있다. 따라서 성과평가제도가 불합리하다고 한 이대리의 대답은 적절하지 않다.

02 글의 제목 정답 ⑤

제시된 기사는 첫 직장의 수준이 평생을 좌우하는 한국 취업시장의 현실을 꼬집으며 능력 중심의 평가를 장려하고 있다. 따라서 가장 적절한 제목은 ⑤이다.

03 의사 표현 정답 ①

말하기, 듣기, 쓰기, 읽기를 가로와 세로 방향에 따라 그 특성으로 분류한 것이다. 먼저 세로 방향으로 말하기와 쓰기는 생각이나 느낌 등을 표현하는 것이기 때문에 산출이고, 듣기와 읽기는 타인의 생각이나 느낌 등을 받아들이는 것이기 때문에 수용이다. 가로 방향으로 쓰기와 읽기는 의사소통의 방식으로 문자를 사용한다. 이에 따라 말하기와 듣기는 의사소통 방식으로 음성을 사용하므로 ㉠에 들어갈 것은 ①이다.

04 내용 추론 정답 ⑤

주로 보통 활동을 하는 성인 남성의 하루 기초대사량이 1,728kcal라면 하루에 필요로 하는 총칼로리는 1,728×(1+0.4)=2,419.2kcal가 된다. 이때, 지방은 전체 필요 칼로리 중 20% 이하로 섭취해야 하므로 하루 2,419.2×0.2=483.84g 이하로 섭취하는 것이 좋다.

오답분석

① 신장 178cm인 성인 남성의 표준 체중은 $1.78^2 \times 22 \fallingdotseq 69.7$kg이 된다.
② 표준 체중이 73kg인 성인의 기초대사량은 1×73×24=1,752kcal이며, 정적 활동을 하는 경우 활동대사량은 1,752×0.2=350.4kcal이므로 하루에 필요로 하는 총칼로리는 1,752+350.4=2,102.4kcal이다.
③ 표준 체중이 55kg인 성인 여성의 경우 하루 평균 55×1.13=62.15g의 단백질을 섭취해야 한다.
④ 탄수화물의 경우 섭취량이 부족하면 케톤산증을 유발할 수 있으므로 반드시 하루에 최소 100g 정도의 탄수화물을 섭취해야 한다.

05 맞춤법

정답 ①

오답분석

② 다릴 → 달일
③ 으시시 → 으스스
④ 치루고 → 치르고
⑤ 잠궜다 → 잠갔다

06 한자성어

정답 ④

제시문은 부채위기를 해결하려는 유럽 국가들이 당장 눈앞에 닥친 위기만을 극복하기 위해 임시방편으로 대책을 세운다는 내용을 비판하는 글이다. 따라서 가장 관련이 있는 한자성어는 '아랫돌 빼서 윗돌 괴고, 윗돌 빼서 아랫돌 괴기'라는 뜻으로, '임기응변으로 어려운 일을 처리함'을 의미하는 '하석상대(下石上臺)'이다.

오답분석

① 피발영관(被髮纓冠) : '머리를 흐트러뜨린 채 관을 쓴다.'는 뜻으로, 머리를 손질할 틈이 없을 만큼 바쁨
② 탄주지어(呑舟之魚) : '배를 삼킬만한 큰 고기'라는 뜻으로, 큰 인물을 비유하는 말
③ 양상군자(梁上君子) : '들보 위의 군자'라는 뜻으로, 도둑을 지칭하는 말
⑤ 배반낭자(杯盤狼藉) : 술을 마시고 한참 신명나게 노는 모습을 가리키는 말

07 빈칸 삽입

정답 ④

제시문에서 '멋'은 파격이면서 동시에 보편적이고 일반적인 기준을 벗어나지 않아야 하는 것임을 강조하고 있다. 따라서 멋은 사회적인 관계에서 생겨나는 것이라는 결론을 얻을 수 있다.

08 자료 이해

정답 ④

월 급여가 300만 원 미만인 직원은 $1,200\times(0.18+0.35)=636$명, 월 급여가 350만 원 이상인 직원은 $1,200\times(0.12+0.11)=276$명이므로 $\frac{636}{276}\fallingdotseq 2.30$배이다.

오답분석

① 직원 중 4년제 국내 수도권 지역 대학교 졸업자 수는 $1,200\times0.35\times0.45=189$명으로, 전체 직원의 $\frac{189}{1,200}\times100=15.75\%$이다.
② 고등학교 졸업의 학력을 가진 직원은 $1,200\times0.12=144$명, 월 급여 300만 원 미만인 직원은 $1,200\times(0.18+0.35)=636$명이다. 이 인원이 차지하는 비율은 $\frac{144}{636}\times100\fallingdotseq 22.6\%$이다.
③ 4년제 대학교 졸업 이상의 학력을 가진 직원은 $1,200\times0.35=420$명, 월 급여 300만 원 이상인 직원은 $1,200\times(0.24+0.12+0.11)=564$명이다. 이 인원이 차지하는 비율은 $\frac{420}{564}\times100\fallingdotseq 74.46\%$이므로 78% 이하이다.
⑤ 전체 직원이 1,000명이라면 외국 대학교 졸업의 학력을 가진 직원은 $1,000\times0.35\times0.2=70$명이다.

09 자료 계산

정답 ④

국내 소재 대학 및 대학원 졸업자는 $1,200\times(0.17+0.36)+1,200\times0.35\times(0.25+0.45+0.1)=972$명으로, 이들의 25%는 $972\times0.25=243$명이다. 월 급여 300만 원 이상인 직원은 $1,200\times(0.24+0.12+0.11)=564$명이므로, 이들이 차지하는 비율은 $\frac{243}{564}\times100\fallingdotseq 43\%$이다.

10 응용 수리

정답 ③

사원수와 임원수를 각각 x명, y명이라고 하자(단, x, y는 자연수이다).

사원 x명을 발탁할 때 업무 효율과 비용은 각각 $3x$Point, $4x$Point이고, 임원 y명을 발탁할 때 업무 효율과 비용은 각각 $4y$Point, $7y$Point이므로 다음과 같다.

$3x+4y=60 \rightarrow x=-\frac{4}{3}y+20 \cdots$ ㉠

$4x+7y \leq 100 \cdots$ ㉡

㉠을 ㉡에 대입하면 다음과 같다.

$4\left(-\frac{4}{3}y+20\right)+7y \leq 100$

$\rightarrow 5y \leq 60$

$\therefore\ y \leq 12$

x와 y는 자연수이므로 사원수와 임원수로 가능한 x, y값을 순서쌍으로 나타내면 (4, 12), (8, 9), (12, 6), (16, 3)이다.

따라서 사원수와 임원수를 합한 최솟값은 4+12=16이다.

11 응용 수리

정답 ②

첫 번째에서 세 번째 자리까지 변경할 수 있는 경우의 수는 0~9의 숫자를 사용하고 중복해서 사용할 수 있으므로 $10\times10\times10$가지, 네 번째 자리를 변경할 수 있는 경우의 수는 특수기호 #, * 두 가지를 사용하므로 2가지이다. 그러므로 변경할 수 있는 비밀번호의 경우의 수는 $10\times10\times10\times2$가지이다.

변경된 비밀번호와 기존 비밀번호 네 자리 중 자리와 그 문자가 하나만 같은 경우는 비밀번호가 네 자리이므로 모두 4가지이다. 앞서 구한 변경할 수 있는 비밀번호의 경우의 수로 변경된 비밀번호와 기존 비밀번호의 각 자리가 일치할 확률을 구하면 다음과 같다.

- 변경된 비밀번호와 기존 비밀번호의 첫 번째 자리가 일치하는 경우의 수
  변경된 비밀번호와 기존 비밀번호의 첫 번째 자리가 8로 일치하고 나머지 세 자리는 일치하지 않아야 한다. 그러므로 변경된 비밀번호의 두 번째 자리는 기존 비밀번호의 두 번째 자리의 기호였던 6이 될 수 없다. 변경된 비밀번호의 세 번째도 마찬가지로 2를 제외한 기호가 들어갈 수 있다. 마지막 네 번째 자리는 기존 비밀번호의 네 번째 자리의 기호가 #이므로 *이 되어야 한다.
  → $1\times9\times9\times1=81$가지
- 변경된 비밀번호와 기존 비밀번호의 두 번째 자리가 일치하는 경우의 수
  → $9\times1\times9\times1=81$가지
- 변경된 비밀번호와 기존 비밀번호의 세 번째 자리가 일치하는 경우의 수
  → $9\times9\times1\times1=81$가지
- 변경된 비밀번호와 기존 비밀번호의 네 번째 자리가 일치하는 경우의 수
  → $9\times9\times9\times1=729$가지

따라서 변경된 비밀번호가 기존 비밀번호 네 자리 중 한 자리와 그 문자가 같을 확률은 $\frac{81+81+81+729}{10\times10\times10\times2}=\frac{972}{2,000}=\frac{486}{1,000}$이다.

12 자료 계산

정답 ②

(1인당 하루 인건비)=(1인당 수당)+(산재보험료)+(고용보험료)

=50,000+50,000×0.504%+50,000×1.3%

=50,000+252+650=50,902원

(하루에 고용할 수 있는 인원수)=[(본예산)+(예비비)]÷(하루 1인당 인건비)

=600,000÷50,902≒11.8

따라서 하루 동안 고용할 수 있는 최대 인원은 11명이다.

13 자료 계산

정답 ④

매월 갑, 을 팀의 총득점과 병, 정 팀의 총득점이 같다. 따라서 빈칸에 들어갈 알맞은 수는 1,156+2,000−1,658=1,498이다.

14 응용 수리

정답 ②

탁구공 12개 중에서 4개를 꺼내는 경우의 수는 ${}_{12}C_4=495$가지이다.

흰색 탁구공이 노란색 탁구공보다 많은 경우는 흰색 탁구공 3개, 노란색 탁구공 1개 또는 흰색 탁구공 4개를 꺼내는 경우이다.

(i) 흰색 탁구공 3개, 노란색 탁구공 1개를 꺼내는 경우의 수 : ${}_7C_3\times{}_5C_1=35\times5=175$가지

(ii) 흰색 탁구공 4개를 꺼내는 경우의 수 : ${}_7C_4=35$가지

따라서 구하는 확률은 $\frac{175+35}{495}=\frac{210}{495}=\frac{14}{33}$이다.

15 자료 해석

정답 ③

R대리가 각 교통편 종류를 택할 시 왕복 교통비용을 구하면 다음과 같다.

- 일반버스 : 24,000×2=48,000원
- 우등버스 : 32,000×2×0.99=63,360원
- 무궁화호 : 28,000×2×0.85=47,600원
- 새마을호 : 36,000×2×0.8=57,600원
- KTX : $58{,}000\times2\times\frac{1}{2}=58{,}000$원

따라서 무궁화호가 47,600원으로 가장 저렴하다.

16 규칙 적용

정답 ④

- 과정 1 : (9+8+9+2+5+7)×1+(7+8+9+3+7+8)×3=166
- 과정 2 : 166÷10=16 ··· 6
- 과정 3 : 6÷2=3

따라서 최종 결괏값 (가)는 3이다.

17 자료 해석

정답 ①

S사의 도시락 구매비용을 요일별로 계산하면 다음과 같다.

- 월 : (5,000×3)+(2,900×10)=44,000원
- 화 : (3,900×10)+(4,300×3)=51,900원
- 수 : (3,000×8)+(3,900×2)=31,800원
- 목 : (4,500×4)+(7,900×2)=33,800원
- 금 : (5,500×4)+(4,300×7)=52,100원
- 토 : (3,900×2)+(3,400×10)=41,800원
- 일 : (3,700×10)+(6,000×4)=61,000원

따라서 S사의 지난주 도시락 구매비용은 총 316,400원이다.

18 명제 추론

정답 ②

첫 번째 조건과 두 번째 조건에 따라 물리학과 학생은 흰색만 좋아하는 것을 알 수 있으며, 세 번째 조건과 네 번째 조건에 따라 지리학과 학생은 흰색과 빨간색만 좋아하는 것을 알 수 있다. 전공별로 좋아하는 색을 정리하면 다음과 같다.

경제학과	물리학과	통계학과	지리학과
검은색, 빨간색	흰색	빨간색	흰색, 빨간색

이때 검은색을 좋아하는 학과는 경제학과뿐이므로 C가 경제학과임을 알 수 있으며, 빨간색을 좋아하지 않는 학과는 물리학과뿐이므로 B가 물리학과임을 알 수 있다. 따라서 항상 참이 되는 것은 ②이다.

오답분석

① A는 통계학과이거나 지리학과이다.
③ C는 경제학과이다.
④ D는 통계학과이거나 지리학과이다.
⑤ C는 빨간색을 좋아하지만 B는 흰색을 좋아한다.

19 명제 추론

정답 ②

세 번째, 네 번째, 다섯 번째 조건에 의해 8등(꼴찌)이 될 수 있는 사람은 A 또는 C인데, C는 7등인 D와 연속해서 들어오지 않았으므로 8등은 A이다. 또한 두 번째 조건에 의해 B는 4등이고, 네 번째 조건에 의해 E는 5등이다. 마지막으로 첫 번째 조건에 의해 C는 6등이 될 수 없으므로 1, 2, 3등 중에 하나이다.

오답분석

① C는 1, 2, 3등 중 하나이다.
③ E가 C보다 늦게 들어왔다.
④ B가 E보다 일찍 들어왔다.
⑤ D가 E보다 늦게 들어왔다.

20 SWOT 분석

정답 ③

제품 특성상 테이크아웃이 불가능했던 위협 요소를 피하기 위해 버거의 사이즈를 줄이는 대신 사이드 메뉴를 무료로 제공하는 것은 독창적인 아이템을 활용하면서도 위협 요소를 보완하는 전략으로 적절하다.

오답분석

① 해당 상점의 강점은 주변 외식업 상권과 차별화된 아이템 선정이다. 그러므로 주변 상권에서 이미 판매하고 있는 상품을 벤치마킹해 판매하는 것은 강점을 활용하는 전략으로 적절하지 않다.
② 높은 재료 단가를 낮추기 위해 유기농 채소와 유기농이 아닌 채소를 함께 사용하는 것은 웰빙을 추구하는 소비 행태가 확산되고 있는 기회를 활용하지 못하는 전략이므로 적절하지 않다.
④ 커스터마이징 주문 시 치즈의 종류를 다양하게 선택할 수 있게 하는 것은 커스터마이징 주문이라는 강점으로 '치즈 제품을 선호하는 여성 고객들의 니즈'라는 기회를 활용하는 방법이므로 SO전략이다.
⑤ 커스터마이징 형식의 고객 주문 서비스 및 주문 즉시 조리하는 방식은 해당 상점의 강점이다. 약점을 보완하기 위해 강점을 모두 활용하지 못하는 전략이므로 적절하지 않다.

제2회 기술보증기금

최종점검 모의고사

01	02	03	04	05	06	07	08	09	10	11	12	13	14	15	16	17	18	19	20
④	④	②	③	②	②	⑤	①	⑤	④	③	②	①	②	②	③	⑤	③	①	②
21	22	23	24	25	26	27	28	29	30	31	32	33	34	35	36	37	38	39	40
①	④	①	④	③	④	⑤	③	④	④	③	③	①	④	③	②	③	④	②	①
41	42	43	44	45	46	47	48	49	50										
①	①	①	⑤	③	②	④	⑤	③	③										

PART 3

01 내용 추론

정답 ④

먼저 행동으로 나타나는 '군자의 학문'을 언급한 다음, 말로 표현하고 실천하지 않는 '소인의 학문'을 비판하는 내용이 이어질 것으로 예상할 수 있다.

02 문서 작성

정답 ④

중요한 내용을 글의 앞에서 먼저 언급하는 것(두괄식)이 끝에 두는 것(미괄식)보다 내용 전달에 더 효과적이다.

03 경청

정답 ②

상대방의 이야기를 들을 때 자신의 경험과 연결 지어 생각해 보면 이해와 집중에 더 도움이 된다.

04 한자성어

정답 ③

'간담상조(肝膽相照)'는 '간과 쓸개를 내놓고 서로에게 내보인다.'라는 뜻으로, 서로 마음을 터놓고 친밀히 사귐을 의미한다.

오답분석

① 금의환향(錦衣還鄕) : 비단옷 입고 고향에 돌아온다는 뜻으로, 출세하여 고향에 돌아옴을 이르는 말
② 입신양명(立身揚名) : 사회적으로 인정을 받고 출세하여 이름을 세상에 드날림
④ 부귀공명(富貴功名) : 재물이 많고 지위가 높으며 공을 세워 이름을 떨침
⑤ 마부위침(磨斧爲針) : '도끼를 갈아 바늘을 만든다.'는 뜻으로, 아무리 이루기 힘든 일도 끊임없는 노력과 끈기 있는 인내로 성공하고야 만다는 뜻

05 내용 추론

정답 ②

자신의 식사비를 각자 낸다면 3만 원이 넘는 식사도 가능하다.

오답분석

① 심사대상자로부터 법정 심사료가 아닌 식사 등을 받는 것은 원활한 직무수행이나 사교·의례로 볼 수 없다.
③ 상급자에게 사교·의례의 목적으로 건네는 선물은 5만 원까지이므로 50만 원 상당의 선물은 허용되지 않는다.
④ 졸업한 학생선수 및 그 학부모와 학교운동부지도자 간에 특별한 사정이 없는 한 직무관련성이 인정되지 않으므로, 1회 100만 원 이하의 금품 등을 수수하는 것은 허용될 수 있다.
⑤ 언론사 임직원이 외부강의 후 사례금으로 90만 원을 받은 것은 외부강의 사례금 상한액 100만 원을 넘지 않았으므로 허용된다.

06 어휘

정답 ②

문맥상 빈칸에는 부조화된 인지상태를 조화된 상태로 바꾼다는 뜻의 단어가 들어가야 하므로 '기존의 것을 다른 방향이나 다른 상태로 바꿈'을 뜻하는 '전환(轉換)'이 가장 적절하다.

오답분석

① 전이(轉移) : 자리나 위치 등을 다른 곳으로 옮김
③ 변환(變換) : 다르게 하여 바꿈
④ 이양(移讓) : 다른 사람에게 넘겨줌
⑤ 양여(讓與) : 자신의 소유를 남에게 건네줌

07 문서 작성

정답 ⑤

문서의 마지막에 반드시 '끝'을 붙여서 마무리해야 하는 문서는 보고서가 아니라 공문서이다.

08 전개 방식

정답 ①

(가) 문단은 질서의 사전적 의미를 통해 질서의 개념에 대해 설명하고 있다.

09 문서 내용 이해

정답 ⑤

시민 단체들은 농부와 노동자들이 스스로 조합을 만들어 환경친화적으로 농산물을 생산하도록 교육하고 이에 필요한 자금을 지원하는 역할을 했을 뿐, 이들이 농산물을 직접 생산하고 판매한 것은 아니다.

10 빈칸 삽입

정답 ④

제시문은 사람들이 커뮤니케이션에서 메시지를 전할 때 어떠한 의도로 메시지를 전하는지를 유형별로 구분지어 설명하는 글이다.

- (가) : 표현적 메시지 구성논리는 표현자의 생각의 표현을 가장 중시하는 유형이다. 따라서 송신자의 생각이나 감정을 전달하는 수단이라는 ㉡이 적절하다.
- (나) : 인습적 메시지 구성논리는 대화의 맥락, 역할, 관계 등을 고려한 커뮤니케이션의 적절함에 관심을 갖는 유형이다. 따라서 주어진 상황에서 올바른 것을 말하려는 ㉢이 적절하다.
- (다) : 수사적 메시지 구성논리는 커뮤니케이션의 내용에 주목하여 서로 간에 이익이 되는 상황에 초점을 두는 유형이다. 따라서 복수의 목표를 타협한다는 ㉠이 적절하다.

11 응용 수리

정답 ③

전체 인원을 x명이라고 하면 다음과 같다.

$\left(x\times\frac{3}{7}-13\right)+\left(x\times\frac{1}{2}+33\right)=x$

$\rightarrow x\times\left(\frac{3}{7}+\frac{1}{2}\right)+20=x$

$\rightarrow x\left(1-\frac{13}{14}\right)=20$

$\therefore\ x=20\times14=280$

따라서 공청회에 참석한 전체 인원은 280명이다.

12 응용 수리

정답 ②

5돈 순금 두꺼비를 제작하는 데 필요한 순금은 $5\times3.75=18.75$g이고, 2등과 3등의 순금 열쇠를 제작하는 데 필요한 순금은 각각 10g이므로 부상 제작에 필요한 순금은 $18.75+10+10=38.75$g이다. 따라서 38.75g=0.03875kg이다.

13 응용 수리

정답 ①

올라갈 때 걸은 거리를 $x$km라고 하면 내려올 때의 거리는 $(x+5)$km이므로 다음과 같다.

$\frac{x}{3}+\frac{x+5}{4}=3$

$\rightarrow 4x+3(x+5)=36$

$\therefore\ x=3$

따라서 올라갈 때 걸은 거리는 3km이다.

14 자료 이해

정답 ②

- 수도권 지역에서 경기가 차지하는 비중

  93,252(서울)+16,915(인천)+68,124(경기)=178,291천 명

  $\rightarrow \frac{68,124}{178,291}\times100\fallingdotseq38.21\%$

- 수도권 지역에서 인천이 차지하는 비중

  $\rightarrow \frac{16,915}{178,291}\times100\fallingdotseq9.49\%$

  $9.49\times4=37.96\%<38.21\%$

따라서 수도권 지역에서 경기가 차지하는 비중은 인천이 차지하는 비중의 4배 이상이다.

오답분석

① 의료인력이 수도권 지역 특히 서울, 경기에 편중되어 있으므로 불균형상태를 보이고 있다.

③ 의료인력수는 세종이 가장 적으며, 두 번째로 적은 곳은 제주이다.

④ 제시된 자료에 의료인력별 수치가 나와 있지 않으므로, 의료인력수가 많을수록 의료인력 비중이 고르다고 말할 수는 없다.

⑤ 서울과 경기를 제외한 나머지 지역 중 의료인력수가 가장 많은 지역은 부산(28,871천 명)이고, 가장 적은 지역은 세종(575천 명)이다. 부산과 세종의 의료인력의 차는 28,296천 명으로, 이는 경남(21,212천 명)보다 크다.

15 자료 이해

정답 ②

월간 용돈을 5만 원 미만으로 받는 비율은 중학생이 89.4%, 고등학생이 60%이므로 중학생이 고등학생보다 높다.

오답분석

① 용돈을 받는 남학생과 여학생의 비율은 각각 82.9%, 85.4%이므로 여학생이 더 높다.
③ 고등학교 전체 인원을 100명이라 한다면 그중에 용돈을 받는 학생은 약 80.8명이다. 80.8명 중에 용돈을 5만 원 이상 받는 학생의 비율은 40%이므로 80.8×0.4≒32.3명이다.
④ 전체에서 금전출납부의 기록, 미기록 비율은 각각 30%, 70%이므로 기록하는 비율이 더 낮다.
⑤ 용돈을 받지 않는 중학생과 고등학생 비율은 각각 12.4%, 19.2%이므로 용돈을 받지 않는 고등학생 비율이 더 높다.

16 자료 이해

정답 ③

이륜차와 관련된 교통사고는 29+11=40%로 2,500×0.4=1,000건이며, 30대 이하 가해자는 38+21=59%로 총 1,475명이므로 $\frac{1,000}{1,475}\times 100 \fallingdotseq 67.8\%$이다.

오답분석

① 60대 이상의 비율은 100−(38+21+11+8)=22%로, 30대보다 높다.
② 사륜차와 사륜차 교통사고 사망건수는 2,500×0.42×0.32=336건이고, 20대 가해자 수는 2,500×0.38=950명으로, $\frac{336}{950}\times 100 \fallingdotseq 35.4\%$로 35% 이상이다.
④ 보행자와 관련된 교통사고는 18+11=29%로 2,500×0.29=725건이며, 그중 40%가 사망사건이라고 했으므로 사망건수는 725×0.4=290건이다. 이때, 사륜차와 사륜차의 교통사고 사망건수는 336건이므로 보행자와 관련된 교통사고 사망건수보다 많다.
⑤ 사륜차와 이륜차 교통사고 사상자 수는 2,500×0.29=725명이고, 이 중 사망자의 비율은 68%이므로 사망건수는 725×0.68=493건이다. 따라서 사륜차와 사륜차 교통사고 사망건수인 336건보다 많다.

17 자료 계산

정답 ⑤

이륜차 또는 보행자와 관련된 교통사고는 29+18+11=58%로 2,500×0.58=1,450건이다. 이 중 20%의 가해자가 20대라고 했으므로 1,450×0.2=290건이다. 이때 전체 교통사고 중 20대 가해건수는 2,500×0.38=950건이므로, 이륜차 또는 보행자와 관련된 교통사고 중 20대 가해자는 전체 교통사고 20대 가해자의 $\frac{290}{950}\times 100 \fallingdotseq 30\%$를 차지한다.

18 자료 계산

정답 ③

종합청렴도 식은 (종합청렴도)=[(외부청렴도)×0.6+(내부청렴도)×0.3+(정책고객평가)×0.1]−(감점요인)이므로 내부청렴도에 관한 공식을 만들어보면 다음과 같다.

(내부청렴도)=[(종합청렴도)−(외부청렴도)×0.6−(정책고객평가)×0.1+(감점요인)]×$\frac{10}{3}$

위 식에 연도별 수치를 대입하여 내부청렴도를 구한다.

- 2021년 : [6.23−8.0×0.6−6.9×0.1+(0.7+0.7+0.2)]×$\frac{10}{3}$=2.34×$\frac{10}{3}$=7.8점
- 2022년 : [6.21−8.0×0.6−7.1×0.1+(0.7+0.8+0.2)]×$\frac{10}{3}$=2.4×$\frac{10}{3}$=8.0점
- 2023년 : [6.16−8.0×0.6−7.2×0.1+(0.7+0.8+0.2)]×$\frac{10}{3}$=2.34×$\frac{10}{3}$=7.8점
- 2024년 : [6.8−8.1×0.6−7.3×0.1+(0.5+0.4+0.2)]×$\frac{10}{3}$=2.31×$\frac{10}{3}$=7.7점

따라서 내부청렴도가 가장 높은 해는 2022년, 가장 낮은 해는 2024년이다.

19 자료 계산

정답 ①

먼저 선택지를 보면 유전체기술이 A 또는 B로 짝지어져 있어, 이 중 세 번째 조건에 부합하는 것을 찾으면 된다. A의 한국 점유율은 $\frac{1,880}{27,252}$×100≒6.9%로 미국 점유율과 47.6−6.9=40.7%p 차이가 나고, B의 한국 점유율은 $\frac{7,518}{170,855}$×100≒4.4%로 미국 점유율과 45.6−4.4=41.2%p 차이가 난다. 따라서 B가 유전체기술이 된다.

첫 번째 조건에서 미국보다 한국의 점유율이 높은 분야는 발효식품개발기술과 환경생물공학기술로 A, B는 해당이 안 되고, C, D가 해당되어 선택지는 ① 또는 ②가 정답이 될 수 있다.

두 번째 조건에서도 동식물세포배양기술의 미국 점유율은 생물농약 개발기술의 미국 점유율인 42.8%보다 높다고 했으므로 이에 부합하는 것은 A와 B며, B는 유전체기술이므로 A가 동식물세포배양기술임을 알 수 있다.

마지막 조건을 보면 C의 한국 점유율은 $\frac{4,295}{20,849}$×100≒20.6%, D의 한국 점유율은 $\frac{7,127}{26,495}$×100≒26.9%이므로 D가 환경생물공학기술이고, C가 발효식품개발기술이 된다.

20 자료 이해

정답 ②

㉠ 표 1에 의하면 의약품의 특허출원은 2022년부터 2024년까지 매년 감소하고 있으므로 옳은 내용이다.

㉢ 2024년 원료의약품 특허출원 건수가 500건이고 이의 20%가 100건인데, 다국적기업이 출원한 것은 103건으로 이보다 많다. 따라서 옳은 내용이다.

오답분석

㉡ 2024년 전체 의약품 특허출원의 30%는 약 1,400건인데, 기타 의약품 출원은 1,220건에 불과하므로 옳지 않은 내용이다.

㉣ 표 2를 통해서는 다국적기업이 출원한 원료의약품 특허출원이 몇 건인지를 알 수 있지만, 이 중 다이어트제가 얼마나 되는지는 알 수 없다. 표 3은 다국적기업에 국한된 것이 아닌 전체 기업을 대상으로 한 집계결과이다.

21 규칙 적용

정답 ①

입사순서는 해당 월의 누적 입사순서이므로 'W05240401'은 4월의 첫 번째 입사자임을 나타낼 뿐, 해당 사원이 생산부서 최초의 여직원인지는 알 수 없다.

22 규칙 적용

정답 ④

M01240903	W03241005	M05240912	W05240913	W01241001	W04241009
W02240901	M04241101	W01240905	W03240909	M02241002	W03241007
M03240907	M01240904	W02240902	M04241008	M05241107	M01241103
M03240908	M05240910	M02241003	M01240906	M05241106	M02241004
M04241101	M05240911	W03241006	W05241105	W03241104	M05241108

따라서 여성(W) 입사자 중 기획부(03)에 입사한 사원은 모두 5명이다.

23 명제 추론

정답 ①

같은 색깔로는 심지 못한다고 할 때 다음의 경우로 꽃씨를 심을 수 있다.

1) 빨간색 화분 : 파랑, 노랑, 초록
2) 파란색 화분 : 빨강, 노랑, 초록
3) 노란색 화분 : 빨강, 파랑, 초록
4) 초록색 화분 : 빨강, 파랑, 노랑

나머지 조건을 적용하면 다음과 같은 경우로 꽃씨를 심을 수 있다.

1) 빨간색 화분 : 파랑, 초록
2) 파란색 화분 : 빨강, 노랑
3) 노란색 화분 : 파랑, 초록
4) 초록색 화분 : 빨강, 노랑

따라서 초록색 화분과 노란색 화분에 심을 수 있는 꽃씨의 종류는 다르므로 보기는 확실히 틀린 설명이다.

24 자료 해석

정답 ④

이번 주 추가근무 일정을 요일별로 정리하면 다음과 같다.

구분	월	화	수	목	금	토	일
추가 근무자	김은선, 민윤기	김석진, 김남준, 정호석	박지민, 김태형	최유화, 박시혁	유진실, 정호석	이영희, 전정국	박지민, 김남준

하루에 2명까지 추가근무를 할 수 있는데 화요일에 3명이 추가근무를 하므로, 화요일 추가근무자 중 한 명이 추가근무 일정을 수정해야 한다. 그중 김남준은 일주일 추가근무 시간이 7시간으로 6시간을 초과하였다. 따라서 김남준의 추가근무 일정을 수정하는 것이 적절하다.

25 명제 추론

정답 ③

i) 월요일에 진료를 하는 경우 첫 번째 조건에 의해, 수요일에 진료를 하지 않는다. 그러면 네 번째 조건에 의해, 금요일에 진료를 한다. 또한, 세 번째 조건의 대우에 의해, 화요일에 진료를 하지 않는다. 따라서 월요일과 금요일에 진료를 한다.

ii) 월요일에 진료를 하지 않는 경우 두 번째 조건에 의해, 화요일에 진료를 한다. 그러면 세 번째 조건에 의해, 금요일에 진료를 하지 않는다. 또한, 네 번째 조건의 대우에 의해, 수요일에 진료를 한다. 따라서 화요일과 수요일에 진료를 한다.

따라서 의사는 총 2일을 진료하였다.

26 SWOT 분석

정답 ④

WT전략은 외부 환경의 위협 요인을 회피하고 약점을 보완하는 전략을 적용해야 한다. ④는 강점(S)을 강화하는 방법에 대해 이야기하고 있다.

오답분석

① SO전략은 기회를 활용하면서 강점을 더욱 강화시키는 전략이므로 옳다.
② WO전략은 외부의 기회를 사용해 약점을 보완하는 전략이므로 옳다.
③ ST전략은 외부 환경의 위협을 회피하며 강점을 적극 활용하는 전략이므로 옳다.
⑤ WT전략은 외부 환경의 위협 요인을 회피하고 약점을 보완하는 전략이므로 옳다.

27 자료 해석

정답 ⑤

같은 조가 될 수 있는 20대는 김기안, 안화사, 방성훈, 김충재이다. 안화사는 김충재와 같은 총무팀이므로 같은 조가 될 수 없고, 김기안과 방성훈 중 나이 차가 5세 이하인 김기안과 같은 조가 되므로 방성훈과 김충재가 같은 조가 된다. 30대는 전현무, 이시언, 박나래, 김사랑, 한혜진, 정려원이다. 20대 조에서 남녀 조가 나왔기 때문에 나머지는 모두 동성 조가 되어야 하므로 전현무와 이시언이 같은 조가 되고, 나머지(정려원, 한혜진, 박나래, 김사랑)끼리 조를 구성해야 한다. 이때, 박나래와 김사랑은 나이가 7세 차이로 같은 조가 될 수 없다. 즉, 가능한 조 편성은 다음과 같다.

• 경우 1

안화사, 김기안	김충재, 방성훈	전현무, 이시언	박나래, 정려원	김사랑, 한혜진

• 경우 2

안화사, 김기안	김충재, 방성훈	전현무, 이시언	박나래, 한혜진	김사랑, 정려원

28 자료 해석

정답 ③

나이가 많은 순서대로 나열하면 '전현무>김사랑>이시언>한혜진>정려원>박나래>방성훈>김기안>김충재>안화사' 순서이다. 따라서 맨 앞과 맨 뒤에서 차례대로 짝을 지어 조를 만들면 전현무(39) – 안화사(23), 김사랑(37) – 김충재(24), 이시언(36) – 김기안(27), 한혜진(35) – 방성훈(29), 정려원(32) – 박나래(30)가 된다.

29 SWOT 분석

정답 ④

ㄴ. 다수의 풍부한 경제자유구역 성공 사례를 활용하는 것은 강점에 해당되지만, 외국인 근로자를 국내주민과 문화적으로 동화시키려는 시도는 위협을 극복하는 것과는 거리가 멀다. 따라서 해당 전략은 ST전략으로 적절하지 않다.
ㄹ. 경제자유구역 인근 대도시와의 연계를 활성화하면 오히려 인근 기성 대도시의 산업이 확장된 교통망을 바탕으로 경제자유구역의 사업을 흡수할 위험이 커진다. 또한, 인근 대도시와의 연계 확대는 경제자유구역 내 국내・외 기업 간의 구조 및 운영상 이질감을 해소하는 데 직접적인 도움이 된다고 보기 어렵다.

오답분석

ㄱ. 경제호황으로 인해 자국을 벗어나 타국으로 진출하려는 해외기업이 증가하는 기회상황에서 성공적 경험으로 축적된 우리나라의 경제자유구역 조성 노하우로 이들을 유인하여 유치하는 전략은 SO전략에 해당한다.
ㄷ. 기존에 국내에 입주한 해외기업의 동형화 사례를 활용하여 국내기업과 외국계 기업의 운영상 이질감을 해소하여 생산성을 증대시키는 전략은 WO전략에 해당한다.

30 상황 판단

정답 ④

ㄱ. K시의 2024년 인구는 13만 명이고, 2025년 예상 인구는 15만 명인데, 인구는 해마다 증가한다고 하였으므로 K시 도서관이 실제 개관하게 될 2025년 상반기 K시의 인구는 13만 명 이상 15만 명 미만의 범위 내에 있음을 알 수 있다. 그런데 봉사대상 인구가 10만 명 이상 30만 명 미만인 경우 기존장서는 30,000권 이상이라고 하였으므로 옳은 내용이다.

ㄷ. K시의 인구가 2025～2030년에 매년 같은 수로 늘어난다면 2028년 K시의 인구는 24만 명이 된다. 그리고 공공도서관은 봉사대상 인구 1천 명당 1종 이상의 연속간행물, 10종 이상의 시청각자료를 보유해야 한다고 하였으므로 각각 최소 240종 이상, 2,400종 이상을 보유해야 한다. 따라서 옳은 내용이다.

ㄹ. 2030년 실제 인구가 예상 인구의 80% 수준인 24만 명이라면, 이때의 연간증서는 3,000권 이상이 된다. 따라서 6년 동안 매년 3,000권 이상씩 추가로 보유해야 하므로 총 연간증서는 최소 18,000권이다. 따라서 옳은 내용이다.

오답분석

ㄴ. 봉사대상 인구가 10만 명 이상 30만 명 미만이라면 열람석은 350석 이상이어야 하고, 이 중 10% 이상을 노인과 장애인 열람석으로 할당하여야 한다. 그런데 2024년 개관 시와 2025년 모두 인구가 이 범위 내에 존재하므로 열람석은 350석 이상만 충족하면 되며 추가로 열람석을 확보해야 할 필요는 없다. 따라서 옳지 않은 내용이다.

31 정보 이해

정답 ③

메일 내용에서 검색기록 삭제 시 기존에 체크되어 있는 항목 외에도 모든 항목을 체크하라고 되어 있으나, 단서로 '즐겨찾기 웹사이트 데이터 보존 부분은 체크 해제할 것'이라고 명시되어 있으므로 모든 항목을 체크하는 행동은 옳지 않다.

32 엑셀 함수

정답 ③

'MAX(B7:E7)'의 결괏값은 [B7:E7] 범위에서 가장 큰 값인 91이며, COUNTA 함수는 범위에서 비어있지 않은 셀의 개수를 세는 함수로 'COUNTA(B6:E6)'의 결괏값은 4가 된다. 따라서 'AVERAGE(91,4)'가 되며 91과 4의 평균인 47.5가 결괏값이 된다.

오답분석

① 'LARGE(B2:E2,3)'의 결괏값은 [B2:E2] 범위에서 3번째로 큰 값인 80이며, 'SMALL(B5:E5,2)'의 결괏값은 [B5:E5] 범위에서 2번째로 작은 값인 79이다. 따라서 'AVERAGE(80,79)'가 되며 80과 79의 평균인 79.5가 결괏값이 된다.
② 'MAX(B3:E3)'의 결괏값은 [B3:E3] 범위에서 가장 큰 값인 95이며, 'MIN(B7:E7)'의 결괏값은 [B7:E7] 범위에서 가장 작은 값인 79이다. 따라서 'SUM(95,79)'이 되며 95와 79의 합인 174가 결괏값이 된다.
④ MAXA 함수는 논리값과 텍스트도 포함하여 최대값을 나타내는 함수로, 'MAXA(B4:E4)'의 결괏값은 [B4:E4] 범위의 최대값인 94가 된다. COUNT 함수는 범위에서 숫자가 포함된 셀의 개수를 세주는 함수로, 'COUNT(B3:E3)'의 결괏값은 4가 된다. 따라서 'SUM(94,4)'이 되며 94와 4의 합인 98이 결괏값이 된다.
⑤ 'SMALL(B3:E3,3)'의 결괏값은 [B3:E3] 범위에서 3번째로 작은 값인 93이며, 'LARGE(B7:E7,3)'의 결괏값은 [B7:E7] 범위에서 3번째로 큰 값인 80이다. 따라서 'AVERAGE(93,80)'가 되며 93과 80의 평균인 86.5가 결괏값이 된다.

33 엑셀 함수

정답 ①

[E2:E7] 영역처럼 표시하려면 문자열의 지정 위치에서 문자를 지정한 개수만큼 돌려주는 MID 함수를 사용해야 한다. 따라서 「=MID(데이터를 참조할 셀 번호,왼쪽을 기준으로 시작할 기준 텍스트,기준점을 시작으로 가져올 자릿수)」로 표시되기 때문에 「=MID(B2,5,2)」를 입력해야 한다.

34 정보 이해

정답 ④

1차 자료는 원래의 연구 성과가 기록된 자료로 단행본, 학술지와 학술지 논문, 학술회의자료, 연구보고서, 학위논문, 특허정보, 표준 및 규격자료, 레터, 출판 전 배포자료, 신문, 잡지, 웹 정보자원 등이 속하고, 2차 자료는 이러한 1차 자료를 압축정리해 놓은 것으로 사전, 백과사전, 편람, 연감, 서지데이터베이스 등이 해당된다.
여기서 연감이란 어떤 분야에 관하여 한 해 동안 일어난 경과·사건·통계 등을 수록하여 일 년에 한 번씩 간행하는 정기간행물을 뜻하므로, 정기간행물은 1차 자료에 해당하지 않는다.

35 정보 이해

정답 ③

피벗 테이블은 대화형 테이블의 일종으로, 데이터의 나열 형태에 따라 집계나 카운트 등의 계산을 하는 기능을 가지고 있어 방대한 양의 자료를 요약해서 한눈에 파악할 수 있는 형태로 만드는 데 적합하다.

36 정보 이해

정답 ②

정보 내에 포함되어 있는 키워드나 단락과 같은 세부적인 요소나 정보의 주제, 사용했던 용도로 정보를 찾고자 할 때는 목록을 가지고 쉽게 찾을 수가 없다. 이런 문제를 해결하기 위해 주요 키워드나 주제어를 가지고 소장하고 있는 정보원을 관리하는 방식이 색인을 이용한 정보관리이다. 목록은 한 정보원에 하나만 만드는 것이지만, 색인은 여러 개를 추출하여 한 정보원에 여러 색인어를 부여할 수 있다.

오답분석

㉠ 정보목록은 정보에서 중요한 항목을 찾아 기술한 후 정리하면서 만들어진다. 한번 '정보목록'을 만들기 시작한 다음 한글이나 워드, 엑셀 같은 프로그램을 이용해서 목록파일을 저장해 놓으면, 후에 다른 정보를 찾았을 때 기존 목록에 추가하는 작업이 간단해진다.
㉢ 색인은 정보를 찾을 때 쓸 수 있는 키워드인 색인어와 색인어의 출처인 위치정보로 구성된다.

37 정보 이해

정답 ③

1인 가구의 인기 음식(㉡)과 5세 미만 아동들의 선호 색상(㉥)은 각각 음식과 색상에 대한 자료를 가구, 연령으로 특징 지음으로써 자료를 특정한 목적으로 가공한 정보(Information)로 볼 수 있다.

오답분석

㉠·㉣·㉤ 특정한 목적이 없는 자료(Data)의 사례이다.
㉢ 특정한 목적을 달성하기 위한 지식(Knowledge)의 사례이다.

38 정보 이해

정답 ④

제시된 자료는 '운동'을 주제로 나열되어 있다. ①·②·③·⑤는 운동을 목적으로 하는 지식의 사례이지만, ④는 운동이 아닌 '식이요법'을 목적으로 하는 지식의 사례로 볼 수 있다.

39 정보 이해

정답 ②

인쇄 중인 문서를 일시 중지하고 다른 프린터로 출력하도록 할 수 있다.

오답분석

① 인쇄 중인 문서도 강제로 종료시킬 수 있다.
③ 현재 사용 중인 프린터를 기본 프린터로 설정할 수 있다.
④ 현재 사용 중인 프린터를 공유하도록 설정할 수 있다.
⑤ 현재 사용 중인 프린터의 기본 설정을 변경할 수 있다.

40 정보 이해

정답 ①

1차 자료보다는 1차 자료를 가공한 2차 자료가 활용할 때 효율성이 더 높다.

오답분석

정보원은 1차 자료와 2차 자료로 구분된다. 1차 자료는 원래의 연구 성과가 기록된 자료를 의미한다. 2차 자료는 1차 자료를 효과적으로 찾아보기 위한 자료 혹은 1차 자료에 포함되어 있는 정보를 압축·정리해서 읽기 쉬운 형태로 제공하는 자료를 의미한다. 1차 자료로는 단행본, 학술지와 학술지 논문, 학술회의 자료, 연구보고서, 학위논문, 특허 정보, 표준 및 규격 자료, 레터, 출판 전 배포 자료, 신문, 잡지, 웹 정보 자원 등이 있다. 2차 자료로는 사전, 백과사전, 편람, 연감, 서지 데이터베이스 등이 있다.

㉡ 논문은 2차 자료가 아니라 1차 자료에 해당된다.

㉢ 인포메이션(Information)은 객관적인 단순 정보에 해당되며, 이를 분석 및 가공하여 특정 기능을 하도록 한 것은 인텔리전스(Intelligence)이다. 회의 내용과 같이 예측 기능을 하는 정보는 인텔리전스에 해당된다.

41 조직 구조

정답 ①

조직이 생존하기 위해서는 급변하는 환경에 적응하여야 한다. 이를 위해서는 원칙이 확립되어 있고 고지식한 기계적 조직보다는 운영이 유연한 유기적 조직이 더 적합하다.

오답분석

② 대규모 조직은 소규모 조직에 비해 업무가 전문화, 분화되어 있고 많은 규칙과 규정이 존재하게 된다.

③ 조직 구조의 결정요인으로는 크게 전략, 규모, 기술, 환경이 있다.

④ 조직 활동의 결과에 따라 조직의 성과와 조직만족이 결정되며, 그 수준은 조직 구성원들의 개인적 성향과 조직문화의 차이에 따라 달라진다.

⑤ 조직 구조의 결정요인 중 하나인 기술은 조직이 투입요소를 산출물로 전환시키는 지식, 기계, 절차 등을 의미하며, 소량생산기술을 가진 조직은 유기적 조직 구조를, 대량생산기술을 가진 조직은 기계적 조직 구조를 가진다.

42 국제 동향

정답 ①

개인은 본인이 자란 문화에서 체득한 방식과 상이한 문화를 느끼게 되면 상대 문화에 이질감을 느끼게 되고, 의식적 혹은 무의식적으로 불일치, 위화감, 심리적 부적응 상태를 경험하게 되는데, 이를 문화충격이라고 한다.

오답분석

ㄱ. 문화충격은 개인이 자신이 속한 문화 내에서가 아닌 타 문화를 접하였을 때 느끼게 되는 심리적 충격을 가리킨다.

ㄷ. 문화충격에 대비하기 위해서 가장 중요한 것은 다른 문화에 대해 개방적인 태도를 가지는 것이다. 자신이 속한 문화의 기준으로 다른 문화를 평가하지 말고, 자신의 정체성은 유지하되, 새롭고 다른 것을 경험하는 데 즐거움을 느끼도록 적극적 자세를 취하는 것이 바람직하다.

43 조직 구조

정답 ①

사내 봉사 동아리이기 때문에 공식이 아닌 비공식 조직에 해당한다. 비공식 조직의 특징에는 적절한 것은 인간관계에 따라 형성된 자발적인 조직, 내면적·비가시적, 비제도적, 감정적, 사적 목적 추구, 부분적 질서를 위해 활동 등이 있다.

44 경영 전략

정답 ⑤

조직 내 집단이 의사결정을 하는 과정에서 의견이 불일치하는 경우 의사결정을 내리는 데 많은 시간이 소요된다.

집단의사결정의 장 · 단점

- 장점
  - 한 사람이 가진 지식보다 집단이 가지고 있는 지식과 정보가 더 많아 효과적인 결정을 할 수 있다.
  - 각자 다른 시각으로 문제를 바라봄에 따라 다양한 견해를 가지고 접근할 수 있다.
  - 결정된 사항에 대해 의사결정에 참여한 사람들이 해결책을 수월하게 수용하고, 의사소통의 기회도 향상된다.
- 단점
  - 의견이 불일치하는 경우 의사결정을 내리는 데 시간이 많이 소요된다.
  - 특정 구성원에 의해 의사결정이 독점될 가능성이 있다.

45 조직 구조

정답 ③

면접관의 질문 의도는 단순히 사무실의 구조나 회사 위치 등 눈에 보이는 정보를 묻는 것이 아니라, 실질적으로 회사를 운영하는 내부 조직에 관련된 사항을 알고 있는지를 묻는 것이다. 그러므로 사무실의 구조는 질문의 답변 내용으로 적절하지 않다.

PART 3

46 경영 전략

정답 ②

C주임은 최대 작업량을 잡아 업무를 진행하면 능률이 오를 것이라는 오해를 하고 있다. 하지만 이럴 경우 시간에 쫓기게 되어 오히려 능률이 떨어질 가능성이 있다. 실현 가능한 목표를 잡고 우선순위를 세워 진행하는 것이 옳다.

47 조직 구조

정답 ④

목표의 층위 · 내용 등에 따라 우선순위가 있을 수는 있지만, 하나씩 순차적으로 처리해야 하는 것은 아니다. 즉, 조직의 목표는 동시에 여러 개가 추구될 수 있다.

48 조직 구조

정답 ⑤

기계적 조직과 유기적 조직의 특징을 통해 안정적이고 확실한 환경에서는 기계적 조직이, 급변하는 환경에서는 유기적 조직이 적합함을 알 수 있다.

기계적 조직과 유기적 조직의 특징

기계적 조직	유기적 조직
• 구성원들의 업무가 분명하게 정의된다. • 많은 규칙과 규제들이 있다. • 상하 간 의사소통이 공식적인 경로를 통해 이루어진다. • 엄격한 위계질서가 존재한다. • 대표적인 기계적 조직으로 군대를 볼 수 있다.	• 의사결정 권한이 조직의 하부구성원들에게 많이 위임되어 있다. • 업무가 고정되지 않고, 공유 가능하다. • 비공식적인 상호의사소통이 원활하게 이루어진다. • 규제나 통제의 정도가 낮아 변화에 따라 의사결정이 쉽게 변할 수 있다.

49 조직 구조

정답 ③

규칙과 법을 준수하고, 관행과 안정, 문서와 형식, 명확한 책임소재 등을 강조하는 관리적 문화의 특징을 가진 문화는 (다)이다. (가)는 집단문화, (나)는 개발문화, (다)는 계층문화, (라)는 합리문화이며, 분야별 주요 특징은 다음과 같다.

구분	주요 특징
(가) 집단문화	관계지향적인 문화이며, 조직구성원 간 인간애 또는 인간미를 중시하는 문화로서 조직내부의 통합과 유연한 인간관계를 강조한다. 따라서 조직구성원 간 인화단결, 협동, 팀워크, 공유가치, 사기, 의사결정과정에 참여 등을 중요시하며, 개인의 능력개발에 대한 관심이 높고, 조직구성원에 대한 인간적 배려와 가족적인 분위기를 만들어내는 특징을 가진다.
(나) 개발문화	높은 유연성과 개성을 강조하며, 외부환경에 대한 변화지향성과 신축적 대응성을 기반으로 조직구성원의 도전의식, 모험성, 창의성, 혁신성, 자원획득 등을 중시하며, 조직의 성장과 발전에 관심이 높은 조직문화를 의미한다. 따라서 조직구성원의 업무수행에 대한 자율성과 자유재량권 부여 여부가 핵심 요인이다.
(다) 계층문화	조직내부의 통합과 안정성을 확보하고, 현상유지 차원에서 계층화되고 서열화된 조직구조를 중요시하는 조직문화이다. 즉, 위계질서에 의한 명령과 통제, 업무처리시 규칙과 법을 준수, 관행과 안정, 문서와 형식, 보고와 정보관리, 명확한 책임소재 등을 강조하는 관리적 문화의 특징을 나타내고 있다.
(라) 합리문화	과업지향적인 문화로, 결과지향적인 조직으로써의 업무의 완수를 강조한다. 조직의 목표를 명확하게 설정하여 합리적으로 달성하고, 주어진 과업을 효과적이고 효율적으로 수행하기 위하여 실적을 중시하고, 직무에 몰입하며, 미래를 위한 계획을 수립하는 것을 강조한다. 합리문화는 조직구성원 간의 경쟁을 유도하는 문화이기 때문에 때로는 지나친 성과를 강조하게 되어 조직에 대한 조직구성원들의 방어적인 태도와 개인주의적인 성향을 드러내는 경향을 보인다.

50 조직 구조

정답 ③

마케팅기획본부는 해외마케팅기획팀과 마케팅기획팀으로 구성된다고 했으므로 적절하지 않다.

오답분석

① · ② 마케팅본부의 마케팅기획팀과 해외사업본부의 해외마케팅기획팀을 통합해 마케팅기획본부가 신설된다고 했으므로 적절하다.
④ 해외사업본부의 해외사업 1팀과 해외사업 2팀을 해외영업팀으로 통합하고 마케팅본부로 이동한다고 했으므로 적절하다.
⑤ 구매 · 총무팀에서 구매팀과 총무팀이 분리되고 총무팀과 재경팀을 통합 후 재무팀이 신설된다고 했으므로 적절하다.

신용보증기금 NCS 답안카드

성 명

지원 분야

문제지 형별기재란	
(　　)형	Ⓐ Ⓑ

수 험 번 호						
⓪	⓪	⓪	⓪	⓪	⓪	⓪
①	①	①	①	①	①	①
②	②	②	②	②	②	②
③	③	③	③	③	③	③
④	④	④	④	④	④	④
⑤	⑤	⑤	⑤	⑤	⑤	⑤
⑥	⑥	⑥	⑥	⑥	⑥	⑥
⑦	⑦	⑦	⑦	⑦	⑦	⑦
⑧	⑧	⑧	⑧	⑧	⑧	⑧
⑨	⑨	⑨	⑨	⑨	⑨	⑨

감독위원 확인
인

1	①	②	③	④	⑤
2	①	②	③	④	⑤
3	①	②	③	④	⑤
4	①	②	③	④	⑤
5	①	②	③	④	⑤
6	①	②	③	④	⑤
7	①	②	③	④	⑤
8	①	②	③	④	⑤
9	①	②	③	④	⑤
10	①	②	③	④	⑤
11	①	②	③	④	⑤
12	①	②	③	④	⑤
13	①	②	③	④	⑤
14	①	②	③	④	⑤
15	①	②	③	④	⑤
16	①	②	③	④	⑤
17	①	②	③	④	⑤
18	①	②	③	④	⑤
19	①	②	③	④	⑤
20	①	②	③	④	⑤

※ 본 답안지는 마킹연습용 모의 답안지입니다.

〈절취선〉

신용보증기금 NCS 답안카드

성 명

지원 분야

문제지 형별기재란	
(　　　)형	Ⓐ Ⓑ

수 험 번 호						
⓪	⓪	⓪	⓪	⓪	⓪	⓪
①	①	①	①	①	①	①
②	②	②	②	②	②	②
③	③	③	③	③	③	③
④	④	④	④	④	④	④
⑤	⑤	⑤	⑤	⑤	⑤	⑤
⑥	⑥	⑥	⑥	⑥	⑥	⑥
⑦	⑦	⑦	⑦	⑦	⑦	⑦
⑧	⑧	⑧	⑧	⑧	⑧	⑧
⑨	⑨	⑨	⑨	⑨	⑨	⑨

감독위원 확인
인

1	①	②	③	④	⑤
2	①	②	③	④	⑤
3	①	②	③	④	⑤
4	①	②	③	④	⑤
5	①	②	③	④	⑤
6	①	②	③	④	⑤
7	①	②	③	④	⑤
8	①	②	③	④	⑤
9	①	②	③	④	⑤
10	①	②	③	④	⑤
11	①	②	③	④	⑤
12	①	②	③	④	⑤
13	①	②	③	④	⑤
14	①	②	③	④	⑤
15	①	②	③	④	⑤
16	①	②	③	④	⑤
17	①	②	③	④	⑤
18	①	②	③	④	⑤
19	①	②	③	④	⑤
20	①	②	③	④	⑤

※ 본 답안지는 마킹연습용 모의 답안지입니다.

기술보증기금 NCS 답안카드

성 명

지원 분야

문제지 형별기재란	
(　　　)형	Ⓐ Ⓑ

수 험 번 호						
⓪	⓪	⓪	⓪	⓪	⓪	⓪
①	①	①	①	①	①	①
②	②	②	②	②	②	②
③	③	③	③	③	③	③
④	④	④	④	④	④	④
⑤	⑤	⑤	⑤	⑤	⑤	⑤
⑥	⑥	⑥	⑥	⑥	⑥	⑥
⑦	⑦	⑦	⑦	⑦	⑦	⑦
⑧	⑧	⑧	⑧	⑧	⑧	⑧
⑨	⑨	⑨	⑨	⑨	⑨	⑨

감독위원 확인
인

1	①	②	③	④	⑤	21	①	②	③	④	⑤	41	①	②	③	④	⑤
2	①	②	③	④	⑤	22	①	②	③	④	⑤	42	①	②	③	④	⑤
3	①	②	③	④	⑤	23	①	②	③	④	⑤	43	①	②	③	④	⑤
4	①	②	③	④	⑤	24	①	②	③	④	⑤	44	①	②	③	④	⑤
5	①	②	③	④	⑤	25	①	②	③	④	⑤	45	①	②	③	④	⑤
6	①	②	③	④	⑤	26	①	②	③	④	⑤	46	①	②	③	④	⑤
7	①	②	③	④	⑤	27	①	②	③	④	⑤	47	①	②	③	④	⑤
8	①	②	③	④	⑤	28	①	②	③	④	⑤	48	①	②	③	④	⑤
9	①	②	③	④	⑤	29	①	②	③	④	⑤	49	①	②	③	④	⑤
10	①	②	③	④	⑤	30	①	②	③	④	⑤	50	①	②	③	④	⑤
11	①	②	③	④	⑤	31	①	②	③	④	⑤						
12	①	②	③	④	⑤	32	①	②	③	④	⑤						
13	①	②	③	④	⑤	33	①	②	③	④	⑤						
14	①	②	③	④	⑤	34	①	②	③	④	⑤						
15	①	②	③	④	⑤	35	①	②	③	④	⑤						
16	①	②	③	④	⑤	36	①	②	③	④	⑤						
17	①	②	③	④	⑤	37	①	②	③	④	⑤						
18	①	②	③	④	⑤	38	①	②	③	④	⑤						
19	①	②	③	④	⑤	39	①	②	③	④	⑤						
20	①	②	③	④	⑤	40	①	②	③	④	⑤						

※ 본 답안지는 마킹연습용 모의 답안지입니다.

〈절취선〉

기술보증기금 NCS 답안카드

성 명

지원 분야

문제지 형별기재란	
( )형	Ⓐ Ⓑ

수 험 번 호						
⓪	⓪	⓪	⓪	⓪	⓪	⓪
①	①	①	①	①	①	①
②	②	②	②	②	②	②
③	③	③	③	③	③	③
④	④	④	④	④	④	④
⑤	⑤	⑤	⑤	⑤	⑤	⑤
⑥	⑥	⑥	⑥	⑥	⑥	⑥
⑦	⑦	⑦	⑦	⑦	⑦	⑦
⑧	⑧	⑧	⑧	⑧	⑧	⑧
⑨	⑨	⑨	⑨	⑨	⑨	⑨

감독위원 확인
ⓘ인

1	①	②	③	④	⑤	21	①	②	③	④	⑤	41	①	②	③	④	⑤
2	①	②	③	④	⑤	22	①	②	③	④	⑤	42	①	②	③	④	⑤
3	①	②	③	④	⑤	23	①	②	③	④	⑤	43	①	②	③	④	⑤
4	①	②	③	④	⑤	24	①	②	③	④	⑤	44	①	②	③	④	⑤
5	①	②	③	④	⑤	25	①	②	③	④	⑤	45	①	②	③	④	⑤
6	①	②	③	④	⑤	26	①	②	③	④	⑤	46	①	②	③	④	⑤
7	①	②	③	④	⑤	27	①	②	③	④	⑤	47	①	②	③	④	⑤
8	①	②	③	④	⑤	28	①	②	③	④	⑤	48	①	②	③	④	⑤
9	①	②	③	④	⑤	29	①	②	③	④	⑤	49	①	②	③	④	⑤
10	①	②	③	④	⑤	30	①	②	③	④	⑤	50	①	②	③	④	⑤
11	①	②	③	④	⑤	31	①	②	③	④	⑤						
12	①	②	③	④	⑤	32	①	②	③	④	⑤						
13	①	②	③	④	⑤	33	①	②	③	④	⑤						
14	①	②	③	④	⑤	34	①	②	③	④	⑤						
15	①	②	③	④	⑤	35	①	②	③	④	⑤						
16	①	②	③	④	⑤	36	①	②	③	④	⑤						
17	①	②	③	④	⑤	37	①	②	③	④	⑤						
18	①	②	③	④	⑤	38	①	②	③	④	⑤						
19	①	②	③	④	⑤	39	①	②	③	④	⑤						
20	①	②	③	④	⑤	40	①	②	③	④	⑤						

※ 본 답안지는 마킹연습용 모의 답안지입니다.

2025 최신판 시대에듀 신용보증기금 & 기술보증기금 NCS + 전공 + 모의고사 3회 + 무료NCS특강

개정9판1쇄 발행	2025년 03월 25일 (인쇄 2025년 03월 12일)
초 판 발 행	2017년 10월 10일 (인쇄 2017년 09월 08일)
발 행 인	박영일
책 임 편 집	이해욱
편 저	SDC(Sidae Data Center)
편 집 진 행	김재희 · 황성연
표지디자인	박수영
편집디자인	최미림 · 장성복
발 행 처	(주)시대고시기획
출 판 등 록	제10-1521호
주 소	서울시 마포구 큰우물로 75 [도화동 538 성지 B/D] 9F
전 화	1600-3600
팩 스	02-701-8823
홈 페 이 지	www.sdedu.co.kr

I S B N	979-11-383-9036-1 (13320)
정 가	25,000원